gute form boa forma good design

design no brasil design in brazil 1947–68

conceito e edição
concept and editing

livia debbane

coordenação geral
general coordination

fernando ticoulat
joão paulo siqueira lopes

gute form
good
design
boa
fo

Act. T TURNER

design no brasil

design in brazil

1947–1968

rma

Nove mil quilômetros, 12 horas de voo e um fuso horário de 300 minutos separam Alemanha e Brasil. Hemisfério Norte e Sul, língua germânica de um lado, idioma latino do outro. Culturas, aparentemente, muito distintas. Poucos sabem, porém, sobre os inúmeros e frutíferos cruzamentos entre os dois países na história do design da segunda metade do século XX.

Felizmente, o livro *boa forma gute form* traça os vínculos fundamentais entre a institucionalização do design no Brasil nos anos 1960 com o movimento de arte concreta e o ensino de design da escola HfG Ulm, fundada em 1953 na Alemanha, servindo a um só tempo como inspiração para os interessados em arte e design assim como verdadeiro documento para os futuros estudiosos do tema. A HfG Ulm influenciou o programa didático da Escola Superior de Desenho Industrial – Esdi, no Rio de Janeiro. Inaugurada em 1963, foi a primeira do tipo no país, e legou uma safra de brilhantes alunos que criaram o que hoje entendemos como design moderno brasileiro.

Por meio de textos críticos inéditos escritos por estudiosos do tema, infográficos e arquivos fotográficos de suma raridade, a publicação apresenta os personagens-chave e os principais momentos de intercâmbio, influência e colaboração entre profissionais, professores e alunos europeus e brasileiros que semearam mudanças importantes na arte e no design nacionais.

Em sua primeira iniciativa no campo editorial, é com muito orgulho que a Constellation compartilha com parceiros, clientes, amigos e leitores uma publicação pioneira que aborda, através de uma perspectiva plural, um momento fascinante da história cultural brasileira, marcado por um projeto de conexão entre arte, indústria e sociedade que envolveu iniciativas públicas e privadas. *boa forma gute form* é um livro no qual o design, e não a arte, é central. Mas afinal, onde é que um termina e a outra começa? Fica a provocação.

Nine thousand kilometers, 12 hours of flight and a time difference of 300 minutes separate Germany and Brazil. Northern and Southern Hemisphere, Germanic language on one side, Latin language on the other. Very different cultures, apparently. Few people know, however, about the numerous and fruitful crossovers between the two countries in the history of design in the second half of the 20th century.

Fortunately, the book *boa forma gute form* traces the fundamental connections between the institutionalization of design in Brazil in the 1960s with the concrete art movement and the teaching of design at the HfG Ulm school, founded in 1953 in Germany, serving at once as an inspiration for those interested in art and design as well as a true document for future scholars on the subject. HfG Ulm inspired the educational program of the School of Industrial Design – Esdi, in Rio de Janeiro. Inaugurated in 1963, it was the first one of its kind in the country and bequeathed a group of brilliant students who created what we now understand as modern Brazilian design.

Through original critical texts written by experts on the subject, infographics and extremely rare photographic files, the publication presents the key characters and the main moments of exchange, influence and collaboration between professionals, professors and students between Germany and Brazil who fostered important changes in national art and design.

In its first initiative in the publishing field, Constellation is proud to share with partners, clients, friends and readers a pioneering publication that discusses, from a multiple perspective, a fascinating moment in Brazilian cultural history, marked by a project of connection between art, industry and society that involved public and private initiatives. *boa forma gute form* is a book in which design, not art, is central. But after all, where does one end and the other start? Here is the open-ended question.

CONSTELLATION
ASSET MANAGEMENT

Uma profunda conexão entre as culturas alemã e brasileira é o fio condutor de *boa forma gute form*, livro que busca, de forma diligente, algumas das raízes do design brasileiro na longínqua Ulm, cidade no sul da Alemanha, às margens do Rio Danúbio. Lá, desenvolveu-se a Hochschule für Gestaltung Ulm – a Escola de Ulm –, onde um terreno cultural fértil, herdeiro da Bauhaus e de movimentos como a arte concreta, moldou o pensamento visual de importantes artistas e designers de meados do século XX.

Através de ensaios inéditos produzidos por especialistas no tema, infográficos e uma pesquisa iconográfica original a partir de arquivos no Brasil e na Alemanha, a publicação percorre a trajetória de profissionais, obras e pensamentos visuais da HfG Ulm e de polos criativos brasileiros onde, em paralelo à experiência alemã, fundaram-se institutos seminais para o desenvolvimento do design no país, a exemplo do Instituto de Arte Contemporânea – IAC do Museu de Arte de São Paulo – Masp, e a Escola Superior de Desenho Industrial – Esdi, no Rio de Janeiro. É possível traçar linhas nítidas – literalmente, se folheamos os infográficos aqui presentes – entre a produção de nomes como o suíço Max Bill, os designers alemães Otl Aicher e Karl Heinz Bergmiller e os artistas brasileiros Lygia Pape, Almir Mavignier e Geraldo de Barros.

É com prazer que o Goethe-Institut, que promove o diálogo intercultural entre Brasil e Alemanha, conecta esses dois polos artísticos, reafirmando que estamos mais próximos do que podemos imaginar.

A deep connection between German and Brazilian cultures is the common thread of *boa forma gute form*, a book that diligently investigates some of the origins of Brazilian design in the faraway Ulm, a city in southern Germany, on the banks of the Danube River. There, the Hochschule für Gestaltung Ulm – the Ulm School of Design – was developed, where a fertile cultural ground, successor of the Bauhaus and movements such as concrete art, shaped the visual thinking of important artists and designers of the mid-20th century.

Through original essays produced by experts on the subject, infographics and unprecedented iconographic research from archives in Brazil and Germany, the publication traces the trajectory of professionals, works and visual thinking of HfG Ulm and the Brazilian creative hubs where – in parallel with the German experience – seminal institutes were founded for the development of design in the country, such as the Institute of Contemporary Art – IAC, of the São Paulo Museum of Art – Masp, and the School of Industrial Design – Esdi, in Rio de Janeiro. We can draw sharp lines – literally, if we flip through the infographics featured here – between the production of names like the Swiss Max Bill, the German designers Otl Aicher and Karl Heinz Bergmiller and the Brazilian artists Lygia Pape, Almir Mavignier and Geraldo de Barros.

It is with pleasure that the Goethe-Institut, which promotes intercultural dialogue between Brazil and Germany, connects these two artistic worlds, reaffirming that we are closer than we can imagine.

GOETHE INSTITUT

Este livro mapeia vínculos fundamentais entre a institucionalização do design no Brasil, em meados do século XX, a arte concreta e a Escola de Ulm, na Alemanha

This book maps out fundamental connections between the institutionalization of design in Brazil in the mid-20th century, concrete art and the Ulm School of Design, in Germany

A partir de intensas trocas entre os hemisférios Norte e Sul, nos campos da arquitetura, arte, comunicação visual, design industrial e teoria, emerge uma produção comum

From intense exchanges between the Northern and Southern hemispheres, in the fields of architecture, art, visual communication, industrial design and theory, emerges a common production

Os ensaios do livro foram o ponto de partida para listar os profissionais aqui mencionados. Portanto, a lista não representa a totalidade dos indivíduos participantes dos movimentos ou instituições discutidos

The essays in the book were the starting point to list the professionals mentioned here. Therefore, they do not represent the totality of the individuals participating in the movements or institutions discussed

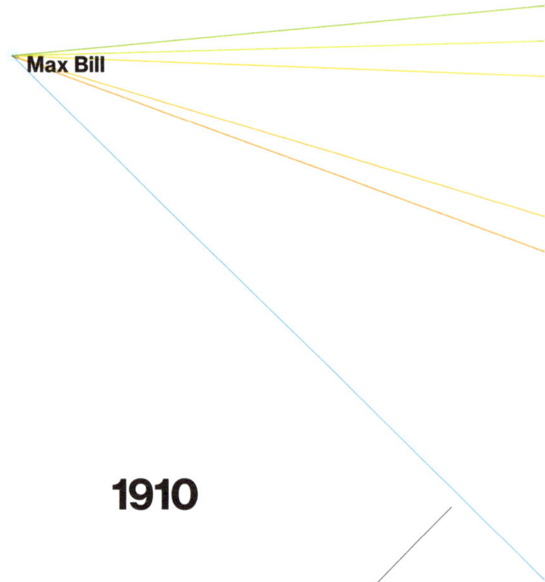

N

S

1890 **1900** **1910**

As páginas estão divididas em dois polos, sendo que os eventos e personagens ligados ao hemisfério Norte estão posicionados na metade superior da página, e os que ocorreram no Sul, na metade inferior da página. Todas as pessoas e eventos estão posicionados em uma linha do tempo

The pages are divided into two poles, with events and characters related to the Northern hemisphere positioned in the top half of the page, and those that occurred in the Southern hemisphere located in the bottom half. All people and events are positioned on a timeline

Mostraremos as conexões entre os profissionais, entre profissionais e escolas, e entre os profissionais e eventos. As conexões são indicadas por linhas contínuas ou tracejadas

We will show the connections among professionals, between professionals and schools, and between professionals and events. Connections are indicated by solid or dashed lines

infográficos

infographics

Contatos profissionais e pedagógicos, filiação a escolas e participação em exposições são representados por linhas conectoras e seu entrelace. A seguir, os infográficos apresentam a tessitura resultante do recorte temático de *boa forma gute form*

Professional and pedagogical contacts, affiliation to schools and participation in exhibitions are illustrated by the connecting lines and their intersections. The infographics below present the texture resulting from the thematic selection of *boa forma gute form*

Arquitetura

Architecture

Arte

Art

Design gráfico

Graphic design

1920

1930

1940

Design industrial

Industrial design

Teoria

Theory

Tomás Maldonado

Os círculos representam a quantidade de conexões que incide em cada personagem ou evento

The circles represent the amount of connections related to each character or event

Os profissionais, as instituições de ensino e as exposições também se conectam com os eixos arquitetura, arte, design gráfico, design industrial e teoria

Professionals, educational institutions and exhibitions also connect with the following axes: architecture, art, graphic design, industrial design and theory

Este círculo grande representa 16 conexões

This large circle represents 16 connections

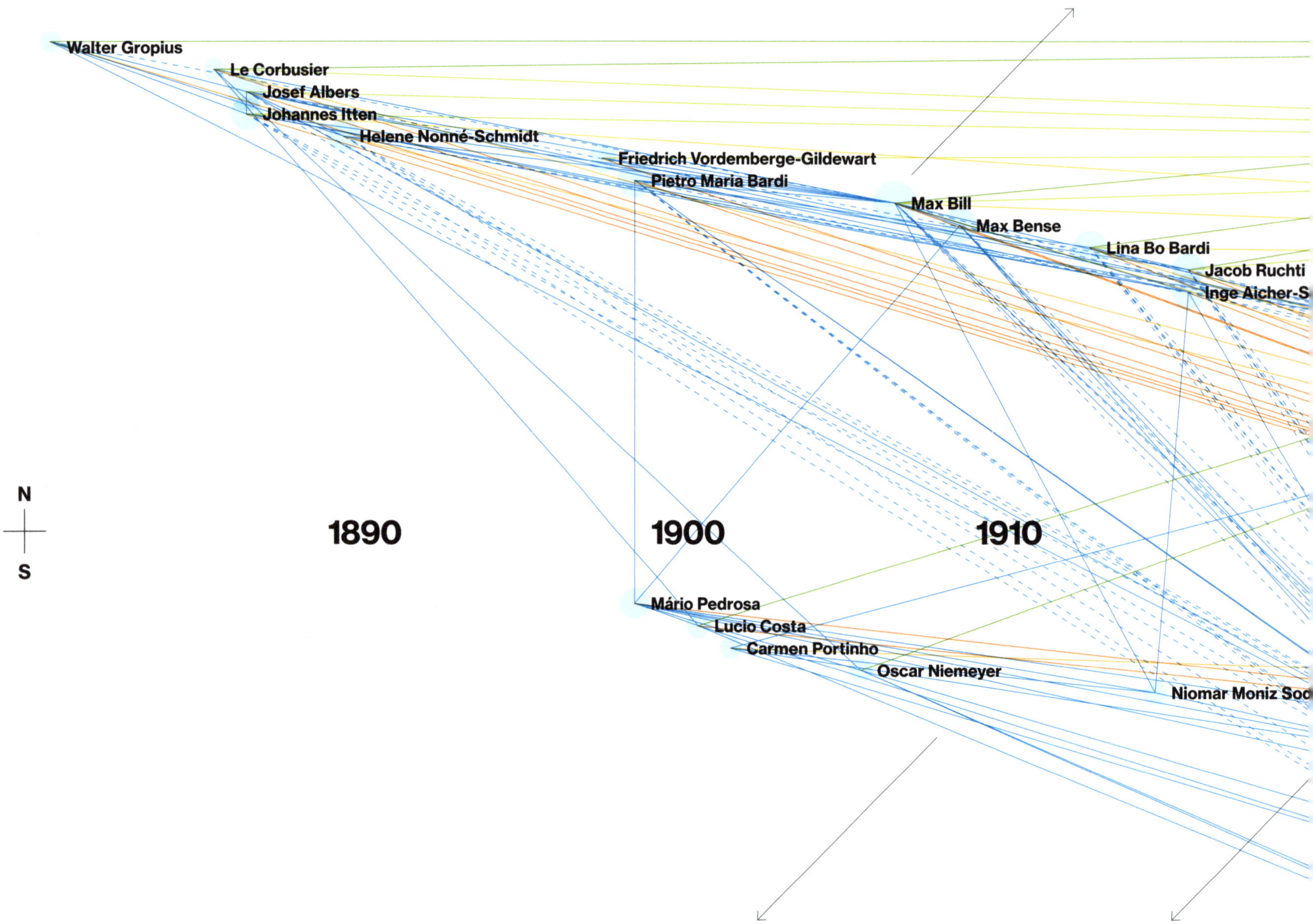

As linhas contínuas indicam colaborações profissionais

Solid lines refer to professional collaborations

As linhas tracejadas indicam relações professor/aluno

Dashed lines refer to teacher/student relations

conexões

connections

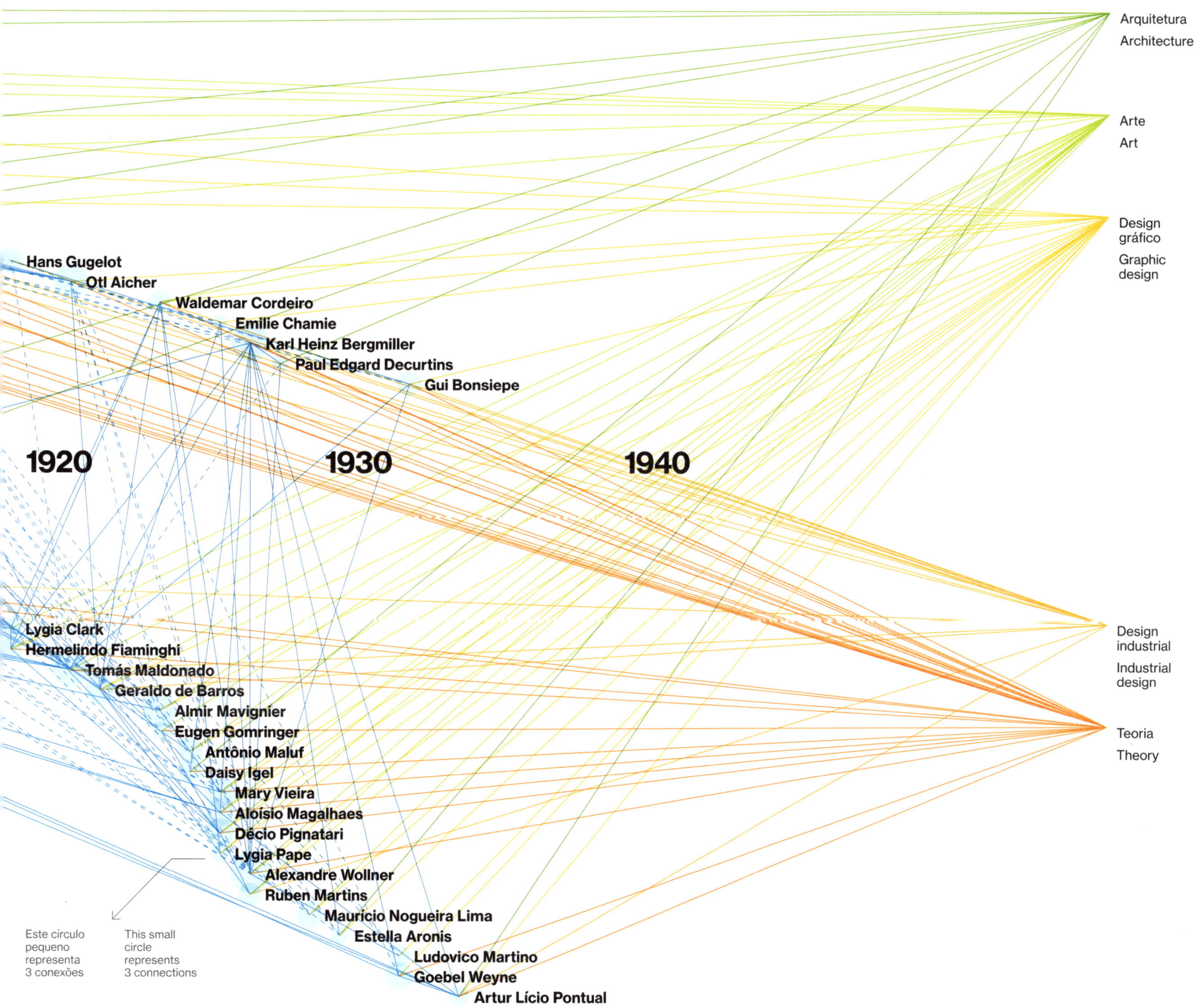
Arquitetura
Architecture
Arte
Art
Design gráfico
Graphic design
Design industrial
Industrial design
Teoria
Theory
1920
1930
1940
Hans Gugelot
Otl Aicher
Waldemar Cordeiro
Emilie Chamie
Karl Heinz Bergmiller
Paul Edgard Decurtins
Gui Bonsiepe
Lygia Clark
Hermelindo Fiaminghi
Tomás Maldonado
Geraldo de Barros
Almir Mavignier
Eugen Gomringer
Antônio Maluf
Daisy Igel
Mary Vieira
Aloísio Magalhaes
Décio Pignatari
Lygia Pape
Alexandre Wollner
Ruben Martins
Maurício Nogueira Lima
Estella Aronis
Ludovico Martino
Goebel Weyne
Artur Lício Pontual
Este círculo pequeno representa 3 conexões
This small circle represents 3 connections

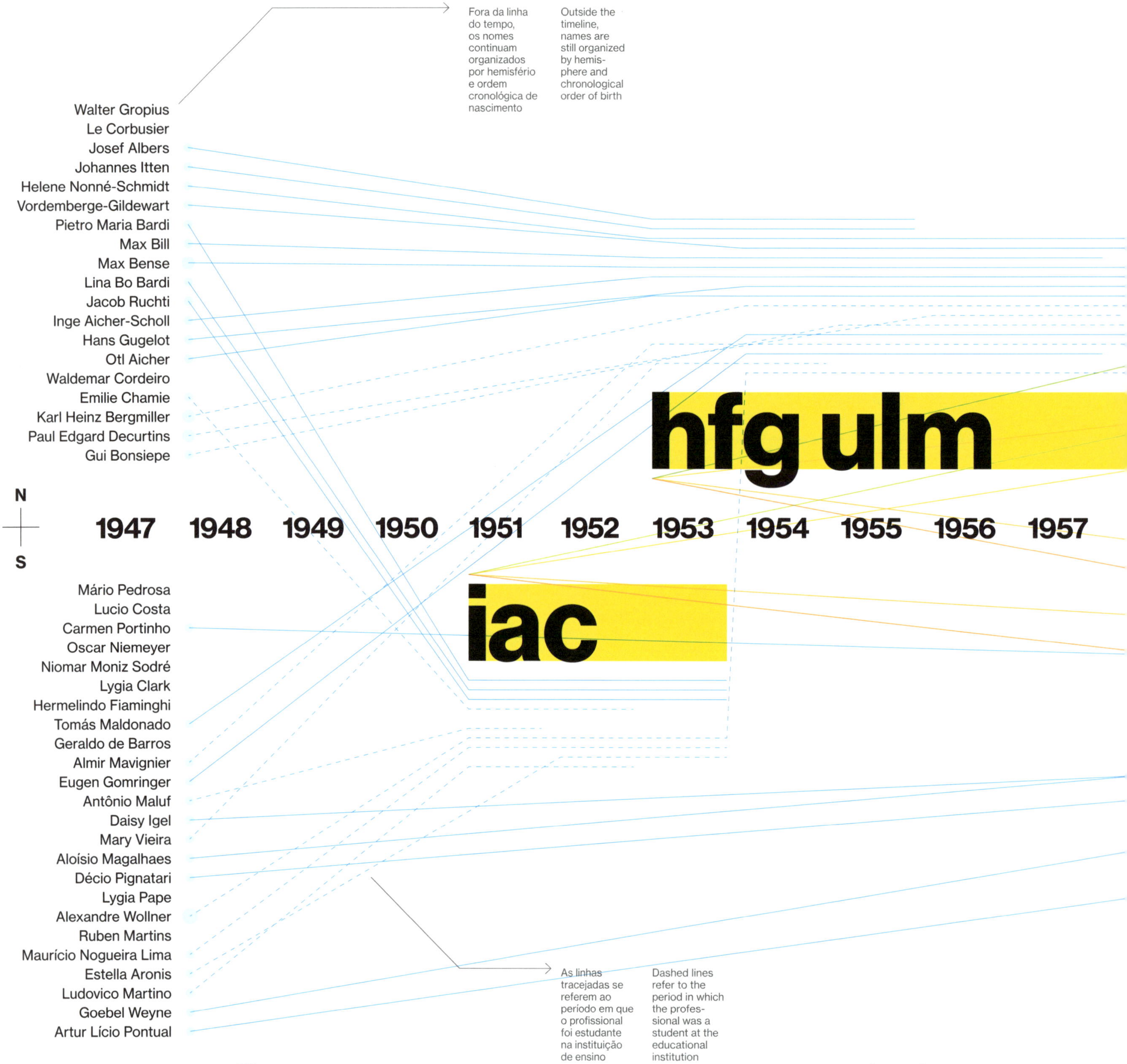

escolas

schools

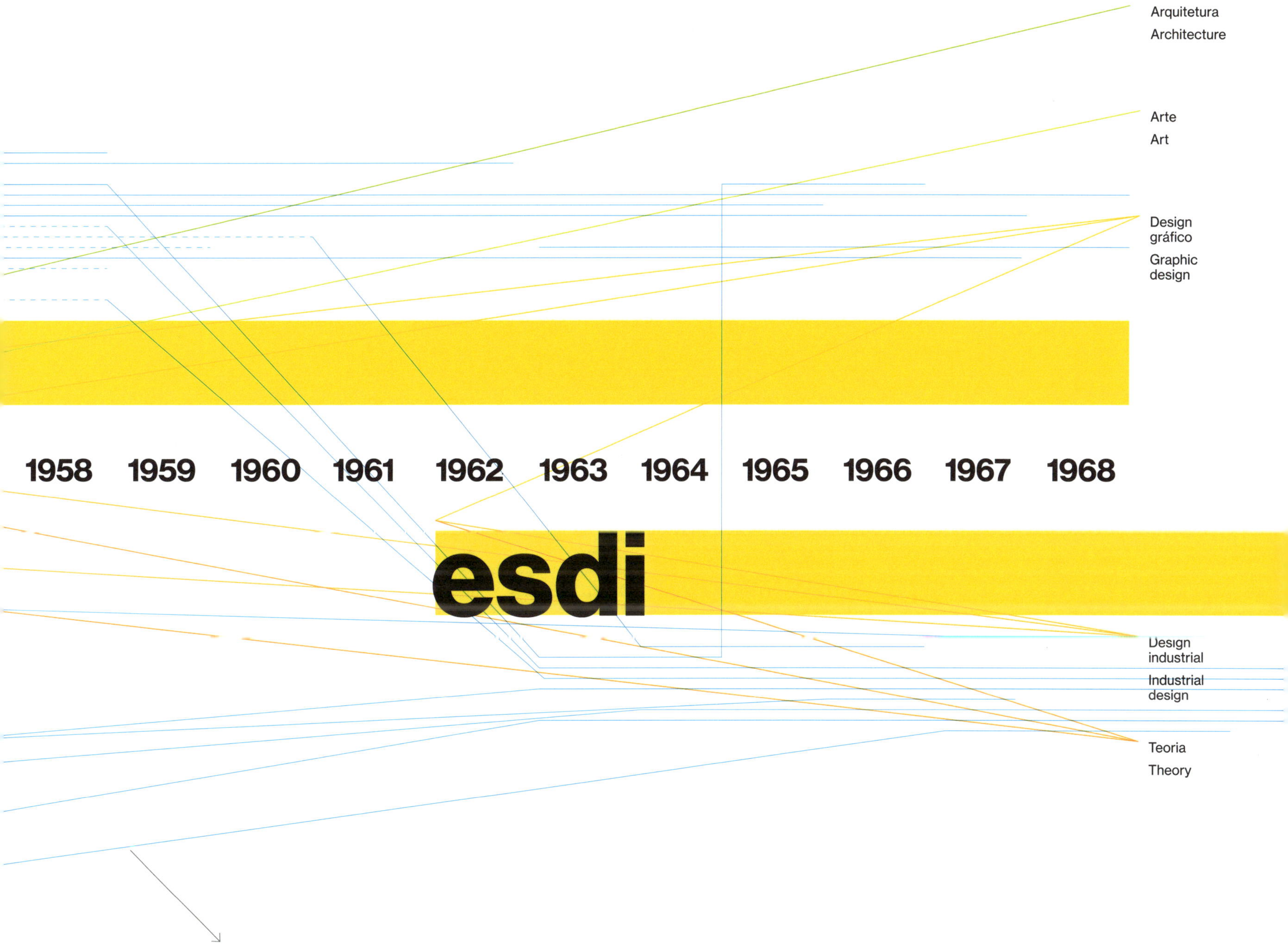

As linhas contínuas se referem ao período em que o personagem foi professor ou estabeleceu relação profissional com a instituição de ensino

Solid lines refer to the period in which the person was a teacher or established a professional relationship with the educational institution

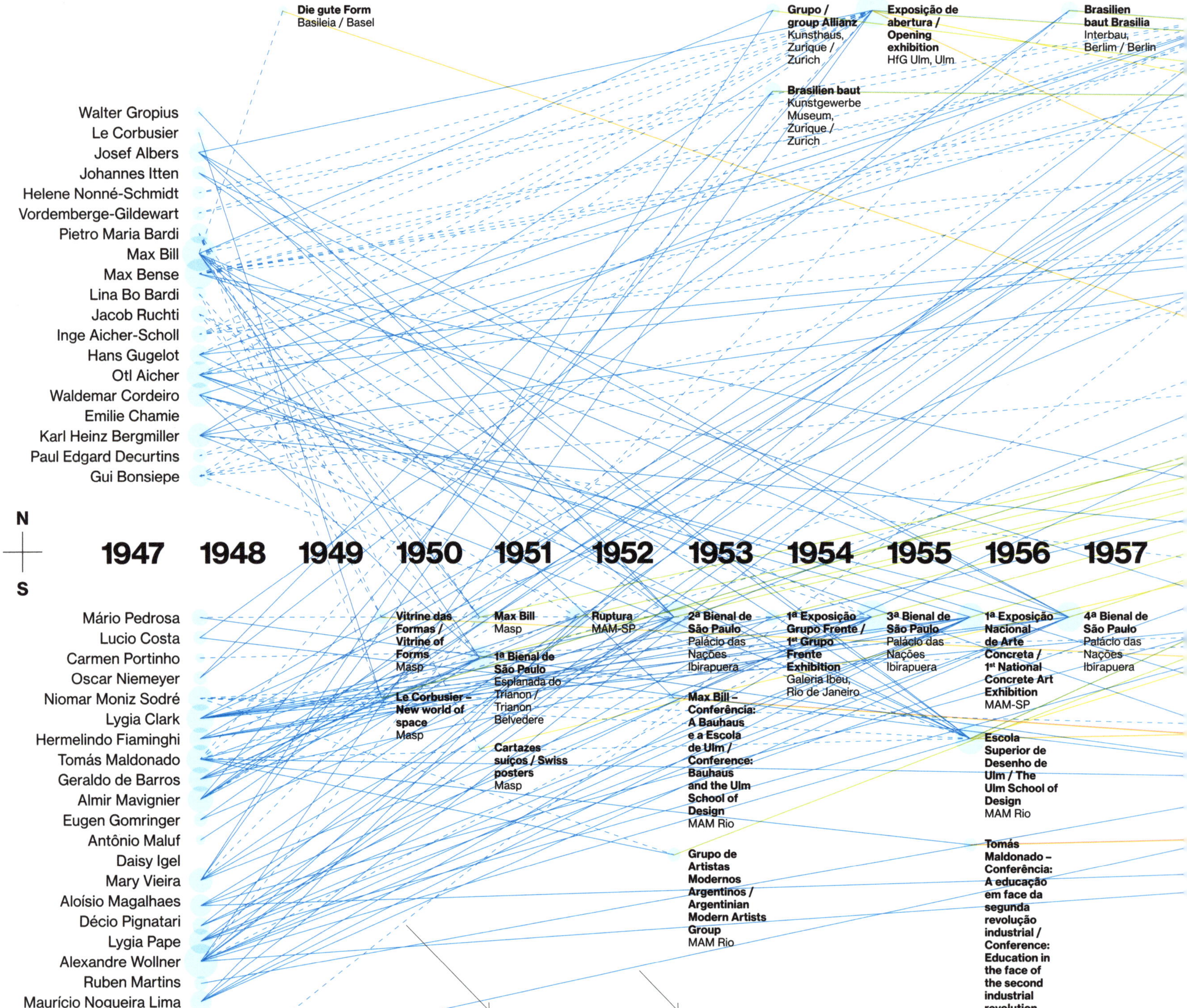

As linhas tracejadas mostram a participação na organização das exposições e eventos

Dashed lines show participation in the organization of exhibitions and events

As linhas contínuas mostram quem expôs obras ou lecionou em conferências e cursos

Solid lines show who has exhibited works or who has taught at conferences and courses

exposições

exhibitions

Exposição cantina / Canteen exhibition
HfG Ulm, Ulm

Almir Mavignier
Galerie Gänsheide 26, Stuttgart

Brasilia Burle Marx
Munique / Munich

Pavilhão Brasileiro Expo '58 / Brazilian Pavilion Expo '58
Bruxelas / Brussels

Poesia Concreta / Concrete Poetry
Studiengalerie, Stuttgart

Konkrete Kunst. 50 Jahre Entwicklung
Helmhaus, Zurique / Zurich

Lygia Clark – Variable objekte
Studiengalerie, Stuttgart

Aloísio Magalhães – Wege eines Zeichens
Studiengalerie, Stuttgart

Konkrete Poesie International I
Studiengalerie, Stuttgart

Exposição itinerante Escola de Ulm / Traveling exhibition Ulm School of Design
Stedelijk Museum, Amsterdam

International Council of Societies of Industrial Design – ICSID
HfG Ulm, Ulm

O homem e a comunidade / Man and the community
Pavilhão Alemão / German Pavilion Expo '67, Montreal

1958 1959 1960 1961 1962 1963 1964 1965 1966 1967 1968

Aloísio Magalhães – Pintura e Arte Gráfica / Painting and Graphic Art
MAM Rio

1ª Exposição de arte Neoconcreta / 1st Neoconcrete art Exhibition
MAM Rio

Otl Aicher
MAM Rio

Congresso Extraordinário da Associação Internacional dos Críticos de Arte – Aica / Extraordinary Congress of Aica
Brasília, Rio de Janeiro, São Paulo

A Boa Forma Industrial na Alemanha / German Industrial Good Form
MAM Rio / Masp

Max Bense – Curso: Visualidade e Estética / Course: Aesthetics and Visuality
MAM Rio

Alexandre Wollner e Aloísio Magalhaes – Curso: Artes Gráficas / Course: Graphic Arts
MAM Rio

Bauhaus
MAM Rio

Max Bense – Curso: As bases fundamentais da estética moderna / Course: The foundations of modern aesthetics
Esdi, Rio de Janeiro

Bienal Desenho Industrial 68 / Industrial Design 68 Biennial
MAM Rio

Arquitetura
Architecture

Arte
Art

Design gráfico
Graphic design

Design industrial
Industrial design

Teoria
Theory

introdução

introduction

livia debbane

Este é um livro feito a muitas mãos. A ideia que o originou mostrou-se suficientemente aberta para ser afetada pelo encontro com os autores convidados, os centros de documentação e as pesquisas que a antecedem. Nossa intenção inicial era contar a história dos numerosos contatos entre artistas, designers e arquitetos – principalmente entre o Brasil, a Alemanha e a Suíça –, e as influências mútuas que marcaram os anos de formação institucional do design brasileiro. A sinopse contemplava, então, a visita de Max Bill (1908-1994, Suíça) ao país e seu impacto sobre nossos artistas, a ida de alguns deles para a Hochschule für Gestaltung Ulm – HfG Ulm, no sul da Alemanha, e a posterior criação da Escola Superior de Desenho Industrial – Esdi, no recorte temporal de 1947 a 1968 – respectivamente, o ano de fundação do Museu de Arte de São Paulo – Masp, e o de fechamento da HfG Ulm e acontecimento da 1ª Bienal de Design no país, sediada no Museu de Arte Moderna do Rio de Janeiro – MAM Rio.

Reunimos 12 críticos, historiadores e curadores e, desses encontros, o panorama proposto foi ganhando uma tessitura mais complexa. Sabíamos que o Instituto de Arte Contemporânea – IAC do Masp, a HfG e a Esdi eram pontos nevrálgicos, e que não poderíamos deixar de abordar os três alunos brasileiros mais conhecidos de Ulm: Almir Mavignier (1925-2018), Alexandre Wollner (1928-2018) e Mary Vieira (1927-2001) ligados à corrente construtivista da arte[1]. Sabíamos também que outro importante personagem é Karl Heinz Bergmiller (1928), designer industrial alemão que fez a travessia do Atlântico na direção oposta, depois de se formar na HfG – e de quem recebemos a surpresa do depoimento inédito. Por fim, entendíamos que a escola alemã era uma espécie de mito fundador da Esdi.

Aos poucos formou-se uma rede de conexões mais densa em torno dos pontos iniciais, e vislumbramos algumas de suas muitas origens e derivações: da Bauhaus ao Instituto de Desenho Industrial – IDI, no MAM Rio; do construtivismo russo à *computer art*; à prática tangente ao design de artistas concretos e neoconcretos não formalmente ligados a tais instituições, mas informados por suas ideias – Geraldo de Barros (1923-1998, Brasil), Lygia Clark (1920-1988, Brasil), Lygia Pape (1927-2004, Brasil) e Waldemar Cordeiro (1925-1973, Itália).

O mapa de contatos ampliou-se através de coincidências imprevistas, e é este emaranhado que sintetizamos nos *infográficos* que abrem este volume, baseados em dados extraídos de livros, catálogos de exposições, entrevistas e trabalhos acadêmicos[2]. À luz deles – e da *linha do tempo norte sul 1947-1968*, nas páginas seguintes –, o propósito de *boa forma gute form*, esboçado no início do processo, ficou nítido: adentrar a fascinante convivência, a colaboração profissional, as trocas de ideias desses personagens – artistas, arquitetos, teóricos, designers e poetas –, e, assim, a criação de uma obra de características semelhantes, que confunde os limites entre disciplinas ao mesmo tempo que o design busca sua emancipação.

This is a book built by many hands. The idea that originated it proved to be open enough to be affected by the encounter with the invited authors, the documentation centers and the research that preceded it. Our initial intention was to tell the story of the numerous contacts between artists, designers and architects – mainly between Brazil, Germany and Switzerland – and the mutual influences that marked the years of the institutional formation of Brazilian design. The synopsis took into account, then, Max Bill's (1908-1994, Switzerland) visit to the country and how it affected our artists, the move of some of them to the Hochschule für Gestaltung Ulm – HfG Ulm, in southern Germany, and the subsequent creation of the Escola Superior de Desenho Industrial – Esdi, in the time frame from 1947 to 1968 – respectively, the year of foundation of the São Paulo Museum of Art – Masp, and the year of closure of the HfG Ulm and of the 1st Design Biennial in the country, hosted at the Museum of Modern Art of Rio de Janeiro – MAM Rio.

We brought together 12 critics, historians and curators and, from these encounters, the proposed panorama gained a more complex weaving. We knew that Masp's Institute of Contemporary Art – IAC, HfG and Esdi were key points, and that we could not fail to address the three best-known Brazilian students in Ulm: Almir Mavignier (1925-2018), Alexandre Wollner (1928-2018) and Mary Vieira (1927-2001), connected to the constructivist art movement[1]. We also knew that another important character is Karl Heinz Bergmiller (1928), a German industrial designer who crossed the Atlantic in the opposite direction, after graduating from HfG – and from whom we were surprised with an unprecedented testimony. Finally, we understood that the German school was a kind of founding myth of Esdi.

Gradually, a denser network of connections gained shape around the starting points, and we glimpsed some of their many origins and derivations: from the Bauhaus to the Institute of Industrial Design – IDI, at MAM Rio; from Russian constructivism to computer art; to the practice tangent to design by concrete and neo-concrete artists not formally linked to such institutions, but influenced by their ideas – Geraldo de Barros (1923-1998, Brazil), Lygia Clark (1920-1988, Brazil), Lygia Pape (1927-2004, Brazil) and Waldemar Cordeiro (1925-1973, Italy).

1. Dez brasileiros estudaram na HfG Ulm (ver *linha do tempo 1947-1968*; p. 51). Alguns deles não voltariam a morar no Brasil, como Almir Mavignier e Mary Vieira, ou seguiriam carreiras em diferentes disciplinas, caso de Elke Koch-Weser, professora de estatística social na Universidade de Roma, e do cineasta Jorge Bodanzky.

2. Lista completa da bibliografia disponível em QR code nos *créditos*, p. 221.

1. Ten Brazilians studied at the HfG Ulm (see *timeline 1947-1968*; p. 51). Some of them would not return to live in Brazil, like Almir Mavignier and Mary Vieira, or would pursue careers in different disciplines, such as Elke Koch-Weser, professor of social statistics at the University of Rome, and filmmaker Jorge Bodanzky.

O design, entendido como mediador fundamental das relações entre o homem e o seu ambiente, nos acompanha desde sempre[3]. Mas o mesmo não se pode dizer do campo do design, que em meados do século XX apenas começava a se consolidar. Não era difundida, por exemplo, a figura do designer profissional, ou termos para dar nome às atividades de projeto voltadas à indústria. Até então, o design se constituía em relação às disciplinas tradicionais: belas artes, artes aplicadas, arquitetura[4].

Isso fica evidente no nome daquela que é considerada a primeira escola de design do Brasil – o Instituto de Arte Contemporânea do Masp, criado em 1951. Apenas três anos depois, começam os planos para a Escola Técnica de Criação – ETC no MAM Rio. A inclusão de "técnico" ligado à "criação" pareceria um caminho terminológico mais adequado. Mas, em 1956, Tomás Maldonado, seu proponente, ainda não estava satisfeito: "(...) pensando melhor, 'criação' é uma palavra muito importante (...) romântica e patética. Proponho 'Escola Superior de Design para a Indústria'. Temos que pensar no desenvolvimento tecnológico dos próximos anos (automação etc.) que fará do 'designer industrial' um personagem mais próximo do engenheiro de produção que do criador"[5].

Assim, na mesma década em que Joaquim Tenreiro e Sergio Rodrigues propunham móveis condizentes com a arquitetura moderna brasileira, já mundialmente celebrada, mas de produção exclusivamente artesanal e voltada a consumidores da classe alta[6], o que se buscava no IAC do Masp e no MAM Rio era formar profissionais aptos a trabalhar para as indústrias que surgiam. Em texto sobre os objetivos da ETC, lê-se: "A ETC será uma escola produtiva. O ensino será, ao mesmo tempo, teórico e prático. Por isto, a escola produzirá e venderá o que produzir, mantendo estreito contato com o mercado, recebendo encomendas de projetos para variados tipos de produção industrial, desde o cartaz de propaganda até o projeto de utensílios e máquinas."[7]

Portanto, o que tinham em vista não era a "renovação de uma escola artístico-artesanal"[8], mas uma nova forma de agenciar relações consistentes com a indústria e os meios de comunicação, a projetar todas as esferas da vida moderna. "Da colher à cidade", dirá Max Bill no discurso de inauguração da HfG Ulm em 1953: os móveis, os aparelhos médicos, as luminárias urbanas, os aviões; a sinalização do transporte viário ou do aeroporto; e não muitos anos depois, os sistemas de códigos de computadores.

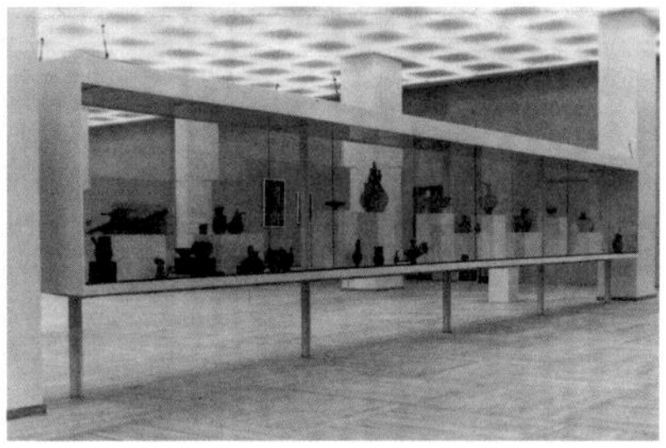

The map of contacts expanded through unforeseen coincidences, and it is this tangle that we synthesize in the *infographics* that open this volume, based on data extracted from books, exhibition catalogs, interviews and academic papers[2]. In light of them – and of the *north south 1947-1968 timeline*, in the following pages – the purpose of *good design gute form* outlined at the beginning of the process became clear: to enter the fascinating coexistence, professional collaboration, exchange of ideas of these characters – artists, architects, theoreticians, designers and poets – and, therefore, the creation of a work with similar characteristics, which blurs the boundaries between disciplines insofar as design seeks its own emancipation.

Design, understood as a fundamental mediator of the relationship between man and the environment, has always been among us[3]. But the same cannot be said of the field of design, which in the mid-20th century was just beginning to be established. For example, the figure of the professional designer, or terms describing design activities aimed at industry, were not widespread. Until then, design was constituted in relation to traditional disciplines: fine arts, applied arts, architecture[4].

This is evident in the name of what is considered the first design school in Brazil – the Masp's Institute of Contemporary Art, created in 1951. Just three years later, plans for the Technical School of Creation – ETC in MAM Rio begin. The inclusion of "technical" linked to "creation" would seem to be a more appropriate terminological solution. But in 1956, Tomás Maldonado, its proponent, was still not satisfied: "(...) come to think of it now, 'creation' is a very important a word (...) romantic and pathetic. I propose 'Superior School of Design for Industry'. We have to think about the technological development in the coming years (automation etc.) that will make the 'industrial designer' a character closer to the production engineer than to the creator"[5].

3. Uma das definições de design para Gui Bonsiepe, ex-aluno e professor da HfG, é *interface*: "(...) a interface não é uma 'coisa', mas o espaço no qual se estrutura a interação entre corpo, ferramenta (objeto ou signo) e objetivo da ação. É exatamente esse o domínio central do design." Bonsiepe, Gui. "As sete colunas do design". *In*: _____. *Do material ao digital.* São Paulo: Blucher, 2015. Bonsiepe criou e coordenou o Laboratório Brasileiro de Desenho Industrial – LBDI, em Florianópolis, de 1984 a 87.

4. Discutir e fundamentar a atividade do design marcou o período e a HfG Ulm, em especial com Tomás Maldonado, que já em 1951 escreve no editorial da *nueva visión 1*, por ele dirigida: "(...) a nv comunica os esforços na teoria e na prática (...) para superar a convencional distinção entre "as belas artes" e "as artes aplicadas"; para ligar os artistas à produção em massa.", ou por Gui Bonsiepe em artigo sobre a revista *ulm*: "(...) o design como atividade continuou a ser majoritariamente interpretado a partir de categorias derivadas das artes aplicadas. Em um mundo onde (...) a identidade profissional do designer ainda não havia sido resolvida, *ulm* constituía uma exceção (...)". Bonsiepe, Gui. "Ulmer Discourse". *In*: _____ et al. *ulmer modelle - modelle nach ulm: Hochschule für Gestaltung Ulm 1953-1968*. Berlim: Hatje Cantz Verlag, 2003.

5. Observação escrita à mão em diagrama da ETC presente no dossiê Escola Técnica de Criação, atualmente sob os cuidados do Centro de Documentação MAM Rio. A ETC não foi inaugurada, mas seus planos serviram para fundamentar a Escola Superior de Desenho Industrial – Esdi. As relações entre a Esdi e o MAM Rio seguiram estreitas com as atividades do Instituto de Desenho Industrial – IDI, de 1968 a 1986.

Vitrine das Formas, Masp

2. The complete list of our bibliography is available in a QR code in the *credits*, p. 221.

3. One of the definitions of design for Gui Bonsiepe, a former student and professor at HfG, is interface: "(...) the interface is not a 'thing', but the space in which the interaction between body, tool (object or sign) and objective of the action are structured. This is exactly the central domain of design." Bonsiepe, Gui. "As sete colunas do design". *In*: _____. *Do material ao digital.* São Paulo: Blucher, 2015. Bonsiepe created and coordinated the Brazilian Industrial Design Laboratory – LBDI, in Florianópolis, from 1984 to 87.

4. To discuss and to substantiate design activity marked the period and HfG Ulm, especially with Tomás Maldonado, who already in 1951 wrote in the *nueva visión 1* editorial, magazine directed by him: "(...) nv communicates the efforts in theory and in practice (...) to overcome the conventional distinction between 'the fine arts' and 'the applied arts'; to link artists to mass production.", or by Gui Bonsiepe in an article about *ulm* magazine: "(...) design as an activity was still largely interpreted in categories derived from the applied arts. In a world where (...) the professional identity of the designer had not yet been clarified, *ulm* constituted an exception (...)" Bonsiepe, Gui. "Ulmer Discourse". *In*: _____ et al. *ulmer modelle - modelle nach ulm: Hochschule für Gestaltung Ulm 1953-1968*. Berlin: Hatje Cantz Verlag, 2003.

5. Handwritten observation in a diagram of ETC present in the dossier of the Escola Técnica de Criação, currently under the care of the MAM Rio Documentation Center. ETC was not inaugurated, but its plans served to support the School of Industrial Design – Esdi. The relationship between Esdi and MAM Rio continued close with the activities of the Industrial Design Institute – IDI, from 1968 to 1986.

Die gute Form [A boa Forma] foi uma exposição itinerante que estreou na Basileia em 1949, organizada por Max Bill, ex-aluno da Bauhaus que desde o fim da guerra estava envolvido em discussões sobre a qualidade dos objetos cotidianos. Promovida pela associação de arquitetos, designers e industriais suíços – Swiss Werkbund –, a mostra divulgava a importância de produtos bem-feitos e compartilhava com outras exposições do período a intenção de educar o gosto do público, contra a ameaça do kitsch e do mau design[9]. Bill reuniu uma gama diversa e surpreendente de formas no mundo, indicada nos títulos das quatro seções de *Die gute Form*[10], e em conferência durante a preparação da exposição, introduziu "beleza" ao famoso binômio forma-função: "(...) funcionalidade – deve ser algo natural (...) a busca pela beleza (...) exige um esforço maior e só é bem-sucedida em determinadas condições, quando a ideia de forma se coaduna harmoniosamente com a tarefa em mãos."[11]

Dois anos depois, em 1951, chegavam ao Masp 58 obras reveladoras da prática multifacetada de Bill. A exposição causou admiração no meio artístico brasileiro, que então se deparou com uma atividade profissional que incluía sem hierarquias pintura, escultura, tipografia, design gráfico, arquitetura[12]. Ainda que já houvesse no país o interesse em uma arte objetiva e associada aos meios industriais, é possível especular outros motivos para a adesão ao sentido organizador da boa forma, em contexto tão distinto, do Norte para a diagonal sul do globo terrestre. Talvez não seja exagero supor que, em parte, propostas visionárias para a Europa em reconstrução, nos duros anos do pós-guerra, se aplicariam a um Brasil em construção e com forte impulso modernizador. Havia, em nosso país continental, vazios concretos. É o que sugerem algumas cenas desse período: na praia do Flamengo surge um parque urbano e um museu; no centro-oeste do país, em ponto eleito na abstração do mapa, uma nova capital; e no belvedere da hoje mais importante avenida da América do Sul, a Paulista, uma Bienal Internacional e depois, o museu de pilares vermelhos.

A retrospectiva de Max Bill no Masp foi contemporânea às conversas do artista com o casal Inge Scholl (1917-1998, Alemanha) e Otl Aicher (1922-1991, Alemanha), que criavam em Ulm uma fundação em homenagem aos irmãos de Scholl, líderes do movimento antinazista Rosa Branca. O instituto financiaria uma escola popular de política e cultura, mas Bill sugeriu, em seu lugar, dar continuidade à Bauhaus – fechada pelo governo em 1933[13] –, defendendo que as disciplinas de projeto seriam a ferramenta ideal para a educação da população traumatizada pela guerra, rumo a uma nova civilização democrática.

Thus, in the same decade in which Joaquim Tenreiro and Sergio Rodrigues proposed furniture consistent with Brazilian modern architecture, already worldwide celebrated, but exclusively handcrafted and aimed at upper-class consumers[6], what the IAC at Masp and MAM Rio wished was to train professionals able to work for emerging industries. A text about ETC's objectives reads: "ETC will be a productive school. Teaching will be both theoretical and practical. For this reason, the school will produce and sell its products, maintaining close contact with the market, receiving commissions for industrial production of various types, from advertising posters to the design of utensils and machines."[7]

Therefore, what they had in mind was not the "renovation of an artistic-crafts school"[8], but a new way of managing consistent relations with industry and the media, designing all the spheres of modern life. "From the spoon to the city", Max Bill will say in the opening speech of the HfG Ulm in 1953: furniture, medical devices, urban lights, airplanes; signage for road or air transportation; and not many years later, computer coding systems.

Die gute Form [The good Design] was a traveling exhibition that opened in Basel in 1949, organized by Max Bill, a former Bauhaus student who had been involved in discussions about the quality of everyday objects since the end of the war. Promoted by the association of Swiss architects, designers and industrialists – Swiss Werkbund –, the show promoted the importance of well-made products and shared the intention of educating the public's taste with other exhibitions of the period, against kitsch and bad design menace[9]. Bill gathered a diverse and surprising array of forms in the world, indicated in the titles of the four sections of *Die gute Form*[10], and in a conference held during the preparation of the show, he introduced the concept of beauty to the famed form-function binomial: "[...] functionality – it ought to be a matter of course. [...] the pursuit of beauty [...] requires a greater effort, and succeeds only under particular creative conditions, when the idea of form meshes harmoniously with the particular task in hand."[11]

6. Uma das particularidades do móvel moderno brasileiro, como os de Tenreiro, é a produção artesanal e uso de madeiras nativas nobres. As principais iniciativas nos anos 1950 e 60 de produção seriada ou semi-industrial são as fábricas Móveis Z, Unilabor, Oca, Hobjeto e Mobília Contemporânea. Apesar de serem profissionais reconhecidos no Rio, não há registros da atuação de Tenreiro ou Sergio Rodrigues na Esdi.

7. Documento s/ data, dossiê Escola Técnica de Criação, Centro de Documentação MAM Rio.

8. Op. cit. Escola Técnica de Criação

9. Por exemplo, *Useful Objects* (1938-1947) e *Good Design* (1951) no MoMA, *Formes Utiles* (1949), no Museu de Artes Decorativas de Paris. Cf. Lichtenstein, Claude. "The Appealing Design of the Good Object". *In*: _____ et al. *Max Bill's View of Things*. Zurique: Lars Müller, 2015. Cf. Betts, Paul. *The authority of everyday objects: a cultural history of West German industrial design*. Berkeley: University of California Press, 2004.

10. As quatro seções eram: "formas na natureza, ciência, arte e tecnologia; formas no planejamento [urbano] e na arquitetura; formas nos acessórios e móveis domésticos; formas em aparelhos e meios de transporte." Idem.

11. Bill, Max. Schönheit aus Funktion und als Funktion. *Werk 36*, n. 8, 1949.

12. Cf. *Max Bill da Bauhaus ao Brasil*, p. 52.

13. A Bauhaus é dividida em três períodos, nas cidades de Weimar (1919-1924), Dessau (1925-1931) e Berlim (1932-1933).

6. One of the particularities of modern Brazilian furniture, such as those by Tenreiro, is the artisanal production and use of noble native woods. The main initiatives of serial or semi-industrial production in the 1950s and 60s were the Móveis Z, Unilabor, Oca, Hobjeto and Mobília Contemporânea factories. Despite being recognized professionals in Rio, there are no records of Tenreiro or Sergio Rodrigues at Esdi.

7. Document without date, Technical School of Creation dossier, MAM Rio Documentation Center.

8. Op. Cit. Technical School of Creation

9. For example, Useful Objects (1938-1947) and Good Design (1951) at MoMA, Formes Utiles (1949) at the Paris Museum of Decorative Arts. Cf. Lichtenstein, Claude. "The Appealing Design of the Good Object". *In*: _____ et al. *Max Bill's View of Things*. Zürich: Lars Müller, 2015. Cf. Betts, Paul. *The Authority of Everyday Objects: the cultural history of West German industrial design*. Berkeley: University of California Press, 2004.

10. *The four sections were:* "forms in nature, science, art and technology; forms in planning and architecture; forms in home fittings and furnishings; forms in various appliances and modes of transportation." Idem.

11. Bill, Max. Schönheit aus Funktion und als Funktion. *Werk 36*, n. 8, 1949.

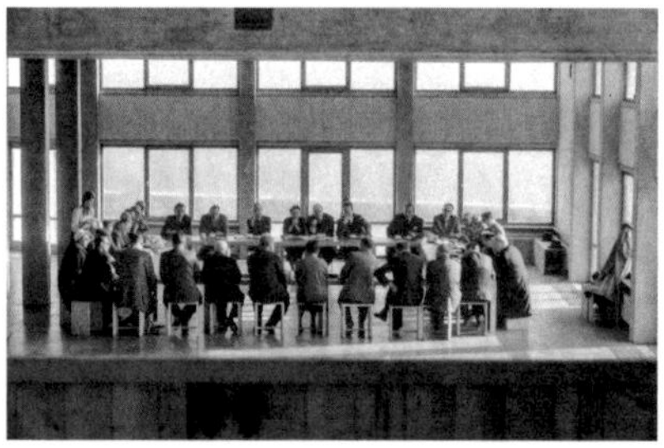

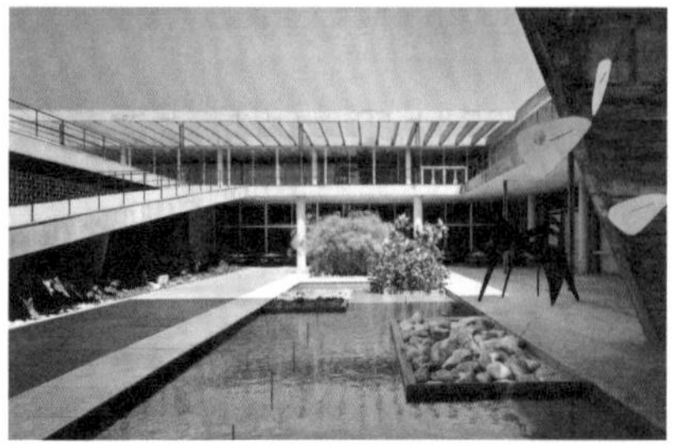

Sediada a partir de 1955 em prédio projetado pelo próprio Bill, tal qual um monastério isolado nas colinas da cidade, a HfG está entre as mais radicais e fecundas experiências de ensino de design. Nasceu internacional, com recursos do Plano Marshall, e recebeu cerca de 200 professores temporários, número impressionante quando comparado ao de alunos, 640 (chegando a 40% de estrangeiros)[14]. Publicava em periódico trilíngue, a revista *ulm*, seus resultados pedagógicos e textos de intelectuais ligados à escola, difundindo para o globo o espírito crítico e interdisciplinar que a animava. E desde o primeiro ano combinou teoria à prática e às demandas do mercado: grupos de desenvolvimento formados por professores e alunos redefiniram, por exemplo, o design de aparelhos eletrônicos da empresa Braun (conhecida como a grande referência de Jonathan Ive na Apple) e o novo sistema de identidade visual da Lufthansa.

Max Bill foi responsável por implementar a adaptação do *Vorkurs* – exitoso curso preliminar da Bauhaus – e por trazer nos primeiros anos da HfG alguns docentes da antecessora. Em 1956, conflitos começam a surgir – não surpreendentemente, dada a intenção da HfG de reformular as bases da educação do design. A figura do designer autônomo, mestre da forma, seria substituída pela do designer-coordenador, parte integrante de uma equipe de especialistas[15].

Todavia a *boa forma* continuaria a conduzir o *modelo ulmiano*, ou o que passou à história um tanto simplistamente como "estilo Ulm", resultado de profundo e sistemático processo de articulação dos fatores que incidem na solução projetual – ou na forma final. Ao contrário do senso comum, a HfG não foi engessada ou monolítica, mas experimental, aberta ao debate, movida por uma curiosidade infinita em relação a novas ciências e teorias da sociologia, da informação, da semiótica, da matemática e também da arte, quando esta realizava movimento similar de cooperação interdisciplinar nas ciências.[16]

Two years later, in 1951, 58 works that revealed Bill's multifaceted practice arrived at Masp. The exhibition was enthusiastically received by the Brazilian artistic milieu, which then discovered a professional activity that included – free from hierarchies – painting, sculpture, typography, graphic design, architecture[12]. Although the interest in an objective art associated with industrial means was already flourishing in Brazil, there must be other reasons, in such a different context, for the Brazilian adherence to the organizing sense of good design from the North to the southern diagonal of the globe. It is perhaps no exaggeration to assume that, in part, visionary proposals for a Europe under reconstruction, in the harsh Post-War years, would apply to a Brazil under construction and with a strong modernizing impulse. There were, in our continental country, concrete voids. This is what some scenes from this period suggest: in the Flamengo beach an urban park and a museum arise; in the center-west of the country, at a chosen point in the abstraction of the map, a new capital; and in the belvedere of today's most important avenue in South America, the Paulista, an International Biennial and later, the museum on red pillars.

Max Bill's retrospective at Masp was simultaneous to the artist's conversations with the couple Inge Scholl (1917-1998, Germany) and Otl Aicher (1922-1991, Germany), who were creating a foundation in Ulm in honor of Scholl's brothers, leaders of the anti-Nazi movement White Rose. The institute would finance a popular school of politics and culture, but Bill suggested, instead, to perpetuate the Bauhaus – closed by the government in 1933[13] –, arguing that design disciplines would be the ideal tool for educating the population traumatized by the war, towards a new democratic civilization.

Headquartered from 1955 in a building designed by Bill himself, much like an isolated monastery in the city's hills, the HfG is among the most radical and fruitful experiences in design education. It was born international, with resources from the Marshall Plan, and received around 200 temporary teachers, an impressive number when compared to the number of students, 640 (up to 40% foreigners)[14]. Its pedagogical results were published in a trilingual periodical, the *ulm* journal, which also included texts by intellectuals connected to the school, spreading around the world the critical and interdisciplinary spirit that animated it. Since the first year, the school combined theory with practice and market demands: development groups constituted by professors and students redefined, for example, the design of electronic devices by the company Braun (known as Jonathan Ive's great reference at Apple) and Lufthansa's new visual identity system.

Max Bill was responsible for implementing the adaptation of the *Vorkurs* – Bauhaus' successful preliminary course – and for bringing, in the early years of HfG, some professors from its predecessor. In 1956, conflicts begin to emerge – unsurprisingly, given HfG's will to reformulate design education fundamentals. The figure of the autonomous designer, master of form, would be replaced by that of the designer-coordinator, an integral part of a team of specialists[15].

However, *good design* would continue to guide the *Ulm model*, or what history recorded, somewhat simplistically, as "Ulm style", the result of a deep and systematic process of articulating the factors that affect the project solution – or the final form. Contrary to common sense, the HfG was not rigid or monolithic, but experimental, open to debate, driven by an infinite curiosity in relation to new sciences and theories of sociology, information, semiotics, mathematics and also art, when it performed a similar movement of interdisciplinary cooperation in the sciences[16].

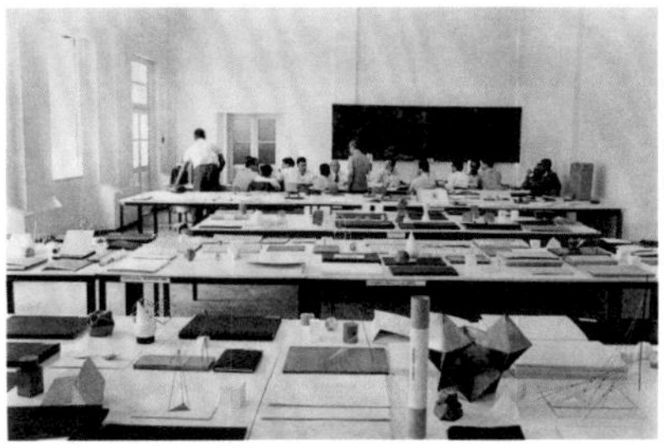

O antiacademicismo e os debates em torno de como ensinar design e seu papel na sociedade também marcaram a Esdi, assim como o rigor metodológico. Em nosso recorte temporal, constam apenas os cinco anos iniciais da escola carioca – ainda em atividade –, portanto, pouco analisamos a sua trajetória[17]. Vale notar que no resolutivo ano de 1968, como disse Alexandre Wollner, por "coincidência ou não, a HfG encerrou suas atividades e a Esdi repensou sua influência"[18], referindo-se às assembleias entre professores e alunos que questionaram a adoção do modelo alemão face à precária industrialização no país, processo simbolizado na participação-manifesto da Esdi na Bienal de Design no MAM Rio naquele ano.

Falamos do caráter mítico da Escola de Ulm para o design industrial no Brasil, e a mesma condição pode ser dada ao conceito da boa forma. Aqui, *gute form* deu nome a certificado de prêmio, a loja de design e foi argumento de venda – "a boa forma vende mais" – no *forminform*, considerado o primeiro escritório de design do país[19]; além de ter perpassado o construtivismo e suas manifestações. Mapear tais intercâmbios é uma tarefa complementar à reflexão sobre suas complexidades e contradições, do macro ao micro, movimento feito pelos especialistas na coleção de artigos deste livro – ainda que, inevitavelmente, restem fios soltos nessa trama.

Uma última consideração: a quantidade de linhas conectoras nos gráficos é bem maior que a de nomes, do que se deduz que falamos de um grupo restrito de profissionais que transitou e disseminou conexões entre os eixos norte e sul. Felizmente, tal síntese e circunscrição não são possíveis no cenário contemporâneo, tão mais amplo e diversificado. O nosso fascínio talvez esteja menos nesse aspecto que na compreensão dessa tessitura como sinal de projetos em comum, no limite, projetos de futuro, apesar das suas particularidades. Projeto, uma boa palavra para definir design.

Anti-academicism and debates around how to teach design and its role in society also marked Esdi, as well as methodological rigor. Our time frame encompasses only the first five years of the Rio school – still in operation –, therefore, its trajectory is little analyzed.[17] It is worth noting that in the decisive year of 1968, as Alexandre Wollner stated, by "coincidence or not, the HfG ended its activities and Esdi rethought its influence"[18], referring to the assemblies between teachers and students who questioned the adoption of the German model in the face of the precarious industrialization in the country, a process symbolized in Esdi's participation-manifesto in the Design Biennial at MAM Rio that year.

We talked about the mythical facet of the Ulm School for industrial design in Brazil, and a similar condition could be given to the concept of good design. Here, *gute form* gave its name to an award certificate, a design store and was the selling motto – "good design sells more" – at *forminform*, considered the first design firm in the country[19]; in addition to having permeated Brazilian constructivism and its manifestations. Mapping such exchanges is a complementary task to reflecting on their complexities and contradictions, from the macro to the micro, a movement made by the specialists in the collection of essays featured in this book – although, inevitably, some loose threads remain in this web.

One last consideration: the number of connecting lines in the graphs is much greater than the number of names, what leads to the inference that we are talking about a restricted group of professionals who moved and disseminated connections between the northern and southern axes. Fortunately, such synthesis and circumscription are not possible in the contemporary context, which is so much broader and diversified. Our fascination lies, perhaps, less in this aspect than in understanding this weaving as a sign of projects in common, to a great extent, projects for the future, despite their particularities. Project, a good word to define design.

14. Lindinger, Herbert. *L'École d'Ulm: textes et manifestes*. Paris: Centre Georges Pompidou, 1988.

15. A transformação da atividade é discutida em importante conferência de Tomás Maldonado na Expo Bruxelas em 1958, publicada sob o título "New Developments in Industry and the Training of the Designer" na revista *ulm 2*. Para uma análise do texto, cf. capítulo 4 Betts, Paul, op. cit.

16. A revista *ulm* publicou na seção Tendências, por exemplo: "In Favor of Experimental and Programmed Painting", de François Morellet (*ulm 6*); resenha do livro *Interaction of Color*, de Joseph Albers (*ulm 8/9*); e texto sobre Gruppo N (*ulm 9/10*).

17. Sobre a história da escola, cf. Souza, Pedro Luiz Pereira de. *Esdi: biografia de uma ideia*. Rio de Janeiro: Editora Uerj, 1996.

18. Wollner, Alexandre. *Design Visual – 50 anos*. São Paulo: Cosac Naify, 2003.

19. Referências são à Loja do Bom Desenho, fundada em 1964 no Rio de Janeiro, e aos certificados do prêmio da Feira de Utilidades Domésticas, e do centro de desenho industrial do IDI MAM (cf. Bergmiller, Karl Heinz; Weyne, Goebel. Plano de estruturação – Departamento de Desenho Industrial do MAM. Dez. 1968). Sobre o *forminform*, ver op. cit. Wollner 2003.

Vistas [views of] HfG Ulm, Bloco Escola MAM Rio & Esdi

12. Cf. *Max Bill from Bauhaus to Brazil*, p. 52.

13. The Bauhaus is divided into three periods, in the cities of Weimar (1919-1924), Dessau (1925-1931) and Berlin (1932-1933).

14. Lindinger, Herbert. *L'École d'Ulm: textes et manifestes*. Paris: Centre Georges Pompidou, 1988.

15. The transformation of the activity is discussed in an important lecture by Tomás Maldonado at Expo Brussels in 1958, published under the title "New Developments in Industry and the Training of the Designer" in *ulm 2* magazine. For an analysis of the text, cf. chapter 4 Betts, Paul, op. cit.

16. The *ulm* magazine published in the Trends section, for example: "In favor of experimental and programmed painting", by François Morellet (*ulm 6*); a review of the book Interaction of Color by Joseph Albers (*ulm 8/9*); and text on Gruppo N (*ulm 9/10*).

17. About the history of the school, cf. Souza, Pedro Luiz Pereira de. *Esdi: biografia de uma ideia*. Rio de Janeiro: Editora Uerj, 1996.

18. Wollner, Alexandre. *Design Visual – 50 anos*. São Paulo: Cosac Naify, 2003.

19. References are to the Loja do Bom Desenho, founded in 1964 in Rio de Janeiro, and the certificates of the prize of the Domestic Utilities Fair, and the industrial design center of IDI MAM (cf. Bergmiller, Karl Heinz; Weyne, Goebel. Plano de estruturação – Departamento de Desenho Industrial do MAM. Dec. 1968). About *forminform*, cf. Wollner, Alexandre, op. cit.

meu mestre max bill

my master max bill

karl heinz bergmiller

Uma luz no fim do túnel

Na Alemanha depois da Segunda Guerra Mundial, todo jovem enfrentava dificuldades para ingressar em uma escola de ensino superior. Eu mesmo encontrei vários obstáculos e muitas frustrações. Certo dia um jornal publicou uma notícia diferente e instigante sobre a nova Hochschule für Gestaltung de Ulm. Peguei um trem para lá, me apresentei e, sem ter agendado nada, consegui uma entrevista com um dos primeiros professores da escola, Walter Zeischegg. Duas semanas depois, recebi uma carta da HfG Ulm dizendo: "admitimos o senhor para os estudos na hfg, ano letivo 1954/55, max bill, reitor". Tudo datilografado em caixa baixa. Foi o primeiro sinal de um novo tempo para mim. Já afirmei muitas vezes que, a partir da carta de Max Bill (1908-1994, Suíça), minha vida mudou radicalmente. Não sei quais foram os critérios de seleção, mas constatei depois que somente trinta candidatos foram admitidos e a metade deles era do exterior. Quero crer que tive muita sorte e, posso dizer, de lá para cá, que essa sorte não me abandonou.

Sentar e aprender

A primeira lição de Max Bill não aconteceu em sala de aula. Ela se deu na observação e no uso de um projeto dele: um 'banquinho'. Deparei-me com ele ao sentar na frente da prancheta, nas salas de aula, no restaurante e até no meu quarto. Eu já havia projetado e executado um conjunto de mobiliário composto por duas poltronas, uma mesinha e uma luminária de pé, antes de entrar na HfG Ulm, provando o meu conhecimento técnico. Observando esse banquinho, um móvel quase 'primitivo', feito a partir de três tábuas de pinho e um cabo de vassoura, pensei: "eu devo mudar meus conceitos antiquados e deixar minhas habilidades para outras ocasiões". Esse banquinho era um outro ponto de partida.

Em uma hierarquia dos móveis para sentar, o banquinho se encontra no início da fila. Depois vem a cadeira com encosto, a cadeira com braços, a cadeira com assento estofado e depois, de repente, a cadeira passa a ser chamada de poltrona! Isso sem considerar assentos com regulagens e ajustes, nos quais um simples móvel para sentar se transforma quase em uma máquina.

Não tive dúvidas de que, na conceituação geral da HfG Ulm, as questões econômicas eram importantes e por isso era necessária a procura constante por soluções mais simples. E o melhor exemplo era o próprio *hocker*, fabricado dentro das oficinas da escola, que poderia ser traduzido para o português como *banquinho*. No entanto, a palavra em alemão é mais apropriada pois estabelece uma relação com a postura do usuário devida à ausência de um encosto: a pessoa fica quase que de cócoras. Existe até o verbo *hocken* que poderia ser traduzido por agachar. Banquinho, em uma tradução muito literal para o português, admitiria ainda uma interpretação que inclui um móvel infantil.

A light at the end of the tunnel

In post-war Germany, every youngster faced difficulties to enter a higher education institution. I, myself, found many obstacles and much frustration. One day, a newspaper published a different and thought-provoking piece of news about the new Hochschule für Gestaltung in Ulm. I took the train to Ulm, introduced myself, and without having made an appointment, got an interview with one of the first professors at the school, Walter Zeischegg. Two weeks later, I received a letter from HfG Ulm, which said: "we accept you as a student at hfg, academic year 1954/55, max bill, rector". Everything typed in lower case. That was the first sign of a new time for me. I have declared many times that after Max Bill's (1908-1994, Switzerland) letter my life changed radically. I do not know which the acceptance criteria were, but I later realized that only thirty applicants had been admitted, and half of them were foreigners. I should like to believe that I was fortunate, and I can say that, from that moment on, my luck has not run out.

Sit down and learn

Max Bill's first lesson did not take place inside the classroom. It happened in the observation and in the employment of an object of his: a "stool". I first set my eyes on it as I sat in front of the drawing table, in the classrooms, at the restaurant or even in my dorm. I had designed and executed a furniture set composed of two armchairs, a small table and a floor lamp, before I had entered HfG Ulm, proving my technical knowledge. Observing this stool, an almost 'primitive' piece, made from three spruce boards and a broomstick, I thought: "I must change my antiquated concepts and leave my abilities to other occasions". This stool was another starting point.

In the hierarchy of furniture made for sitting, the stool is first in line. Then comes the chair with a backrest, the chair with arms, the chair with an upholstered seat and then, suddenly, the chair becomes an armchair! Not even considering the seats with regulations and adjustments, in which a simple piece of furniture for sitting is transformed into something that almost resembles a machine.

I had no doubts that, in the general concepts of HfG Ulm, economic matters were important, and so was the constant search for simpler solutions. And the best example was the *hocker* itself, manufactured at the school workshops, which could be translated to Portuguese as *banquinho* [little stool]. However, the word in German is more appropriate, because it establishes a relation to the posture of the user, due to the absence of a backrest: the person is almost in a crouching position. There is even the verb *hocken,* which could be translated as squatting. *Banquinho,* in a very literal translation to Portuguese, would also allow the interpretation that it is a piece of furniture made for children.

Max Bill, alongside Hans Gugelot and the master at the wood workshop, Paul Hildinger, developed a *hocker* which could not have been simpler and more versatile: it presents two seating heights (40 and 45 cm), also serves as a small table and can be carried around as if it were a briefcase. In the inaugural speech at HfG Ulm, Max Bill used a *hocker* on top of a table as a pulpit. The *hocker* was built from three boards joined together by parallel finger joints and a rounded transversal bar section fitted by wedges also made of wood. The top of the laterals was headed by harder wood with a double function: to avoid warping and to allow a better sliding on the floor. The *hocker* did not receive any additional finishing.

Today, the Ulm *hocker* is part of the history of modern seats. I believe that is due to its radical simplicity and to the employment of common materials, less 'noble', such as the common spruce (*Fichte*), which had not been, until then, used in furniture manufacturing, but in wooden crates and in heavy building. However, the construction of the *hocker* followed, in every detail, more traditional carpentry techniques. And I never heard of one of them breaking or coming apart. It was perfect to sit at a desk, a meeting table, at a restaurant table, or in any situation in which there was a frontal support. One of the great findings of the *hocker* was the transversal broomstick, which made it easy to carry it wherever needed.

I believe it is needless to talk about its formal aspects; in the Ulm *hocker* "nothing can be added or eliminated". And this was a classic Max Bill argument. I remember Charles Eames's visit to Ulm and that he watched our sitting habits very closely. I, myself, sat for four years on a *billhocker*, and that must have been a great contribution to my professional formation.

Max Bill, com Hans Gugelot e o mestre da oficina de madeira, Paul Hildinger, desenvolveu um *hocker* que não poderia ser mais simples e versátil: tem duas alturas para sentar (40 e 45 cm), serve também como mesinha e pode-se carregá-lo como se fosse uma maleta. No discurso inaugural da Hochschule für Gestaltung Ulm – HfG Ulm, Max Bill usou um *hocker* em cima de uma mesa como púlpito. O *hocker* foi construído com três tábuas unidas por malhetes paralelos e uma travessa de seção redonda encaixada nas laterais e fixada por cunhas também de madeira. Os topos das laterais foram encabeçados com madeira mais dura com uma dupla função: evitar o empeno das tábuas e permitir um melhor deslizamento no piso. O *hocker* não recebeu nenhum acabamento adicional.

Hoje, o *hocker* de Ulm faz parte da história dos assentos modernos. Acredito que isso se deva à sua radical simplicidade e ao emprego de materiais comuns, menos 'nobres', como o pinho comum (*Fichte*), que não era, até então, utilizado na fabricação de móveis, mas em caixotaria e na construção civil. Porém, a construção do *hocker* seguia, em todos os detalhes, as técnicas mais tradicionais da marcenaria. E nunca se soube que um deles quebrasse ou se desmontasse. Ele era perfeito para sentar em uma mesa de trabalho, nas mesas de reunião, na mesa do restaurante ou em qualquer situação onde houvesse um apoio frontal. Um dos grandes achados do *hocker* foi a travessa tipo cabo de vassoura que facilitava carregá-lo para todos os lugares onde fosse necessário.

Creio ser dispensável falar sobre seus aspectos formais; no *hocker* de Ulm "não se pode acrescentar nada ou eliminar algo". E esse era um argumento clássico de Max Bill. Lembro-me da visita a Ulm de Charles Eames, que ficou muito atento aos nossos hábitos de sentar. Eu, particularmente, fiquei quatro anos sentado no *billhocker*, e isso deve ter contribuído muito para a minha formação profissional.

Exercícios para raciocinar
Max Bill era arquiteto, pintor, escultor, designer e teórico também: um "artista total" como foi chamado por Tomás Maldonado (1922-2018, Argentina), antes de suas divergências conceituais que surgiram já nos primeiros anos de funcionamento da escola. Max Bill, dentro de seus princípios, propunha um "treinamento estético" equilibrado com questões técnicas e teóricas, sempre deixando claro que se não fosse dada a devida importância aos fenômenos estéticos, sequer se justificaria a existência de uma Hochschule für Gestaltung. Mas complementava essa ideia dizendo que "tais diretrizes não deveriam ser entendidas como um objetivo de formar artistas na HfG". Essa foi uma postura inflexível dele, coerente com sua personalidade e que terminou resultando, mais tarde, em seu afastamento da escola. Esse é um assunto bastante complexo sobre o qual não pretendo aqui me alongar.

No meu Curso Fundamental em 1954/55, Max Bill tinha uma fórmula original para desenvolver suas aulas. Procurava problemas abstratos, temas surpreendentemente simples, mas que resultavam, exatamente por isso, em longas e amplas avaliações e discussões. Queria "treinar o aprendizado de argumentos objetivos, tanto no próprio trabalho quanto na avaliação das ideias dos colegas". Sempre atuava como um moderador e, de maneira sutil, fazia comparações sem emitir propriamente uma opinião. No final das discussões, que às vezes duravam muitas horas, ele e os alunos chegavam, geralmente, a um consenso, não apenas pelos métodos democráticos usados, mas principalmente pelos aspectos lúdicos que terminavam resultando em classificações que indicavam a melhor solução, possibilitando definir onde se situava o trabalho de cada aluno. Aprendia-se de forma coletiva, com erros e acertos, e até com as soluções mais espetaculares que, muitas vezes, não resistiam a uma crítica ou a um questionamento. Essa foi uma das principais fórmulas do ensino de Max Bill e eu considero um privilégio ter vivido e participado dessa fase da HfG Ulm.

Uma escola dentro da escola
Em 1956, Bill deixou a reitoria da HfG Ulm e organizou o Atelier Max Bill, algo que estava previsto dentro da ideia original da escola. Vários docentes já atuavam com grupos de estudantes em projetos concretos para empresas privadas. Max Bill anunciou sua intenção de formar seu ateliê no quadro de avisos para alunos e houve um grande número de candidatos. Fui selecionado ao lado de mais três colegas. Os critérios, dessa vez, foram bem claros: além do sucesso no Curso Fundamental, devia-se ter experiência prática em um campo tecnológico antes de haver ingressado na escola. Bill tinha várias demandas na área da *Produktgestaltung*, como telefones, relógios, luminárias, móveis e cadeiras de trabalho. Ele distribuiu para cada membro do grupo um dos projetos, que eram acompanhados por uma orientação sucinta. Aguardava de cada colaborador uma resposta de como a tarefa fora entendida, se havia dúvidas, lacunas, falhas ou divergências; e esperava por sugestões para posterior desenvolvimento. Uma vez analisado e definido o problema, elaborava-se um cronograma. O respeito mútuo estabelecido entre todos no Atelier Max Bill contradiz uma versão que o descreve como uma personalidade autoritária. Outro aspecto de interesse foi a diversidade dos projetos e a possibilidade de participação coletiva em seu conjunto. Indiretamente, todos se interessavam pelos mais variados temas e questões que cada trabalho apresentava.

Max Bill, Hans Gugelot & Paul Hildinger, *ulmer hocker* (1954)

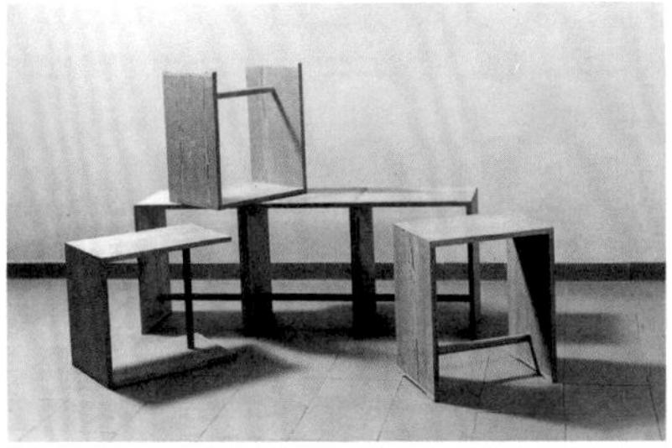

Coube a mim desenvolver um telefone, tarefa com grandes limitações impostas pelos organismos estatais das telecomunicações. Da década de 1950 até hoje, o sistema de telecomunicações foi um dos que mais evoluiu dentro do setor tecnológico. Mas o telefone de mesa, muitas vezes chamado de telefone fixo, manteve muitas de suas características originais. Continua sendo um aparelho de mesa e um aparelho de mão. Em 1956, desenvolvemos no Atelier Max Bill várias experiências que poderiam ser interessantes até os dias de hoje. Noto isso a partir do meu próprio aparelho fixo, que parece ser projetado sem muitas preocupações com o usuário, pois nem sempre desliga corretamente, o que pode deixar o interlocutor do outro lado da linha irritado.

A maior parte dos projetos que foram desenvolvidos no ateliê não chegou a ser implantada, pois a *Geschwister Scholl-Stiftung* [Fundação Irmãos Scholl], entidade jurídica que supervisionava vários aspectos da HfG Ulm, interpretou suas atividades como uma "escola dentro da escola" e cancelou os acordos com Max Bill.

Fechando um ciclo

"Max Bill pegou o seu Bentley e voltou para Zurique, onde tinha coisas mais importantes para fazer", foi o que muitos disseram. Essa foi uma opinião inconsequente, comum entre aqueles que permaneceram na HfG Ulm. Na verdade, a escola nesse momento estava dividida. Fizemos uma festa de despedida que mais pareceu uma manifestação política em protesto contra uma perda que considerávamos injusta. Bill deixou a escola em 1957 e ela fechou uma década depois. Uma coisa nada teve a ver com a outra, mas faltou em ambas as ocasiões um 'diálogo sensato'. Sempre achei que Max Bill, em seu íntimo, não conseguiu superar esse desfecho de uma fase histórica do design moderno, na qual ele foi considerado um dos principais protagonistas. Ele, todavia, jamais teria admitido este sentimento e eu formulo essa ideia com muita cautela.

Max Bill não abandonou seu grupo de alunos mais próximo – entre eles eu – quando passávamos para o quarto ano do curso, o chamado *diplomjahr*, momento de propor e desenvolver um trabalho teórico e um prático para receber o certificado da HfG. Periodicamente, vinha de Zurique para discutir o andamento dos trabalhos, da mesma maneira que fazia no Atelier Max Bill, porém, dessa vez, as discussões aconteciam em nossos quartos. Fez uso de todo o seu prestígio e formou uma comissão de notáveis para avaliar os nossos projetos.

Exercises for thought

Max Bill was an architect, a painter, a sculptor, a designer and a theoretician: "a total artist", as he was called by Tomás Maldonado (1922-2018, Argentina), before their conceptual divergences, which arose already in the first years of the school. Max Bill, in accordance with his own principles, proposed an "aesthetic training", in a balance between technical and theoretical aspects, always making clear that if the due importance was not given to aesthetic phenomena, the existence of a Hochschule für Gestaltung would not even be justifiable. But he complemented this idea by saying that "such guidelines should not be understood as an objective to form artists at HfG". That was an adamant posture of his, coherent with his personality and which culminated with his departure from the school. This is a rather complex matter, which I do not intend to dwell on here.

In my Foundation Course in 1954/55, Max Bill had an original formula to develop his classes. He looked for abstract problems, surprisingly simple themes, but which resulted, precisely for that reason, in long evaluations and discussions. He wanted to "train the learning of objective argumentation, both in one's own work and in the evaluation of the ideas of the colleagues". He always acted as a moderator, and subtly, made comparisons without properly emitting an opinion. When the discussion came to an end, which happened sometimes after long hours, he and the students came to a consensus, not only because of the democratic methods used, but mainly due to the playful aspects which in the end resulted in classifications that indicated the best solution, enabling to define where each student's work ranked. One learned in a collective way, with mistakes and accomplishments, and even with the most spectacular solutions, which, many times, did not resist a criticism or questioning. This was one of the main teaching formulas of Max Bill, and I consider a privilege having lived and taken part in this phase of HfG Ulm.

A school within a school

In 1956, Bill left the rectorship of *HfG Ulm* and organized the Atelier Max Bill, something that had been planned in the original idea of the school. Many faculty members were working with groups of students in concrete projects for private companies. Max Bill announced his intention to start his atelier on the school notice board and there was a large number of applicants. I was selected alongside three other colleagues. The criteria, this time, were very clear: in addition to having been successful in the Foundation Course, you ought to have had practical experience in a technology field before having entered the school. Bill had multiple demands in the *Produktgestaltung* area, such as telephones, clocks, lamps, furniture and office chairs. He assigned to each member of the group one of the projects, which were accompanied by succinct guidelines. He expected from each collaborator a reply about how the task was understood, questions, if there were any loopholes or divergences; and he expected suggestions for further development. Once the problem had been analyzed and defined, a schedule was elaborated. The mutual respect established among everyone at Atelier Max Bill contradicts a version which describes him as having an authoritarian personality. Another aspect of interest was the diversity of projects and the possibility of collective participation in them. Indirectly, everyone was interested in the most varied themes and questions each project presented.

Minha proposta de trabalho teórico era um estudo sobre as características das superfícies dos nossos objetos de uso, e o trabalho prático consistiu no desenvolvimento de uma máquina automática de vendas. Meu colega Ernst Möckl desenvolveu um conjunto de talheres que eu uso há mais de cinquenta anos e ainda parecem novos e contemporâneos. "Aprovado, Bergmiller".

Meu ciclo na HfG Ulm, iniciado em 1954 com a carta de aceitação de Max Bill, encerrou-se em 1958 com o visto de Bill em meu diploma.

Sempre aprendendo

Recém-formado, recebi uma bolsa de estudos do Itamaraty, e embarquei para o Brasil em dezembro de 1958. Antes, no caminho para Gênova, porto de onde sairia meu navio, visitei Bill. Entreguei-lhe um relatório ilustrado do projeto do telefone desenvolvido e recebi dele, além de um livro comemorativo de seus cinquenta anos, recomendações valiosas e um convite que me deixou orgulhoso: "voltando do Brasil, pode vir trabalhar comigo".

Ele já era bastante conhecido no país no qual recebera o grande prêmio da 1ª Bienal de São Paulo e fizera, no Museu de Arte de São Paulo – Masp, uma exposição que foi um marco importante na arte concreta brasileira. Na época, realizou também, em São Paulo e no Rio de Janeiro, conferências e entrevistas. Como se sabe, no mesmo período, ele estava empenhado no projeto da HfG Ulm e isso repercutiu no Brasil. Em grande parte devido à reputação de Bill no país, começou-se a pensar no ensino formal do design que, finalmente, se concretizou dez anos depois do início das atividades da HfG Ulm com a fundação da Escola Superior de Desenho Industrial – Esdi, no Rio de Janeiro, em 1963.

Visitei Max Bill pela última vez em Zurique, em 1981. Na ocasião, informei a ele com alegria: 'sua escultura está a salvo'. Ela, de fato, fazia parte do acervo do Museu de Arte Moderna do Rio de Janeiro – MAM Rio, e fora recuperada depois do incêndio ocorrido em 1978. Ele respondeu categoricamente: 'isso não é possível'. Insisti e contei-lhe como todos do Museu estavam satisfeitos por terem salvado ao menos essa obra tão preciosa. Ele sorriu e, claro, estava também satisfeito. Aproveitei para pedir-lhe uma orientação: "sua escultura está em um suporte esquisito, talvez mais apropriado para um busto de bronze". Ele então desenhou num papelzinho um suporte que combinaria com a obra. Peguei o rabisco e, voltando para o Brasil, a primeira coisa que fiz foi mandar executar o suporte na oficina do Museu. O que se pode ver agora é um suporte integrado à escultura. Tive de explicar isso recentemente para os responsáveis do MAM Rio, esclarecendo porque uma única escultura do acervo estava presa a um cilindro preto.

Um salto no tempo

No livro *Karl Heinz Bergmiller, um designer brasileiro* (2019), há uma luminária e sua legenda especifica que a peça foi desenvolvida em 1957, no Atelier Max Bill na HfG Ulm. O cliente era uma empresa alemã cujo dono, curiosamente, não conseguiu identificar o objeto como uma luminária de mesa e não aceitou o projeto. Na época, eu e Max Bill rimos muito disso. Recentemente uma fábrica brasileira mostrou interesse em produzir a luminária. Comuniquei isso para o Dr. Jakob Bill, presidente da *max bill-stiftung*. Ele respondeu logo, com empolgação: "Eu me lembro bem dessa luminária na mesa de cabeceira de meu pai; não sei onde foi parar. Aliás, vendo a fotografia percebo um objeto absolutamente atemporal e seria incrível depois de tantos anos que fosse produzido". Esclareci que o único modelo existente era aquele e que eu mesmo o havia executado nas oficinas da Hochschule für Gestaltung, em Ulm. As lembranças e a reação do Dr. Jakob Bill me deixaram emocionado e eu queria, naquele momento, abraçar o filho do meu mestre Max Bill.

Bergmiller & Atelier Max Bill, luminária de mesa [table lamp] (1957)

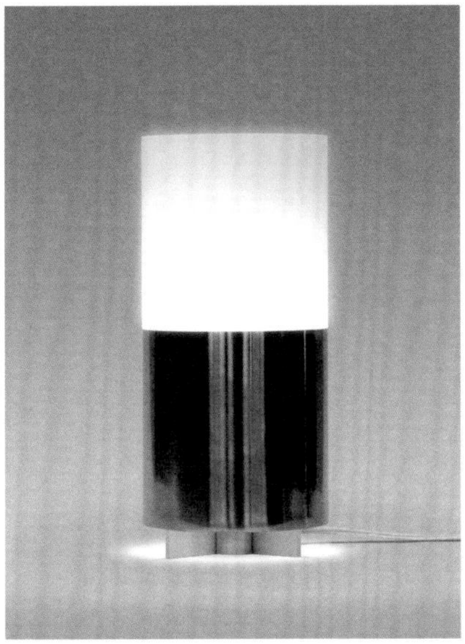

I was assigned to develop a telephone, a task with great limitations imposed by the state telecommunication bodies. From the 1950s until this day, the telecommunication system was one of those which most evolved in the technological sector. But the desk phone, many times called landline telephone, kept many of its original characteristics. It is still a desktop and a handheld device. In 1956, we developed, at the Atelier Max Bill, different experiments which might be interesting even to this day. I realize this by observing my own landline phone, which seems to have been designed without much concern for the user, for it not always hangs up correctly, which may leave the interlocutor on the other side of the line quite irritated.

Most of the projects that were developed at the atelier were not implemented, for the *Geschwister Scholl-Stiftung* [Scholl Siblings Foundation], the legal entity which supervised the several aspects of HfG Ulm, interpreted the activities as a "school within a school" and cancelled all the agreements with Max Bill.

Closing a cycle
"Max Bill took his Bentley and returned to Zurich, where he had more important things to do" was what many people said. That was an inconsistent opinion, very common among those who remained at HfG Ulm. As a matter of fact, the school was divided at that point. We organized a farewell party that looked more like a political manifestation, in protest against a loss we considered unfair. Bill left in 1957 and the school closed down a decade later. One thing had nothing to do with the other, but a "sensible dialogue" was lacking on both occasions. I have always thought that Max Bill, in his inmost true self, could not overcome such closure of a historical phase in modern design, in which he was considered one of the main protagonists. He, however, would have never admitted this feeling and I formulate this idea very cautiously.

Max Bill did not abandon his group of closest students – me among them – when we started the fourth year of the course, the so-called *diplomjahr*, the moment to propose and develop a theoretical work and a practical one to receive the HfG certificate. He would come periodically from Zurich to discuss the progress of the works, in the same way he used to do at the Atelier Max Bil*l*; however, this time, the discussions happened in our dorms. He drew upon all his prestige and formed a commission of notable professionals to evaluate our projects.

My theoretical work proposition was a study about the characteristics of surfaces in our objects of daily use, and the practical work consisted in the development of an automatic vending machine. My colleague Ernst Möckl developed a set of silverware that I have been using for more than fifty years and still look new and contemporary. "Approved, Bergmiller".

My cycle at HfG Ulm, initiated in 1954 with the acceptance letter from Max Bill, ended in 1958 with Bill's signature on my diploma.

Always learning
Recently graduated, I was granted a scholarship from the Ministry of Foreign Affairs and set out to Brazil in December 1958. Before that, on my way to Genoa, the port my ship would sail from, I visited Bill. I handed him the illustrated report of the telephone project I had developed and received from him, in addition to a book commemorating his fiftieth birthday, valuable advice and an invitation that made me proud: "returning from Brazil, you can come and work with me."

He was already quite well-known in the country where he had been awarded the grand prize at the 1st Bienal de São Paulo and had exhibited his work at São Paulo Museum of Art – Masp, a show which was an important milestone in Brazilian Concrete Art. At the time, he also gave lectures and interviews in São Paulo and in Rio de Janeiro. As it is known, at that point he was committed to the project for HfG Ulm and that had great repercussion in Brazil. Mostly due to Bill's good reputation in Brazil, the idea of a formal design education started taking shape, until it finally came to fruition ten years later, after the start of the activities at HfG Ulm, with the foundation of the School of Industrial Design – Esdi in Rio de Janeiro, in 1963.

I visited Max Bill for the last time in Zurich, in 1981. I let him know then, joyfully: 'your sculpture is safe'. It had in fact been part of the collection of the Museum of Modern Art of Rio de Janeiro – MAM Rio, and had been rescued from a fire which had taken place in 1978. He answered categorically: 'that is not possible'. I insisted and told him how everyone at the museum was glad that they had saved at least such a precious artwork. He smiled and, of course, was glad as well. I took the opportunity to ask him for guidance: "your sculpture is on a weird support, that perhaps would be more appropriate for a bronze bust". He got hold of a piece of paper and designed a support base that would go well with the work. I took the sketch and, first thing upon my return to Brazil, I ordered it to be executed at the museum workshop. What can be seen now is a support that is integrated with the sculpture. I recently had to clarify this to the administration of MAM Rio, explaining why only one sculpture in the collection was attached to a black cylinder.

A leap in time
In the book *Karl Heinz Bergmiller, um designer brasileiro* [Karl Heinz Bergmiller, a Brazilian designer] (2019), there is a photograph of a lamp and the captions read that the piece was designed in 1957, at the Atelier Max Bill at HfG Ulm. The client was a German company whose owner, curiously, could not identify the object as a desktop lamp and did not accept the project. At the time, Bill and I had a good laugh at that. Recently, a Brazilian factory showed interest in producing the lamp. I informed Dr. Jakob Bill, president of the *max bill-stiftung* about it. He answered promptly, with excitement: "I remember this lamp on my father's desk; but I don't know where it went. By the way, looking at the photograph now, I see an absolutely timeless object and it would be incredible, after all these years, that it could be produced". I explained that the only existing model was that one, and that I had produced it at the workshops at Hochschule für Gestaltung, in Ulm. The memories and the reaction of Dr. Jakob Bill moved me, and I wanted, at that moment, to hug the son of my master Max Bill.

Os verbetes estão divididos em eixos temáticos. Cada altura corresponde a um eixo

The entries are divided in thematic axes. Each height corresponds to an axis

History

Professionals

Schools

Works and publications

Exhibitions and courses

N

S

Fatos históricos

Profissionais

Escolas

Obras e publicações

Exposições e cursos

linha do tempo

timeline

Otl Aicher inicia seu estúdio de comunicação visual em Ulm

Otl Aicher opens his visual communication studio in Ulm

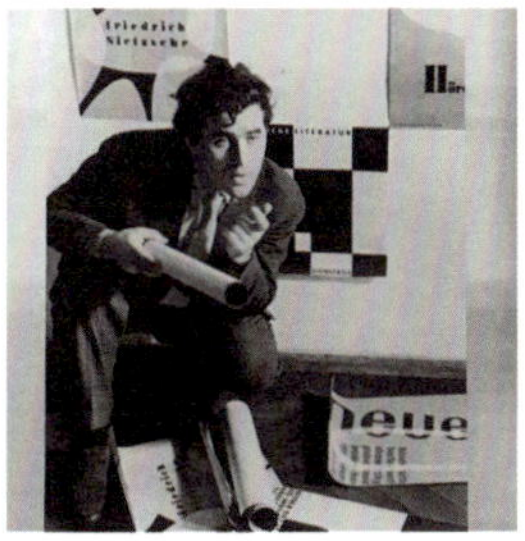

Após a instalação da Escola Popular de Ulm [Ulmer Volkshochschule] em 1946, acontecem os primeiros contatos entre **Inge Scholl** e **Otl Aicher** com **Max Bill,** em Zurique, e com ex-professores da Bauhaus

After the installation of the Ulm Adult Education Center [Ulmer Volkshochschule] in 1946, first contacts between **Inge Scholl** and **Otl Aicher** with **Max Bill,** in Zurich, and with former professors at the Bauhaus

1947

Loja de Joaquim Tenreiro é inaugurada no Rio

Joaquim Tenreiro's store opens in Rio

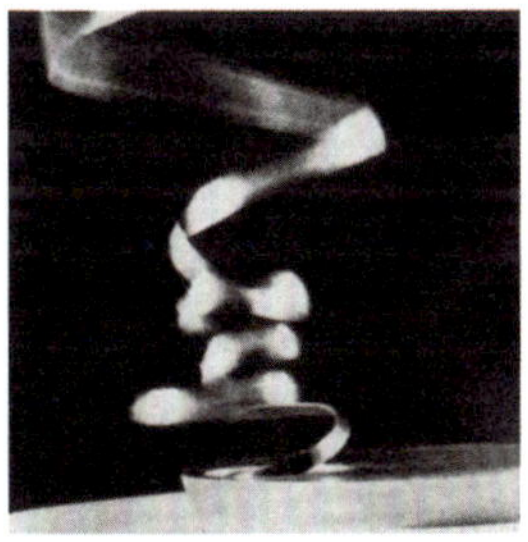

Formas eletrorrotatórias, espirais com perfuração virtual / Electrorotatory shapes, spirals with virtual perforation
Mary Vieira

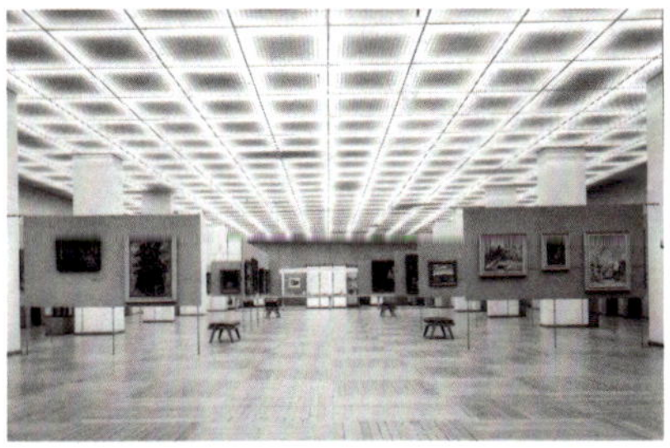

Inauguração do **Museu de Arte de São Paulo – Masp**, na rua 7 de Abril, sede dos Diários Associados. **Pietro Maria Bardi** é o diretor e **Lina Bo Bardi** é reponsável pelo projeto de adapatação do edifício e expografias. O museu apresentará em seus primeiros anos exposições de arte, arquitetura e design, entre elas de **Le Corbusier**, **Richard Neutra**, **Saul Steinberg** e **Alexander Calder**

Inauguration of the **São Paulo Museum of Art – Masp**, on 7 de Abril street, headquarters of the Diários Associados. **Pietro Maria Bardi** is the director and **Lina Bo Bardi** is responsible for the project to adapt the building and the exhibits. In its early years, the museum will host exhibitions of art, architecture and design, among them shows by **Le Corbusier**, **Richard Neutra**, **Saul Steinberg** and **Alexander Calder**

Tomás Maldonado visita Max Bill em Zurique

Tomás Maldonado visits **Max Bill** in Zurich

Hans Gugelot trabalha no estúdio de **Max Bill** em Zurique

Hans Gugelot works at **Max Bill's** studio in Zurich

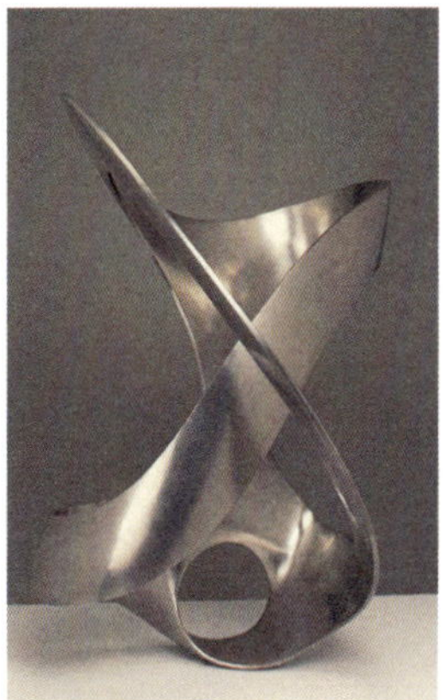

Unidade Tripartida / Tripartite Unit
Max Bill

Max Bill – Conferência: Beleza provinda da função e beleza como função / Conference: Beauty from function and as function
Basileia / Basel

1948

Fundação do Studio de Arte e Arquitetura Palma (Pietro Maria Bardi, Lina Bo Bardi e Giancarlo Palanti) e da Móveis Z

Foundation of the Palma Art and Architecture Studio (Pietro Maria Bardi, Lina Bo Bardi and Giancarlo Palanti) and of Móveis Z

Exposição inaugural do **Museu de Arte Moderna do Rio de Janeiro – MAM Rio** na sede do Banco Boavista, onde se instala provisoriamente

Inaugural exhibition of the **Museum of Modern Art of Rio de Janeiro – MAM Rio** at the headquarters of Banco Boavista, where it is temporarily installed

Grupo de arte abstrata-concreta no Rio de Janeiro formado por **Almir Mavignier, Ivan Serpa, Abraham Palatnik** e o crítico **Mário Pedrosa**. **Mavignier** conhece **Tomás Maldonado** em passagem pelo Rio de Janeiro

Abstract-concrete art group in Rio de Janeiro formed by **Almir Mavignier, Ivan Serpa** and art critic **Mário Pedrosa**. **Mavignier** meets **Tomás Maldonado** while visiting Rio de Janeiro

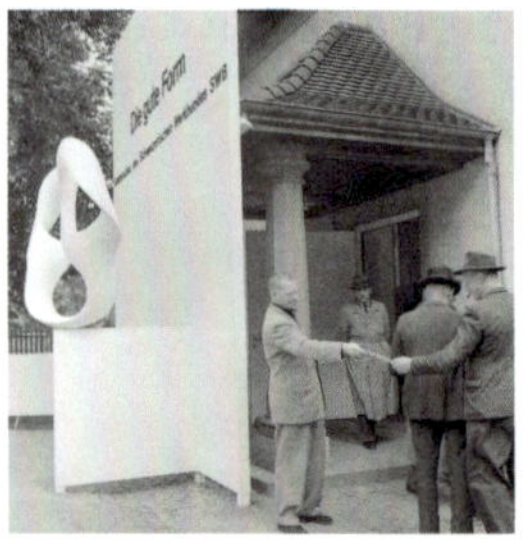

Em busca de financiamento, **Inge Scholl** envia para o emissário do governo norte-americano, John McCloy, os planos para a criação de uma Escola Superior

In search of funding, **Inge Scholl** sends the US government emissary, John McCloy, plans for the creation of a Higher School

Die gute Form
Basileia / Basel

N

S

1949

Mário Pedrosa apresenta a tese "Da natureza afetiva da forma na obra de arte", sobre a teoria da *Gestalt*, na Faculdade Nacional de Arquitetura do Rio de Janeiro

Mário Pedrosa presents the thesis "On the Affective Nature of Form in the Work of Art", on the theory of *Gestalt*, at the Rio de Janeiro National School of Architecture

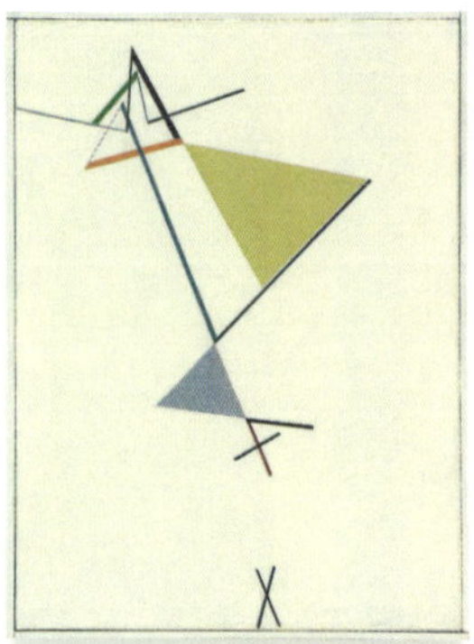

Desenvolvimento de um triângulo / Development of a triangle
Tomás Maldonado

Alemanha Ocidental é admitida no Conselho da Europa

West Germany is admitted to the Council of Europe

Max Bill avança na proposta pedagógica inspirada na Bauhaus (Weimer-Dessau-Berlim), e começa a projetar o edifício da HfG Ulm

Max Bill advances the pedagogical proposal inspired by the Bauhaus (Weimer-Dessau-Berlin), and starts designing the HfG Ulm building

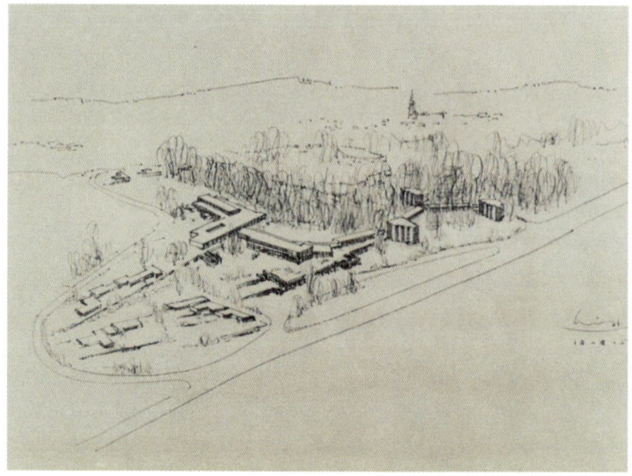

1950

Anúncio da criação de uma escola de desenho industrial no Masp, o **Instituto de Arte Contemporânea – IAC**, e início das inscrições. O programa compreende um curso preliminar obrigatório, cursos especializados e cursos complementares

Announcement of the creation of an industrial design school at Masp, the **Institute of Contemporary Art – IAC**, and the beginning of enrollment. The program comprises a mandatory preliminary course, specialized courses and complementary courses

Vitrine das Formas / Vitrine of forms
Masp

Le Corbusier
Masp

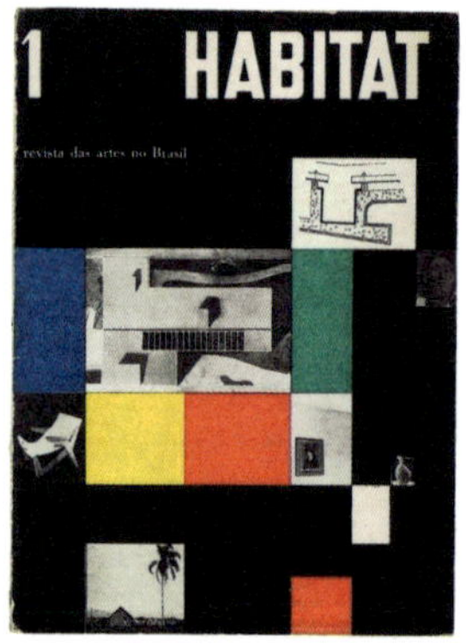

Habitat 1
Revista de arte, arquitetura e design ligada ao Masp, foi criada por Lina Bo e Pietro Maria Bardi para divulgar as atividades do museu e discutir assuntos da cultura brasileira. Lina conduziu os 15 primeiros exemplares. A revista encerrou em dezembro de 1965 e teve 84 números no total

Habitat 1
An art, architecture and design magazine linked to Masp, created by Lina Bo and Pietro Maria Bardi to publicize the museum's activities and discuss issues of Brazilian culture. Lina led the first 15 editions. The magazine ended in December 1965 and had 84 issues in total

Mostra retrospectiva De Stijl em Amsterdã

De Stijl retrospective show in Amsterdam

Exposição Good Design no MoMA. A exposição Design for Use do MoMA viaja à Europa

Good Design exhibition at MoMA. MoMA's Design for Use exhibition travels to Europe

Trienal de Milão

Milan Triennial

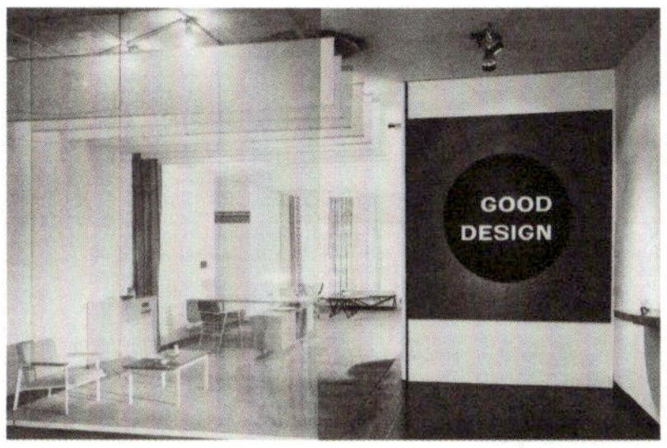

Após temporada no Atelier 17 em Paris, **Geraldo de Barros** é convidado por **Max Bill** para fazer workshop de artes gráficas com **Otl Aicher** em Ulm. **Aloísio Magalhães** também faz aulas no Atelier 17

After a season at Atelier 17 in Paris, **Geraldo de Barros** is invited by **Max Bill** to take a graphic arts workshop with **Otl Aicher** in Ulm. **Aloísio Magalhães** also takes classes at Atelier 17

Mary Vieira muda-se para a Suíça e passa a desenvolver seu trabalho em estreito diálogo com **Max Bill**

Mary Vieira moves to Switzerland and starts to develop her work in close dialogue with **Max Bill**

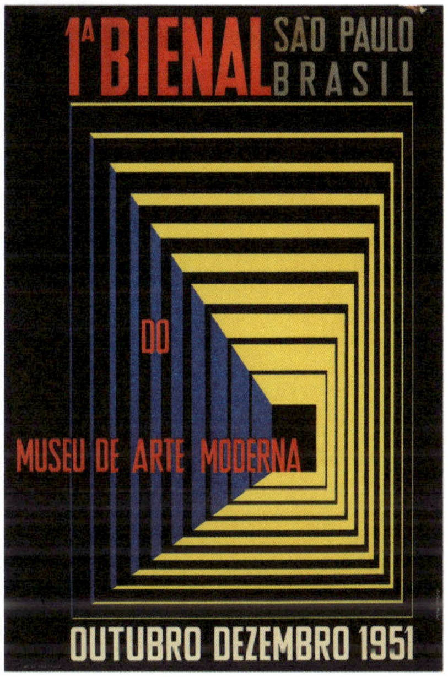

1951

Loja Ambiente, de Léo Seincman, inaugurada em São Paulo

Ambiente Store, by Léo Seincman, inaugurated in São Paulo

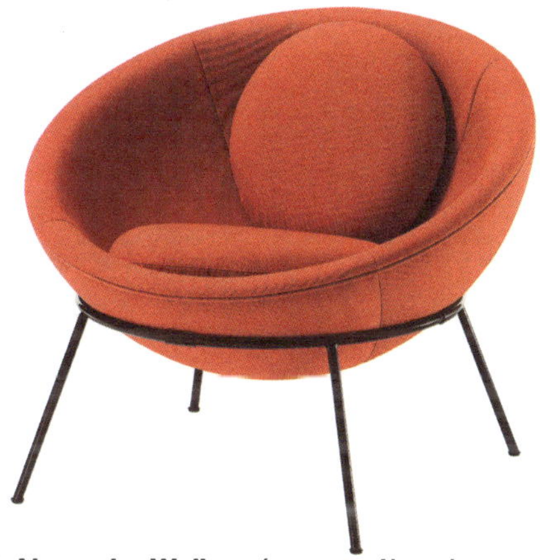

1ª Bienal de São Paulo, no Trianon da Av. Paulista. **Jacob Ruchti** e **Miguel Forte** assinam a expografia. **Max Bill** é grande premiado da edição com a *Unidade Tripartida*. **Antonio Maluf, Geraldo de Barros, Ivan Serpa, Almir Mavignier** e **Waldemar Cordeiro** integram a lista de artistas

1ª Bienal de São Paulo, at the Trianon on Av. Paulista. **Jacob Ruchti** and **Miguel Forte** design the exhibition. **Max Bill** is the big winner of the edition with his *Tripartite Unit*. **Antonio Maluf, Geraldo de Barros, Ivan Serpa, Almir Mavignier** and **Waldemar Cordeiro** are among the list of artists

Alexandre Wollner é montador da retrospectiva de **Max Bill** no Masp. **Mário Pedrosa, Almir Mavignier** e **Mary Vieira** viajam juntos do Rio de Janeiro para ver a exposição

Alexandre Wollner is among the art handlers in charge of **Max Bill** retrospective at Masp. **Mário Pedrosa, Almir Mavignier** and **Mary Vieira** travel together from Rio de Janeiro to see the exhibition

iac

Começam as aulas no IAC, cuja pedagogia reflete a do Institute of Design de Chicago – IIT e a da Bauhaus de Dessau. Entre os professores estão **Pietro Maria Bardi, Oswaldo Bratke, Lina Bo Bardi, Roberto Sambonet, Jacob Ruchti, Roger Bastide, Leopold Haar, Salvador Candia** e **Flavio Motta**

Classes begin at the IAC, whose pedagogy reflects that of the Institute of Design in Chicago – IIT and that of the Bauhaus in Dessau. Among the teachers are **Pietro Maria Bardi, Oswaldo Bratke, Lina Bo Bardi, Roberto Sambonet, Jacob Ruchti, Roger Bastide, Leopold Haar, Salvador Candia** and **Flavio Motta**

nueva visión 1
Fundada e dirigida por Tomás Maldonado, a revista publica em seu primeiro número tributo a Max Bill e texto de Bardi (*Diseño Industrial en San Pablo*) sobre a criação do IAC e a *Vitrine das Formas*. Na capa, uma *Fotoforma* de Geraldo de Barros

nueva visión 1
Founded and directed by Tomás Maldonado, the magazine publishes in its first issue a tribute to Max Bill and a text by Bardi (*Diseño Industrial en San Pablo*) on the creation of the IAC and the *Vitrine of Forms*. On the cover, a *Fotoforma* by Geraldo de Barros

Cartazes suíços / Swiss posters
Masp

Cartaz / Poster 1ª Bienal de São Paulo
Antonio Maluf

Poltrona / Armchair Bowl
Lina Bo Bardi

1ª Bienal de São Paulo
Esplanada do Trianon / Trianon Belvedere

Max Bill
Masp

Fim do Plano Marshall

End of the Marshall Plan

Inauguração da Unité d'Habitation de Marseille, de Le Corbusier

Inauguration of Unité d'Habitation in Marseille, by Le Corbusier

Lucio Costa, Walter Gropius e Le Corbusier participam do comitê para edifício da Unesco

Lucio Costa, Walter Gropius and Le Corbusier participate in the Unesco building committee

Criação da **Hochschule für Gestaltung Ulm** pela Fundação Irmãos Scholl

Creation of the **Hochschule für Gestaltung Ulm** by the Scholl Brothers Foundation

Almir Mavignier viaja com **Mário Pedrosa** para a Europa e visita **Max Bill** em Zurique, por intermédio de **Mary Vieira** e **Tomás Maldonado**

Almir Mavignier travels with **Mário Pedrosa** to Europe and visits **Max Bill** in Zurich, through **Mary Vieira** and **Tomás Maldonado**

Max Bill publica o livro *Form,* compêndio de formas – da natureza, ciência, arte, arquitetura, planejamento urbano, móveis, aparelhos – baseado na exposição *Die gute Form*

Max Bill publishes the book *Form,* a compendium of forms – taken from nature, science, art, architecture, urban planning, furniture, appliances – based on the exhibition *Die gute Form*

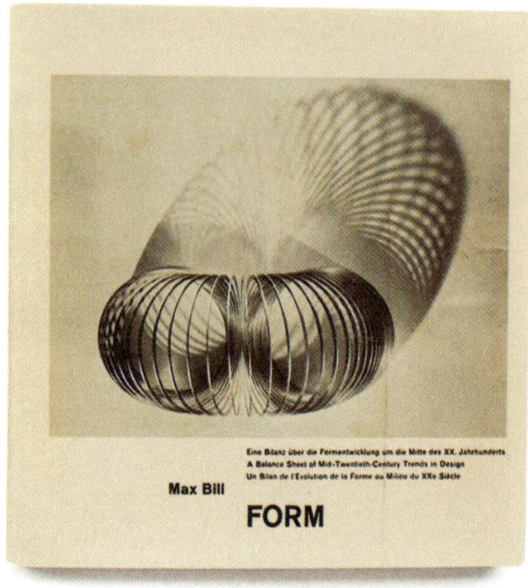

1952

N
S

Formação do Grupo Frente no Rio de Janeiro

Formation of the Grupo Frente in Rio de Janeiro

Abertura da Branco & Preto em São Paulo; logotipo de Jacob Ruchti

Opening of Branco & Preto in São Paulo; Jacob Ruchti logo

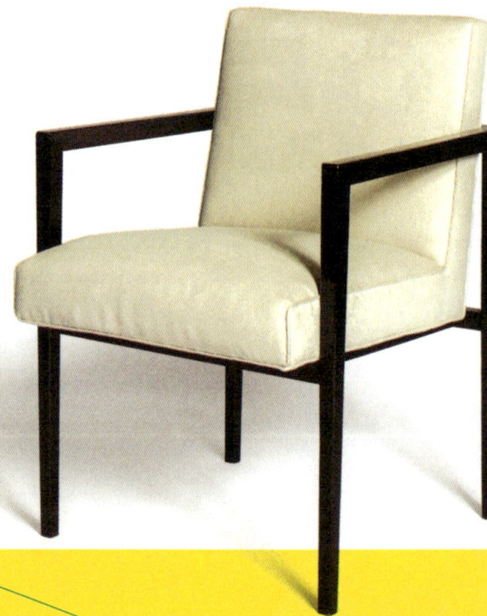

Goebel Weyne frequenta, de maneira informal, cursos no IAC

Goebel Weyne informally attends courses at the IAC

A exposição do Ruptura marca o início oficial da arte concreta no país. O grupo liderado por **Waldemar Cordeiro** tem participação de outros seis artistas: **Geraldo de Barros, Luiz Sacilotto, Lothar Charoux, Kazmer Féjer, Leopoldo Haar** e **Anatol Wladyslaw**

The Ruptura exhibition marks the official beginning of concrete art in the country. The group led by **Waldemar Cordeiro** features six other artists: **Geraldo de Barros, Luiz Sacilotto, Lothar Charoux, Kazmer Féjer, Leopoldo Haar** and **Anatol Wladyslaw**

Lygia Pape frequenta aulas de **Ivan Serpa** no MAM Rio

Lygia Pape attends **Ivan Serpa's** classes at MAM Rio

Manifesto Ruptura

Ruptura
MAM-SP

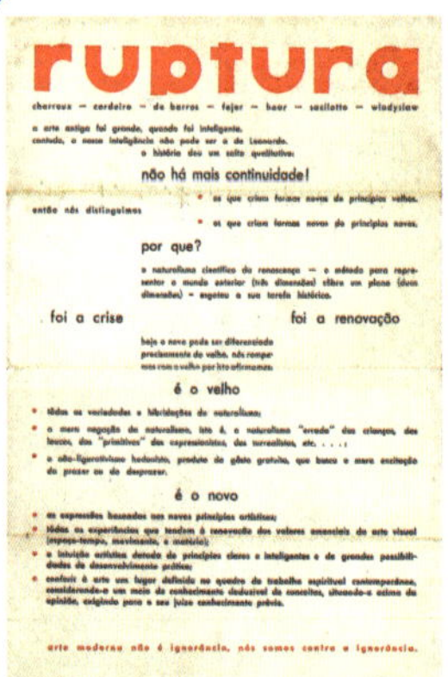
ruptura

não há mais continuidade!

por que?

foi a crise

foi a renovação

é o velho

é o novo

Noigandres 1
A revista de poesia concreta é criada pelo grupo homônimo constituído pelos poetas Haroldo de Campos, Augusto de Campos e Décio Pignatari e, posteriormente, também por Reinaldo Azeredo e José Lino Grünewald

Noigandres 1
The concrete poetry magazine is created by the homonymous group formed by the poets Haroldo de Campos, Augusto de Campos and Décio Pignatari and later also by Reinaldo Azeredo and José Lino Grünewald

Poltrona / Armchair R3
Jacob Ruchti, Branco & Preto

Morte de Stalin

Stalin's death

Revolução de 1953 na Alemanha Oriental

1953 Revolution in East Germany

Fundação do Conselho Internacional de Sociedades de Design Industrial (ICSID)

Foundation of the International Council of Societies of Industrial Designers (ICSID)

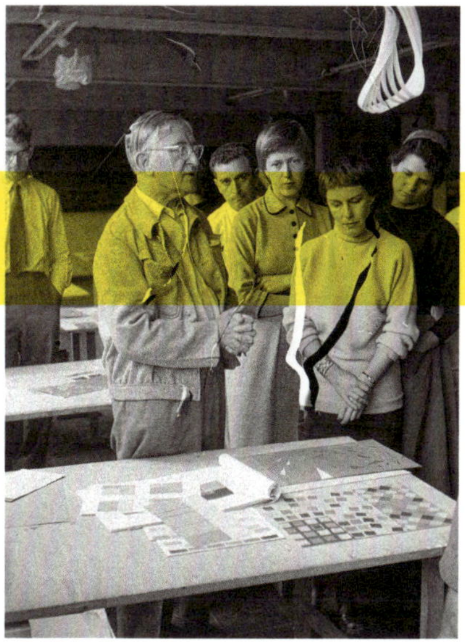

hfg ulm

Spirale 1
Revista internacional de arte, poesia concreta, arquitetura e design, é editada por Dieter Roth, Marcel Wyss e Eugen Gomringer até 1964. Ao longo dos anos tem como colaboradores Josef Albers, Max Bill, Otl Aicher, Max Bense, Décio Pignatari, entre outros

Spirale 1
International magazine for art, concrete poetry, architecture and design, is edited by Dieter Roth, Marcel Wyss and Eugen Gomringer until 1964. Among its collaborators over the years are Josef Albers, Max Bill, Otl Aicher, Max Bense, Décio Pignatari, and others

Começam as aulas na HfG, temporariamente instalada na Volkshochschule. **Max Bill** é nomeado reitor. São 19 alunos e quatros ex-professores da Bauhaus: **Josef Albers, Johannes Itten, Helène Nonné-Schmidt** e **Walter Peterhans.** O arquiteto **Mies van der Rohe**, último diretor da Bauhaus, visita a escola

Classes begin at the HfG, temporarily installed at the Volkshochschule. **Max Bill** is appointed rector. There are 19 students and four former Bauhaus professors: **Josef Albers, Johannes Itten, Helene Nonné-Schmidt and Walter Peterhans.** Architect **Mies van der Rohe**, last director of the Bauhaus, visits the school

1953

Fundação da Petrobrás

Foundation of Petrobrás

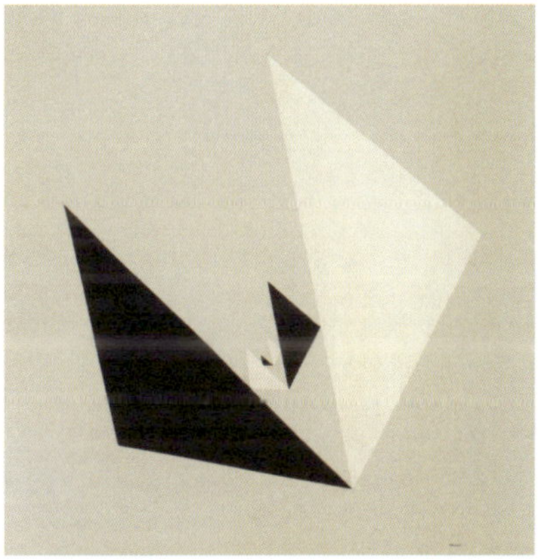

A 2ª Bienal de São Paulo, a "Bienal da Guernica", ocupa dois prédios de **Oscar Niemeyer** no Parque Ibirapuera. Na comissão artística está **Mário Pedrosa**. **Friedrich Vordemberg-Gildewart**, artista e professor da HfG Ulm, e **Alexandre Wollner** recebem prêmios; **Mary Vieira** apresenta cinco esculturas

The 2ª Bienal de São Paulo, the "Guernica Biennial", occupies two buildings by **Oscar Niemeyer** in the Ibirapuera Park. **Mário Pedrosa** is on the artistic commission. **Friedrich Vordemberg-Gildewart**, artist and professor at HfG Ulm, and **Alexandre Wollner** receive awards; **Mary Vieira** presents five sculptures

Max Bill propõe a criação de uma escola de design no MAM Rio. O museu ocupa o térreo do Palácio Capanema – Ministério de Educação e Saúde

Max Bill proposes the creation of a design school in MAM Rio. The museum occupies the ground floor of Palácio Capanema – Ministry of Education and Health

Walter Gropius visita o Brasil durante a 2ª Exposição Internacional de Arquitetura na 2ª Bienal de São Paulo. Conhece a Casa das Canoas de **Oscar Niemeyer** no Rio

Walter Gropius travels to Brazil during the 2nd International Architecture Exhibition at the 2ª Bienal de São Paulo. He visits **Oscar Niemeyer's** Casa das Canoas in Rio

Composição com triângulo propor-cional / Composition with proportional triangle
Alexandre Wollner

Max Bill – Conferência: A Bauhaus e a Escola de Ulm / Conference: Bauhaus and the Ulm School of Design
MAM Rio

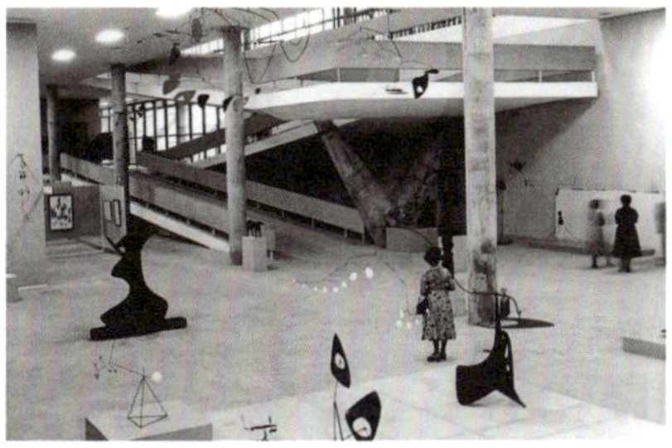

2ª Bienal de São Paulo
Palácio das Nações Ibirapuera

Grupo de Artistas Modernos Argentinos / Argentinian Modern Artists Group
MAM Rio

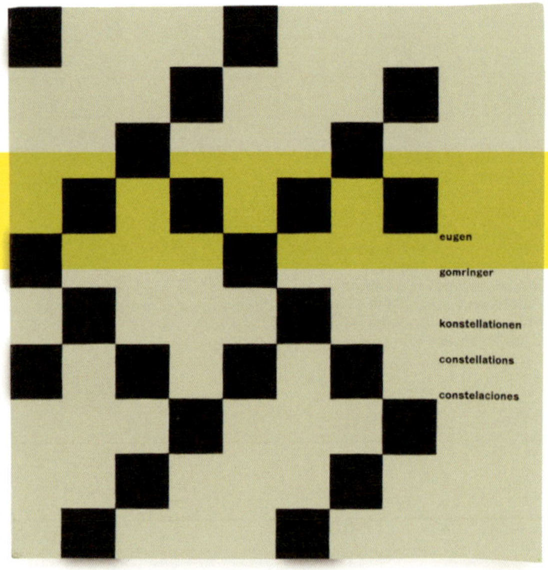

Konstellationen
Constellations
Constelaciones
Eugen Gomringer

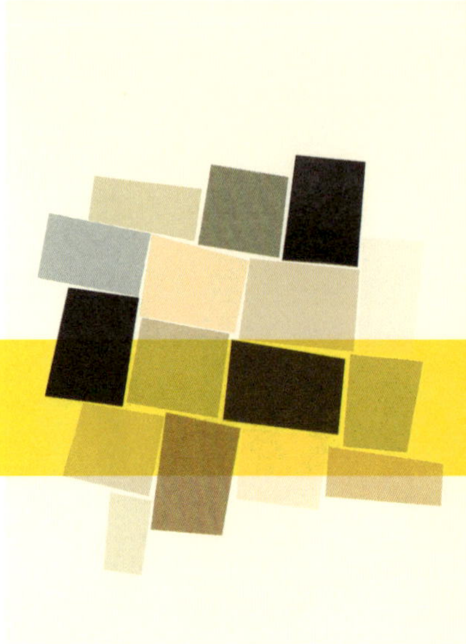

Exercício do Curso Fundamental / Foundation Course exercise
Walter Peterhans (docente) / (teacher)

N

S

Max Bill viaja ao Brasil e dá palestras em São Paulo, inclusive para alunos do IAC, e no Rio de Janeiro. Visita também o Peru

Max Bill travels to Brazil and gives lectures in São Paulo, including to IAC students, and in Rio de Janeiro. He also visits Peru

Geraldo de Barros é convidado para estudar na recém-inaugurada HfG, com bolsa de estudos, mas indica em seu lugar **Alexandre Wollner**

Geraldo de Barros is invited to study at the newly opened HfG, with a scholarship, but nominates **Alexandre Wollner** to take his place

Waldemar Cordeiro inaugura o escritório de paisagismo Jardins de Vanguarda, pelo qual irá produzir mais de 150 projetos. Neste ano ele também viaja a Buenos Aires e se aproxima do movimento Arte Concreto Invención

Waldemar Cordeiro opens the Jardins de Vanguarda landscaping office, through which he will produce over 150 projects. This same year he also travels to Buenos Aires and becomes closer to the Arte Concreto Invención movement

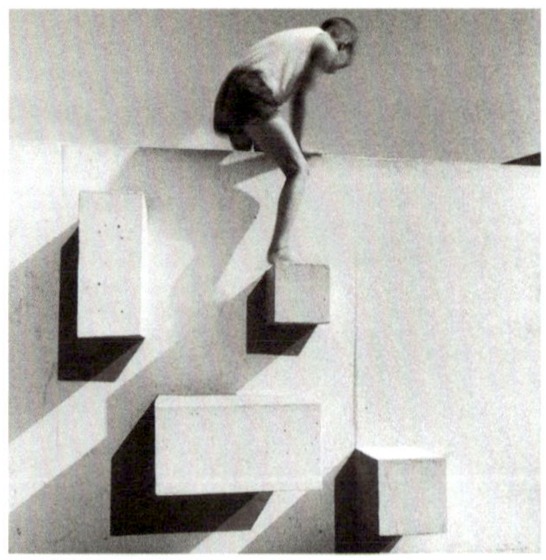

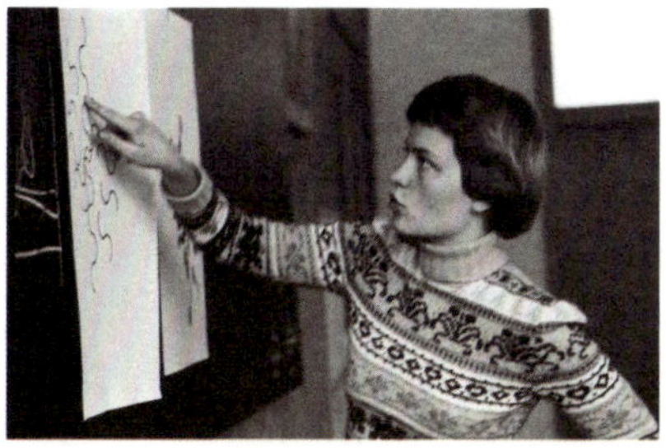

O currículo da HfG tem duração de quatro anos. Todos os estudantes passam pelo Curso Fundamental de um ano e depois se direcionam à especialização nos departamentos Produktform [design industrial], Visuelle Gestaltung [comunicação visual], Information [informação] e Architektur [arquitetura]

The HfG curriculum lasts four years. All students go through the one-year Foundation Course and then move on to a specialization in the departments Produktform [industrial design], Visuelle Gestaltung [visual communication], Information [information] and Architektur [architecture]

brasilien baut
Kunstgewerbemuseum, Zurique / Zurich

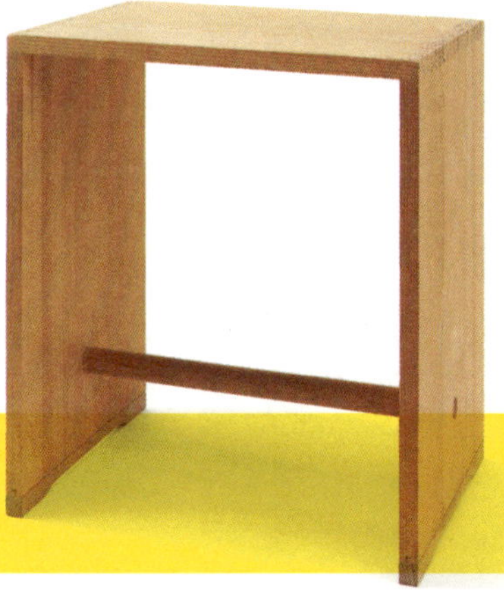

Ulmer Hocker
Max Bill, Hans Gugelot, Paul Hindinger
O icônico banco criado e produzido nas oficinas da HfG Ulm atende a diversos usos para alunos e professores: assento, mesa de cabeceira nos dormitórios, e transporte de objetos. Clareza construtiva e a trava que serve como alça marcam o seu design

Ulmer Hocker
Max Bill, Hans Gugelot, Paul Hindinger
The iconic bench created and produced in the HfG Ulm workshops and serves various uses for students and teachers: for seating, as a bedside table in dormitories, and for transporting objects. Constructive clarity and the brace that serves as a handle mark its design

Criação do prêmio Compasso d'Oro em Milão

Creation of the Compasso d'Oro award in Milan

Mary Vieira participa da última exposição do Allianz em Zurique

Mary Vieira takes part in Allianz's last exhibition in Zurich

Spirale 3
Mary Vieira contribui para a revista. Na capa, obra *variation 15* de Max Bill

Spirale 3
Mary Vieira contributes to the magazine. On the cover, the work *variation 15* by Max Bill

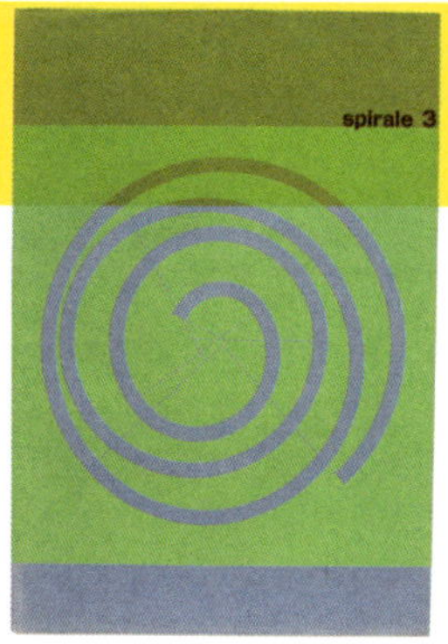

Grupo / Group Allianz
Kunsthaus, Zurique / Zurich

1954

Suicídio de Getúlio Vargas. IV Centenário de São Paulo e inauguração do Parque Ibirapuera

Getúlio Vargas' suicide. IV Centenary of São Paulo and inauguration of the Ibirapuera Park

Willys de Castro e Hércules Barsotti fundam o Estúdio de Projetos Gráficos

Willys de Castro and Hércules Barsotti open the Estúdio de Projetos Gráficos

Inspirado em cartaz de **Otl Aicher** para conferências na cidade de Ulm, **Geraldo de Barros** cria cartaz do IV Centenário de São Paulo. **Mauricio Nogueira Lima** desenha os selos comemorativos

Inspired by **Otl Aicher's** poster for conferences in the city of Ulm, **Geraldo de Barros** creates a poster for the IV Centenary of São Paulo. **Mauricio Nogueira Lima** designs the commemorative stamps

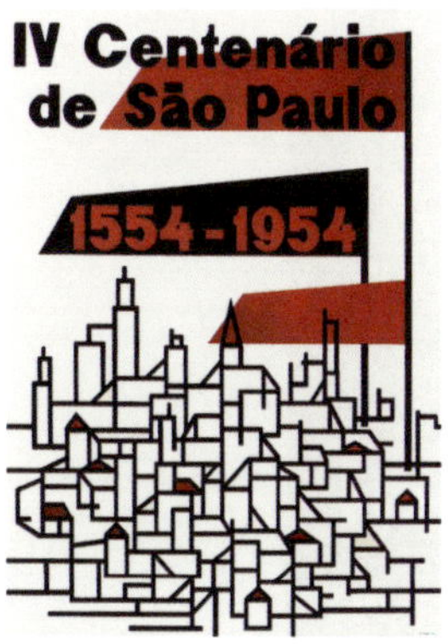

Criação da comunidade de trabalho e fábrica de móveis Unilabor e da sua vila operária, por frei **João Batista Pereira dos Santos** e **Geraldo de Barros**. **Ruben Martins** trabalha como desenhista na empresa de 1955 a 1958

Creation of the working community and furniture factory Unilabor and its workers' village, by friar **João Batista Pereira dos Santos** and **Geraldo de Barros**. **Ruben Martins** works as a draftsman at the company from 1955 to 1958

Aloisio Magalhaes funda com amigos o ateliê gráfico e editora experimental O Gráfico Amador, em Recife

Aloisio Magalhães and friends open the graphic studio and experimental publisher O Gráfico Amador, in Recife

Começam as obras da futura sede do MAM Rio, projeto arquitetônico de **Affonso Eduardo Reidy** e de engenharia de **Carmen Portinho**, no Aterro do Flamengo. **Tomás Maldonado** submete um primeiro esboço pedagógico para a Escola Técnica de Criação

Work begins on the MAM Rio future headquarters, an architectural project by **Affonso Eduardo Reidy** and an engineering project by **Carmen Portinho**, at Aterro do Flamengo. **Tomás Maldonado** submits a first pedagogical outline for the Technical School for Creation

Cadeira / Chair Unilabor
Geraldo de Barros

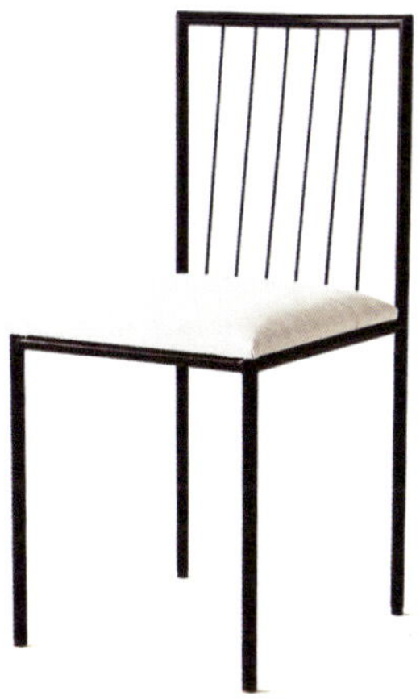

1ª Exposição Grupo Frente / 1st Exhibition Grupo Frente
Galeria Ibeu, Rio de Janeiro

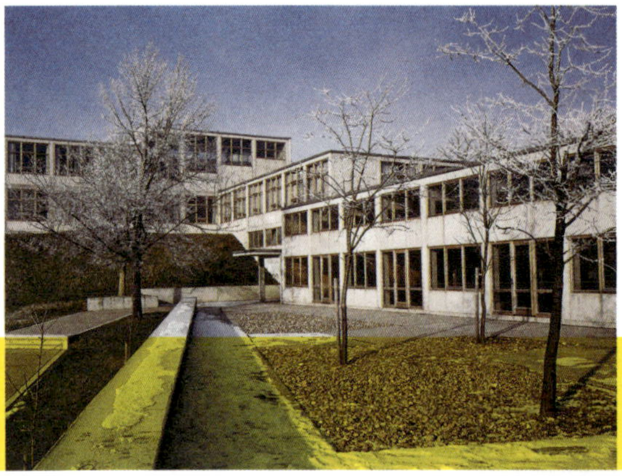

O edifício projetado por **Max Bill** é oficialmente inaugurado. **Walter Gropius** faz o discurso na cerimônia em 2 de outubro. Êxito da primeira vitrola (Braun G11) desenvolvida pelo professor **Hans Gugelot** com alunos da HfG para a empresa Braun, na feira de Dusseldorf

The building designed by **Max Bill** is officially inaugurated. **Walter Gropius** delivers the speech at the ceremony on October 2nd. Success of the first record player (Braun G11), developed by Professor **Hans Gugelot** with HfG students for the Braun company, at the Dusseldorf fair

Décio Pignatari visita a HfG Ulm, onde conhece o poeta boliviano concreto, e assistente de **Max Bill**, **Eugen Gomringer**. **Niomar Moniz Sodré** também visita a escola

Décio Pignatari visits HfG Ulm, where he meets the concrete Bolivian poet and **Max Bill's** assistant, **Eugen Gomringer**. **Niomar Moniz Sodré** also visits the school

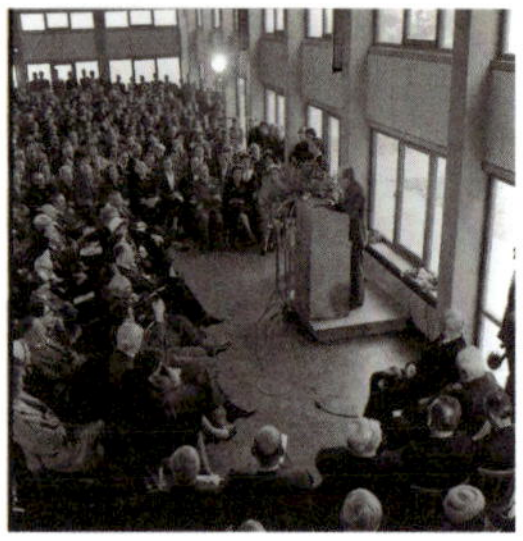

Exposição de abertura / Opening exhibition
HfG Ulm

N
S

1955

Eleição de Juscelino Kubitschek

Presidential election of Juscelino Kubitschek

Inauguração da Oca de Sergio Rodrigues

Inauguration of Sergio Rodrigues' Oca

Mário Pedrosa publica "As relações entre a ciência e arte" na sexta edição da revista argentina *nueva visión*

Mário Pedrosa publishes "The relations between science and art" in the sixth edition of the Argentine magazine *nueva visión*

Daisy Igel, formada pela The New Bauhaus, Institute of Design de Chicago – IIT, futura professora da Esdi, projeta com **Jon Maitrejean** centro de distribuição da Ultragás em São Paulo

Daisy Igel graduated from The New Bauhaus, Institute of Design in Chicago – IIT, future professor at Esdi, designs with **Jon Maitrejean** the Ultragás distribution center in São Paulo

3ª Bienal de São Paulo
Palácio das Nações Ibirapuera

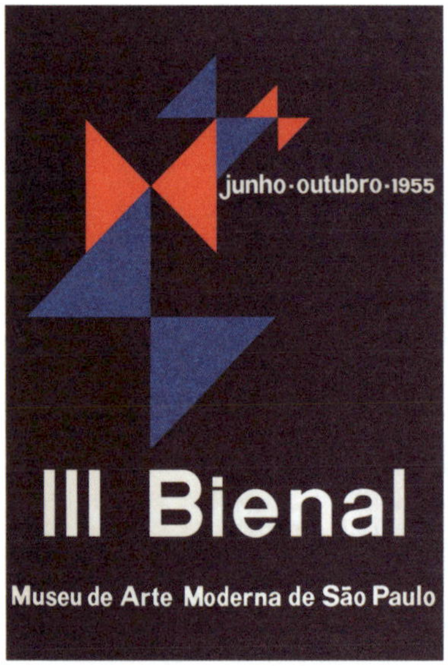

Cartaz / Poster 3ª Bienal de São Paulo
Alexandre Wollner

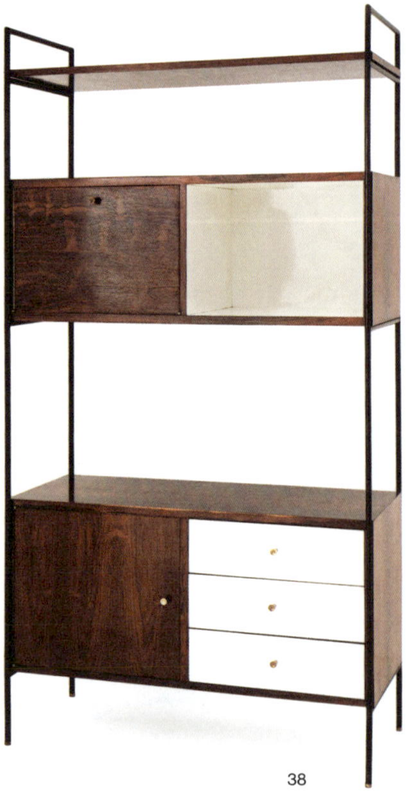

Estante / Shelf MF 710 Unilabor
Geraldo de Barros

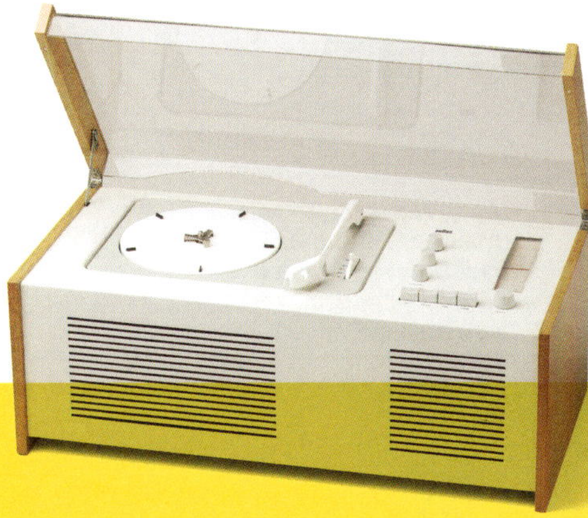

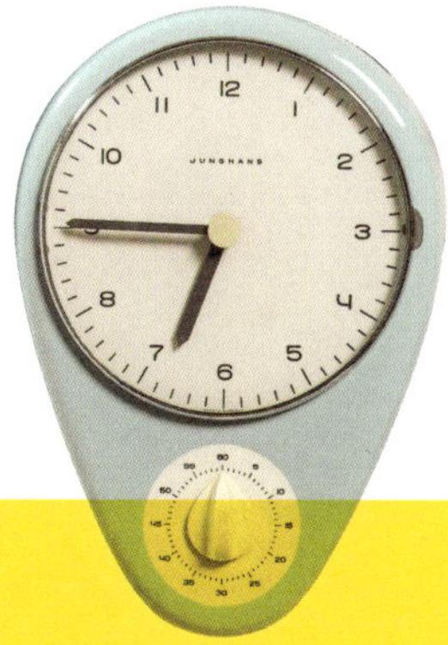

Karl Heinz Bergmiller começa a trabalhar no ateliê de **Max Bill** em Ulm

Karl Heinz Bergmiller begins working at Atelier **Max Bill** in Ulm

Max Bill renuncia ao cargo de reitor. **Tomás Maldonado** lidera o movimento via nova orientação profissional do designer, e inicia-se fase mais tecnológica da escola

Max Bill resigns as rector. **Tomás Maldonado** leads the movement through a new professional training of the designer, and the more technological phase of HfG Ulm begins

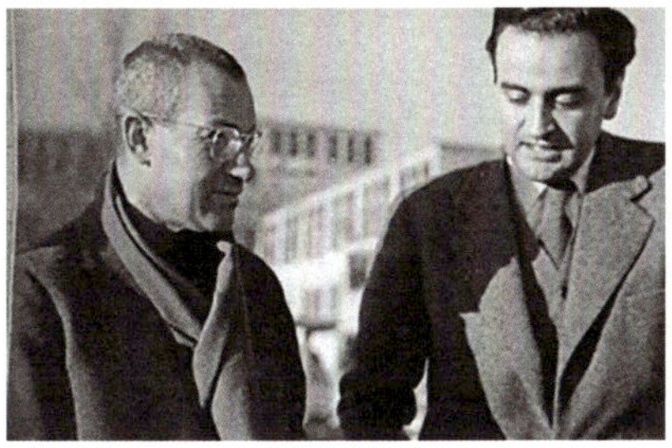

Vitrola-rádio/Radio-Phonograph SK4 Braun AG
Hans Gugelot, Dieter Rams

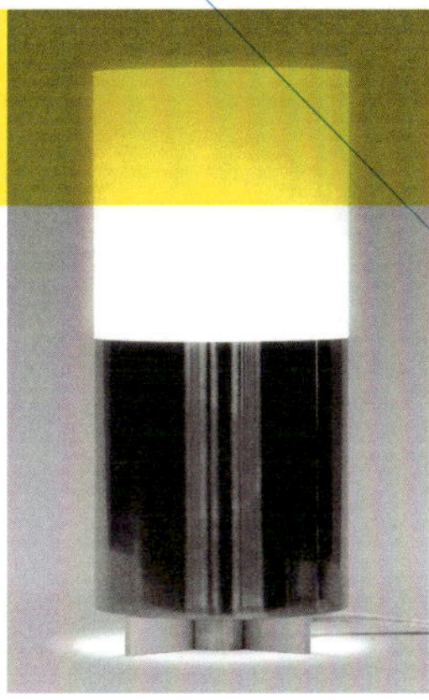

Luminária de mesa / Table lamp
Karl Heinz Bergmiller, Atelier Max Bill

Relógio de cozinha / Kitchen clock Gebrüder Junghans AG
Max Bill, Ernst Moeckl

1956

Criação da Mobília Contemporânea; logo de Willys de Castro

Creation of Mobília Conteporânea; logo by Willys de Castro

Moniz Sodré e **Tomás Maldonado** trabalham sobre os métodos e objetivos pedagógicos da ETC, em encontro em Paris. **Inge Aicher-Scholl,** fundadora da HfG, oferece apoio à futura escola

Moniz Sodré and **Tomás Maldonado** work on ETC's pedagogical methods and objectives at a meeting in Paris. **Inge Aicher-Scholl,** founder of HfG, offers support for the future school

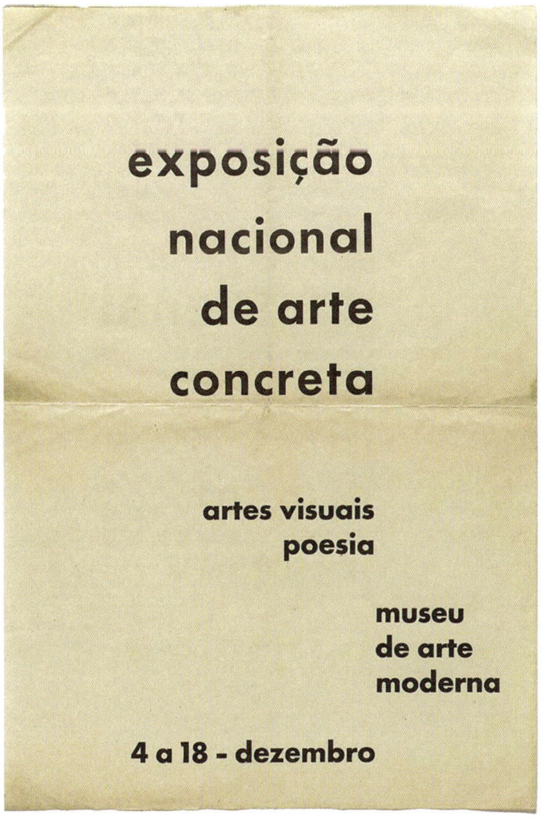

1ª Exposição Nacional de Arte Concreta / 1st National Concrete Art Exhibition
MAM-SP

Escola Superior de Desenho de Ulm / The Ulm School of Design
MAM Rio

Tomás Maldonado – Conferência: A educação em face da segunda revolução industrial / Conference: Education in the face of the second industrial revolution
MAM Rio

URSS lança o Sputnik, primeiro satélite artificial

USSR launches the Sputnik, first artificial satellite

Max Bill deixa a HfG Ulm. Três coreitores são nomeados: **Aicher, Gugelot** e **Maldonado**. Grupos de desenvolvimento são estabelecidos: alunos e freelancers trabalham em projetos para empresas sob a supervisão de instrutores. **Inge Scholl** viaja para os EUA para promover a escola

Max Bill leaves HfG Ulm. Three co-rectors are appointed: **Aicher, Gugelot** and **Maldonado.** Development groups are established: students and freelancers work on corporate commissions under the supervision of instructors. **Inge Scholl** travels to the US to promote the school

Daisy Igel na HfG Ulm. A arquiteta brasileira é discípula de **Konrad Wachsmann,** um dos professores do departamento de Construção Industrial. **Maldonado** menciona a visita em carta a **Niomar Moniz Sodré**

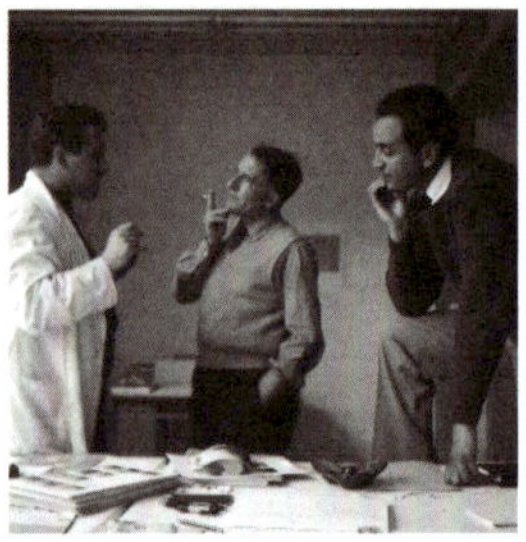

Daisy Igel at HfG Ulm. The Brazilian architect is a disciple of **Konrad Wachsmann,** one of the professors in the Industrial Building department. **Maldonado** mentions the visit in a letter to **Niomar Moniz Sodré**

Mary Vieira organiza a mostra mostra *brasilien baut brasilia;* assina o cartaz, folheto, convites e expografia

Mary Vieira organizes the exhibition *brasilien baut brasilia*; signs the poster, brochure, invitations and exhibition design

brasilien baut brasilia
Interbau, Berlim / Berlin

brasilien baut brasilia
Mary Vieira

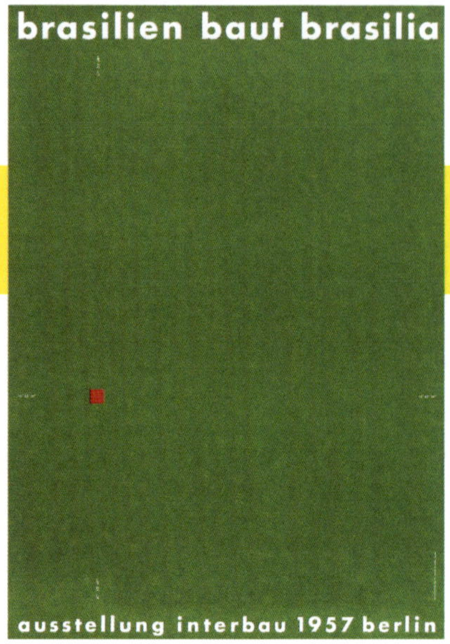

N S

1957

Plano Piloto de Lucio Costa vence o concurso para nova capital

Lucio Costa's Pilot Plan wins the competition for new capital

Tomás Maldonado propõe a mudança do nome Escola Técnica de Criação para Escola Superior de Design para a Indústria, e envia desenho de logotipo para o museu, que seria ajustado por **Alexandre Wollner** em 1959. **Moniz Sodré** trabalha na campanha internacional de financiamento

Tomás Maldonado proposes changing the name of the Technical School of Creation to Superior School of Design for Industry, and sends a logo design to the museum, which is adjusted by **Alexandre Wollner** in 1959. **Moniz Sodré** works on the international funding campaign

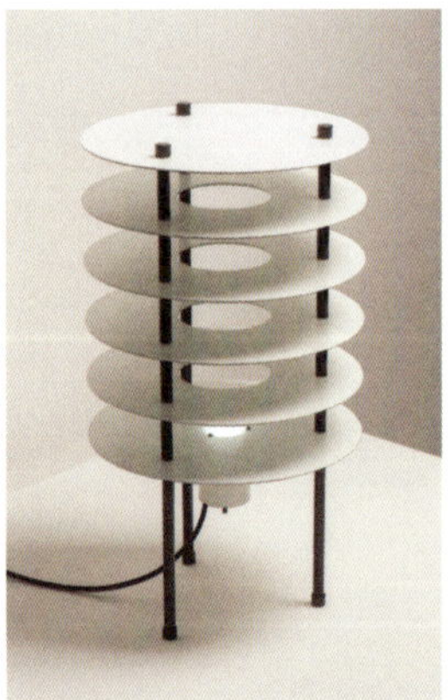

Luminária de jardim / Garden lamp
Waldemar Cordeiro

Sinal / Sign Equipesca
Alexandre Wollner, Geraldo de Barros

Cartaz / Poster 4ª Bienal de São Paulo
Alexandre Wollner

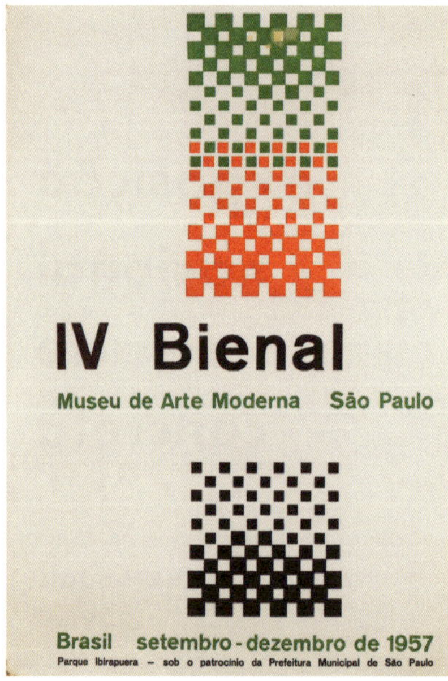

Life
Décio Pignatari

1958

Tratado de Roma; Alemanha Ocidental passa a integrar a Comunidade Econômica Europeia

Treaty of Rome; West Germany joins the European Economic Community

Exposição sediada na HfG mostra novo modelo de educação e perfil do designer profissional. O designer americano **Charles Eames** e o arquiteto **Buckminster Fuller** visitam a escola

Exhibition hosted at HfG showcases a new education model and profile of the professional designer. American designer **Charles Eames** and architect **Buckminster Fuller** visit the school

Almir Mavignier
Galerie Gänsheide 26, Stuttgart

Brasilia Burle Marx
Munique / Munich

Expo Bruxelas

Expo Brussels

Em conferência na Expo Bruxelas, **Maldonado** discursa sobre a nova concepção de design que pretende aplicar na HfG Ulm: "Considerações estéticas deixaram de ser uma base sólida para o design". O texto é publicado na *ulm 2*

In a conference at Expo Brussels, **Maldonado** speaks on the new conception of design that he intends to apply at HfG Ulm: "Aesthetic considerations have ceased to be a solid conceptual basis for industrial design". The text is published in the *ulm 2*

Artur Lício Pontual faz projeto expográfico da mostra Brasília, organizada pela Divisão Cultural do Itamaraty, em Bruxelas, Paris, Genebra e Londres

Artur Lício Pontual does the design of the exhibition on Brasilia presented in Brussels, Paris, Geneva and London

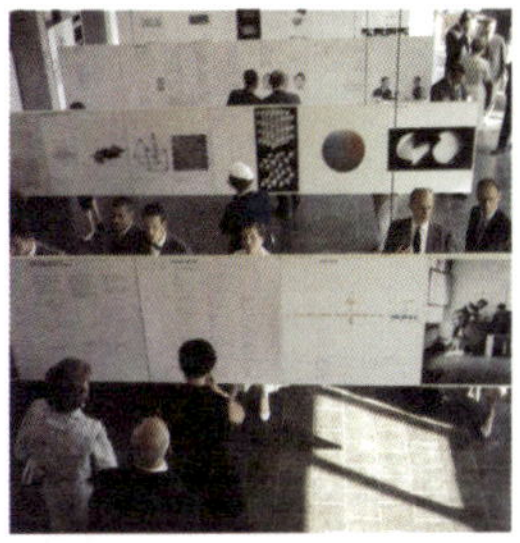

Exposição cantina / Canteen exhibition
HfG Ulm

Como trabalho de conclusão de curso na HfG, **Alexandre Wollner** redesenha a revista *Módulo,* de **Oscar Niemeyer**

As his graduation work at HfG, **Alexandre Wollner** redesigns **Oscar Niemeyer's** *Módulo* magazine

ulm 1
A revista divulga internacionalmente os métodos e eventos da HfG, artigos de professores e trabalhos de alunos

ulm 1
Disseminates internationally HfG's methods and events, teacher's articles and student's works

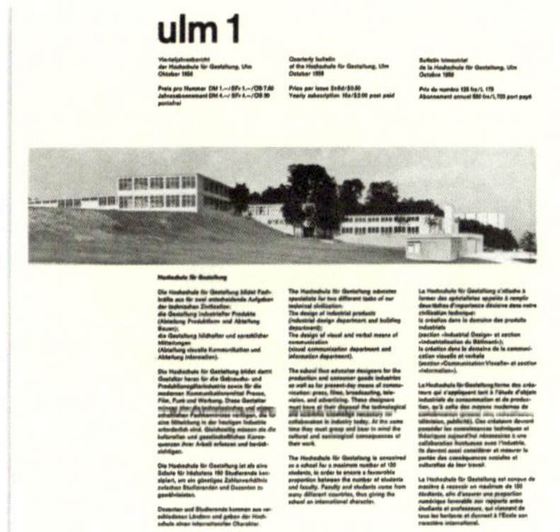

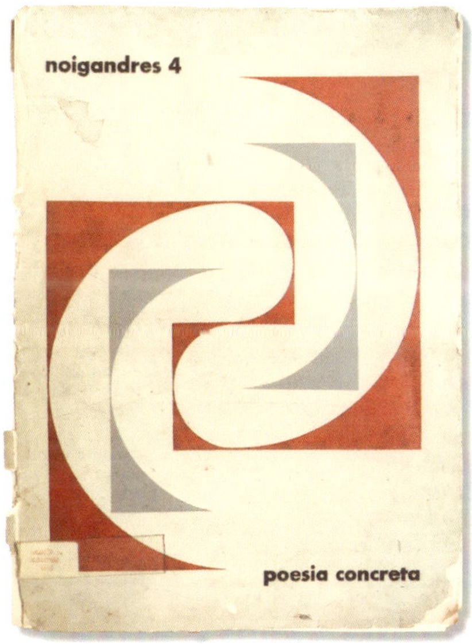

Noigandres 4
Pouco depois da 1ª Exposição de Arte Concreta, que contou com a participação dos poetas concretos, a revista *Noigandres 4*, com capa de Hermelindo Flaminghi, publica 12 poemas cartazes e o Plano Piloto para a poesia concreta

Noigandres 4
Shortly after the 1st Concrete Art Exhibition, in which the concrete poets took part, the magazine *Noigandres 4*, with a cover by Hermelindo Flaminghi, publishes 12 poster poems and the Pilot Plan for concrete poetry

O forminform é criado por **Geraldo de Barros, Alexandre Wollner, Ruben Martins** e o publiciário **Walter Macedo**. Colaboram **Emilie Chamie, Karl Heinz Bergmiller, Ludovico Martino, João Carlos Cauduro** e **Décio Pignatari**

Forminform is created by **Geraldo de Barros, Alexandre Wollner, Ruben Martins** and publicist **Walter Macedo**. **Emilie Chamie, Karl Heinz Bergmiller, Ludovico Martino, João Carlos Cauduro** and **Décio Pignatari** are collaborators

A reformulação do Jornal *Correio da Manhã* é encomendada a **Alexandre Wollner** e o forminform

The reformulation of the *Correio da Manhã* newspaper is commissioned to **Alexandre Wollner** and forminform

Sardinhas Coqueiro
Alexandre Wollner, forminform

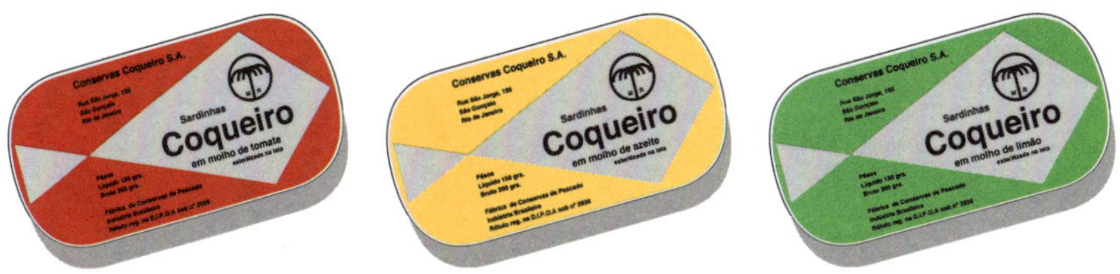

Inauguração do Bloco Escola do MAM Rio. Dificuldades de financiamento e de término da obra do museu – o Bloco de Exposições – adiam a abertura da ETC

Inauguration of the School wing of the MAM Rio. Difficulties in financing and completing the construction of the museum – the Exhibitions wing – postpone the opening of the ETC

Aloísio Magalhães – Pintura e Arte Gráfica / Painting and Graphic Art
MAM Rio

Revolução cubana

Cuban Revolution

O poeta **Haroldo de Campos** visita Stuttgart e Ulm, e por intermédio de **Eugen Gomringer** começa a se corresponder com **Max Bense**

Poet **Haroldo de Campos** visits Stuttgart and Ulm, and through **Eugen Gomringer** begins to correspond with **Max Bense**

Início da fase mais científica e teórica da escola, com forte influência do positivismo e da cibernética

Beginning of the more scientific and theoretical phase of HfG Ulm, strongly influenced by positivism and cybernetics

Poesia Concreta / Concrete Poetry
Studiengalerie, Stuttgart

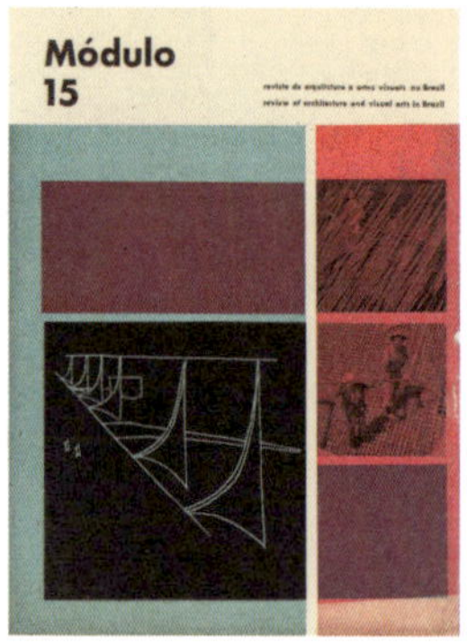

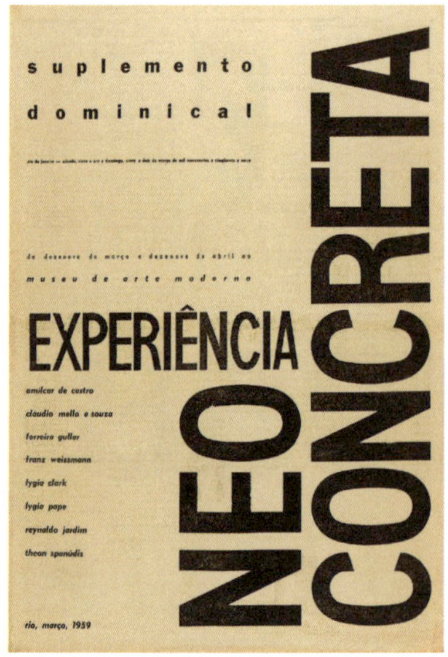

N S

1959

Redesenho do *Jornal do Brasil* por Amilcar de Castro

Redesign of *Jornal do Brasil* by Amilcar de Castro

Início da L'Atelier de Jorge Zalszupin

Beginning of L'Atelier by Jorge Zalszupin

Álbum *Chega de Saudade*, de João Gilberto, consolida a Bossa Nova

Chega de Saudade album by João Gilberto consolidates Bossa Nova

Maurício Nogueira Lima cria logotipo da Feira de Utilidades Domésticas (UD)

Maurício Nogueira Lima creates the Domestic Utilities Fair logo

A revista *Módulo 16* publica projeto detalhado do espelho com luz para DF Vasconcellos S.A., do recém-chegado ao Brasil **Karl H. Bergmiller**

The *Módulo 16* magazine publishes a detailed design of the mirror with light for DF Vasconcellos S.A., by the newcomer to Brazil **Karl H. Bergmiller**

Tomás Maldonado e **Otl Aicher** participam do Congresso Internacional dos Críticos de Arte em Brasília, com temática formulada por **Mário Pedrosa**, "A Cidade Nova – síntese das artes"

Tomás Maldonado and **Otl Aicher** participate in the International Congress of Art Critics in Brasília, with theme formulated by **Mário Pedrosa**, "The New City – synthesis of the arts"

Com **Décio Pignatari** e **Hermelindo Flaminghi**, **Alexandre Wollner** desenvolve departamento de design na Panam propaganda

Together with **Décio Pignatari** and **Hermelindo Flaminghi**, **Alexandre Wollner** develops the design department at Panam Propaganda

Otl Aicher e **Tomás Maldonado** ministram curso dividido entre teoria e prática, no MAM Rio, com duração de 20 dias. Participam, entre outros, **Goebel Weyne** e **Ruben Martins**

Otl Aicher and **Tomás Maldonado** teach a twenty-day course divided between theory and practice, at MAM Rio. Participating, among others, are **Goebel Weyne** and **Ruben Martins**

Espelho com luz
Karl Heinz Bergmiller

Módulo 15
A revista de arquitetura dirigida por Oscar Niemeyer tem novo projeto gráfico de Goebel Weyne, com elementos de referência da revista de Ulm. A edição publica desenho de Otl Aicher para jardim em Brasília

Módulo 15
The architecture magazine directed by Oscar Niemeyer receives a new graphic project by Goebel Weyne, with reference elements from Ulm's magazine. The edition publishes a drawing by Otl Aicher for a garden in Brasília

Manifesto Neoconcreto
Escrito pelo crítico Ferreira Gullar, é publicado no Suplemento Dominical do *Jornal do Brasil* em 22 de março

Neoconcrete Manifesto
Written by the critic Ferreira Gullar, it is published in the Sunday Supplement of the *Jornal do Brasil* on March 22

1ª Exposição de arte Neoconcreta/ 1st Neoconcrete art Exhibition
MAM Rio

Otl Aicher
MAM Rio

Otl Aicher, Tomás Maldonado – Curso: Elementos da comunicação visual / Course: Elements of visual communication
MAM Rio

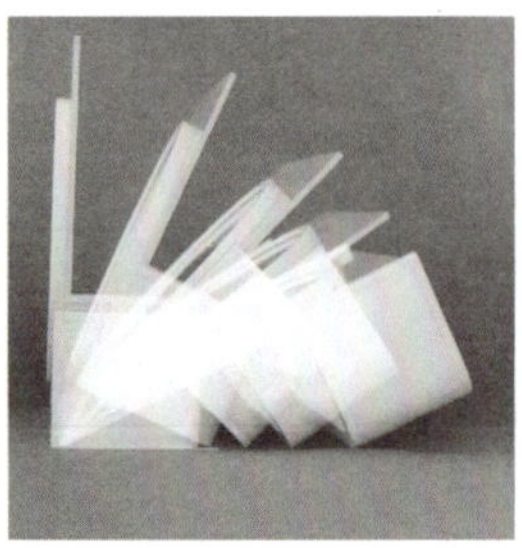

1960

Gert Kalow, Horst Rittel e Vordemberge-Gildewart são os novos reitores. Criação do setor de cinema dentro do departamento de Comunicação Visual. A proporção de estudantes estrangeiros chega a 40%

Gert Kalow, Horst Rittel and **Vordemberge-Gildewart** are the new rectors. Creation of the film sector within the Visual Communication department. The proportion of foreign students reaches 40%

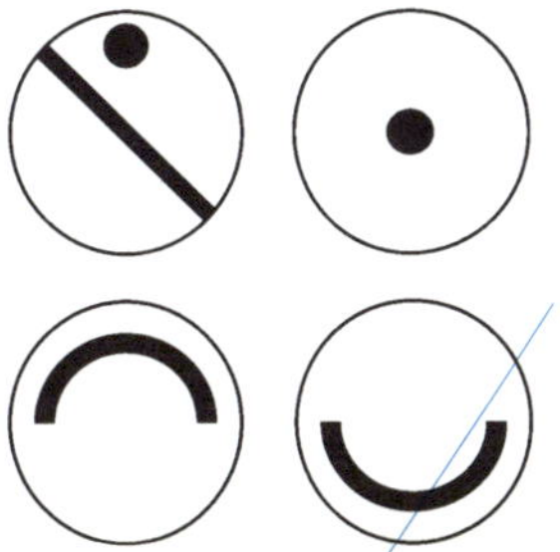

Konkrete Kunst. 50 Jahre Entwicklung
Helmhaus, Zurique / Zurich

Sistema de códigos / Computer system Elea 9003 Olivetti
Tomás Maldonado, Gui Bonsiepe

Organizada por **Max Bill**, Konkrete Kunst foi uma reflexão sobre os 50 anos da arte concreta, com mais de uma centena de artistas incluindo **Bill, van Doesburg, Klee, Kandinsky, Albers, Arp** entre outros. Dezenove artistas brasileiros (ou residentes no Brasil) participaram, entre eles **Wollner, Mavignier, Clark, Pape, Cordeiro, Geraldo de Barros, Mary Vieira, Maurício Nogueira Lima, Hélio Oiticica, Judith Lauand, Franz Weissmann** e **Willys de Castro**

Organized by **Max Bill**, Konkrete Kunst was a reflection on the 50 years of concrete art, with more than a hundred artists including **Bill, van Doesburg, Klee, Kandinsky, Albers, Arp** among others. Nineteen Brazilian artists (or resident in Brazil) took part, among them **Wollner, Mavignier, Clark, Pape, Cordeiro, Geraldo de Barros, Mary Vieira, Maurício Nogueira Lima, Hélio Oiticica, Judith Lauand, Franz Weissmann** and **Willys de Castro**

rot 1
Editada por Max Bense e Elisabeth Walther, a *rot* é uma revista de poesia concreta e estética informacional vinculada à escola de Stuttgart. Dedicou números aos poetas concretos brasileiros, a Aloísio Magalhães e João Cabral de Melo Neto, entre outros

rot 1
Edited by Max Bense and Elisabeth Walther, *rot* is a magazine for concrete poetry and informational aesthetics linked to the Stuttgart school. It dedicated editions to Brazilian concrete poets, to Aloísio Magalhães and João Cabral de Melo Neto, among others

Eleição à presidência de João Goulart

João Goulart is elected president

Inauguração de Brasília

Inauguration of Brasília

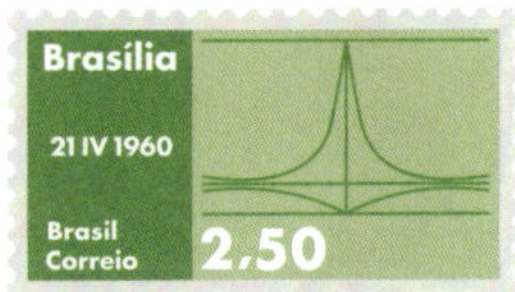

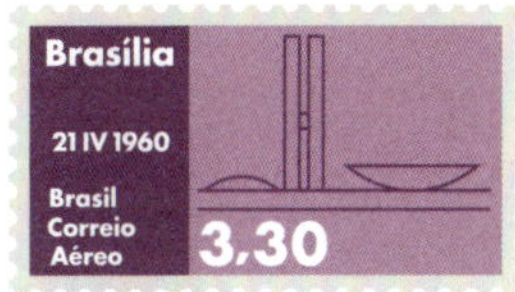

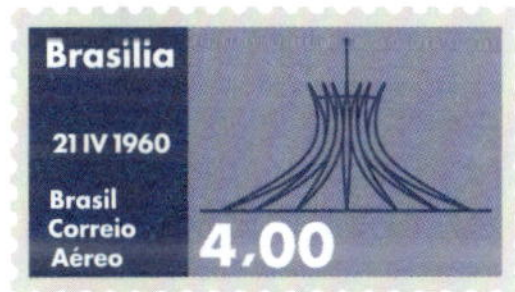

Selos comemorativos inauguração de Brasília/ Brasilia's inauguration stamps
Goebel Weyne, Aloísio Magalhães M+N+P

Os poetas concretos criam a página Invenção no jornal *Correio Paulistano* e convidam **Alexandre Wollner** para fazer a diagramação

The concrete poets created the Invenção [Invention] page in the *Correio Paulistano* newspaper and invite **Alexandre Wollner** to do the layout

A Equipesca inicia suas atividades. A empresa foi fundada em 1957 pelo fotógrafo **Ademar Manarini** e contratou **Alexandre Wollner** para coordenar sua identidade visual. **Manarini** incentivou a parceria de **Wollner** e outros designers, artistas e poetas concretos como **Bergmiller**, **Pignatari**, **Estella Aronis** e **Hermelindo Fiaminghi**

Equipesca begins its activities. The company was founded in 1957 by photographer **Ademar Manarini**, and hired **Alexandre Wollner** to coordinate its visual identity. **Manarini** encouraged the partnership between **Wollner** and other concrete designers, artists and poets such as **Bergmiller**, **Pignatari**, **Estella Aronis** and **Hermelindo Fiaminghi**

Aloísio Magalhães funda com **Luiz Fernando Noronha** e **Artur Lício Pontual** o escritório M+N+P, posteriormente chamado Programa Visual Desenho Industrial (PVDI)

Aloísio Magalhães founds, with **Luiz Fernando Noronha** and **Artur Lício Pontual**, the office M+N+P, which would later be called Programa Visual Desenho Industrial (PVDI)

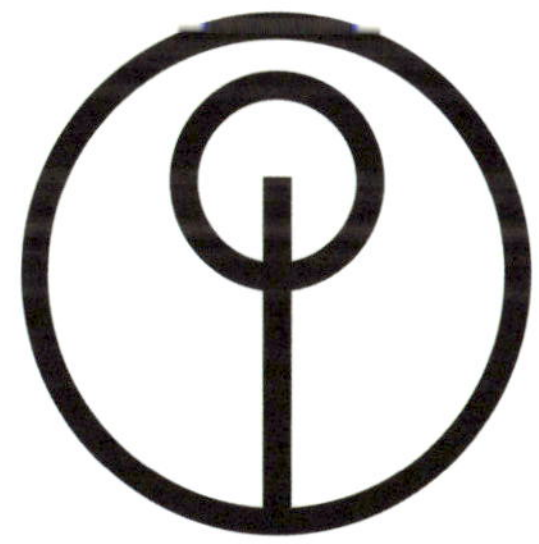

Sinal / Sign Piraquê
Lygia Pape

Início da construção do muro de Berlim

Beginning of construction of the Berlin Wall

Criação do Instituto Nacional de Design (NID) na India

Creation of the National Institute of Design (NID) in India

Primeiro Salone di Milano

First Salone di Milano

Lamartine Oberg, diretor do Instituto de Belas Artes e membro do Grupo de Trabalho para criação da Esdi, visita a HfG Ulm por pedido de embaixador **Wladimir Murtinho**

Lamartine Oberg, director of the Institute of Fine Arts and member of the Work Group for the creation of Esdi, visits HfG Ulm at the request of ambassador **Wladimir Murtinho**

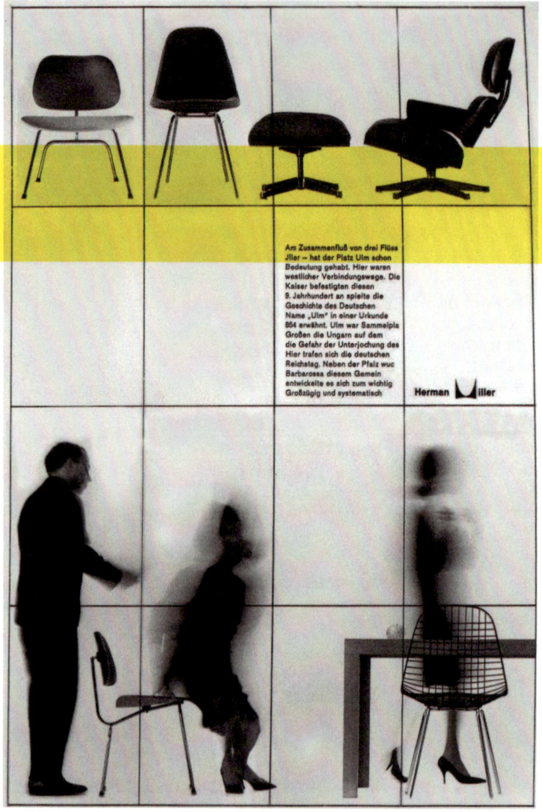

Anúncio / Ad Hermann Miller Collection
Otl Aicher, Development Group 5

Almir Mavignier organiza a primeira exposição Nove Tendencije [Novas Tendências] em Zagreb

Almir Mavignier organizes the first Nove Tendencije [New Tendencies] exhibition in Zagreb

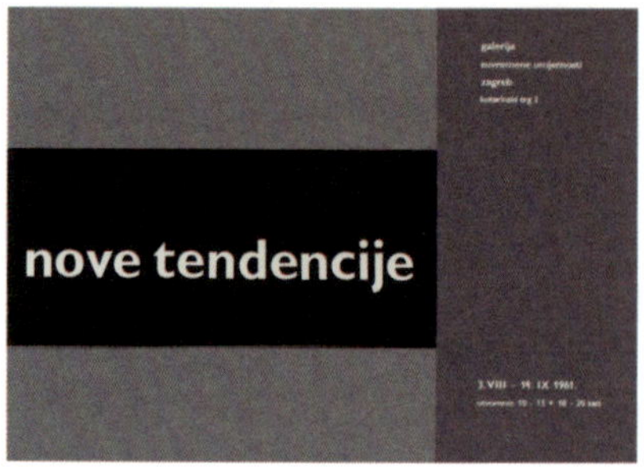

N
S

1961

Fundação da Companhia Teatro Oficina

Foundation of Teatro Oficina theatre company

Max Bense viaja ao Brasil pela primeira vez e visita São Paulo, Rio de Janeiro e Brasília

Max Bense travels to Brazil for the first time and visits São Paulo, Rio de Janeiro and Brasília

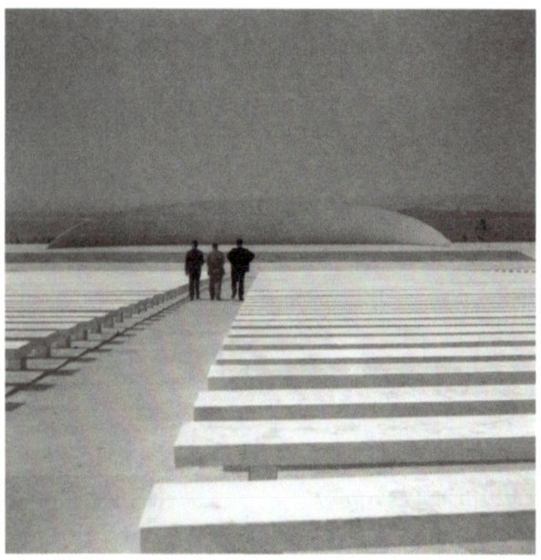

Início da fase de planejamento da Esdi pelo Grupo de Trabalho (GT) formado pelos arquitetos **Maurício Roberto**, **Sérgio Bernardes**, **Lamartine Oberg** e **Wladimir Alves de Souza**

Beginning of Esdi's planning phase by the Work Group formed by architects **Maurício Roberto**, **Sérgio Bernardes**, **Lamartine Oberg** and **Wladimir Alves de Souza**

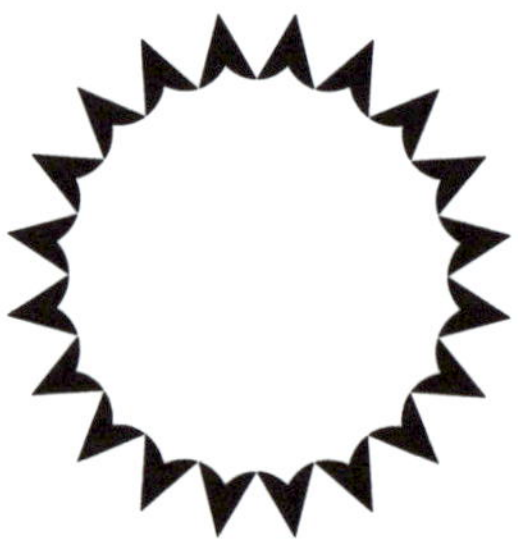

Sinal / Sign FAUUSP
Ludovico Martino

A Ambiente Indústria e Comércio de Móveis realiza o que é considerado primeiro concurso de design no país. Vence sofá-cama projetado no forminform

Ambiente Indústria e Comércio de Móveis holds what is considered the first design competition in the country. Sofa bed designed by forminform wins

Sofá-cama / Sofa bed Ambiente
Karl Heinz Bergmiller, Ruben Martins, Joaquim Guedes, forminform

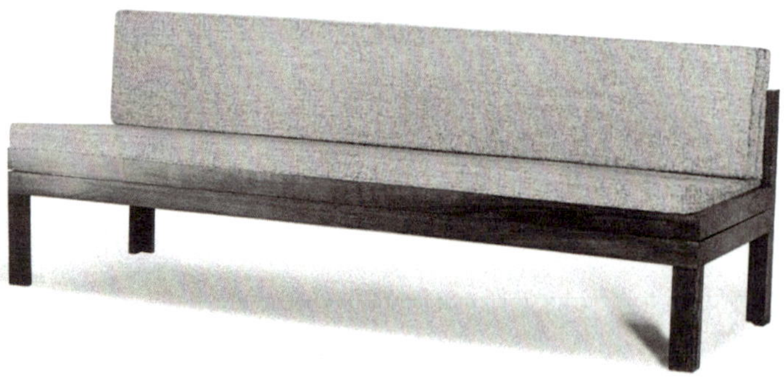

1962

Otl Aicher e seu Entwicklungsgruppe 5 [Grupo de Desenvolvimento 5] cria a identidade visual da Lufthansa. **Aicher** é nomeado reitor, e junto a **Maldonado** empenha-se em reencontrar equilíbrio entre teoria e prática, ciência e design. Inicia-se a fase de formulação definitiva do "modelo ulmiano"

Otl Aicher and his Entwicklungsgruppe 5 [Development Group 5] create the visual identity for Lufthansa. **Aicher** is appointed rector, and together with **Maldonado** strives to find a balance between theory and practice, science and design. The definitive formulation phase of the "Ulm model" begins

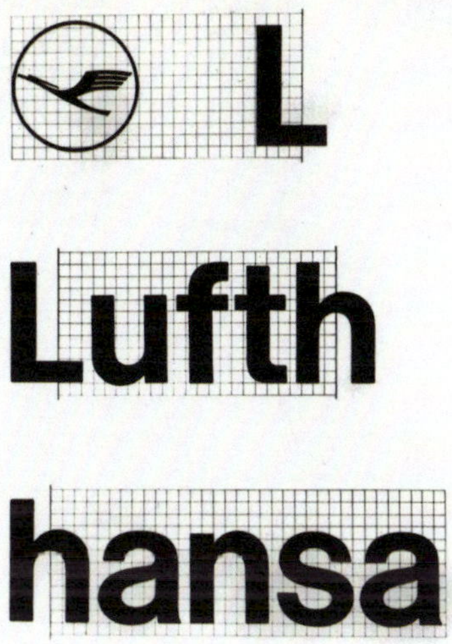

Identidade corporativa / Corporate identity Lufthansa
Otl Aicher, Development Group 5

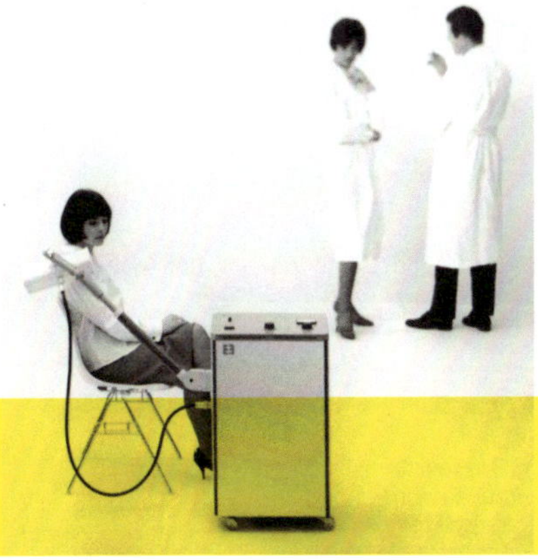

Almir Mavignier integra exposição do grupo de vanguarda Zero no Stedelijk em Amsterdam, com **Otto Piene, Heinz Mack, Yves Klein, Piero Manzoni** e **Lucio Fontana**, entre outros

Almir Mavignier takes part of the exhibition of the avant-garde group Zero at the Stedelijk in Amsterdam, with **Otto Piene, Heinz Mack, Yves Klein, Piero Manzoni** and **Lucio Fontana**, among others

Sistema de instrumentos eletromédicos / System of Electromedical Instruments
Tomás Maldonado, Development Group 6

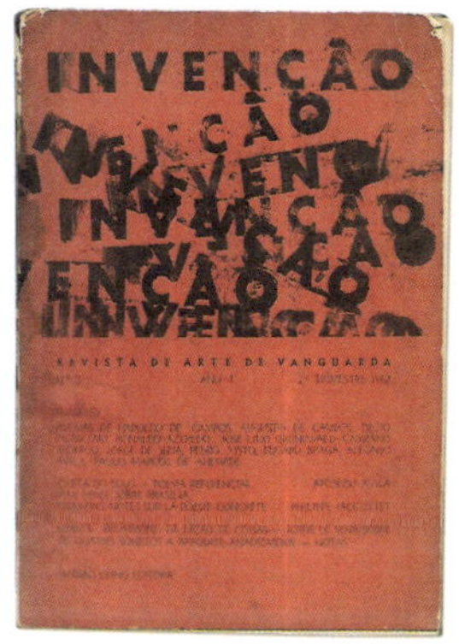

Comunicação Visual e Desenho Industrial entram na grade do curso de Arquitetura e Urbanismo da FAUUSP

Visual Communication and Industrial Design are included in the FAUUSP Architecture and Urbanism course

principe

Goebel Weyne (M+N+P) cria identidade para as confecções Príncipe, usando tipografia triangular desenhada por **Max Bill**

Goebel Weyne (M+N+P) creates the visual identity for Principe clothing, using triangular typography designed by **Max Bill**

esdi

Decreto de criação da Escola Superior de Desenho Industrial – Esdi, instituição ligada à secretaria de Educação e Cultura do Estado da Guanabara. **Alexandre Wollner** e **Karl Heinz Bergmiller**, ex-alunos de Ulm, são convidados a participar da formulação curricular

Decree of creation of the School of Industrial Design – Esdi, an institution linked to the Secretary of Education and Culture of the State of Guanabara. **Alexandre Wollner** and **Karl Heinz Bergmiller**, former students of Ulm, are invited to take part in formulating the curriculum

Invenção 1 e 2
A revista criada pelo Grupo Noigandres conta com a colaboração de artistas, poetas e teóricos, como Max Bense, Eugen Gomringer, entre outros. No número 2, Bense publica o ensaio-poético "Sobre Brasília: Projeto de uma paisagem Renana", em que apresenta impressões sobre seu primeiro contato com o Brasil

Invenção 1 and 2
The magazine is created by Grupo Noigandres and receives collaborations by artists, poets and theorists, such as Max Bense, Eugen Gomringer, and others. In the issue 2, Bense publishes the poetic essay "About Brasília: Project of a Renana landscape", in which he presents impressions of his first contact with Brazil

A Boa Forma Industrial na Alemanha / German Industrial Gute Form
MAM Rio / Masp

Alexandre Wollner, Aloísio Magalhaes – Curso: Artes Gráficas / Course: Graphic Arts
MAM Rio

Max Bense – Curso: Visualidade e Estética / Course: Aesthetics and Visuality
MAM Rio

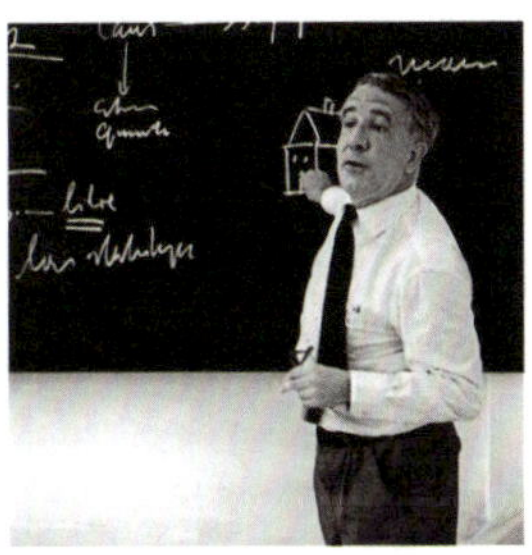

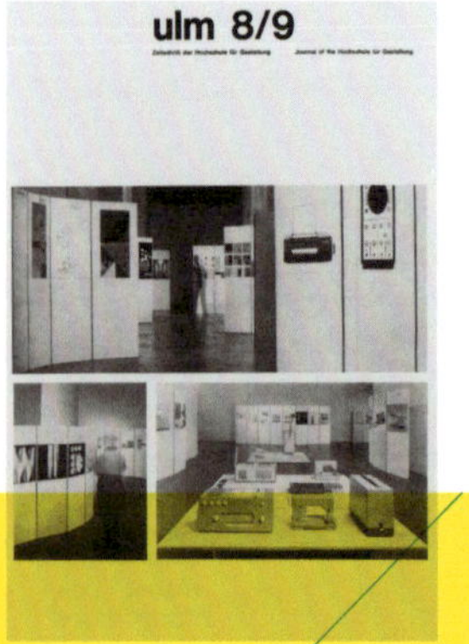

ulm 8/9

Assassinato do presidente norte-americano John F. Kennedy

Assassination of US President John F. Kennedy

O importante jornal *Der Spiegel* publica artigo difamatório da HfG. Na revista *ulm 8/9*, **Aicher** escreve sobre novas atribuições do design industrial, comunicação visual e arquitetura. Reestruturação do departamento de Arquitetura, que passa a se chamar Industrialisierten Bauen [Construção Industrializada]

The leading journal *Der Spiegel* publishes a defamatory article on HfG. In the *ulm 8/9* magazine, **Aicher** writes about new attributions in industrial design, visual communication and architecture. Restructuring of the Architecture department, which is now called Industrialisierten Bauen [Industrialized Building]

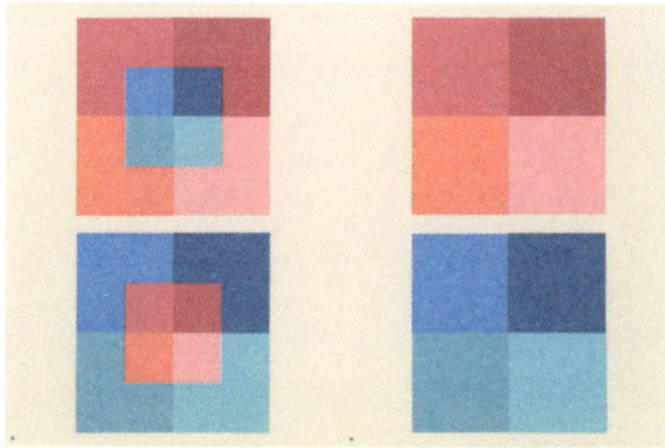

Interaction of Color
Josef Albers publica o livro instrumental *A Interação da Cor*, obra-prima sobre teoria das cores

Interaction of Color
Josef Albers publishes the instrumental book *Interaction of Color*, a masterpiece on color theory

Cartaz para loja de móveis Form / Form furniture store poster
Almir Mavignier

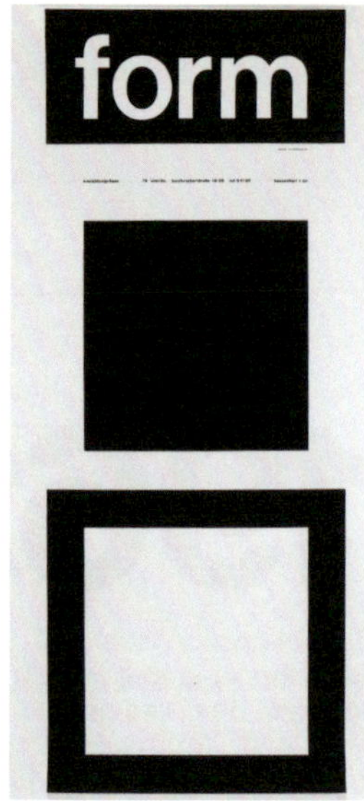

N S

1963

Criação da Associação Brasileira de Desenho Industrial – Abdi, organização voltada a ações de divulgação da profissão e estímulo à contratação de pessoas especializadas

Creation of the Brazilian Association of Industrial Design – Abdi, an organization dedicated to actions that publicize the profession and encourage the hiring of specialized people

Escritório de embalagens DIL (Desenho Industrial Limitada)

Packaging Office DIL (Industrial Design Limited)

Em Salvador, no Solar do Unhão (MAM BA), **Lina Bo Bardi** faz planos detalhados para criação de Centro de Estudos e Trabalho Artesanal e uma Escola de Desenho Industrial

In Salvador, at Solar do Unhão (MAM BA), **Lina Bo Bardi** makes detailed plans for the creation of a Center for Studies and Crafts and a School of Industrial Design

Mudam-se para o Brasil **Paul Edgard Decurtins** e a brasileira **Frauke Koch-Weser,** sua mulher, ambos egressos da HfG Ulm. **Decurtins** projeta com **Bergmiller** e **João Carlos Cauduro** mobiliário para a USP. Com **Wollner** e **Bergmiller**, trabalha no programa de identidade para o grupo de urbanização do Aterro do Flamengo, dirigido por **Lota de Macedo Soares**

Paul Edgard Decurtins and the Brazilian **Frauke Koch-Weser,** his wife, move to Brazil, both graduates of HfG Ulm. Decurtins designs furniture for USP with **Karl H. Bergmiller** and **João Carlos Cauduro.** Together with **Wollner** and **Bergmiller**, he works on the identity program for the Aterro do Flamengo urbanization group, directed by **Lota de Macedo Soares**

Em 10 de julho de 1963 a Esdi é inaugurada pelo governador Carlos Lacerda e as aulas têm início. Trinta alunos são selecionados para a primeira turma, dentre mais de 200 candidatos. O arquiteto **Maurício Roberto** é nomeado diretor da escola. Integram o grupo fundador da Esdi, **Wollner**, **Bergmiller** e **Aloísio Magalhães**

On July 10, 1963, Esdi is inaugurated by Governor Carlos Lacerda and classes begin. Thirty students are selected for the first class from more than 200 candidates. Architect **Maurício Roberto** is appointed dean of the school. **Wollner**, **Bergmiller** and **Aloísio Magalhães** take part in Esdi's founding group

Anúncio / Ad Disenfórmio Procienx
Décio Pignatari, Ruben Martins

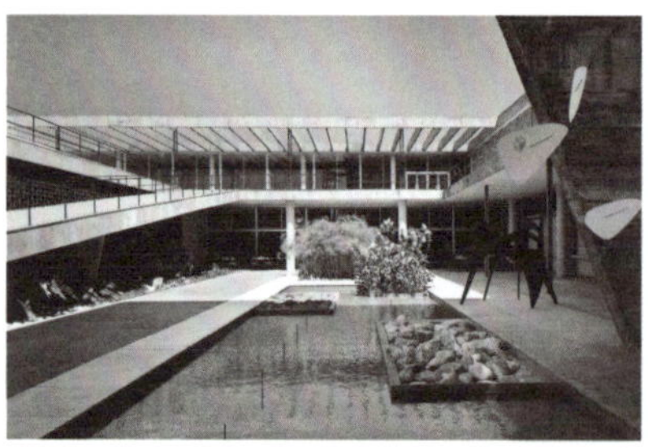

Bauhaus
MAM Rio

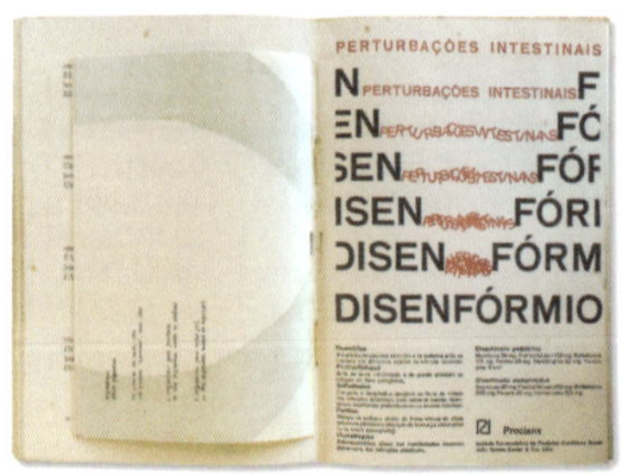

Intensificação do envolvimento norte-americano na Guerra do Vietnã

US involvement in the Vietnam War intensifies

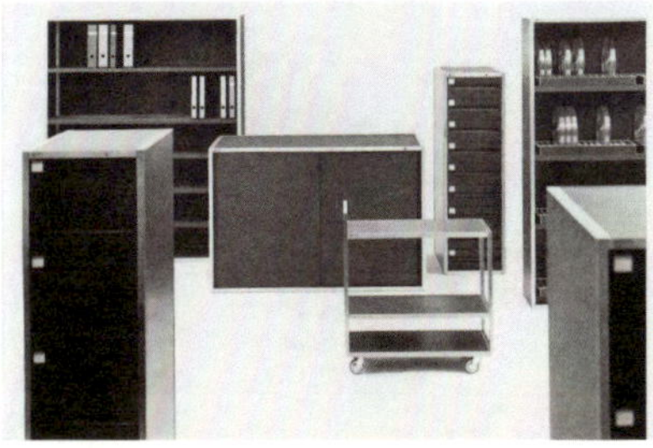

Expo Nova York Christopher Alexander publica *Notes on the Synthesis of Form*

Expo New York Christopher Alexander publishes *Notes on the Synthesis of Form*

Maldonado torna-se reitor. Assina com **Gui Bonsiepe** o artigo "Design e Ciência" na revista *ulm 10/11*

Maldonado becomes dean. Signs, together with Gui Bonsiepe, the article "Science and Design" in the *ulm 10/11* magazine

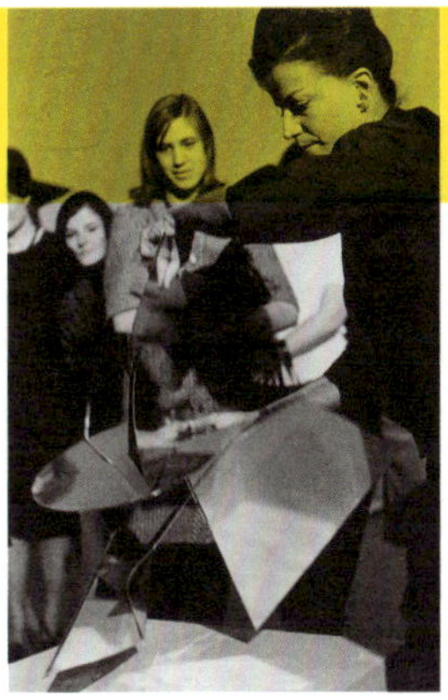

Lygia Clark – Variable objekte
Studiengalerie, Stuttgart

UniData-Program
Tomás Maldonado, Gui Bonsiepe, Rudolf Scharfenberg

Cartaz / Poster Palatnik
Almir Mavignier

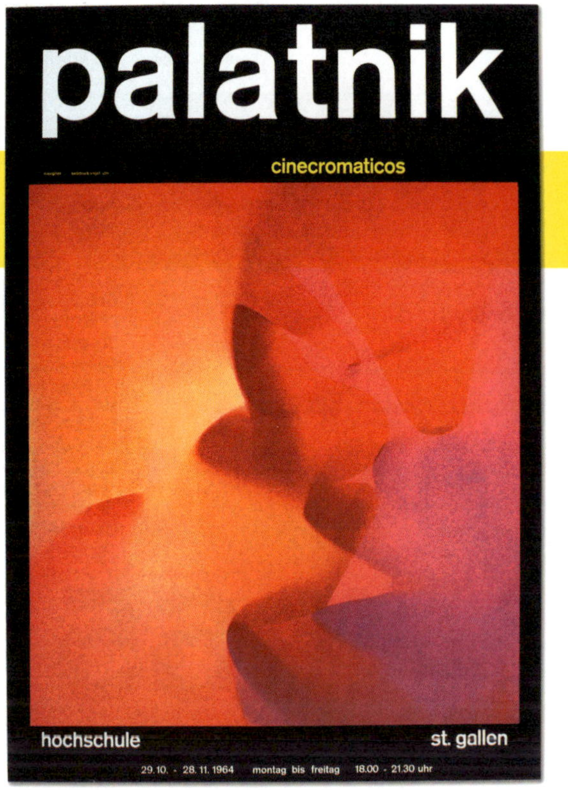

1964

Golpe militar e início da ditadura

Military coup and beginning of dictatorship

Deus e o Diabo na Terra do Sol, de Glauber Rocha, marco do Cinema Novo

Black God, White Devil, movie by Glauber Rocha, a landmark in the Cinema Novo movement

Gui Bonsiepe, ex-aluno da HfG e editor-assistente da revista *ulm*, visita o Rio e Buenos Aires. Na Argentina, é convidado a ministrar palestras no Centro de Investigación del Diseño Industrial – Cidi

Gui Bonsiepe, former HfG student and assistant editor of *ulm* magazine, visits Rio and Buenos Aires. In Argentina, he is invited to give lectures at the Centro de Investigación del Diseño Industrial – Cidi

Geraldo de Barros abre a fábrica de móveis Hobjeto com o marceneiro **Antônio Bioni**. O nome é a junção das palavras hoje + objeto

Geraldo de Barros opens the Hobjeto furniture factory with cabinetmaker **Antônio Bioni**. The name is the combination of the words *hoje* [today] + *objeto* [object]

Waldemar Cordeiro publica *Arte Semântica Concreta* e inicia os *Popcretos*, nome dado por **Augusto de Campos**, em que se apropria da nova figuração e de signos de consumo. **Max Bense** reflete sobre esta série de obras em texto para exposição no mesmo ano

Waldemar Cordeiro publishes *Arte Semantica Concreta* and starts *Popcretos*, named by **Augusto de Campos**, in which he appropriates the new figuration and signs of consumption. **Max Bense** reflects on this series of works in a text written for an exhibition that same year

Flávio de Aquino, arquiteto e crítico de arte, assume a direção da escola. O suíço **Paul Decurtins** passa a lecionar Metodologia Visual no Curso Fundamental

Flávio de Aquino, architect and art critic, assumes the direction of the school. The Swiss **Paul Decurtins** starts teaching Visual Methodology in the Foundation Course

HO JE
HOBJETO
HOBJETO

Max Bense – Curso: As bases fundamentais da estética moderna / Course: The foundations of modern aesthetics
Esdi, Rio de Janeiro

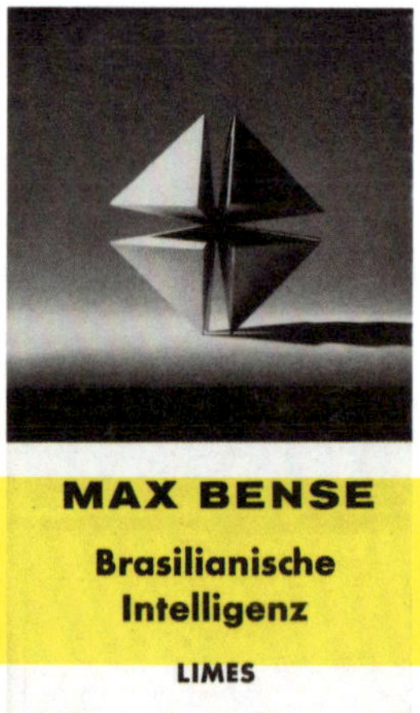

Almir Mavignier se torna professor na Universidade de Hamburgo

Almir Mavignier becomes a professor at the University of Hamburg

Alexandre Wollner representa o Brasil no seminário sobre programas e métodos de ensino de design organizado pelo ICSID e realizado na HfG

Alexandre Wollner represents Brazil at the seminar on programs and methods for teaching design organized by ICSID held at HfG

Com a morte precoce do designer **Hans Gugelot,** cogita-se que **Bergmiller,** então na Esdi, assuma o cargo de professor do Departamento de Design Industrial

With the early death of designer **Hans Gugelot,** it is thought that **Bergmiller,** then at Esdi, would assume the position of professor of the Industrial Design Department

Aloísio Magalhães – Wege eines Zeichens
Studiengalerie, Stuttgart

Brasilianische intelligenz
O livro sobre a modernidade brasileira é resultado da série de viagens, entre 1961 e 1964, de Max Bense ao Brasil. Nele, Bense caracteriza o ambiente cultural brasileiro enfatizando o equilíbrio entre o espírito tropical e o cartesiano. Na capa, logo tridimensional de Aloísio Magalhães para o IV Centenário do Rio

Brasilianische intelligenz
The book on Brazilian modernity is the result of a series of trips, between 1961 and 1964, by Max Bense to Brazil. In it, Bense characterizes the Brazilian cultural environment emphasizing the balance between the tropical and Cartesian spirits. On the cover, three-dimensional logo by Aloísio Magalhães for the IV Centenary of Rio

Konkrete Poesie International I
Studiengalerie, Stuttgart

Exposição itinerante Escola de Ulm / Traveling exhibition Ulm School of Design
Stedelijk Museum, Amsterdam

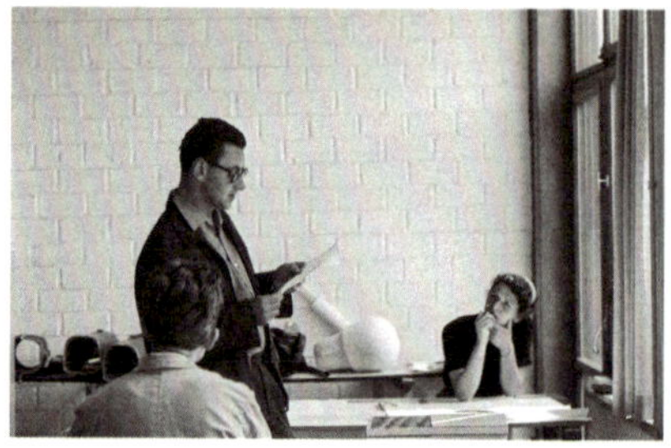

N
S

1965

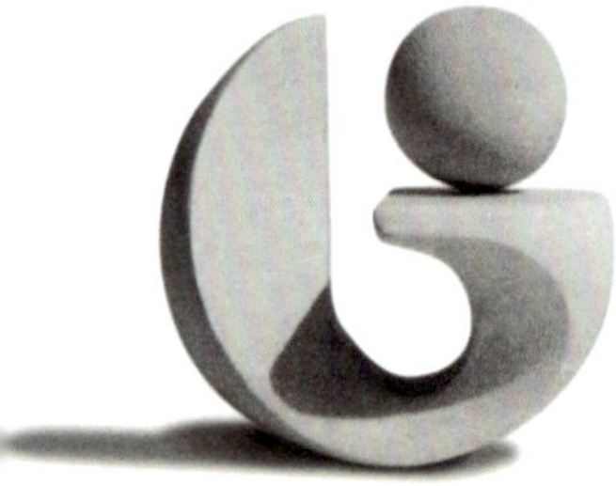

Sinal tridimensional / Three-dimensional sign Bienal de São Paulo
Aloísio Magalhães

Décio Pignatari se torna professor na Esdi e propõe a ideia de "ensino programado" para o design industrial. **Maldonado** escreve em carta a **Bergmiller** e **Wollner**: "A Escola de Ulm e a do Rio de Janeiro são, no momento, as únicas em sua especialidade que apresentam uma estrutura progressista"

Décio Pignatari becomes a professor at Esdi and proposes the idea of "programmed education" for industrial design. **Maldonado** writes in a letter to **Bergmiller** and **Wollner**: "The Ulm School and the Rio de Janeiro School are, at the moment, the only ones in their specialty that present a progressive structure"

Revista Produto e Linguagem 1
Primeira publicação nacional totalmente dedicada ao design, promovida pela ABDI, contou com design de Fernando Lemos e título conceituado por Décio Pignatari

Product and Language Magazine 1
The first national publication totally dedicated to design, promoted by ABDI, featured a design by Fernando Lemos and a prestigious title by Décio Pignatari

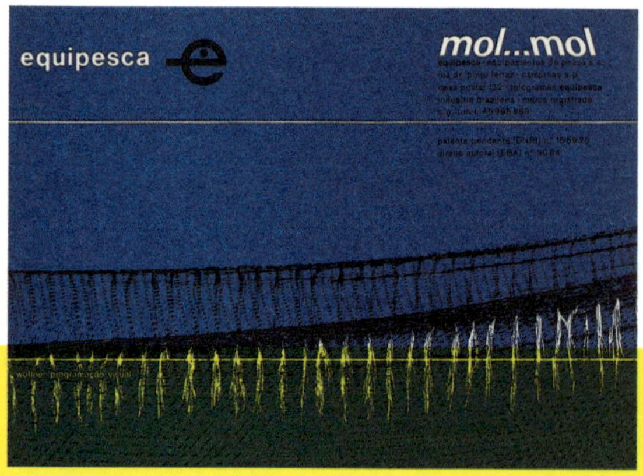

Anúncio / Ad mol...mol Equipesca
Alexandre Wollner, Décio Pignatari

1966

Início da Revolução Cultural na China

Beginning of the Cultural Revolution in China

Herbert Ohl assume a direção. A HfG deixa de receber financiamento do governo alemão e a Fundação Scholl entra em dívida

Herbert Ohl takes over. HfG no longer receives funding from the German government and the Scholl Foundation goes into debt

Mary Vieira torna-se titular do curso de Estruturação Espacial na Kunstgewerbeschule [Escola de Artes Aplicadas] da Basileia, Suíça, sendo a única docente mulher da instituição

Mary Vieira becomes a professor of the Spatial Structuring course at the Kunstgewerbeschule [School of Applied Arts] in Basel, Switzerland, being the only female teacher at the institution

Fundação dos coletivos de design e arquitetura Archizoom e Superstudio na Itália

Founding of design and architecture collectives Archizoom and Superstudio in Italy

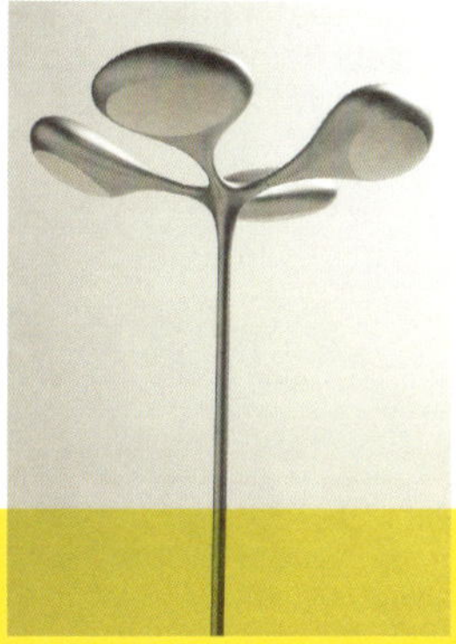

Sistema de iluminação urbana / Urban lighting system Walter Zeischegg, Peter Hofmeister, Thomas Mentzel, Werner Zemp

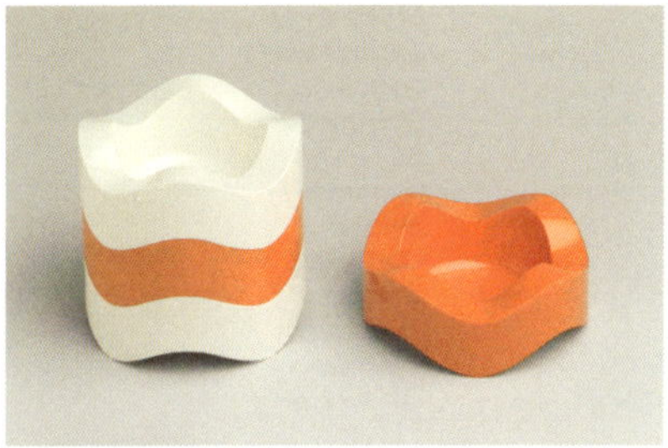

Cinzeiro empilhável / Stackable ashtray Walter Zeischegg

A área de Desenvolvimento do Projeto da Esdi é um laboratório prático para os estudantes exercitarem conhecimentos técnicos de outras disciplinas. **Bergmiller**, **Lício Pontual**, **Goebel** e **Wollner**, seus responsáveis, procuram integrar exercícios das formações em Desenho Industrial e em Comunicação Visual. Em geral, os alunos elaboram protótipos de projetos como solução a um problema proposto

Esdi's Project Development area is a practical laboratory for students to exercise their technical knowledge of other disciplines. **Bergmiller**, **Lício Pontual**, **Goebel** and **Wollner**, who are in charge, seek to integrate training exercises in Industrial Design and Visual Communication. In general, students elaborate prototype projects as a solution to a proposed problem

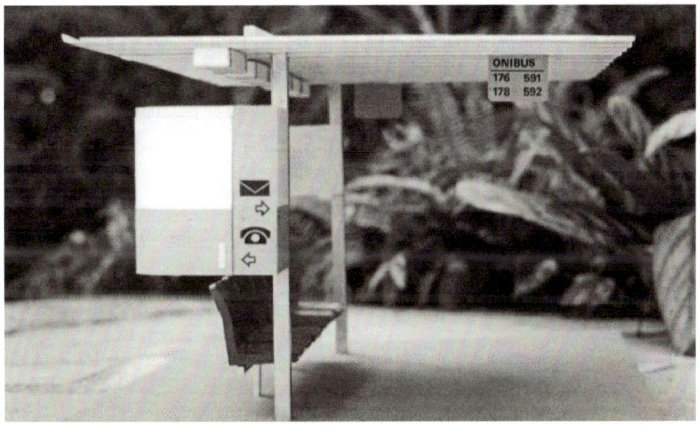

Maquete de ponto de ônibus / Bus stop mockup (1974) Pedro L. P. Souza, Freddy Van Camp

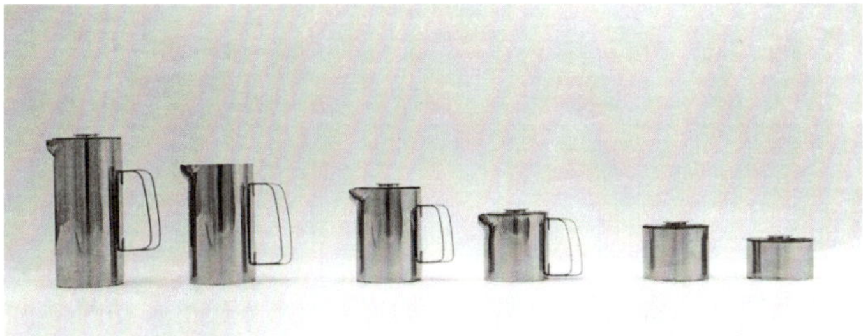

Recipientes em aço inox / Inox containers (1969) Henrique Colasanti Lage

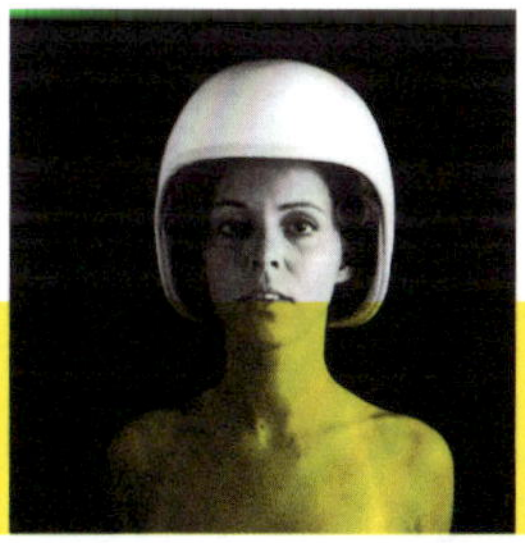

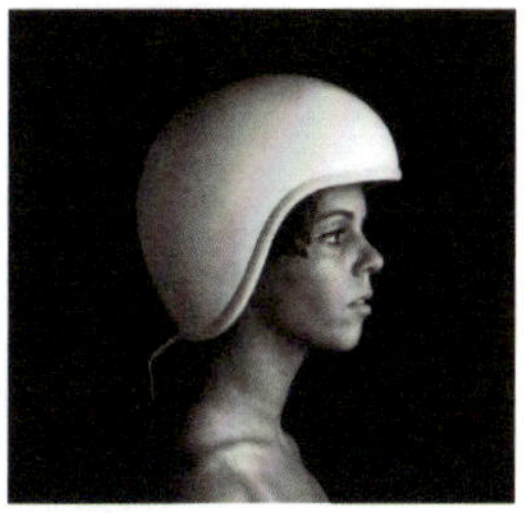

Secador de cabelo / Hairdryer (1969) Ilse de Andrade

Buckminster Fuller projeta domo geodésico na Expo Montreal

Buckminster Fuller Designs Geodesic Dome at Expo Montreal

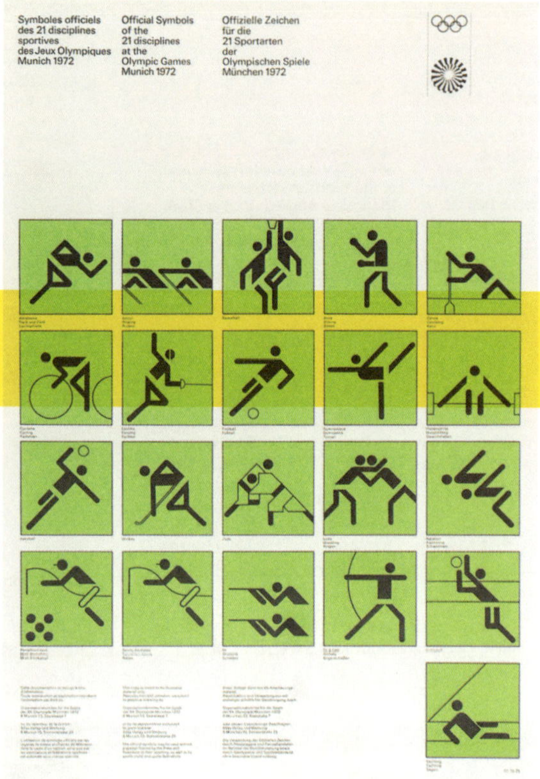

Niemeyer se exila na França

Niemeyer goes into exile in France

Otl Aicher começa a trabalhar na identidade das Olimpíadas de 1972 e se transfere para Munique

Otl Aicher starts working on the 1972 Olympics identity and relocates to Munich

Maldonado deixa a escola. A crise financeira se intensifica

Maldonado leaves the school. The financial crisis intensifies

Sistema de pictogramas Jogos Olímpicos de Munique / Munich Olympic Games pictogram system
Otl Aicher

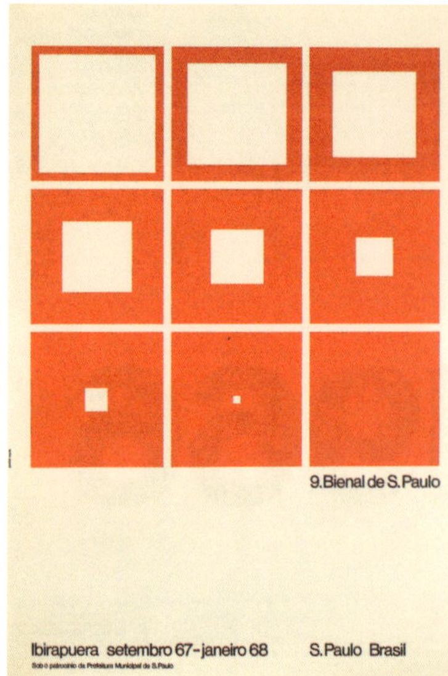

O homem e a comunidade / Man and the community
Pavilhão Alemão / German Pavilion Expo 67, Montreal

N

S

1967

As faculdades Faap e Mackenzie abrem graduação em Desenho Industrial e Comunicação Visual

Faap and Mackenzie Univerisities open undergraduate courses in Industrial Design and Visual Communication

Mary Vieira encontra-se com **Oscar Niemeyer** e o diplomata **Wladimir Murtinho** no Palácio do Itamaraty em Brasília, onde é convidada a instalar uma escultura. *polivolume: ponto de encontro* fica pronta em 1970

Mary Vieira meets **Niemeyer** and diplomat **Wladimir Murtinho** at the Itamaraty in Brasília, where she is invited to install a sculpture. *polivolume: ponto de encontro* is finalized in 1970

Karl H. Bergmiller e **Goebel Weyne** começam a trabalhar na empresa de móveis de escritórios Escriba, respectivamente nas áreas de design de produtos e comunicação visual

Karl H. Bergmiller and **Goebel Weyne** start working at Escriba, an office furniture company respectively in the areas of product design and visual communication

A construção do MAM Rio é finalizada com a inauguração do Bloco de Exposições

The construction of MAM Rio is completed with the inauguration of the Exhibition wing

A arquiteta e engenheira **Carmen Portinho** torna-se a nova diretora. **Mary Vieira** faz palestra na escola. **Daisy Igel**, formada pela The New Bauhaus, assume a disciplina de Metodologia Visual e busca estabelecer uma orientação mais experimental

Architect and engineer **Carmen Portinho** becomes the new dean. **Mary Vieira** lectures at the school. **Daisy Igel**, a graduate of The New Bauhaus, takes over the Visual Methodology course and seeks to establish a more experimental orientation

Aparelhos de cardiologia / Cardio equipments Coretron
Karl Heinz Bergmiller, Freddy van Camp

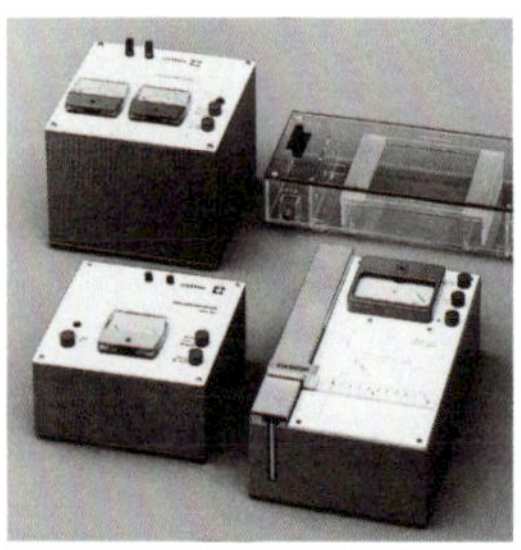

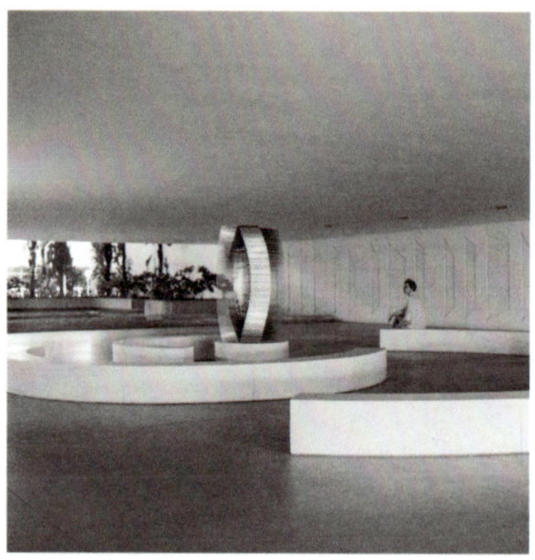

Cartaz / Poster 9ª Bienal de São Paulo
Goebel Weyne

Maio de 68 na França

May 68 in France

Fechamento da HfG Ulm. Em 15 anos, foram 20 professores permanentes e 200 convidados, e 640 alunos (215 diplomados), dentre os quais os brasileiros **Alexandre Wollner**, **Almir da Silva Mavignier**, **Elke Koch-Weser**, **Frauke Koch-Weser**, **Günter Weimer**, **Isa Maria Moreira da Cunha**, **Jorge Bodanzky**, **Mario Giraldes Zocchio**, **Mary Vieira** e **Yedda Lucia Pitanguy**

Closing of HfG Ulm. In 15 years, there were 20 permanent and 200 visiting professors, and 640 students (215 having graduated), including Brazilians **Alexandre Wollner**, **Almir da Silva Mavignier**, **Elke Koch-Weser**, **Frauke Koch-Weser**, **Günter Weimer**, **Isa Maria Moreira da Cunha**, **Jorge Bodanzky**, **Mario Giraldes Zocchio**, **Mary Vieira**, and **Yedda Lucia Pitanguy**

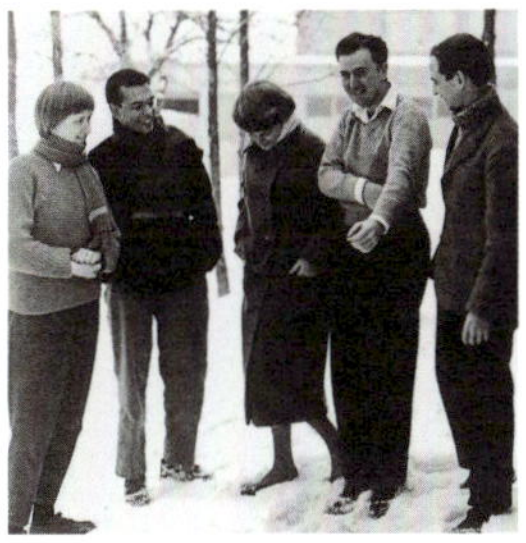

Ocupação da Trienal de Milão

Milan Triennale Occupation

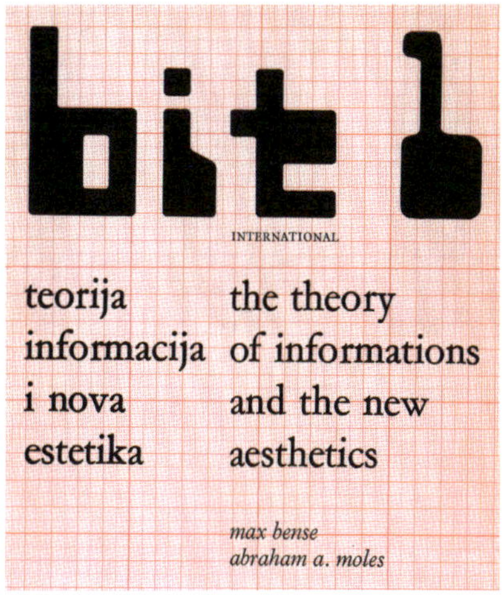

bit international 1
Ligada ao grupo Novas Tendências de Zagreb, do qual fez parte Almir Mavignier, a revista divulga produções e teorias artísticas inovadoras. Contou com a colaboração de Max Bense, Abraham Moles e Tomás Maldonado, entre outros

bit international 1
Linked to the group New Tendencies in Zagreb, of which Almir Mavignier was a member, the magazine disseminates innovative artistic productions and theories. Its collaborators were Max Bense, Abraham Moles and Tomás Maldonado, among others

1968

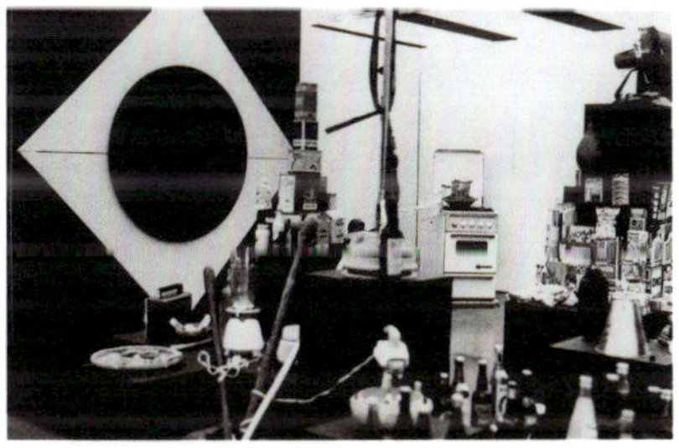

O Movimento Estudantil de 1968 tem reflexos na Esdi, que inicia processo de revisão pedagógica com assembleias entre professores e alunos. A escola participa da Bienal Desenho Industrial 68 com o Banquete do Consumo, análise crítica da indústria brasileira e sua relação com o design

The 1968 Student Movement had an impact on Esdi, which began a process of pedagogical review with assemblies between teachers and students. The school participates in the Industrial Design 68 Biennial with the Banquet of Consumption, a critical analysis of the Brazilian industry and its relationship with design

Decreto do AI 5 pelo governo militar

AI 5 decree by the military government

É criado o **Instituto de Desenho Industrial – IDI** no MAM Rio, coordenado por **Karl H. Bergmiller** e **Goebel Weyne**, com o objetivo de conectar instituições privadas e públicas a projetos de pesquisa, informação e divulgação do design

The **Industrial Design Institute – IDI** is created in MAM Rio, coordinated by **Karl H. Bergmiller** and **Goebel Weyne**, with the objective of connecting private and public institutions to projects related to research, information and dissemination of design

Lygia Pape apresenta performance *Divisor* no MAM Rio

Lygia Pape presents *Divisor* performance at MAM Rio

Com suporte técnico de matemáticos, físicos e engenheiros, **Waldemar Cordeiro** inicia pesquisa sobre arte e cibernética, e começa a incoporar imagens digitais em suas obras

With technical support from mathematicians, physicists and engineers, **Waldemar Cordeiro** begins research on art and cybernetics, and starts incorporating digital images into his works

A 1ª Bienal de Desenho Industrial, no MAM Rio, é planejada para acontecer em anos alternados aos da Bienal de Arte de São Paulo. **Karl H. Bergmiller**, **Artur Lício Pontual** e **Goebel Weyne** estão entre seus organizadores. A representação internacional é composta por Estados Unidos, Canadá e Grã-Bretanha. Do Brasil são apresentados dez projetos de programação visual e planejamento de produtos

The 1st Industrial Design Biennial, at MAM Rio, is planned to take place in alternate years to the São Paulo Art Biennial. **Karl H. Bergmiller**, **Artur Lício Pontual** and **Goebel Weyne** are among its organizers. International representation is made up of the United States, Canada and Great Britain. Ten visual programming and product planning projects are presented by Brazil

Bienal Desenho Industrial 68 / Industrial Design 68 Biennial
MAM Rio

Desenho Industrial 68
Industrial Design
Bienal Internacional do Rio de Janeiro
International Biennial Exhibition of Rio de Janeiro
Museu de Arte Moderna
nov.-dez. 68

max

da bauhaus
ao bra

rodrigo paiva

max bill: from
bauhaus to brazil

bill

sil

Clareza[1] é o que Max Bill (1908-1994, Suíça) diz ter encontrado na Bauhaus, além de pluralidade criativa. Aluno em Dessau a partir de 1928, Bill foi profundamente influenciado pelas visões do funcionalismo politizado do diretor da escola, Hannes Meyer. O surrealismo de origem dadá[2] e o construtivismo russo, além das lições de Wassily Kandinsky, László Moholy-Nagy, Josef Albers, Paul Klee e de sua assistente, Helene Nonné-Schmidt, foram os fundamentos da formação deste artista, arquiteto, pintor, designer gráfico, designer de produtos e de exposições, escultor, diagramador, curador, crítico e teórico da arte abstrata e concreta, iniciador e promotor de grupos e movimentos artísticos e ativista antifascista na Suíça, que colaborou com a proteção de amigos como Max Ernst e Ernst Bloch e sua companheira, Karola Piotrowska.

Após Dessau, Bill integra os movimentos parisienses de arte abstrata e concreta. Ele comunga com os artistas das associações Art Concret, liderada por Theo van Doesburg[3], Cercle et Carré e Abstraction-Création, iniciados por Georges Vantongerloo. A biografia[4] de Bill mostra a importância da amizade com o casal Hans Arp e Sophie Taeuber-Arp para seu desenvolvimento criativo, além da convivência com Antoine Pevsner, Naum Gabo, Piet Mondrian, Le Corbusier e o próprio Vantongerloo. Em 1937, quando os movimentos de vanguarda em Paris se arrefecem e, em Munique, a exposição *Arte Degenerada* é inaugurada pelo Nazismo, surge imediatamente na Suíça o grupo de resistência artística Allianz, fundado por Richard Paul Lohse e do qual Bill participará ativamente. Em 1960, contemporânea à retrospectiva *Konkrete Kunst* dos 50 anos da arte concreta, Bill realiza uma exposição sobre Marcel Duchamp. No catálogo, ele descreve em detalhe a importância do encontro com Duchamp em 1938:

Clarity[1] is what Max Bill (1908-1994, Switzerland) said he had found at Bauhaus, in addition to creative plurality. A student at Dessau from 1928, Bill was deeply influenced by the visions of the politicized functionality of the director of the school, Hannes Meyer. The surrealism of dada[2] origin and the russian constructivism, as well as the lessons from Wassily Kandinsky, László Moholy-Nagy, Josef Albers, Paul Klee and his assistant Helene Nonné-Schmidt: these were the pillars of the formation of this artist, architect, painter, graphic designer, product and exhibition designer, sculptor, visual designer, curator, critic and theoretician of abstract and concrete art, founder and promoter of groups and movements and antifascist activist in Switzerland, who helped to protect friends like Max Ernst and Ernst Bloch and his partner, Karola Piotrowska.

After Dessau, Bill joins the Parisian abstract and concrete art movements. He communes with the artists of the associations Art Concret, led by Theo van Doesburg[3], Cercle et Carré and Abstraction-Création, started by Georges Vantongerloo. Bill's biography[4] shows the importance, in his creative development, of the friendship with the couple Hans Arp and Sophie Taeuber-Arp and the acquaintanceship with Antoine Pevsner, Naum Gabo, Piet Mondrian, Le Corbusier and Vantongerloo himself. In 1937, when the avant-garde movements in Paris cool down, and the *Degenerate Art* exhibition is opened by the Nazi Party in Munich, the artistic resistance group Allianz immediately emerges in Switzerland, founded by Richard Paul Lohse and in which Bill will participate actively. In 1960, simultaneously to the retrospective *Konkrete Kunst* at the 50-year anniversary of concrete art, Bill holds an exhibition about Marcel Duchamp. In the catalogue, he describes in detail the relevance of this encounter with Duchamp in 1938:

1. "Na Bauhaus, eu queria primeiramente estudar arquitetura, pois Corbusier havia me virado a cabeça. Minha impressão da Bauhaus não foi aquela que eu esperava, fiquei um pouco decepcionado, mas, aos poucos, eu encontrei aquilo que tinha me levado para lá: clareza. [...] Bauhaus é uma direção espiritual e progressista, uma atitude que se poderia chamar de religião." Cf. Bill, Max. "Interview der Zeitschrift bauhaus mit Bauhäuslern" *Bauhaus - Zeitschrift für Gestaltung*, ano 2, n. 2/3, 1928, tradução do autor.

2. Segundo Bill, "No dadaísmo, já encontramos os preâmbulos para as duas principais orientações distintas da arte atual: de um lado o 'surrealismo', de outro, a 'arte concreta'". Bill, Max. "Sophie Taeuber-Arp". *In*: Jaeger, Chiara Calzetta; Weil-Seigeot, Claude. *Sophie Taeuber: rythmes plastiques, réalités architecturales*. Clamart: Fondation Arp, 2007.

3. Doesburg, falecido em 1931, formulou o conceito de arte concreta, além de promover a arte dadá. Trabalhou com Kurt Schwitters nas iniciativas do Merz, em que desenhou cartazes e publicou, também com Käte Steinitz, o livro infantil *Die Scheuche* [O Espantalho]. Schwitters, Doesburg, Steinitz, assim como Friedrich Vordemberge-Gildewart, fizeram parte do grupo de artistas abstratos de Hannover; Vordemberge-Gildewart foi talvez o maior seguidor de Doesburg no modo de pintar.

4. Cf. Thomas, Angela. *Mit subversiven Glanz: Max Bill und seine Zeit. Band I: 1908-1939*. Zurique: Scheidegger & Spiess, 2008.

1. "At Bauhaus, I wished, primarily, to study architecture, for Corbusier had turned my head. My impression of Bauhaus was not the one that I expected, I was a bit disappointed, but little by little, I found what had attracted me there: Clarity. [...] Bauhaus is a spiritual and progressive direction, an attitude that one could call religion." Cf. Bill, Max. "Interview der Zeitschrift bauhaus mit Bauhäuslern". *Bauhaus - Zeitschrift für Gestaltung*, year 2, n. 2/3, 1928.

2. According to Bill, "In Dada, we already found the preambles for the two main different directions of current art: on the one hand, 'surrealism', and on the other, 'concrete art'". Bill, Max. "Sophie Taeuber-Arp". *In*: Jaeger, Chiara Calzetta; Weil-Seigeot, Claude. *Sophie Taeuber: rythmes plastiques, réalités architecturales*. Clamart: Fondation Arp, 2007.

3. Doesburg, dead in 1931, formulated the Concrete Art concept, in addition to promoting Dada. He worked with Kurt Schwitters on the Merz projects designing posters and published, also with Käte Steinitz, the children's book *Die Scheuche* [The Scarecrow]. Schwitters, Doesburg, Steinitz, as well as Friedrich Vordemberge-Gildewart, were part of the Hannover group of abstract artists; Vordemberge-Gildewart was perhaps the greatest follower of Doesburg in the manner of painting.

4. Cf. Thomas, Angela. *Mit subversiven Glanz: Max Bill und seine Zeit. Band I: 1908-1939*. Zürich: Scheidegger & Spiess, 2008.

5. Bill, Max. "Zu Marcel Duchamp". *In*: _____. *Dokumentation über Marcel Duchamp*. Zürich: Kunstgewerbemuseum, 1960, author's translation.

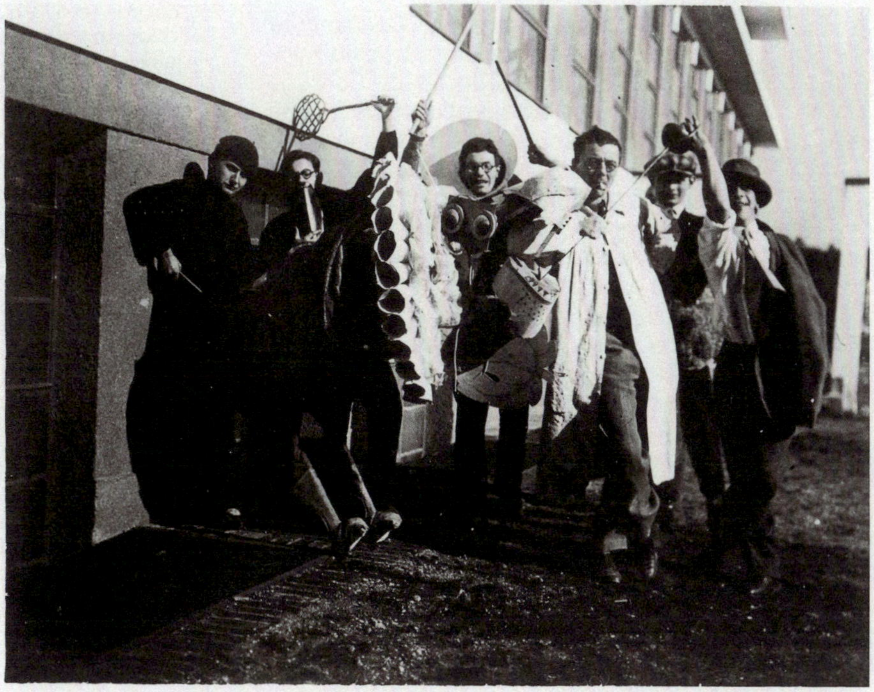

Marcel Duchamp wished to be the anti-artist par excellence. He became the prototype of the artist. (...) I met Marcel Duchamp, in 1938, in Paris. At that time, I was working in a volume of the complete works by "Le Corbusier & Pierre Jeanneret" and in the production of my fifteen variations on a single theme, *whose printing was being prepared in Paris. The Pevsners invited us to afternoon tea, alongside Marcel Duchamp and Piet Mondrian. The tea consisted basically of caviar (which I do not like) and* Rotoreliefs. *On a portable gramophone – placed on the floor and which had its rotation stopped by hand – Marcel Duchamp presented to us his* Rotoreliefs. *As usual, when something did not please him, or seemed "too natural", Mondrian retreated into silence. The movement produced by the* Rotoreliefs, *which resembled natural elements in a primitive little cinema, for instance, "lamp", "balloon", "Japanese fish", did not meet with unrestricted approval... Except as an optic phenomenon, a trick, to produce apparent spaces through the rotation of flat images:* Neo-Renaissance*! These optical games, however, captivated us.*[5]

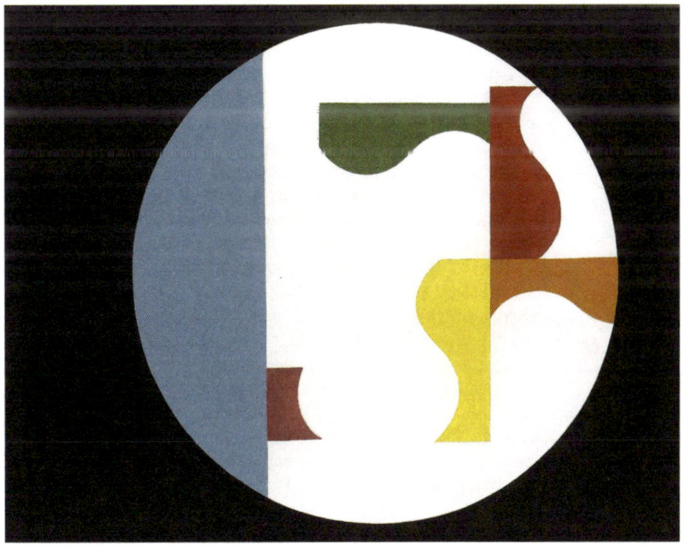

Max Bill na [at] Bauhaus (1927-28)

Sophie Taeuber-Arp, *Composition dans un cercle blanc sur fond noir* (1936)

> *Marcel Duchamp queria ser o antiartista por excelência. Ele se tornou o protótipo do artista. (...) Eu me encontrei com Marcel Duchamp, em 1938, em Paris. Na época, eu trabalhava num volume das obras completas de "Le Corbusier & Pierre Jeanneret" e na produção de minhas* quinze variações sobre o mesmo tema, *cuja impressão estava sendo preparada em Paris. Os Pevsners nos convidaram para um chá da tarde, junto com Marcel Duchamp e Piet Mondrian. O chá consistia basicamente em caviar (que eu não gosto)* e Rotoreliefs. *Em um gramofone portátil - colocado no chão e que tinha suas rotações freadas com a mão - Marcel Duchamp nos apresentava seus* Rotoreliefs. *Como sempre, quando algo não agradava ou parecia "demasiadamente natural", Mondrian se recolhia no silêncio. O movimento produzido pelos* Rotoreliefs, *que pareciam elementos naturais em um cineminha primitivo, por exemplo, "luminária", "balão", "peixe japonês", não encontravam nossa aprovação irrestrita... A não ser como fenômeno óptico, truque, para produzir espaços aparentes, através da rotação de imagens planas:* neo-renaissance! *Estes jogos ópticos, contudo, nos cativaram.*[5]

Embora os *Rotoreliefs* fossem tocados em um gramofone, não é só a musicalidade, mas o cálculo que aproxima Bill do enxadrista Duchamp. Seguindo os ensinamentos de Kandinsky e Klee, Bill funda sua concepção das artes visuais na história da música, que passa pela racionalização matemática de suas combinações tonais com J. S. Bach, no século XVIII, e se desenvolve até a harmonia pós-tonal de Arnold Schönberg, no século XX. Por analogia ao jazz e não distante da *Broadway Boogie Woogie* (1944), de Mondrian, Bill se ocupa com uma improvisação calculada, a partir de elementos determinados. Por inspiração na física de Einstein, nascido em Ulm, a produção de Bill dos anos de 1940 busca expressar as relações entre grupos finitos e infinitos, determináveis e indetermináveis, entre formas limitadas e ilimitadas, estruturas em ordem e caos, exatidão e inexatidão. Assim, o design, a arte, a arquitetura, a *exakte Gestaltung* consistiriam, como a álgebra e a geometria, em uma reflexão metódica em que resultados complexos seriam alcançados pelas mais elementares operações.

Although the *Rotoreliefs* were played on a gramophone, it is not only the musicality, but also the calculation that brings Bill closer to the chess player Duchamp. Following the teachings of Kandinsky and Klee, Bill bases his conception of the visual arts on the history of music, which goes through the mathematic rationalization of its tonal combinations with J. S. Bach, in the 18th century, and develops further until the post-tonal harmony of Arnold Schönberg, in the 20th century. By analogy with jazz and not far from Mondrian's *Broadway Boogie Woogie* (1944), Bill occupies himself with a calculated improvisation, from specific elements. Inspired by the physics of Einstein, who was born in Ulm, Bill's production in the 1940s seeks to express the relationship between finite and infinite groups, determinable and indeterminable groups, between limited or unlimited forms, structures in order or chaos, exactitude and inexactitude. Thus, design, art, architecture, the *exakte Gestaltung* consisted, as algebra and geometry, of a methodical reflection in which complex results would be achieved by the most elementary operations.

An interlocutor of Max Bense[6], Bill is interested in the generative aesthetic procedures such as: how to create a constructive set, from a disorderly set of elements, which can alternate and vary itself programmatically, generating a logical-informative progression, a language? At the same time: how, from an orderly and limited set, to disarticulate the elements and dynamize them in another system of sense and order, moving to an infinite and indetermined set of possibilities? These sorts of operations can be perceived, for example, in the work *four lines of equal length* (1946), by Bill, which, in turn, also opens a dialogue with Duchamp and his *3 Stoppages-étalon* [3 Standard Stoppages] (1913-14). Both artworks have a simple constructive principle: from a module – the determined extension of a single rope, wire or string – generating irregular forms, by means of variable trajectories, but inevitably constant in length. About his meeting with Duchamp, Bill also reports:

> *The* Rotoreliefs *put me in a slight state of shock, for these colorful discs, when they were not in movement, had a perfidious likeness to my* 15 variations, *in which I had toiled since 1935. I am perhaps to thank this shock for being attracted to the work of Marcel Duchamp, which to me is still, to this day, present.*[7]

5. Bill, Max. "Zu Marcel Duchamp". *In*: _____. *Dokumentation über Marcel Duchamp*. Zurique: Kunstgewerbemuseum, 1960, tradução do autor.

6. "By Generative Aesthetics is understood the total of all the operations, rules and theorems which, if applied to a quantity of material elements, can fuse as signs, where aesthetic situations can be produced in a conscious and methodical manner. Generative aesthetics is, therefore, analogous to generative grammar" Bense, Max. Projekte generativer ästhetik. *Rot: computer--grafik*, n. 19, 1965, author's translation.

7. Bill, Max, 1960.

Max Bill, *four lines of equal length* (1946)

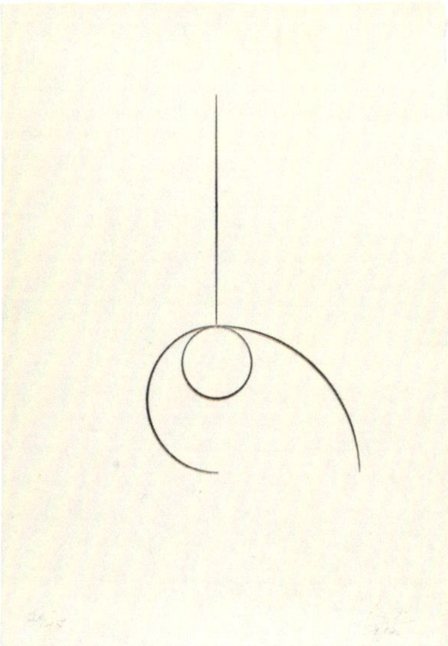

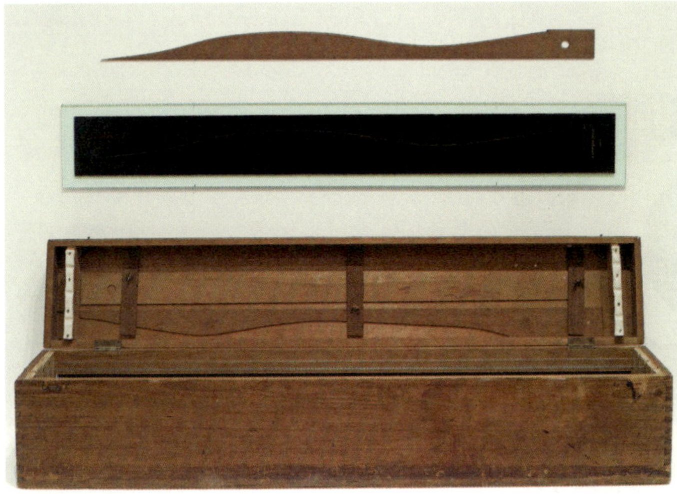

Marcel Duchamp, *3 Standard Stoppages* (1913-14)

During the war, Bill joins several cultural-artistic initiatives of plural, internationalist and social nature. His son is born in 1942 and is named Jakob, a common name in the Judeo-Christian tradition. In 1944, Members of the Swiss Werkbund[8] (SWB), including Bill, had already talked about their mission in the practical and spiritual reconstruction of Europe[9]. In the same year, in Italy, Lina Bo, then vice-director of the *Domus* magazine, publishes an article about Max Bill's works. Also in 1944, Bill develops a portable typewriter for the brand Patria, his first industrial object, a sign of the end of the fascist censorship and an iconic foreshadowing of the Swiss *gute form*, with its rounded forms and deep keys, slightly concave, comfortable and firm to the touch.

Interlocutor de Max Bense[6], Bill se interessa pelos procedimentos de estética generativa do tipo: como, de um conjunto desordenado de elementos, criar um conjunto construtivo, capaz de se alternar e variar, programaticamente, gerando uma progressão lógico-informativa, uma linguagem? Ao mesmo tempo: como, de um conjunto ordenado e limitado, desarticular os elementos e dinamizá-los em um outro sistema de sentido e ordem, partindo assim para um conjunto infinito e indeterminado de possibilidades? Operações deste tipo podem ser percebidas, por exemplo, na obra *quatro linhas de um mesmo comprimento* (1946), de Bill, que, por sua vez, também abre um diálogo com Duchamp e suas *3 Stoppages-étalon* [3 Estacas Padronizadas] (1913-14). As duas obras possuem um princípio construtivo simples: a partir de um módulo – a extensão determinada de uma única corda, arame ou barbante – gerar formas irregulares, por meio de trajetórias variáveis, mas inevitavelmente constantes no comprimento. Sobre seu encontro com Duchamp, Bill ainda relata:

> Os Rotoreliefs *me colocaram em um leve estado de choque, pois estes discos coloridos, quando não estavam em movimento, tinham uma semelhança pérfida com algumas de minhas* 15 variações, *sobre as quais eu me esforçara desde 1935. A este choque, eu talvez agradeça o fato da obra de Marcel Duchamp continuar me atraindo e continuar sendo para mim, até hoje, atual.*[7]

6. "Por Estética Generativa entende-se o conjunto de todas as operações, regras e teoremas que, se aplicados a uma quantidade de elementos materiais, podem fundir-se como signos, onde situações estéticas podem ser produzidas de modo consciente e metodológico. A estética generativa é, então, análoga à gramática generativa." Bense, Max. Projekte generativer ästhetik. *Rot: computer-grafik*, n. 19, 1965, tradução do autor.

7. Bill, Max, 1960.

8. In the first decades of the 20th century, in many Central Europe countries, "Craftsman Associations" were created, which, in fact, involved industrials, artists, designers, technicians, architects, engineers and others, interested in thinking the development of the forms, products and industrial techniques. The first *Werkbund* appears in Germany, in 1908, while the Swiss (SWB), in 1913.

9. In 1944, Georg Schmidt, curator of the Basel Art Museum and a member of the SWB, already talked about the high moral and utilitarian quality in the production of objects (practical contribution), as well as the education of new producers, designers and consumers through the mastering of this quality (spiritual contribution). Cf. Schmidt, Georg; Mussard, Jean; Grünigen, Berchtold von. *Werkbund und Nachkriegszeit*. Basel: Holbein-Verlag, 1944.

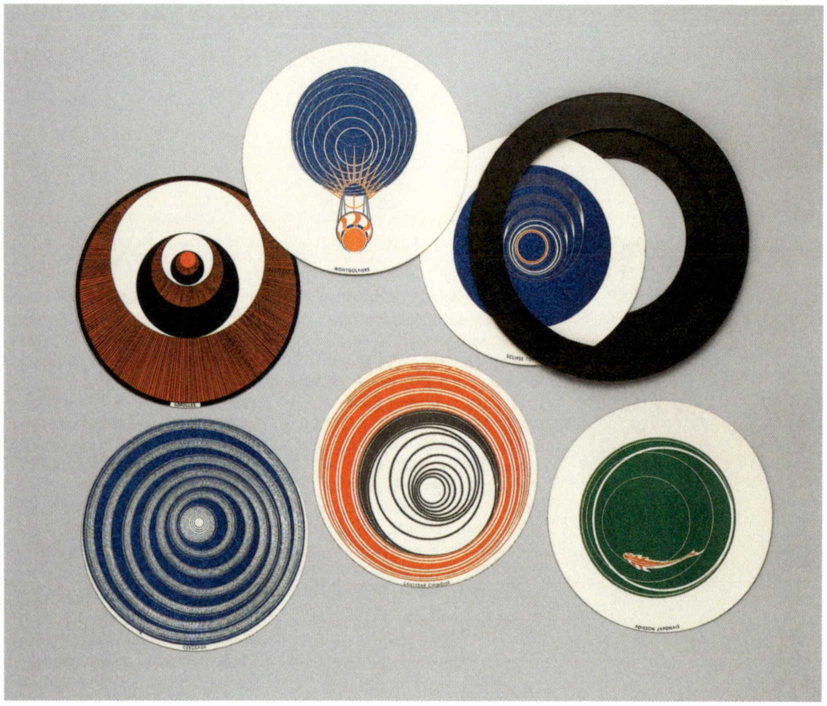

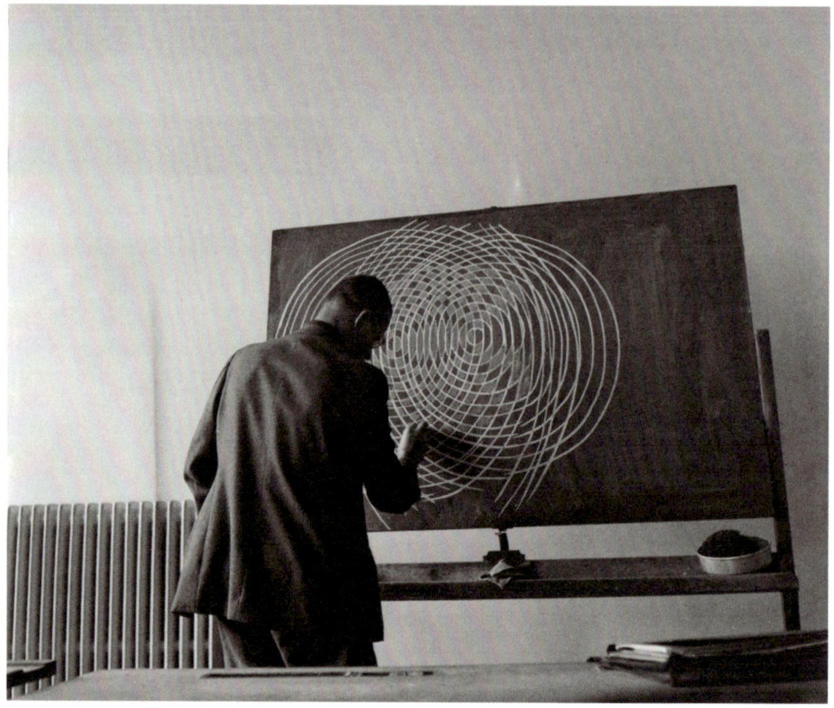

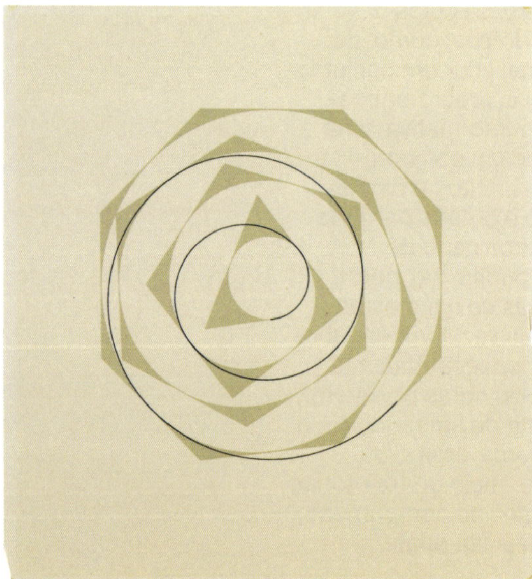

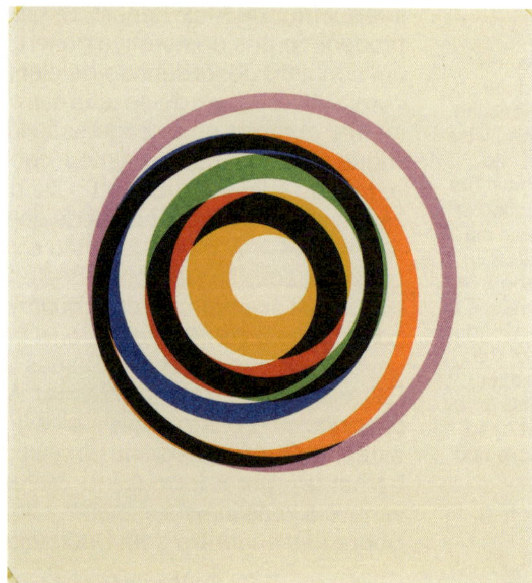

Marcel Duchamp, *Rotoreliefs (Optical Disks)* (1953)

Max Bill, *variation 7*, da série [from the series] *fifteen variations on a single theme* (1935-1938)

Max Bill, *variation 12*, da série [from the series] *fifteen variations on a single theme* (1935-1938)

Max Bill na [at] Escola de Artes e Ofícios (Kunstgewerbeschule), Zurique (1945)

Durante a guerra, Bill se engaja em diversas ações artístico-culturais de cunho plural, internacionalista e social. Seu filho nasce em 1942 e recebe um nome corrente na tradição judaico-cristã, Jakob. Em 1944, membros do Werkbund[8] suíço (SWB), inclusive Bill, já discutiam sobre sua missão na reconstrução prática e espiritual da Europa[9]. No mesmo ano, na Itália, Lina Bo, então vice-diretora da revista *Domus*, publica artigo sobre a obra de Max Bill. Também em 1944, Bill desenvolve uma máquina de escrever portátil para a marca Pátria, seu primeiro objeto industrial, sinal do fim da censura fascista e prenúncio icônico da *gute form* suíça, com suas formas arredondadas e teclas fundas, ligeiramente côncavas, confortáveis e seguras ao toque dos dedos.

Tão logo finda a guerra, Bill começa a falar do planejamento urbano e da arquitetura, no contexto da reconstrução europeia e de seu redesenho social e cultural. Em 1945, ele participa do 1º Congresso Nacional para a Reconstrução, em Milão, onde conhece Pietro Maria Bardi e Lina Bo. Na Itália, as posições inovadoras do planejador suíço tiveram crescente interesse de arquitetos, urbanistas e críticos de arquitetura, como Ernesto Nathan Rogers, Giuseppe Samonà e Giulio Carlo Argan. Tudo isso é ensejo para Pietro e Lina Bardi comporem o programa expositivo do Museu de Arte de São Paulo – Masp, entre 1950 e 1951, com a exposição *New World of Space,* de Le Corbusier[10], seguida de uma retrospectiva de Max Bill. O sucesso de Bill na Itália culmina com a premiação pelo pavilhão suíço, na 9ª Trienal de Milão, em 1951, um mês antes da premiação pela obra *Unidade Tripartida* na 1ª Bienal de São Paulo.

Die gute form

Em 1948, o SWB organiza, com apoio de Bill, uma exposição de seus produtos, acompanhada de uma conferência dedicada a discutir o conceito de *gute form*[11]. Em 1949, Bill publica dois de seus ensaios mais fundamentais: *Beleza provinda da função e como função* (texto da conferência de 1948) e *The mathematical approach in contemporary art* [O pensamento matemático na arte do nosso tempo]. A beleza estética se apresenta aqui como método organizador da relação função-forma-sentido e resultado da fusão harmônica, na forma, entre finalidade (sentido) e função. O conceito de *gute form*, então, não se relaciona a uma mera melhoria da forma ou cosmética do produto: boas formas seriam formas privilegiadas, que possuiriam uma harmonia pré-estabelecida com a psique, o entendimento e os afetos humanos. Assim como a intuição matemática age no mundo das fórmulas, a intuição sensível do designer deveria encontrar no mundo das formas um novo acorde, uma nova forma-função.

As soon as the war is over, Bill starts talking about urban planning and architecture, in the context of the European reconstruction and its social and cultural redesign. In 1945, he takes part in the 1st National Congress for Reconstruction, in Milan, where he meets Pietro Maria Bardi and Lina Bo. In Italy, the innovative positions of the Swiss planner caught the growing interest of architects, urban planners and architecture critics, such Ernesto Nathan Rogers, Giuseppe Samonà and Giulio Carlo Argan. All of this creates the opportunity for Pietro and Lina Bardi to compose the program for an exhibition at the São Paulo Museum of Art – Masp, between 1950 and 1951, with the exhibition *New World of Space,* by Le Corbusier[10], followed by a retrospective of Max Bill. Bill's success in Italy culminates with the award, granted for the Swiss pavilion, in the 9th Milan Triennial, 1951, a month before he was granted the award for the piece *Tripartite Unity* at the 1st Bienal de São Paulo.

Die gute form

In 1948, the SWB organizes, with Bill's support, an exhibition of his products, accompanied by a conference dedicated to discussing the concept of *gute form*[11]. In 1949, Bill publishes two of his most fundamental essays: *Beauty out of function and as function* (text of the 1948 conference) and *The mathematical approach in contemporary art*. The aesthetic beauty is presented here as an organizing method of function-form-sense, and the result of the harmonious fusion in form, between intention (sense) and function. Therefore, the concept of *gute form* does not relate to an enhancement of form or the cosmetics of a product: good design would be privileged forms, which would possess a pre-established harmony with the psyche, the understanding and the human affections. As mathematical intuition acts upon the world of the formulas, the designer's sensitive intuition should find in the world of forms a new chord, a new form-function.

8. Nos primeiros decênios do século XX, foram criadas, em vários países da Europa Central, "Associações de Artesãos" que, em verdade, envolviam industriais, artistas, designers, técnicos, arquitetos, engenheiros, entre outros, interessados em pensar o desenvolvimento das formas, dos produtos e das técnicas industriais. O primeiro *Werkbund* surge na Alemanha, em 1908 – o suíço, SWB, surge em 1913.

9. Em 1944, Georg Schmidt, curador do Museu de Arte da Basileia e membro do SWB, já falava da alta qualidade moral e utilitária na produção de objetos (contribuição prática), além da educação de novos produtores, designers e consumidores, através da conquista desta qualidade (contribuição espiritual). Cf. Schmidt, Georg; Mussard, Jean; Grünigen, Berchtold von. *Werkbund und Nachkriegszeit*. Basileia: Holbein-Verlag, 1944.

10. A mostra *New World of Space* de Le Corbusier foi aberta em 5 de julho de 1950, ao lado da *Exposição Didática* e *Vitrine das Formas*. Nela, foram expostos trabalhos de Le Corbusier concebidos em 1936 para o Rio de Janeiro, como os croquis do Ministério da Educação e Saúde, todos documentados no terceiro volume das obras completas de Le Corbusier diagramado, em 1938, por Max Bill.

11. A conferência do SWB de 1948, dedicada ao problema da educação para o conceito de qualidade na produção industrial, foi publicada na revista *werk* 36 (agosto de 1949), com os textos dos conferencistas Theodor Brogle (diretor da Mustermesse), Georg Paulsson (Werkbund sueco) e Max Bill. Os agradecimentos do volume iam, curiosamente, a Henry van de Velde.

10. The exhibition *New World of Space* by Le Corbusier was opened on June 5, 1950, in addition to *Exposição Didática* and *Vitrine das Formas*. It exhibited works by Le Corbusier conceived in 1936 for Rio de Janeiro, such as the sketches of the Ministry of Education and Health, all documented in the third volume of the complete works of Le Corbusier designed, in 1938, by Max Bill.

11. The SWB conference of 1948, dedicated to the problem of Education for the concept of quality in industrial production, was published in the Werk 36 magazine (August 1949), with the texts of the lecturers Theodor Brogle (director of the Mustermesse), Georg Paulsson (Swedish Werkbund) and Max Bill. The acknowledgements of the volume were, curiously, to Henry van de Velde.

Ao apresentar as leis psíquicas da boa forma, em 1949, Mário Pedrosa explicita, a partir da *Gestaltpsychologie* de Max Wertheimer, que seu princípio exerce "função de força coordenadora interna que prenuncia o dinamismo das mais altas atividades mentais do homem (...) 'O conceito da forma pode assim ser aplicado para lá dos limites dos campos sensoriais'"[12]. Para Bill, não distante desta definição, trata-se de extrair a boa forma a partir da função abstrata do objeto, organizá-la concretamente[13] com meios e elementos determináveis (força coordenadora), para, então, desenhá-la ou redesenhá-la com o menor gasto de energia e melhor resultado possíveis. Isto é, realizá-la em um resultado empírico novo; por sua vez, transformador de uma realidade, de uma relação entre produtor e consumidor, em que o designer é a interface de responsabilidade esclarecedora. A partir de 1953, aos alunos da Hochschule für Gestaltung Ulm – HfG Ulm eram postos problemas a serem resolvidos, implicando a explicitação da melhor organização racional e metodológica das escolhas e das opções compositivas, da boa justificativa, análise e crítica de seus resultados. Alguns desses alunos se divertiam para saber qual deles seria capaz de fazer a retilínea mais perfeita, de precisamente um metro, à mão livre. Certamente, a linha mais reta, equilibrada, suave e constante estaria mais próxima do ideal da *gute form*.

A exposição *Die gute Form* é apresentada na feira Mustermesse Basel em 1949. Bill é responsável por sua concepção integral, do conteúdo ao desenho expográfico, e conta com a colaboração essencial da fotografia da nova objetividade de Ernst Scheidegger[14]. Os registros realçam as hiperlinhas, a idealidade concreta dos objetos, postos em um fundo homogêneo neutro e laboratorialmente fotografados em preto e branco, com forte iluminação e cálculo de sombras. Texto e fotografia não se superpõem, mas são organizados paralelamente e distribuídos por um princípio de equilíbrio da quantidade visual de informação. O elemento tipográfico é o *Akzidenz-Grotesk*[15]. Painéis laqueados de branco e suspensos por estruturas de madeira leves, também brancas, dispõem as fotos e textos em simetria em uma linha sequencial, desenvolvida de maneira longitudinal e curvilínea, envolvendo toda extensão central do salão de exposição. O público não se afasta do centro para as paredes, isolando-se em um canto individual com os objetos, mas caminha pelo meio da sala, em voltas semicirculares, aproximando-se, afastando-se, entrevendo-se. A dinâmica envolvente da linha sinuosa está também na escultura *ritmo no espaço* (1947-48), de Bill, posta na entrada da exposição.

O marketing da *gute Form* como identidade corporativa do produto suíço se traduz em uma exposição com alta precisão conceitual e informativa, além de custos reduzidos, o que levou a alcançar altíssimos níveis de sucesso. Ela propaga o objeto suíço de modo purista, austero e racional – por um lado, contraponto à evocação ao neoclássico, ao monumental, ao nacional, ao racial, como as propagandas de massa fascistas e stalinistas; por outro, distante do apelo ao luxo ou à exuberância, ao erótico ou ao humor, dos objetos da indústria cultural de massa nos Estados Unidos, a exemplo do design de Raymond Loewy.

As he presents the psychical laws of good design, in 1949, Mário Pedrosa explicates, based on *Gestaltpsychologie* by Max Wertheimer, that its principle exerts "the function of an internal coordinating force which predicts the dynamism of the highest mental activities of man (...) 'The concept of form can thus be applied beyond the limitations of the sensory fields'"[12]. To Bill, not far from this definition, it is about extracting the good design from the abstract function of the object, organize it concretely[13] with determinable means and elements (coordinating force), to then, design it or redesign it with the least waste of energy and the best possible results. That is, to achieve it in a new empirical result; in turn, transformative of a reality, of a relationship between producer and consumer, in which the designer is the interface of clarifying responsibility. From 1953 on, the students at HfG Ulm were given problems to solve, implying the explanation of the best rational and methodological organization of the compositional choices and options, of the good justification, analysis and critique of their results. Some of these students enjoyed themselves trying to find out who would be able to trace the most perfect straight line, precisely one meter long, freehand. Certainly, the straightest, most balanced, smooth and constant one would be closer to the ideal of *gute Form*.

The exhibition *Die gute Form* takes place at the Mustermesse Basel trade fair in 1949. Bill oversees its integral conception, from the content to the expographic design and counts on the essential cooperation of the new objectivity photography of Ernst Scheidegger[14]. The records highlight the hyperlines, the concrete ideality of objects, placed against a neutral background and studio photographed in black and white, with strong lighting and calculated shadows. Text and photograph do not overlap but are organized in parallel and distributed according to a principle of balance of the visual quantity of information. The typographic element is the *Akzidenz-Grotesk*[15]. White lacquered panels suspended by light wooden structures, also white, dispose the photographs and texts in symmetry in a sequential line, developed in a longitudinal and curvilinear manner, involving the entire central extension of the exhibition pavilion. The audience does not move away from the center toward the walls, isolated in a corner with the objects, but walks through the middle of the room, in semicircular rounds, coming closer, moving back, glimpsing one another. The enveloping dynamics of the winding line are also present in the sculpture *rhythm in space* (1947-48), by Bill, placed at the entrance of the exhibition.

12. Cf. Pedrosa, Mário."Da Natureza afetiva da forma na obra de arte". *In*: _____. *Forma e Percepção Estética*. São Paulo: Edusp, 1996.

13. "Como arte abstrata nós denominamos qualquer arte que se origina de um processo de abstração e na qual persistem ainda de alguma forma objetos da natureza. O grau da abstração pode ir até o ponto de se confundir com os limites da arte concreta e os conceitos passam a fluir de um a outro." Bill, Max. "Vom Sinn der Begriffe in der neuen Kunst". *Zeitschrift Abstrakt + Konkret*, n. 2, nov. 1944, tradução do autor.

14. Ernst Scheidegger foi colaborador de Max Bill em diversos projetos, docente na HfG Ulm, além de editor da biografia de Bill, Scheidegger foi aluno, em Zurique, do influente fotógrafo da nova objetividade, Hans Finsler, presidente do SWB entre 1946 e 1955.

15. A origem imediata da tipografia sem serifa da *Akzidenz-Grotesk* remonta a 1898, na produção da indústria H. Berthold AG, em Berlim. Trata-se de uma tipografia grotesca com uso em livros científicos e didáticos, por sua fácil e direta legibilidade. Os desdobramentos da história das fundições e das variações do *Akzidenz-Grotesk* estão ligados à própria evolução técnica das indústrias do ramo. Do ponto de vista estético, Moholy-Nagy via o *Akzidenz-Grotesk* como uma "vassoura" para a limpeza da visão estética e política. A gráfica suíça, entre os anos de 1940 e 1960, tomará para si o *Akzidenz-Grotesk* como princípio. Josef Müller-Brockmann, docente na HfG Ulm em 1961, teoriza a tipografia em sua obra. As mais próximas derivações do *Akzidenz-Grotesk* são os tipos Helvetica e Univers.

12. Cf. Pedrosa, Mário."Da Natureza afetiva da forma na obra de arte". *In*: _____. *Forma e Percepção Estética*. São Paulo: Edusp, 1996.

13. "As abstract art, we denominate any art that originates from a process of abstraction and in which still persist, in any form, some objects from nature. The degree of abstraction can go up to the point of confusing the limits of concrete art, and the concepts begin to flow from one to the other." Bill, Max. Vom Sinn der Begriffe in der neuen Kunst. *Zeitschrift Abstrakt + Konkret*, n. 2, nov. 1944, author's translation.

14. Ernst Scheidegger was collaborator of Max Bill in several projects, faculty member at HfG Ulm, and also editor of Bill's biography. Scheidegger was a student, in Zurich, of the influential photographer of the new objectivity, Hans Finsler, president of the SWB between 1946 and 1955.

15. The immediate origin of typography without serif of *Akzidenz-Grotesk* dates back to 1898, in the production of the industry H. Berthold AG, in Berlin. It is a type of grotesque typography, with use in scientific and didactic books, due to its easy and direct readability. The unfolding of the history of foundries and the variations of *Akzidenz-Grotesk* are related to the technical evolution of the industries involved therein. From the aesthetic point of view, Moholy-Nagy saw the *Akzidenz-Grotesk* as a broom to clean the aesthetic and political view. Swiss printing, between the 1940s and 1960s, will take possession of the *Akzidenz-Grotesk* as a principle. Josef Müller-Brockmann, faculty member at HfG Ulm in 1961, theorizes the typography in his work. The closest derivations of *Akzidenz-Grotesk* are the Helvetica and Univers types.

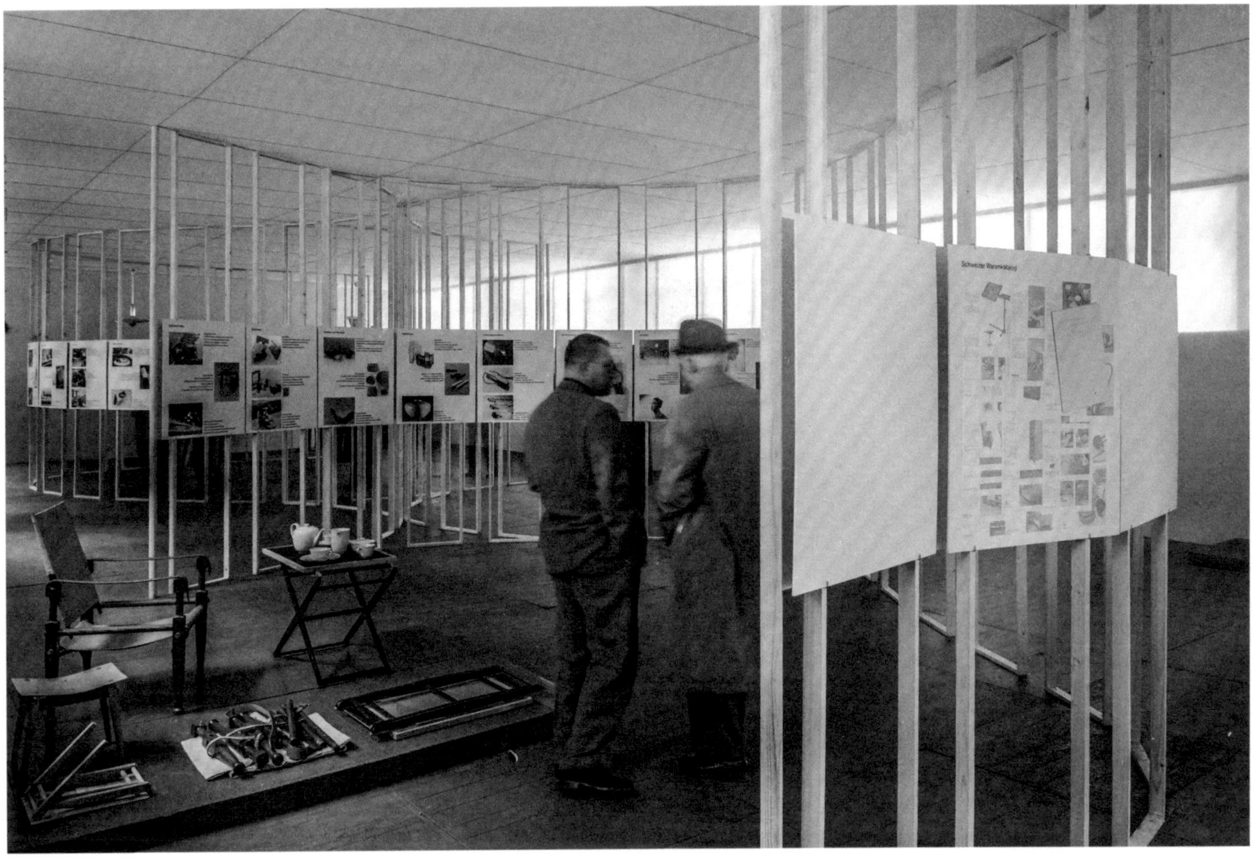

The marketing of *gute form* as corporative identity of the Swiss product is translated into an exhibition with high conceptual and informative precision with reduced cost – which led to the achievement of great success. It propagates the Swiss object in a purist, austere and rational manner – on one hand, as a counterpoint to the evocation of the neoclassic, the monumental, the national, the racial, as in the fascist and Stalinist mass propaganda; on the other hand, distant from the appeal to luxury or exuberance, eroticism or humor, of the mass culture industry objects in the United States, as in the design of Raymond Loewy.

In October 1949, the Museum Ulm hosted the *Die gute Form* exhibition. At that moment, Inge Scholl and Otl Aicher(1922-1991, Germany) prognosticated, in the context of the Marshall Plan and with the friendship of Max Bill, the hope for the renovation of the destroyed German citadel[16]. Faced with spiritual and material ruin, to enter the clarity of good design is to overcome the nazi obscurantism and the rubble of war. To the German economic miracle, (*Wirtschaftswunder*), good design is a sign of democracy, full of quality and responsibility, and, as economic growth takes place, it becomes the expression of restrained elegance, as in the Braun gadgets. Nevertheless, one of the first initiatives of HfG Ulm was an exhibition of constructive and pedagogical toys, titled *gutes Spielzeug* (good toys), in 1954. In the speech for the inauguration of the HfG Ulm building, in July 1955, Bill will say: "This school corresponds to a necessity, that of helping young people to be able to develop anything in the best way possible (...) any form, from the bottle to the housing complex, that exists to make this planet the best possible place for our lives. As good as possible means beautiful and with culture, for we are convinced that we, today, once again, need a culture in which everyone participates"[17].

16. In *Beauty from Function and as Function,* presented in 1948, Bill postulates the creation of an Institute of Design, a mixture of Academy and Polytechnic. He clearly alludes to the Chicago Institute of Design created by Moholy-Nagy, as well as to the Bauhaus, under the direction of Hannes Meyer.

17. Bill, Max. Ansprache von Max Bill beim Richtfest für den 1. Bauabschnitt am 5.7.1954. aus McCloy-Dankbroschüre. Priv. Archiv Rösner, author's translation.

Expografia *Die gute Form* [expography] (1949)

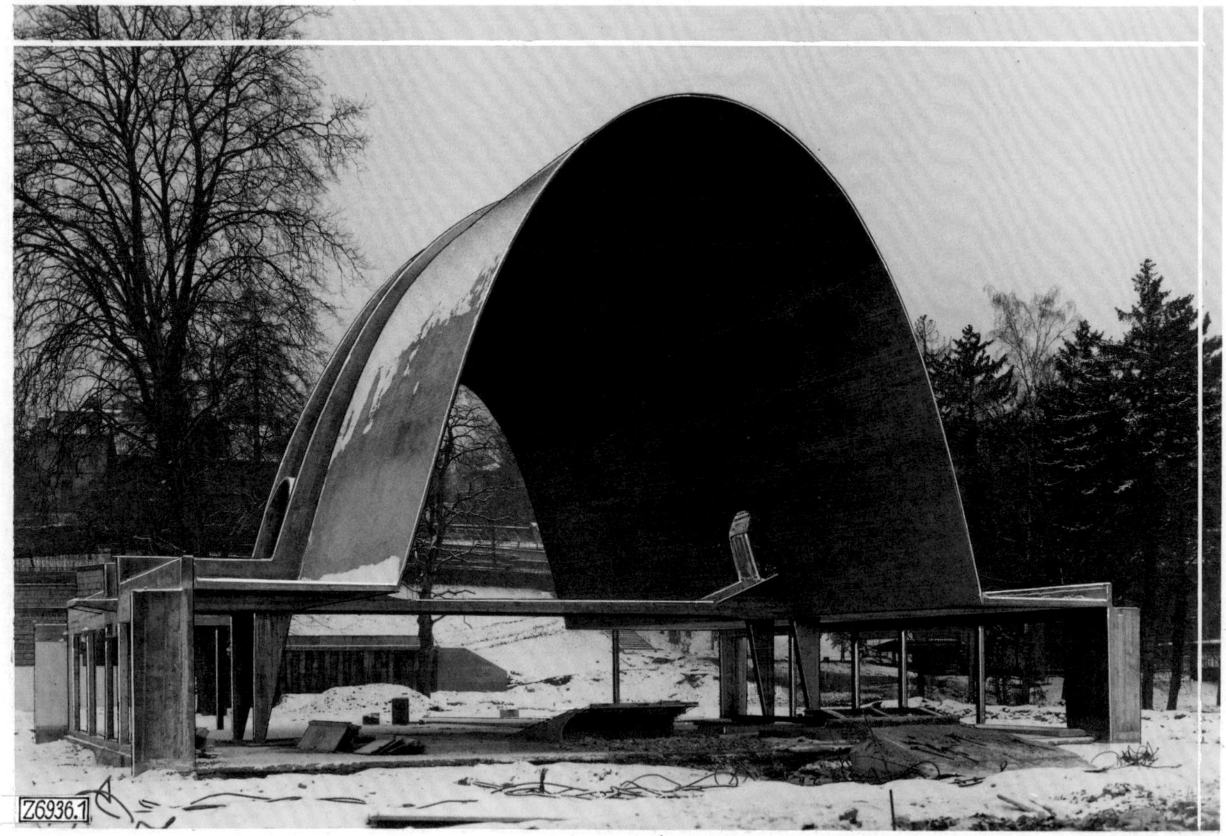

Arquitetura de Robert Maillart [architecture] (1938-39)

Em outubro de 1949, o Museu de Ulm recebia a exposição *Die gute Form*. Nesse momento, Inge Scholl e Otl Aicher (1922-1991, Alemanha) prenunciavam, no contexto do Plano Marshall e com a amizade de Max Bill, a esperança de renovação para a destruída cidadela alemã[16]. Diante da ruína espiritual e material, entrar na clareza da boa forma é superar o obscurantismo nazista e os escombros da guerra. Para o milagre econômico alemão (*Wirtschaftswunder*), a boa forma suíça é signo da democracia de livre comércio, pleno de qualidade e responsabilidade e, conforme o crescimento econômico se dá, ela se torna expressão de elegância parcimoniosa, como nos aparelhos da Braun. Não obstante, uma das primeiras iniciativas da HfG Ulm foi a exposição de brinquedos construtivos e pedagógicos, intitulada *gutes Spielzeug* (bons brinquedos), em 1954. No discurso de inauguração do prédio da HfG Ulm, em julho de 1955, Bill dirá: "Esta escola corresponde a uma necessidade, aquela de ajudar os jovens a serem capazes de desenvolver qualquer coisa da melhor forma possível (...) quaisquer formas, da garrafa de café ao conjunto habitacional, que existem para fazer deste planeta o melhor lugar possível para as nossas vidas. Tão bom quanto possível quer dizer belo e com cultura, pois estamos convencidos de que nós, hoje, mais uma vez, precisamos de uma cultura em que todos participem"[17].

Similar to the topological curve of Hilbert, the HfG Ulm stool, symbol of the austerity and of the return to real learning, was easily and proudly transported by the school students. Beauty as function is expressed in the economy of energy, in precision as clarity. Not only in the straight line, but also in the sinuosity of the counter at the HfG cafeteria, there is rigor as balance, harmony and rhythm, expression of jazz bands music, the favorite genre at the school parties. It is certain that the complex simplicity of *bossa nova* and the project of Brasília also inhabit the spirit of good design.

In his book *Form*[18], published in 1952, Bill disassociates the concept of *gute form* from a style. He uses, as in the SWB exhibition, a variety of examples in all scales: the prestressed curves of engineer Robert Maillart, the lines in a Rolls-Royce, the comfort of a typewriter, the non-Euclidian square and geometry (Peano curve, Sierpinski triangle, Riemann spiral, Möbius strip). When he says, "Corbusier turned my head" [see footnote 1], Bill is making an allusion to the *Pavillon de l'Esprit Nouveau*[19] (1925), which he visited in Paris. Here is the origin of both the amplitude and the depth of the concept of form to Bill, and the *Vitrine das Formas* of 1950 organized by the Bardi couple, as a propaedeutic to the exhibition of Le Corbusier at Masp: in it, industrial products such as an Olivetti typewriter were side by side with handcraft utensils, as a *marajoara* ceramic pot. This will awaken in young interested people of that time, such as Alexandre Wollner (1928-2018, Brazil), a new understanding, vigorous and anthropologic, of the meaning of forms.

Finally, the dialectic of good form oscillates between the ideal beauty (rational) and the social beauty (moral) and aspires to a relative character of eternity[20]. With that, Bill does not refer to the physical and technical durability of the product, but to design as functional identity. Design, if good, prevails beyond the technical, temporal and material limits of things – the proof of this ideality of design would reside, for example, in the bust of Nefertiti. Even though Bill made clear that the opposite of good design is not exactly the morally bad design, but the rationally bad design, in the eyes of his critics, there is always an ideological and marketing aspect of the idea. Hans Finsler[21], Tomás Maldonado (1922-2018, Argentina) and others will try to relativize and distance themselves from the universalist and aesthetic trend of the concept.

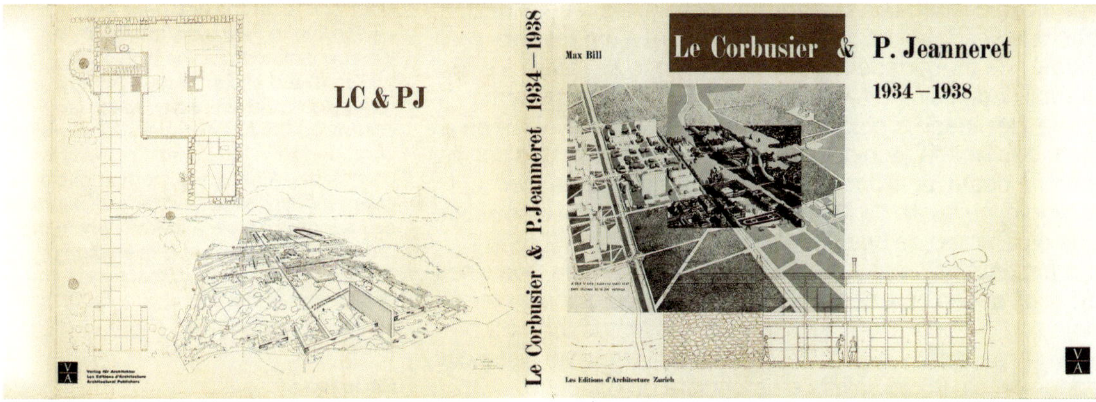

Max Bill, capa do livro *Le Corbusier & P. Jeanneret 1934-1938* [book cover] (1939)

Already in the conference of 1948, Georg Paulsson[22] presents his Marxist criticism to Bill's neoplatonic position. He points out that the more "artistic" and ideal the designer's solution is, the more expensive and exclusive the product will be. Paulsson identifies three types of products – necessary, usual and exclusive – and compares the activity of the designer, when commercially successful, due to its aesthetic appearance, to artistic prostitution. The problem of good design would be in the struggle between the interests of the manufacturers and of the consumers, between exchange value and use value. Thus, an "awareness" of designers and consumers would be necessary, and the designer would have to channel this struggle towards the social good.

Paulsson speaks of consulting consumers. To Bill, good design, as design itself, has a technical, scientific, artistic (holistic) characteristic of proceeding by true and false, good or bad results. Bill does not speak of sociological knowledge, but of a moral that operates on the will of the masses who had just showed their blindness, when devoid of the culture of enlightenment. To Bill, design is not limited to creating objects in order to satisfy popular consultations, statistics, opinion polls, market surveys or the simple preference of taste. Design is a free inventive and techno-artistic capacity to solve production difficulties and issues. How could popular consultations contribute with the invention of a safety device for gas pumps, or snap adaptors for a tubular system of metallic structures in the roof of an airport, or a tap which automatically interrupts the flow of water? The struggle here is not dialectic, but paradoxical, between the influence of sociology and the influence of art in the education of the designer.

Semelhante às linhas da curva topológica de Hilbert, o banquinho da HfG Ulm, símbolo de austeridade e da volta ao aprendizado real, era transportado com orgulho e facilidade pelos alunos da escola. A beleza como função expressa-se na economia de energia, na precisão como clareza. Não só na linha reta, mas também na sinuosidade das linhas do balcão da cantina da HfG, encontra-se o rigor como equilíbrio, harmonia e ritmo, expressão da música dos grupos de jazz, gênero predileto das festas na escola. É certo que a complexa simplicidade da bossa nova e do projeto de Brasília também habitam o espírito da boa forma.

No seu livro *Form*[18], publicado em 1952, Bill desassocia o conceito *gute form* de um estilo. Ele lança mão, como na mostra do SWB, de uma variedade de exemplos em todas as escalas: as curvas protendidas do engenheiro Robert Maillart, as linhas de um Rolls-Royce, o conforto de uma máquina de escrever, o quadrado e a geometria não-euclidiana (curva de Peano, triângulo de Sierpinski, espirais de Riemann, fita de Möbius). Ao dizer "Corbusier havia me virado a cabeça" [ver nota 1], Bill faz alusão ao *Pavillon de l'Esprit Nouveau*[19], de 1925, que ele visitou em Paris. Aqui está a origem tanto da amplitude e da profundidade do conceito de forma para Bill, quanto da *Vitrine das Formas,* de 1950, organizada pelo casal Bardi, como propedêutica à exposição de Le Corbusier no Masp: nela, produtos industriais como uma máquina de escrever da Olivetti estavam ao lado de utensílios artesanais, como uma cerâmica marajoara. Isto despertará em jovens interessados da época, como Alexandre Wollner (1928-2018, Brasil), uma nova compreensão, pujante e antropológica, do sentido das formas.

16. Em *Beleza provinda da função e como função*, apresentado em 1948, Bill postula a criação de um Instituto da Forma, uma mistura de Academia e Politécnico. Ele faz clara alusão ao Instituto de Design de Chicago, criado por Moholy-Nagy, assim como à Bauhaus, sob direção de Hannes Meyer.

17. Bill, Max. *Ansprache von Max Bill beim Richtfest für den 1. Bauabschnitt am 5.7.1954. aus McCloy-Dankbroschüre*. Priv. Archiv Rösner, tradução do autor.

18. Bill, Max. *Form: eine bilanz über die formentwicklung um die mitte des XX. Jahrhunderts*. Basileia: Verlag Karl Werner, 1952.

19. "O *Pavillon de l'Esprit Nouveau* foi (...) mobiliado segundo o cânone purista dos *objets-types*, isto é, com poltronas inglesas (...), móveis Thonet de madeira curvada e peças parisienses padronizadas de ferro fundido, com *objets-tableaux* de origem purista, tapetes orientais e cerâmica da América do Sul. Esse conjunto muito bem equilibrado de objetos populares, artesanais e industrializados, (...) foi ali [Exposição de Artes Decorativas de Paris] colocado sob o patrocínio do Ministério das Artes como um gesto polêmico contra o movimento Art Déco." Cf. Frampton, Kenneth. *História Crítica da Arquitetura Moderna*. São Paulo: Martins Fontes, 2000.

18. Bill, Max. *Form: eine bilanz über die formentwicklung um die mitte des XX. Jahrhunderts*. Basel: Verlag Karl Werner, 1952.

19. "The *Pavillon de l'Esprit Nouveau* was [...] furnished according to the purist canon of the *objets-types*, that is, with English armchairs [...], Thonet pieces of curved wood and Parisian cast iron pieces, with *objets-tableaux* of purist origin, oriental rugs and South American ceramics. This very balanced ensemble of popular objects handcrafted and industrialized, [...] was placed there [Exhibition of Decorative Arts of Paris] under the sponsorship of the Ministry of the Arts as a controversial gesture against the Art Déco movement". Cf. Frampton, Kenneth (2000): *História Crítica da Arquitetura Moderna*, transl. J. L. Camargo, São Paulo: Martins Fontes.

20. Bill, Max (1949), op. cit.

21. In the end of his tenure, in 1955, the president of SWB, Hans Finsler, will be critical towards the perpetuation of the design of *gute form.* The pretension of reciprocity between the value of the good man and the good design reaches its limits at the moment when it starts to distinguish between good and bad, right and wrong, proposing, thus, positive and idealist ethics through the aesthetics of products. Cf. Finsler, Hans. "Der Werkbund und die Dinge. Vortrag gehalten an der Generalversammlung des SWB 1956". *Das Werk : Architektur und Kunst*, n. 43, 1956.

22. Tomás Maldonado will be captivated by the marxist critique of Georg Paulsson ("The social task of industrial-artistic disciplines") and is based on that to write his text "Novos desenvolvimentos na Indústria e a formação do designer (Gestalter) de produtos". Cf. Maldonado, Tomás. "New Developments in Industry and the Training of the Designer". *ulm 2*, 1958.

Por fim, a dialética da boa forma oscila entre o belo ideal (racional) e o belo social (moral) e aspira a um relativo caráter de eternidade[20]. Com isso, Bill não se refere à durabilidade física e técnica do produto, mas à da forma como idealidade funcional. A forma, se boa, prevalece para além dos limites técnicos, temporais e materiais das coisas; a prova desta idealidade da forma na arte estaria, por exemplo, no busto de Nefertiti. Ainda que Bill deixasse claro que o contrário da boa forma não é exatamente a forma moralmente má, mas a forma racionalmente ruim, aos olhos de seus críticos, há sempre um caráter ideológico e mercadológico da ideia. Hans Finsler[21], Tomás Maldonado (1922-2018, Argentina) e outros tentarão relativizar e se distanciar da tendência universalista e esteticista do conceito.

Já na conferência de 1948, Georg Paulsson[22] apresenta sua crítica marxista à posição neoplatônica de Bill. Ele ressalta que quanto mais "artística" e ideal a solução do designer for, mais caro e exclusivo o produto será. Paulsson identifica três tipos de produtos – necessários, usuais e exclusivos – e compara a atividade do designer, quando comercialmente exitosa por sua aparência estética, à da prostituição artística. O problema da boa forma estaria em uma luta entre os interesses dos produtores e os dos consumidores, entre valor de troca e valor de uso. Assim, seria necessária uma "conscientização" dos designers e dos consumidores, e o designer deveria canalizar esta luta no sentido do bem social.

Paulsson fala em consulta aos consumidores. Para Bill, a boa forma, assim como o design, possui uma característica técnica, científica, artística (holística) de proceder por resultados verdadeiros e falsos, bons e ruins. Bill não fala em conhecimento sociológico, mas em uma moral operante na vontade das massas que acabavam de mostrar sua cegueira, quando desprovidas da cultura do esclarecimento. Para Bill, design não se limita a criar objetos para satisfazer consultas populares, estatísticas, pesquisas de opinião, de mercado, ou a simples preferência de gosto. Design é capacidade inventiva livre e técnico-artística de solucionar dificuldades e questões de produção. Como as consultas populares poderiam contribuir para a invenção de um dispositivo de segurança para bombas de gasolina, ou adaptadores de encaixe para um sistema tubular de estruturas metálicas do telhado de um aeroporto, ou uma torneira que interrompa automaticamente o fluxo de água? A luta que aqui se trava não é dialética, mas paradoxal, entre a influência da sociologia e a influência da arte na educação do designer.

Contraditoriamente, é inegável o élan estético (segundo Paulsson, o fetiche) de encantamento pelo high-tech, pela beleza inteligente e organizada, pela higiene e simplicidade, que envolve o sucesso comercial da boa forma no âmbito do SWB. Uma beleza, um método de clareza, chamado moderno, que já na Bauhaus se tornara estilo e do qual os produtos desenvolvidos em Ulm também não se distanciarão. Neste sentido, o experimento da *gute Form* suíça é uma manifestação empírica de um ideal de boa forma que, para Bill, é antes de tudo, "*coisa mental*"[23].

Contradictorily, the aesthetic élan (according to Paulsson, the fetish) of the enchantment for the high-tech, for organized and intelligent beauty, for hygiene and simplicity, which is involved in the commercial success of good design in the context of SWB is undeniable. A beauty, a method of clarity, called modern, which already at Bauhaus had become a style and from which the products developed at Ulm would not distance themselves. In that sense, the experiment of the Swiss *gute Form* is an empirical manifestation, which, to Bill, is above all a "*mental thing*"[23].

Bill in Brazil

Amidst the developments of the *gute form* and the actions for the creation of the HfG Ulm, Bill ships to Masp, in June 1950, six boxes containing an exhibition set of nine sculptures, 38 paintings, 11 graphic works and 27 panels[24]. The solo exhibition in São Paulo is, to this date, Bill's largest show outside the European continent, with unquestionable singularity and variety, for it included all the activities of the artist, designer, architect... The disposition of the exhibition would be very similar to his previous group shows; however, unlike them, it was not set up directly by Bill, but by the members of the museum and the novice students of the Institute of Contemporary Art – IAC, according to a set of detailed instructions: one of the first tasks applied at the IAC was, thus, to understand and set up this exhibition. And the opening of the courses and of the school took place at the inauguration of the exhibition, on March 1st, 1951[25].

20. Bill, Max (1949), op. cit.

21. No fim de seu mandato, em 1955, o presidente do SWB, Hans Finsler, será crítico à perpetuação do modelo de design da *gute form*. A pretensão da reciprocidade entre o valor de bom homem e boa forma atinge seu limite no momento em que passa a distinguir bem e mal, certo e errado, propondo assim uma ética positiva e idealista através de uma estética de produtos. Cf. Finsler, Hans. "Der Werkbund und die Dinge. Vortrag gehalten an der Generalversammlung des SWB 1956". *Das Werk : Architektur und Kunst*, n. 43, 1956.

22. Tomás Maldonado será cativado pela crítica marxista de Georg Paulsson ("A tarefa social nas disciplinas industriais-artísticas") e se fundamenta nesta para escrever seu texto "Novos desenvolvimentos na Indústria e a formação do designer (Gestalter) de produtos". Cf. Maldonado, Tomás. "New Developments in Industry and the Training of the Designer". *ulm 2*, 1958.

23. "Cosa mentale" é a expressão pela qual Leonardo Da Vinci diferencia a pintura das outras artes.

23. "Cosa mentale" is the expression by which Leonardo Da Vinci differentiates painting from other arts.

24. The panels also informed about the exhibition *Die gute Form* and the HfG Ulm project. Cf. Paiva, R., op. cit.

25. In August 1950, Bill sends to the *Habitat* magazine plates, texts and instructions for the editing of the monograph about his opus, which should accompany the exhibition. Tomás Maldonado, who supervises this process, sends, from Buenos Aires, his essay on Bill, requesting its publication in the book. Unsuccessfully in São Paulo, the project is transferred to the hands of Maldonado, who, as founder and editor-in-chief of the magazine *nueva visión*, went to Ulm in 1954 and published Max Bill's monograph, in 1955.

Max Bill, Hans Gugelot & Paul Hildinger, *ulmer hocker* (1954)

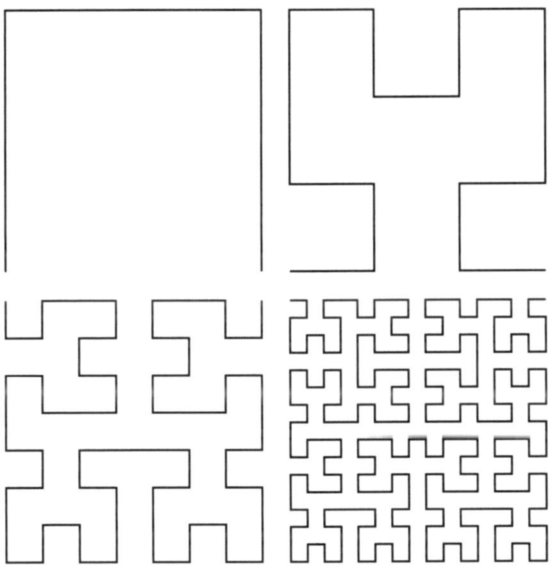

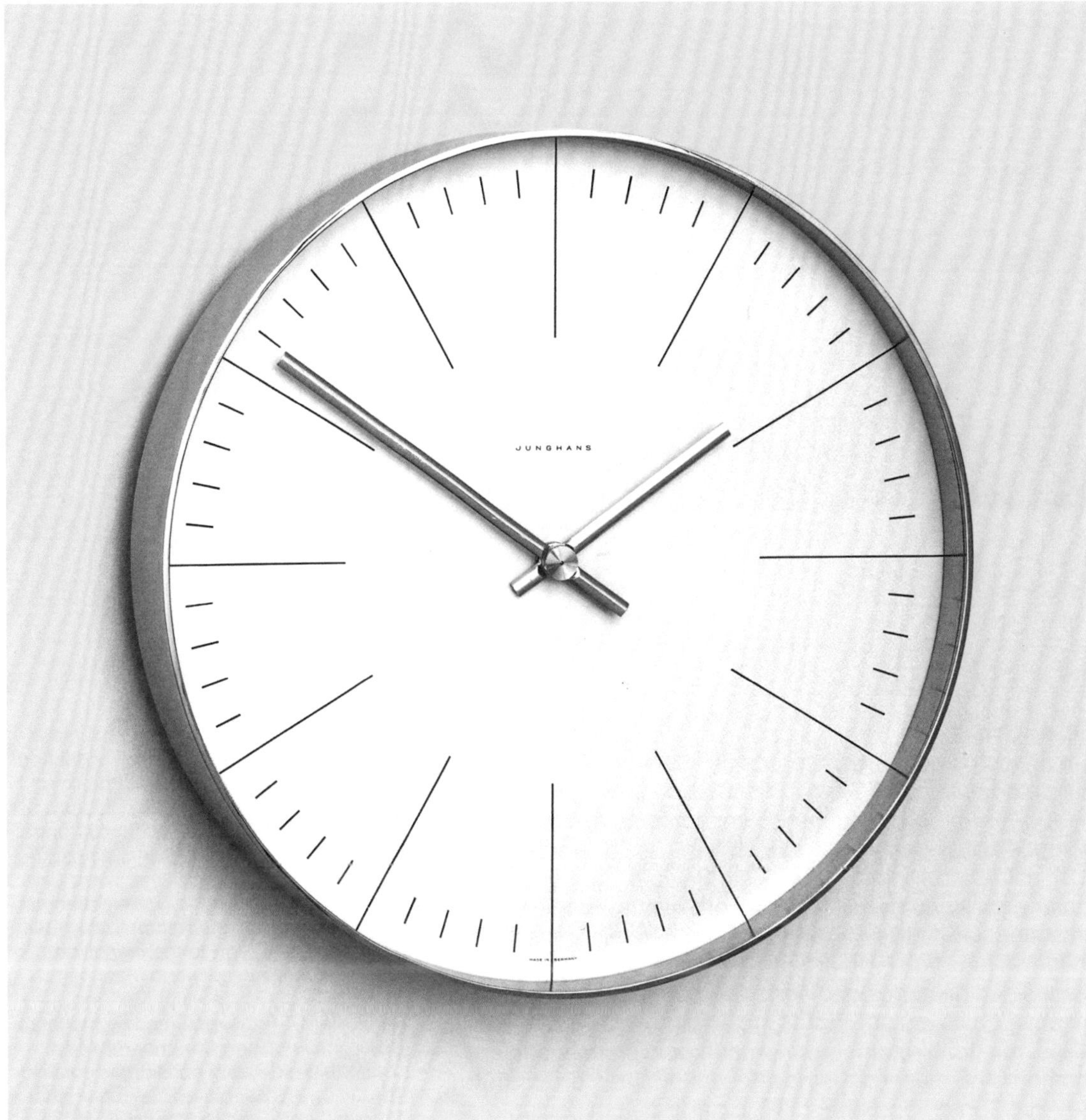

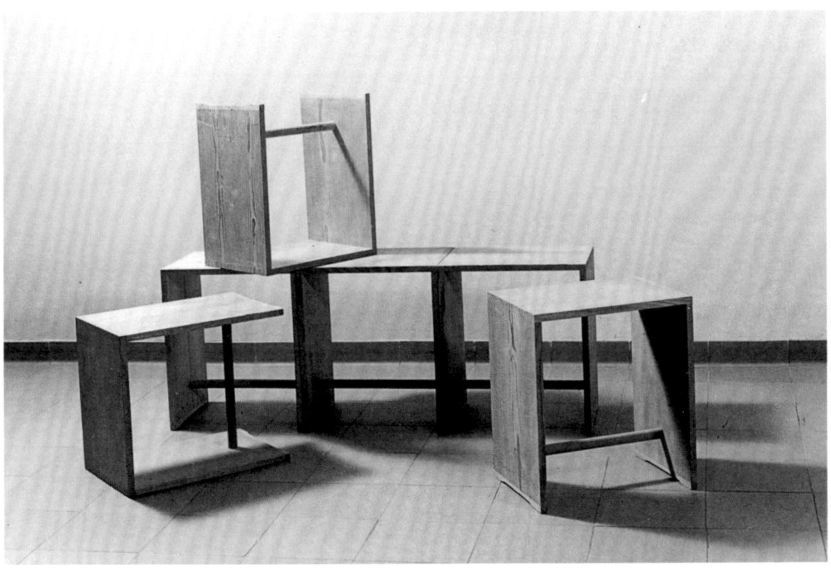

Curva de Hilbert [curve]

Max Bill, relógio de parede Junghans No. 32/0389 [wall clock] (1957)

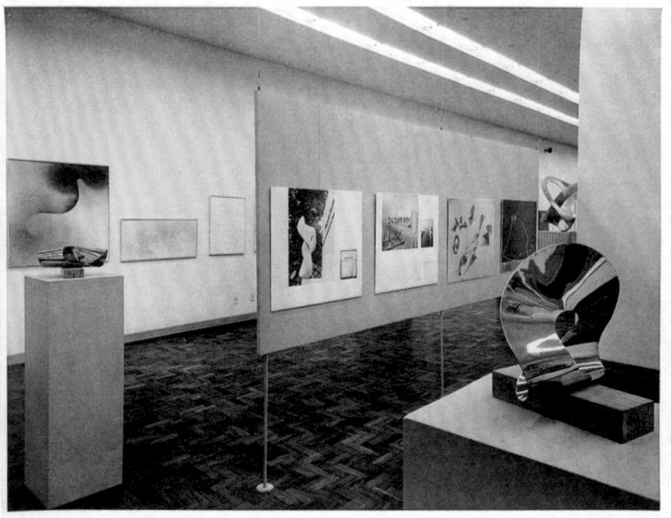

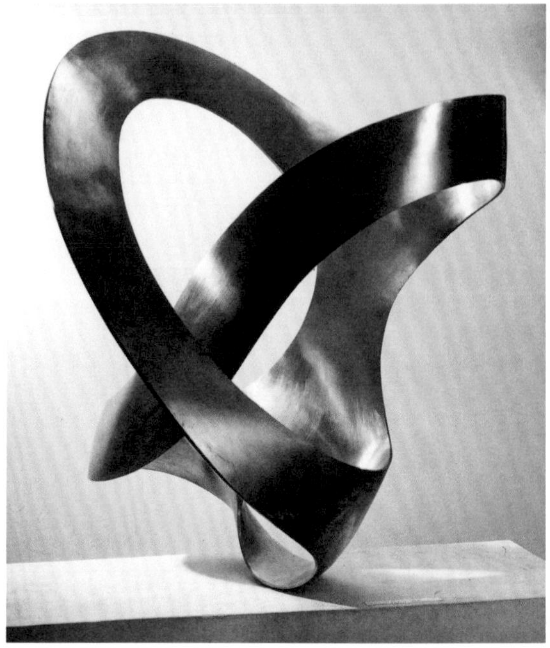

Bill no Brasil

Em meio aos desenvolvimentos da *gute form* e às ações para a criação da HfG Ulm, Bill envia ao Masp, em junho de 1950, seis caixas contendo um conjunto expositivo composto de nove esculturas, 38 pinturas, 11 obras gráficas e 27 painéis[24]. A individual de São Paulo é, até hoje, a maior exposição de Bill fora do continente europeu, com uma singularidade e variedade incontestáveis, pois reunia todas as atividades do artista, designer, arquiteto... A disposição da exposição seria muito semelhante às suas mostras coletivas anteriores, no entanto, diferentemente delas, não foi diretamente montada por Bill, mas pelos membros do museu e os novatos estudantes do Instituto de Arte Contemporânea – IAC, a partir de um conjunto de instruções detalhadas: uma das primeiras tarefas aplicadas no IAC visou assim compreender e montar esta exposição. E a inauguração dos cursos da escola ocorreria junto à abertura da mostra, em 1º de março de 1951[25].

Six months after the exhibition at Masp, the sculpture *Tripartite Unity* is exhibited at the 1st Bienal de São Paulo, the only one by Bill. Clandestine, the sculpture did not go through Brazilian customs control in its destination to the Bienal, as did the artworks of the artists in the Swiss pavilion, because Bill's works were already at Masp. There was an attempt to transfer the entire exhibition to the Bienal, but, in a joint decision between Masp and the São Paulo Museum of Modern Art – MAM-SP, disappointed by the legal complications, only the *Tripartite Unit* was exhibited, being considered a work in loan by an associated institution, that is, as if it belonged to Masp, for Bill, as a foreigner, could not exhibit without the due customs control. The rest of the works remained in storage at Masp. So, in spite of, or due to this irregularity, the sculpture was granted, in November 1951, the 1st International Prize at the Bienal de São Paulo and immediately after, the final intention is unveiled: the acquisition of the work, manifested to Bill by Wolfgang Pfeiffer, member of the award jury and due commercial representative for the transaction, conducted in partnership with Lina Bo Bardi. The acquisition of the artwork occurred in March 1952, by Pfeiffer himself, recently appointed director of MAM-SP at the time[26].

24. Os painéis informavam inclusive sobre a exposição *Die gute Form* e o projeto da HfG Ulm. Cf. Paiva, R., op. cit.

25. Em agosto de 1950, Bill envia à revista *Habitat* clichês, textos e instruções para a editoração da monografia sobre sua obra, que deveria acompanhar a exposição. Tomás Maldonado, que acompanha este processo, envia, de Buenos Aires, seu ensaio sobre Bill, solicitando a publicação no livro. Sem sucesso em São Paulo, o projeto passa às mãos de Maldonado, que, como fundador e editor-chefe da revista *nueva visión*, foi para Ulm em 1954 e publicou a monografia Max Bill, em 1955.

26. About the history of *Tripartite Unity* at the 1st Bienal de São Paulo and its acquisition by MAM-SP. Cf. Paiva, Rodrigo, op. cit.

Max Bill, *Tripartite Unity* (1951)

Exposição *Max Bill* [exhibition], Masp (1951)

Seis meses após a exposição do Masp, a escultura *Unidade Tripartida* é exibida na 1ª Bienal de São Paulo, a única de Bill. Clandestina, a escultura não passou pela alfândega brasileira com destino à Bienal, como fizeram as obras dos artistas do pavilhão suíço, pois as obras de Bill já se encontravam no Masp. Houve uma tentativa de se transferir toda a exposição para a Bienal, mas, por decisão conjunta entre o Masp e o Museu de Arte Moderna de São Paulo – MAM-SP, desanimados pelas complicações jurídicas, apenas a *Unidade Tripartida* foi exposta, sendo considerada obra emprestada de instituição associada, ou seja, como se fosse do Masp, pois o estrangeiro Bill não poderia expor sem o devido controle aduaneiro. O restante das obras permaneceu guardado no Masp. Assim, apesar, ou melhor, devido a essa irregularidade, a escultura recebeu, em novembro de 1951, o 1º Prêmio Internacional da Bienal de São Paulo e, em seguida, com este, é desvelada a intenção final: a compra da obra, manifestada a Bill por Wolfgang Pfeiffer, membro do júri de premiação e legítimo representante comercial da intermediação, conduzida em parceria com Lina Bo Bardi. A aquisição da obra se deu em março de 1952 pelo próprio Pfeiffer, recém-proclamado diretor do MAM-SP à época[26].

As obras retornaram para Bill, em Zurique, apenas em janeiro de 1953. A transação comercial da *Unidade Tripartida* foi fator definitivo que eliminou as esperanças da viagem da exposição à Argentina, bem como impôs entrave no reenvio das outras obras para Zurique; o caso precisou de assessoramento do Ministério das Relações Exteriores (MRE), para corrigir o fato de que a importação temporária de bens artísticos e culturais, exclusivamente sem fins comerciais, implicava em uma exportação imperfeita, em que faltava um objeto negociado com Bill, por USD 4.000,00, cerca de 40 mil dólares em valores atuais.

Honrando convite do MRE, no final de maio de 1953, Bill viaja ao Brasil para proferir conferências. A palestra na Faculdade de Arquitetura e Urbanismo – FAU, à Rua Maranhão, em São Paulo, esteve fundada no amargor de Le Corbusier em relação a Lucio Costa e Oscar Niemeyer, devido aos direitos de autoria do edifício do Ministério da Educação e Saúde (MES). Bill decide compartilhar deste sentimento com o conterrâneo suíço e replica a velha querela de Adolf Loos com Henry van De Velde, "ornamento é crime". Assim, Niemeyer se torna alvo do rigor funcionalista de Bill. Curiosamente, van de Velde é um aliado de Bill nas ações junto ao SWB. Por que, então, a intransigência em negar a boa forma ao melhor aluno de Le Corbusier no Brasil? A obra de Bill chega ao Brasil bem antes do artista. Isto possibilitou a infusão silenciosa do DNA da Bauhaus e da HfG no design e na arte dos brasileiros, antes que as vaidades subjetivas eurocêntricas e antropofágicas interferissem nesta transfusão. Agradecimentos aos imigrantes do Masp e do MAM-SP por essa conquista.

The artworks were returned to Bill, in Zurich, only in January 1953. The commercial transaction of the *Tripartite Unity* was the decisive factor which eliminated the hopes of the traveling exhibition to Argentina, and imposed an obstacle to ship the other works to Zurich; the case needed professional support from the Ministry of Foreign Affairs (MRE), to correct the fact that the temporary import of artistic and cultural items, exclusively without commercial ends, implicated in an imperfect export, in which an object, negotiated with Bill for USD 4.000,00 (around 40 thousand dollars in current figures), was missing.

Honoring an invitation by the MRE, at the end of May 1953, Bill traveled to Brazil to deliver conferences. The lecture at the School of Architecture and Urbanism – FAU, at Rua Maranhão, in São Paulo, was based on the bitterness of Le Corbusier regarding Lucio Costa and Oscar Niemever, due to the copyright in the authorship of the Ministry of Education and Health (MES) building. Bill decides to echo the feeling of his fellow Swiss countryman, and replicates the old quarrel between Adolf Loos and Henry van De Velde, "ornament is crime". Thus, Niemeyer becomes a target of Bill's functionalist rigor. Curiously, van de Velde is Bill's ally in the actions with SWB. Why, then, the intransigence in denying the good design to the best pupil of Le Corbusier in Brazil? Bill's work arrives in Brazil before the artist. This made way to the silent infusion of the Bauhaus and HfG DNA in the design and in the art of Brazilians before the subjective Eurocentric and anthropophagic vanities interfered in this transfusion. Thanks to the immigrants at Masp and MAM-SP for this achievement.

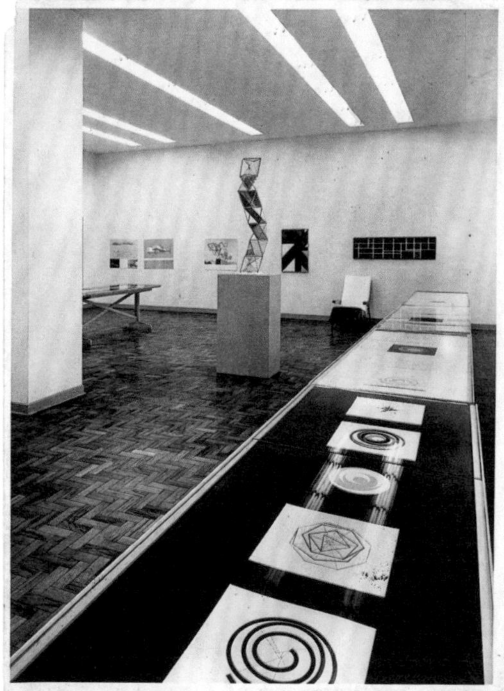

26. Sobre a história da *Unidade Tripartida* na 1ª Bienal de São Paulo e de sua aquisição pelo MAM-SP. Cf. Paiva, Rodrigo, op. cit.

Exposição *Max Bill* [exhibition], Masp (1951)

concre
aplicado
o exercício do
moderno no in
contemporân

applied concretism: the exercise of modern design at masp's institute of contemporary art

tismo

esign
tituto de arte
a do masp

ethel leon

Está longe de ser elucidada a relação entre o concretismo e o design. Na reedição da *1ª Exposição Nacional de Arte Concreta* (1956), a *Concreta '56*, realizada em 2006 no Museu de Arte Moderna de São Paulo – MAM-SP, André Stolarski, curador da mostra de design, avançou na apresentação das relações entre arte/design ao selecionar peças gráficas, móveis e objetos projetados e, por vezes, fabricados por designers ou por artistas plásticos em suas incursões no desenho de objetos bi ou tridimensionais[1].

Certamente, o Instituto de Arte Contemporânea – IAC do Museu de Arte de São Paulo – Masp, inaugurado em março de 1951 e reconhecido como a primeira escola de design do Brasil, é o lugar em que esta relação merece ser investigada. Não à toa, o diretor do Museu, Pietro Maria Bardi, decidiu abrir o IAC junto com a célebre exposição de Max Bill[2] (1908-1994, Suíça). E a exposição do artista suíço impactou de forma decisiva muitos dos alunos da escola, conforme vários de seus depoimentos.

O IAC formou leva de designers que atuaram, principalmente, na área gráfica, entre os quais estão: Alexandre Wollner (1928-2018, Brasil), Emilie Haidar (Chamie), Estella Aronis e Ludovico Martino[3]. Frequentaram a escola Maurício Nogueira Lima e Antonio Maluf, dois artistas concretistas que trabalharam na área do design[4]. Também foram alunos do IAC Mario Trejo, poeta concretista argentino, e Mario Chamie, igualmente poeta concretista, que frequentou alguns de seus cursos, sem nunca ter sido aluno regular da escola.

Boa parte da produção gráfica de Wollner, Chamie e Martino e dos arranjos paisagísticos projetados por Estella Aronis seguiram lógicas semelhantes àquela apregoada por Max Bill, qual seja, a modularidade amparada em formas geométricas básicas[5].

Em plena vigência da doxa greenberguiana de "a cada um o que lhe é próprio", vale a pena ressaltar a participação de figuras ligadas de certa maneira ao concretismo no meio do design, entendendo esta atuação não apenas como estratégia de sobrevivência a que tantos artistas se submeteram diante das dificuldades do mercado de artes, mas como espaço privilegiado de atuação capaz de participar do movimento industrializante intensificado a partir da Segunda Guerra Mundial, tese abraçada por muitas e muitos autores.

Talvez esta atuação tenha sido informada como oposição às artes decorativas e seu mercado, que englobava decoradores, tapeceiros, estofadores e outros profissionais a serviço das elites urbanas de São Paulo. A trilha que me leva a este viés é o discurso de Pietro Maria Bardi e de Lina Bo Bardi, repetido inúmeras vezes na revista *Habitat* e nos documentos internos do IAC, citados mais adiante.

The relationship between concretism and design is far from being elucidated. In the reedition of the 1st National Exhibition of Concrete Art (1956), the *Concreta '56*, held at the São Paulo Museum of Modern Art – MAM-SP, in 2006, André Stolarski, curator of the design show, advanced in presenting the relationship between art and design, choosing graphic works, furniture pieces and objects conceived, and in some cases produced, by designers or visual artists in their incursions into the design of two- or three-dimensional objects[1].

The Institute of Contemporary Art – IAC of the São Paulo Museum of Art – Masp, inaugurated in March 1951 and known as the first design school in Brazil, is certainly the right place to investigate this relationship. Not by chance, the director of Masp, Pietro Maria Bardi, decided to open the school at the same time as the notable Max Bill (1908-1994, Switzerland) exhibition[2]. And this show of the Swiss artist had a decisive impact on many of the school's alumni, as their own accounts testify.

IAC formed several designers who worked mainly in the graphic arts field, such as: Alexandre Wollner (1928-2018, Brazil), Emilie Haidar (Chamie), Estella Aronis and Ludovico Martino[3]. Maurício Nogueira Lima and Antonio Maluf, two Concrete artists who worked in design, also attended the school[4]. Other students at IAC were Argentinian Concrete poet Mario Trejo, and Mario Chamie, also a Concrete poet, who attended some of the courses, without ever having been formally enrolled at the school.

A fair amount of the graphic production by Wollner, Chamie and Martino and the landscaping arrangements projected by Estella Aronis followed a similar logic to the one championed by Max Bill, that is, modularity supported by basic geometric forms[5].

Timely applying Greenberg's doxa "to each their own", it is worth highlighting the participation of figures connected, in a way, to concretism in the design field, seeing this action not only as a survival strategy to which many artists had to subject themselves in face of the difficulties in the art market, but as a privileged space of operation, able to take part in an industrialization movement intensified after the Second World War, a thesis embraced by many authors.

1. Cf. *Concreta '56: a raiz da forma*. São Paulo: Museu de Arte Moderna de São Paulo, 2006. A *1ª Exposição Nacional de Arte Concreta* (1956) não compreendeu o design entre os itens apresentados. Já na *Concreta '56* (2006) foram exibidos móveis de Geraldo de Barros, Lina Bo Bardi, Branco & Preto, Karl Heinz Bergmiller, entre outros, e estampas de Hermelindo Fiaminghi e Antonio Maluf.

2. O IAC pode ser interpretado como o conjunto de cursos livres ofertados pelo Masp e, *stricto sensu,* como a escola de design a que Bardi continuou a se referir em inúmeros escritos, durante décadas. O IAC adaptou tanto o currículo da Bauhaus como do IIT Institute of Design de Chicago. Cf. Nelson, Adele. "The Bauhaus in Brazil: pedagogy and practice". *Artmargins*, vol. 5, n. 2, jun. 2016, e Leon, Ethel. *IAC: primeira escola de design do Brasil.* São Paulo: Blucher, 2014.

3. Irene Ruchti foi uma das alunas do IAC que atuou como paisagista e designer tendo colaborado para a escolha dos tecidos da manufatura Branco & Preto. Para mais informações sobre esses alunos, cf. Leon, Ethel, op. cit.

1. Cf. *Concreta'56 a raiz da forma*. São Paulo: MAM-SP, 2006. The *1st National Exhibition of Concrete Art* (1956) did not comprehend design, whereas *Concreta '56* (2006) exhibited furniture by Geraldo de Barros, Lina Bo Bardi, Branco & Preto, Karl Heinz Bergmiller, among others, and prints by Hermelindo Fiaminghi and Antonio Maluf.

2. IAC can be interpreted as a set of free courses offered by Masp and, *stricto sensu,* as the Design school to which Bardi continued to refer in numerous writings for decades. IAC adapted the curriculum of both the Bauhaus and the IIT Institute of Design of Chicago. Cf. Nelson, Adele. "The Bauhaus in Brazil: pedagogy and practice." *Artmargins*, vol. 5, n. 2, jun. 2016, and Leon, Ethel. *IAC: primeira escola de design do Brasil.* São Paulo: Blucher, 2014.

3. Irene Ruchti was one of the students at IAC who worked as a designer and landscape designer having collaborated in the choice of fabrics for Branco & Preto manufacture. For further information on these alumni, cf. Leon, Ethel, op. cit.

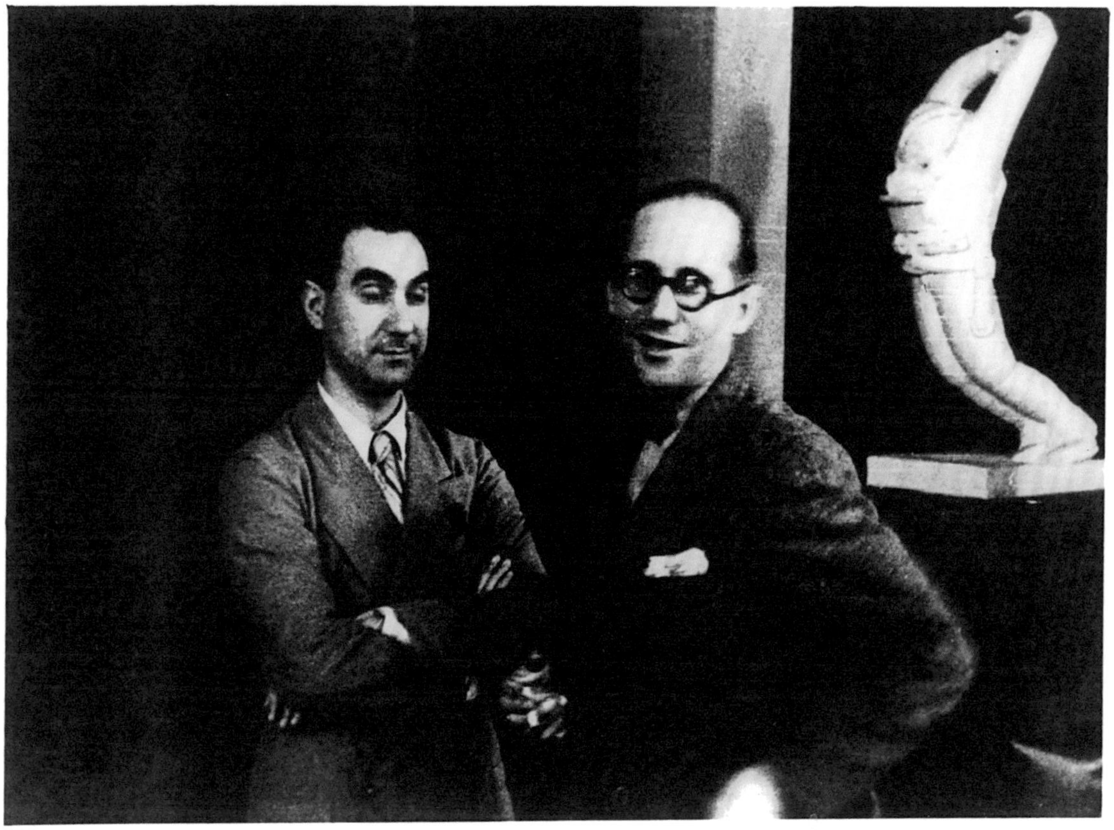

Pietro Maria Bardi & Le Corbusier, Roma (1934)

4. Maluf teve seu cartaz escolhido para a *I Bienal de Arte de São Paulo*, em 1951, além de ter desenhado estampas para diversas empresas. Maurício Nogueira Lima recebeu prêmio pelo cartaz do *I Salão Paulista de Arte Moderna* e desenhou marcas como a da Feira Internacional da Indústria Têxtil – Fenit e da Feira de Utilidades Domésticas.

5. Houve exceções, entre as quais destaca-se a produção de Aparício Basílio da Silva em sua empresa Rastro. No próprio ensino do IAC, louvava-se a Bauhaus de Dessau, mas também, contraditoriamente para os cânones da época, a produção de Raymond Loewy nos Estados Unidos.

4. Maluf had his poster chosen for the *I Bienal de Arte de São Paulo*, in 1951, besides having designed the prints for several companies. Maurício Nogueira Lima was awarded for his poster for *I Salão Paulista de Arte Moderna* and designed brands such as those for Feira Internacional da Indústria Têxtil – Fenit and Feira de Utilidades Domésticas.

5. There were exceptions, among which the production of Aparício Basílio da Silva in his company, Rastro. The teaching of IAC praised the Bauhaus of Dessau, but also, in contradiction to the canons of the time, the production of Raymond Loewy in the United States.

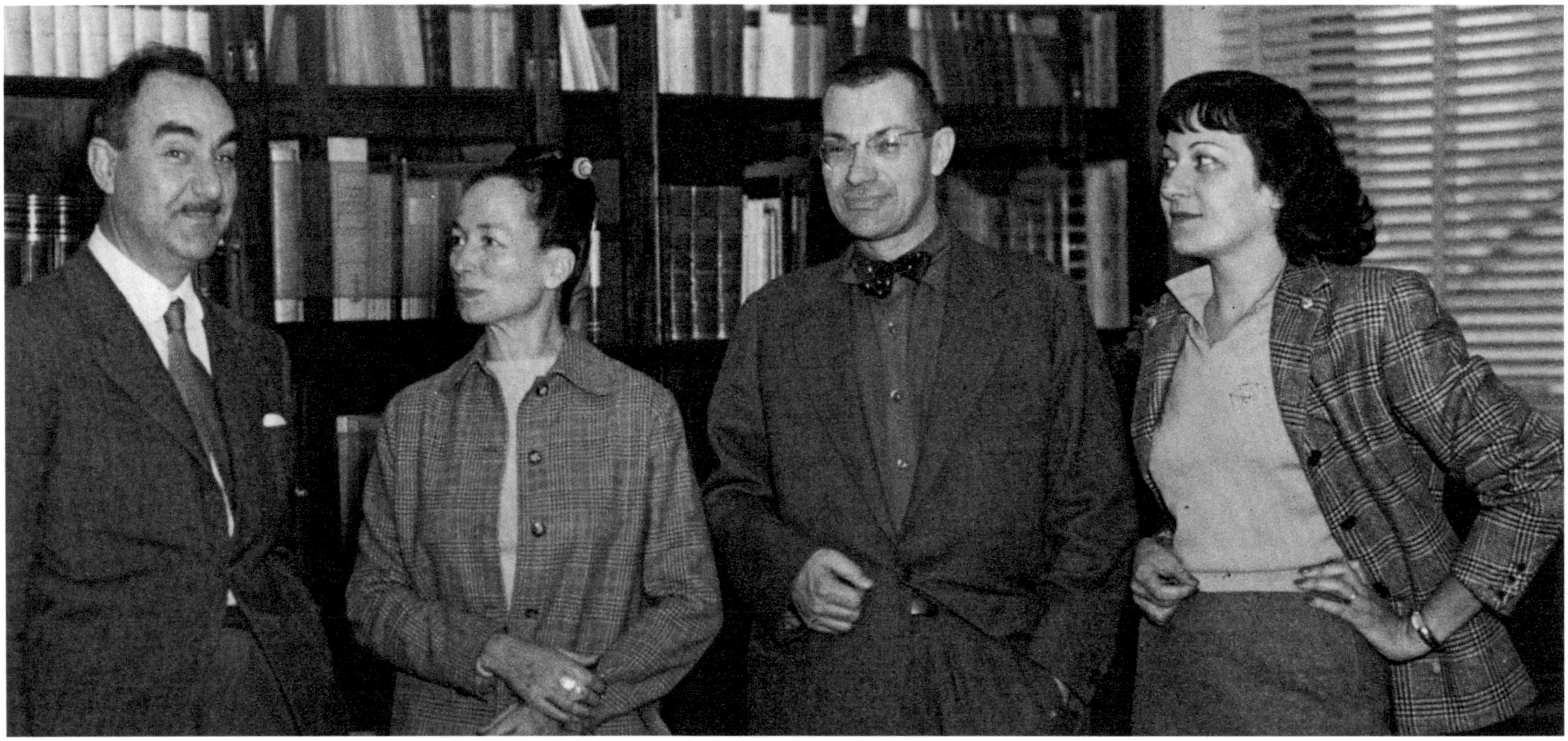

Binia & Max Bill com [with]
Pietro & Lina Bo Bardi (1953)

Para isso, é preciso retomar certo debate referencial, sobretudo para a constituição das escolas de design no século XX: a imbricação da arte na produção dos artefatos da vida cotidiana. Artistas e arquitetos projetaram e, algumas vezes, tornaram-se fabricantes de objetos como móveis, têxteis, cartazes e outros itens da vida comum. Uma das referências dessa linhagem é, certamente, William Morris e, na continuidade, tantos arquitetos e artistas do Art Nouveau em suas diversas manifestações europeias, norte-americanas e brasileiras.

Na história do design, podemos identificar vários momentos em que a aproximação entre arte e design se estabeleceu sem que houvesse rigorosa hierarquia entre os dois domínios. Basta pensarmos na produção de Bruno Munari e de diversos outros italianos, tanto no período anterior quanto posterior à Segunda Guerra Mundial e, mais tarde, nos grupos que fizeram a crítica do funcionalismo, a partir de 1960, tais como Memphis e Archizoom[6].

Jacques Rancière vem se dedicando a pensar as produções em que o território da arte se alarga, abarcando domínios considerados alheios ao que ocupava até então. O design é abordado quando ele discute a arquitetura fabril, o design gráfico e produtos concebidos por Peter Behrens para a empresa AEG[7]. Também a dança de Loïe Fuller, as joias de Émile Gallé e de Roger Lalique, os cartazes de Jules Chéret, entre outras manifestações do final do século XIX e começo do XX são analisadas pelo filósofo, que acentua esta imbricação e investiga a recusa de distinções entre as artes nobres ou não nobres, artes "maiores" e "menores" e o seu reconhecimento por parte dos críticos da época, entre eles Roger Marx, defensor da ideia de "arte social"[8].

Se recusou a representação e a narração, entendidas como formas passadas, o concretismo, em suas mais diferentes manifestações, manteve contato vigoroso com atividades como o design gráfico – cartazes, folhetos, programas de identidade corporativa, livros e, ainda, projetos de móveis e de objetos[9]. Mais do que somente contato, essa imersão nos artefatos da vida cotidiana era parte de um programa político, fundado no que já se tornou lugar-comum: a "vontade de ordem", a então considerada necessidade premente de modernizar o país, industrializando-o e operando, a partir das formas, espécie de pedagogia do gosto.

Mas e a oposição às artes decorativas? Uma das primeiras exposições apresentadas pelo Masp foi a de Le Corbusier, a quem Bardi tanto admirava. O arquiteto suíço escreveu o célebre livro *L'art décoratif d'aujourd'hui* (1925)[10] em que apresentou sua visão sobre os objetos da vida cotidiana, fazendo o elogio das formas simples, das próteses ligadas ao universo fabril e organizacional (os arquivos Ronéo) e a peças artesanais *de rigueur*, como os itens de luxo fabricados artesanalmente por artífices da moda, tais quais os objetos de couro da Hermès.

Perhaps this action had been informed as an opposition to the decorative arts and their market, which included interior decorators, weavers, upholsterers and other professionals at the service of the urban elites in São Paulo. The pathway that leads me to this bias is the discourse by Pietro Maria Bardi and Lina Bo Bardi, repeated countless times in *Habitat* magazine and in the internal documents of IAC, to be mentioned later.

It is necessary to resume a certain reference debate, especially important in the constitution of the 20th century design schools: the imbrication of art in the production of artifacts of everyday life. Artists and architects projected and sometimes became the manufacturers of objects such as furniture pieces, textiles, posters and other items of common life. One of the references of this lineage is, certainly, William Morris and subsequently many other Art Nouveau architects and artists in their different European, North American and Brazilian manifestations.

In the History of Design, we can identify several moments when art and design were brought closer to each other without a rigorous hierarchy between the two realms. Let us just think of the production of Bruno Munari and that of so many other Italians, both in the periods before and after the Second World War and, later, in the groups that made the critique of functionalism from the 1960s on, such as Memphis and Archizoom[6].

Jacques Rancière has been thinking about productions in which the territory of art expands, encompassing domains considered alien to what was taken as art, as he discusses factory architecture, graphic design and the products by Peter Behrens for the company AEG[7]. Also, the dance by Loïe Fuller, the jewelry by Émile Gallé and Roger Lalique, the posters by Jules Chéret, and other manifestations from the end of the 19th and beginning of the 20th century are analyzed by the philosopher, who stresses this imbrication and investigates the refusal of distinctions between noble arts and non-noble arts, "greater" and "smaller" arts and the recognition they received by the critics of the time, among them Roger Marx, who defended the idea of "social art"[8].

6. Parte desta última produção caracteriza as escolhas da exposição de design da *19ª Bienal de Arte de São Paulo*. As relações arte/design são muito mais extensas e intrincadas do que mencionado.

7. Gui Bonsiepe discorda desta inclusão do design como extensão do campo artístico, mas reconhece o valor das análises de Jacques Rancière, um dos poucos filósofos que se interessam por artefatos e práticas da vida cotidiana. Cf. Bonsiepe, Gui. "Do 'design turn' ao 'project turn'". *In*: _____. *Do material ao digital*. São Paulo: Blucher, 2015.

8. Rancière, Jacques. *Aisthesis*. Paris: Galilée, 2011. _____. *Tempos Modernos: arte, tempo, política*. São Paulo: N-1 Edições, 2021. A historiadora da arte Ruth Iskin observa que experimentações presentes nos cartazes publicitários mais tarde migraram para a pintura, como no caso de Toulouse-Lautrec. Esta visão rebate as noções de que o design se apropria das formas da "alta cultura" depois de estabelecidas. E reconhece o design de cartazes como território de experimentação formal que se estende para a pintura e para as colagens. Cf. Iskin, Ruth. *The Poster. art, advertising, design, and collecting, 1860s-1900s*. Hanover: Dartmouth College Press, 2014.

9. Lembremos aqui da participação de Amilcar de Castro na reformulação do *Jornal do Brasil*, das capas de livros de Ivan Serpa, das marcas de Willys de Castro e de Hércules Barsotti, das embalagens de Lygia Pape, entre outros.

10. Na edição brasileira o título é *A arte decorativa*. Cf. Le Corbusier. *A arte Decorativa*. São Paulo: Martins Fontes, 1996.

6. Part of this last production characterizes the choices for the design exhibition of the *19ª Bienal de Arte de São Paulo*. The relationship art/design is much more extensive and intricate than mentioned.

7. Gui Bonsiepe disagrees with this inclusion of design as an extension of the artistic field but recognizes the value of the analyses by Jacques Rancière, one of the few philosophers who are interested in artifacts and practices of everyday life. Cf. Bonsiepe, Gui. "Do 'design turn' ao 'project turn'". *In*: _____. *Do material ao digital*. São Paulo: Blucher.

8. Rancière, Jacques. *Aisthesis*. Paris: Galilée, 2011. _____. *Tempos Modernos: arte, tempo, política*. São Paulo: N-1 Edições, 2021. Art historian Ruth Iskin notes that experimentations present in advertising posters later migrated to painting, as in the case of Toulouse-Lautrec. This view challenges notions that design appropriates "high culture" forms once they are established. And it recognizes poster design as a territory of formal experimentation that extends into painting and collage. Cf. Iskin, Ruth. *The Poster: art, advertising, design, and collecting, 1860s-1900s*. Hanover: Dartmouth College Press, 2014.

É importante ressaltar que esse livro foi publicado em 1925, ano da célebre *Exposition Internationale des Arts Décoratifs et Industriels Modernes* [Exposição Internacional de Artes Decorativas e Industriais Modernas], em Paris, que cristalizaria o que mais tarde seria denominado Art Déco. Nela, a Société des Artistes Décorateurs – SAD [Sociedade dos Artistas Decoradores] tivera forte presença. Le Corbusier atacou, indiretamente, a Sociedade, ao rebater o que seria seu objeto e ao expor os interiores e o tipo de móvel que defendia nomeando-os "equipamentos". A SAD realizara sua primeira exposição exclusiva no Musée des Arts Décoratifs, em 1904. E seus associados passaram a defender estatuto profissionalizante, o que quebraria a noção de unidade das artes praticada por artistas e decoradores e, mais tarde, pelos chamados *ensembliers*, sem grandes distinções.

Quatro anos depois da exposição de 1925 estabeleceu-se a cisão no mundo de profissionais que se ocupavam dos espaços interiores, com a fundação da Union des Artistes Modernes – UAM [União dos Artistas Modernos]. A UAM rejeitou a nomenclatura da SAD – decorador e *ensemblier* – aproximando-se da visão de Corbusier ao adotar a expressão "arquiteto de interior". Segundo Grondin, o decorador não parecia mais encarnar a figura artística legítima para reformar o quadro moderno da vida cotidiana[11].

No Brasil não havia tal poder organizado. Mas no mercado dos arranjos domésticos existiam as figuras do decorador, do estofador e do tapeceiro, capazes de abraçar – talvez em mão dupla, rendendo-se e propagando ao mesmo tempo – o gosto das elites paulistanas. Ao adotar o léxico corbuseano, do mesmo modo que Lina Bo, Pietro declarou guerra a estes profissionais da decoração em muitos de seus textos. Ainda bateu na mesma tecla em 1967, ao se referir ao "bibelotismo das senhoras sem cultura"[12]. E para combater não só os que trabalhavam na área, mas seus senhores, via como esperança única a elevação do gosto das elites, que se realizaria por meio das missões pedagógicas do novo Museu que fundava e de sua escola de design, o Instituto de Arte Contemporânea.

Cabe observar ainda a familiaridade de Bardi, recém-chegado da Itália, com a atuação dos artistas futuristas, muitos deles envolvidos com design gráfico, publicidade, design de móveis e de objetos em geral, além do desenho de roupas. Todo esse arsenal de intervenção na vida cotidiana faria parte do programa pensado para o Instituto de Arte Contemporânea do Masp[13].

A seguir, vemos algumas das manifestações de Bardi contra a decoração e a solução da escola que funda:

> *Decoração. Com esta palavra maltrata-se uma das mais sérias responsabilidades de hoje: o arranjo interno da casa, a formação do "habitat", no verdadeiro sentido da palavra. (...) Desta palavra desventurada, (que logo nós substituímos por "arquitetura interna") apropriam-se especialmente as senhoras e cavalheiros distintos.*[14]

While it refused representation and narrative, seen as forms from the past, concretism, in its most diverse manifestations, maintained a vigorous contact with graphic design activities – posters, leaflets, corporate identity programs, books and projects for furniture and objects[9]. More than just contact, this immersion in the artifacts of daily life was part of a political program, based on what is now commonplace: the "wish for order", the then considered pressing need to modernize the country, industrializing it and operating, from form, a kind of pedagogy of taste.

But, what about the opposition to decorative arts? One of the first exhibitions presented by Masp was that of Le Corbusier, whom Bardi greatly admired. The Swiss architect wrote the famous book *L'art décoratif d'aujourd'hui* (1925)[10] in which he presented his views about objects of daily life, praising the simple forms, the extensions related to the factory and organizational universes (the Ronéo files) and the artisanal pieces *de rigueur*, such as the luxury items handmade by fashion craftsmen, like the leather objects by Hermès.

It is important to stress that this book was published in 1925, the year of the notorious *Exposition Internationale des Arts Décoratifs et Industriels Modernes* [International Exhibition of Modern Decorative and Industrial Arts], in Paris, which brought to life what would later be called Art Déco. The Société des Artistes Décorateurs – SAD [Society of Decorative Artists] had a strong presence in it. Le Corbusier indirectly attacked the Society when explaining what his conception of object was, and exhibiting the interiors and the type of furniture he defended, by calling them "equipment". SAD had had their first solo exhibition at the Musée des Arts Décoratifs, in 1904. Their associates began to defend a professional statute, which would break the notion of the unity of the arts performed by artists and decorators, and later by the so-called *ensembliers*, without greater distinctions.

Four years after the 1925 exhibition the split in the world of professionals dealing with interior spaces was established, with the foundation of L'Union des Artistes Modernes – UAM [The Union of Modern Artists]. UAM rejected the classification of the SAD – decorator and *ensemblier* – and came closer to the definition of Corbusier, adopting the expression "interior architect". According to Grondin, the decorator no longer seemed to embody the legitimate artistic figure to reform the modern picture of everyday life[11].

11. "Et le décorateur ne semble plus incarner la figure artistique légitime pour réformer le cadre moderne de la vie quotidienne." Grondin, Beatrice. "Les figures du décorateur français au XXe siècle, une histoire de mots et de pratiques". *Anais do Museu Paulista: história e cultura material*, v. 27, 2019.

12. Bardi, Pietro Maria. "20 anos do Museu de Arte de São Paulo". *Mirante das Artes*, n. 5, set./out. 1967.

13. Cf. Condello, Annette. "Pietro Maria Bardi - The Vicarious Architect: the importation of Italian Futurism to Brazil". *Proceedings of the 15th International Planning History Society Conference*, vol. 15, jul. 2012.

14. Bardi, Pietro Maria. Decoração. *Habitat*, n. 2, jan./mar. 1951.

9. It is worth remembering the participation of Amilcar de Castro in the reformulation of *Jornal do Brasil*; the book covers by Ivan Serpa, the brands by Willys de Castro and Hércules Barsotti, the packaging by Lygia Pape, among others.

10. In the US edition the title is *The Decorative Art of Today*. Cf. Le Corbusier. *The Decorative Art of Today*. Cambridge: The MIT Press, 1987.

11. "Et le décorateur ne semble plus incarner la figure artistique légitime pour réformer le cadre moderne de la vie quotidienne." Grondin, Beatrice. "Les figures du décorateur français au XXe siècle, une histoire de mots et de pratiques". *Anais do Museu Paulista: história e cultura material*, v. 27, 2019.

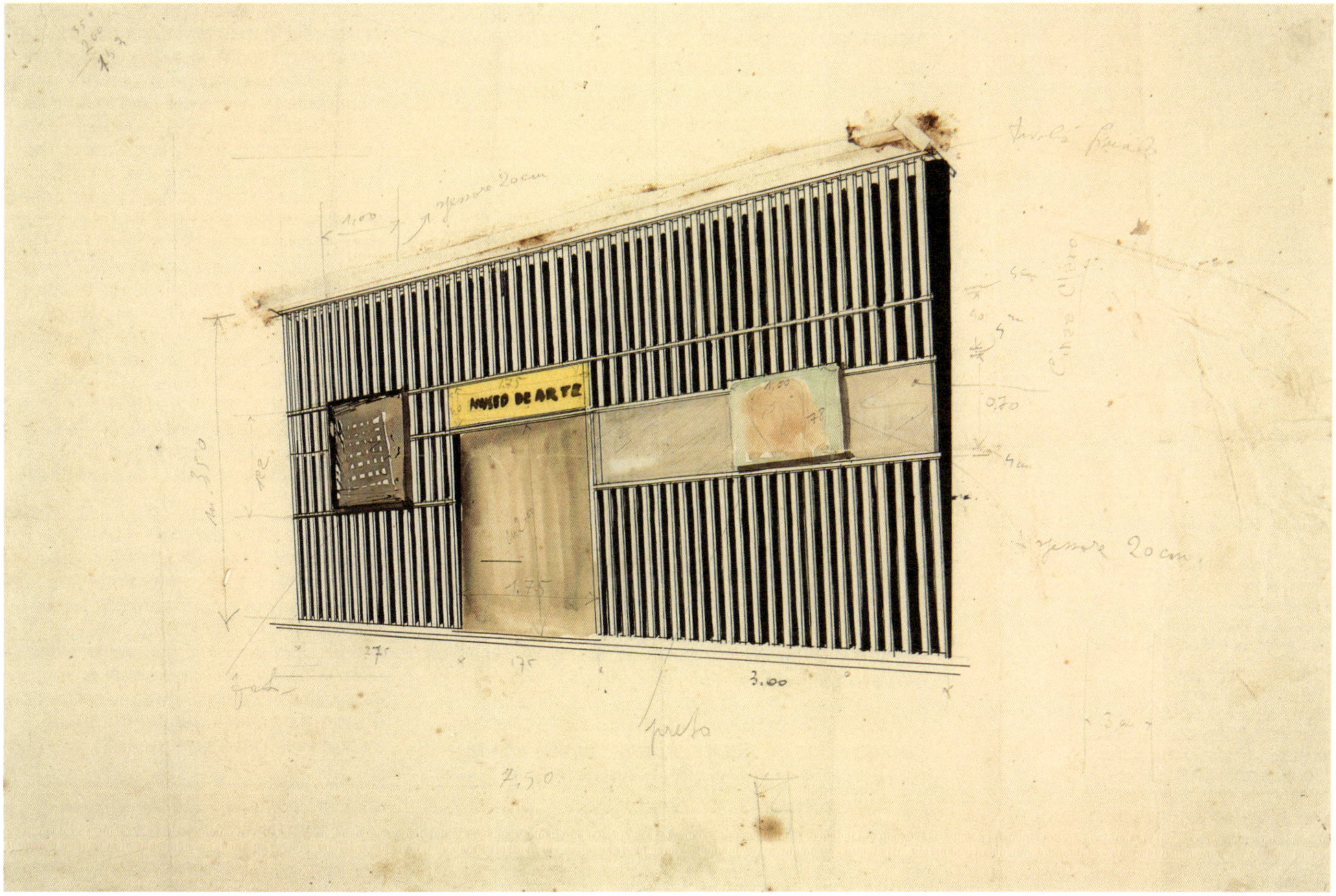

Lina Bo Bardi, fachada do Masp 7 de abril [façade] (1947)

O Masp inaugurará uma escola de Desenho Industrial especialmente dedicada aos jovens que desejam se iniciar nas artes industriais. O Desenho Industrial no Brasil ainda está para ser feito e enormes possibilidades defrontam-se para todos aqueles que, dedicando-se a este ramo de atividades, saberão acompanhar o espírito nitidamente contemporâneo de nossa época adaptando as mesmas linhas estéticas das artes puras às assim chamadas artes aplicadas e criando uma correspondência de valores estéticos entre umas e outras de forma que a atividade das primeiras não continue desprendida das necessidades e utilidades diárias da vida prática, mas engendre uma visão de conjunto harmoniosa de todas as artes dentro de uma concepção orgânica. Assim sendo, decidiu o Museu criar um Instituto de Arte Contemporânea que funcionará com caráter essencialmente didático destinando-se a formar técnicos em assuntos como cerâmica, artes gráficas, tecelagem, metais, mobiliário, bordados, esmaltes, jardinagem, desenho, pintura e plástica em geral adaptados para fins industriais.[15]

Um grupo de arquitetos, artistas e técnicos persuadidos da necessidade dessa iniciativa reuniu-se com o objetivo de trabalhar nessa escola rigorosamente disciplinada e orientada numa base didática, visando: formar jovens que se dediquem à arte industrial e se mostrem capazes de desenhar objetos nos quais o gosto e a racionalidade das formas correspondam ao progresso e à mentalidade atualizada; aclarar a consciência da função do desenho industrial refutando a fácil e deletéria reprodução de estilos e o diletantismo decorativo; ressaltar o sentido da função social que cada projetista, no campo da arte aplicada, deve ter em relação à vida.[16]

Em poucas palavras, criar uma classe de desenhistas industriais especializados, libertando a humanidade da classe dos tapeceiros especuladores, dos fabricantes de móveis de bom mercado e dos "decoradores".[17]

O ataque sistemático ao mundo da decoração e a modernolatria de Bardi guardam, então, relação com as noções dos futuristas italianos e, particularmente, com as concepções de Le Corbusier, que aproximava as altas formas da Antiguidade, como o Parthenon, aos automóveis Delage que lhe eram contemporâneos.

In Brazil there was no such organized power. But in the market of household arrangements, there were the roles of the decorator, the upholsterer and the carpet manufacturer who were able to embrace – maybe in both ways, surrendering to and propagating at the same time – the taste of the São Paulo elites. By adopting Corbusier's lexicon, as did Lina Bo, Pietro declared war against these professional decorators in many of his texts. He still insisted on the same point in 1967, when referring to the "bibelotism of the ladies with no culture" [12]. And to combat not only those who worked in the area, but also their masters, he saw as the only hope the elevation of the taste of the elites, which would materialize by means of the Pedagogical missions of the new Museum he was founding and its school of Design, the Institute of Contemporary Art.

It is important to also notice the familiarity of Bardi, who had just arrived from Italy, with the work of Futuristic artists, many of whom were involved in graphic design, advertising, furniture and product design in general, besides fashion design. All this arsenal of intervention in daily life was to be part of the program developed for the Masp's Institute of Contemporary Art[13].

Below are some of Bardi's statements against decoration and the solution of the school he establishes:

> *Decoration. With this word one of the most serious responsibilities of today is mistreated: the internal arrangement of the house and the formation of the "habitat", in the true sense of the word. (...) This unfortunate word (which we soon substituted with "interior architecture") is appropriated particularly by distinguished ladies and gentlemen.*[14]

15. _____. Documento datilografado, s. d., Arquivo IAC/ Masp.

16. _____. Documento datilografado sobre o programa do IAC, s. d., Arquivo IAC/Masp.

17. _____. Manuscritos sobre o IAC, s.d., Arquivo do Masp. Tradução da autora.

12. "bibelotismo das senhoras sem cultura" Bardi, Pietro Maria. 20 anos do Museu de Arte de São Paulo. *Mirante das Artes*, n. 5, Sep./Oct. 1967.

13. Cf. Condello, Annette. "Pietro Maria Bardi - The Vicarious Architect: the importation of Italian Futurism to Brazil". *Proceedings of the 15th International Planning History Society Conference*, vol. 15, Jul. 2012.

14. Bardi, Pietro Maria. Decoração. *Habitat*, n. 2, Jan./Mar. 1951.

15. _____. Typewritten document, n. d., IAC/Masp Archive.

Masp will inaugurate an Industrial Design school especially dedicated to young people who wish to start an education in the industrial arts. Industrial Design in Brazil is still to be made, and enormous possibilities will be faced by those who, dedicating themselves to this activity, will know how to follow the clearly modern spirit of our time, adapting the same aesthetic lines of the pure arts to the so-called applied arts, and creating a correspondence of aesthetic values between one and the other, in such a manner that the activity of the first does not continue detached from the needs and usefulness of practical life, but engenders a harmonious overall vision of all the arts, in an organic conception. Therefore, the Museum decided to create an Institute of Contemporary Art which will operate in an essentially educational character, designed to educate technicians in subjects such as ceramics, graphic arts, weaving, metalwork, furniture, glazing, landscaping, design, painting and plastic arts in general, adapted for industrial ends.[15]

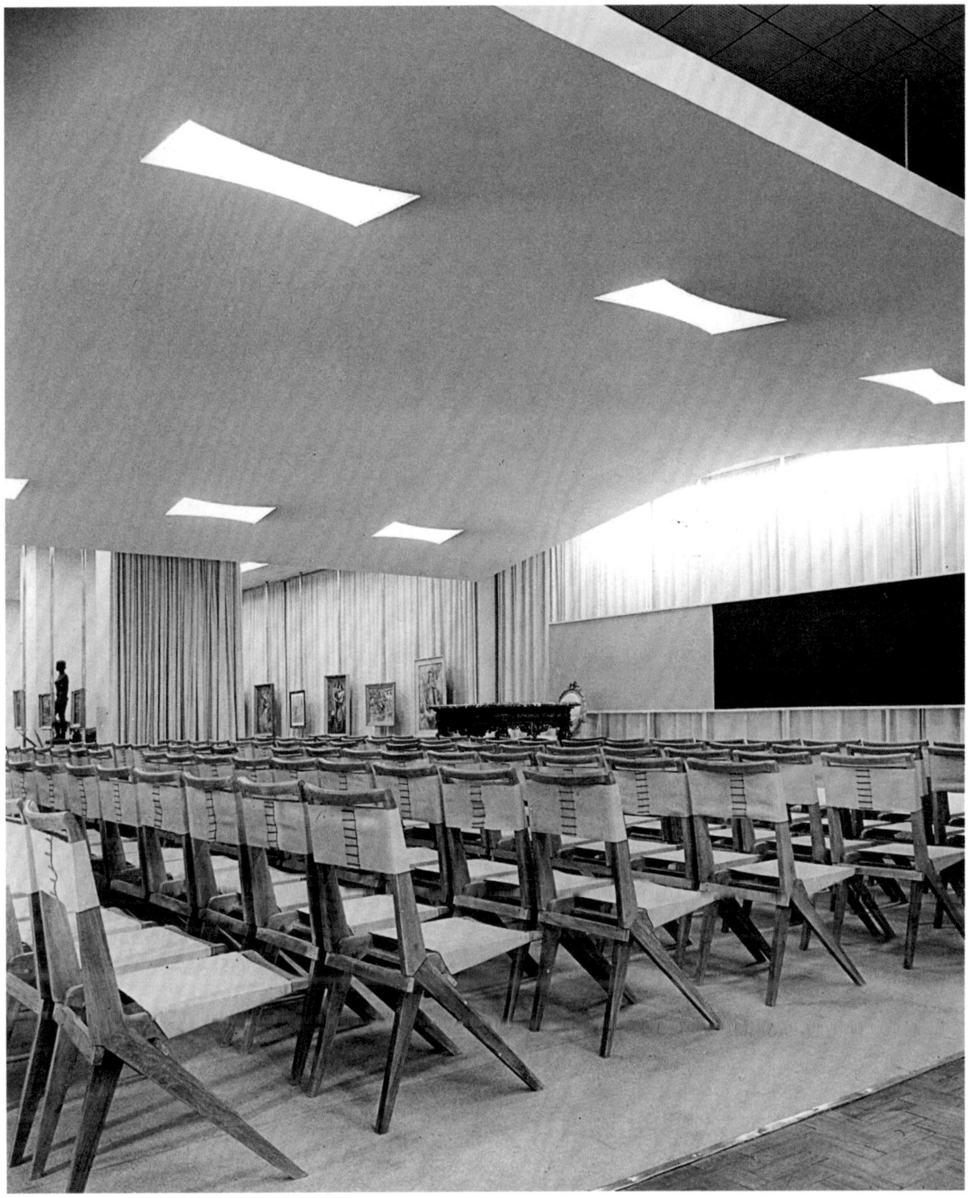

Auditório Masp 7 de abril [auditorium] (1950's)

A group of architects, artists and technicians, persuaded by the need of this initiative has gathered with the objective of working in this rigorously disciplined school, directed towards a pedagogical foundation aiming to: educate young people who will dedicate themselves to industrial art, and show aptitude to design objects in which taste and rationality of form correspond to progress and to a modernized mentality; to clarify the consciousness of the function of industrial design by rejecting the easy and deleterious reproduction of styles and the decorative dilettantism; to highlight the meaning of the social role that each designer, in the field of applied arts, needs to have in relation to life.[16]

In a few words, to create a class of specialized industrial designers, freeing humanity from the class of the carpet manufacturers speculators, of the furniture makers of good market, and from the "decorators".[17]

Bardi's systematic attack against the decoration world and his idolization of modernity are related, then, to the concepts of Italian Futurists and, in particular, to the conceptions of Le Corbusier, who would bring together the high forms of Antiquity, such as the Parthenon, and the Delage automobiles of his time.

Not only in the art exhibitions at Masp, but also in the famous *Vitrine das Formas* (1950), Bardi presented this idea by juxtaposing old and contemporary objects, as the Sèvres porcelain, 19th century pharmacy jars, the Marcello Nizzoli typewriter, produced by Olivetti, and the Vigorelli sewing machine.

According to Bardi, the IAC depended on Brazilian companies which would take on the autochthonous industrial design, stop copying foreign models and would not bend to the taste of the decorators, upholsterers and *tutti quanti*. This adhesion did not take place. And the IAC survived practically the same duration of the second term of president Getúlio Vargas.[18] In this period, Brazil lived with family consumer goods bought in the overseas market.

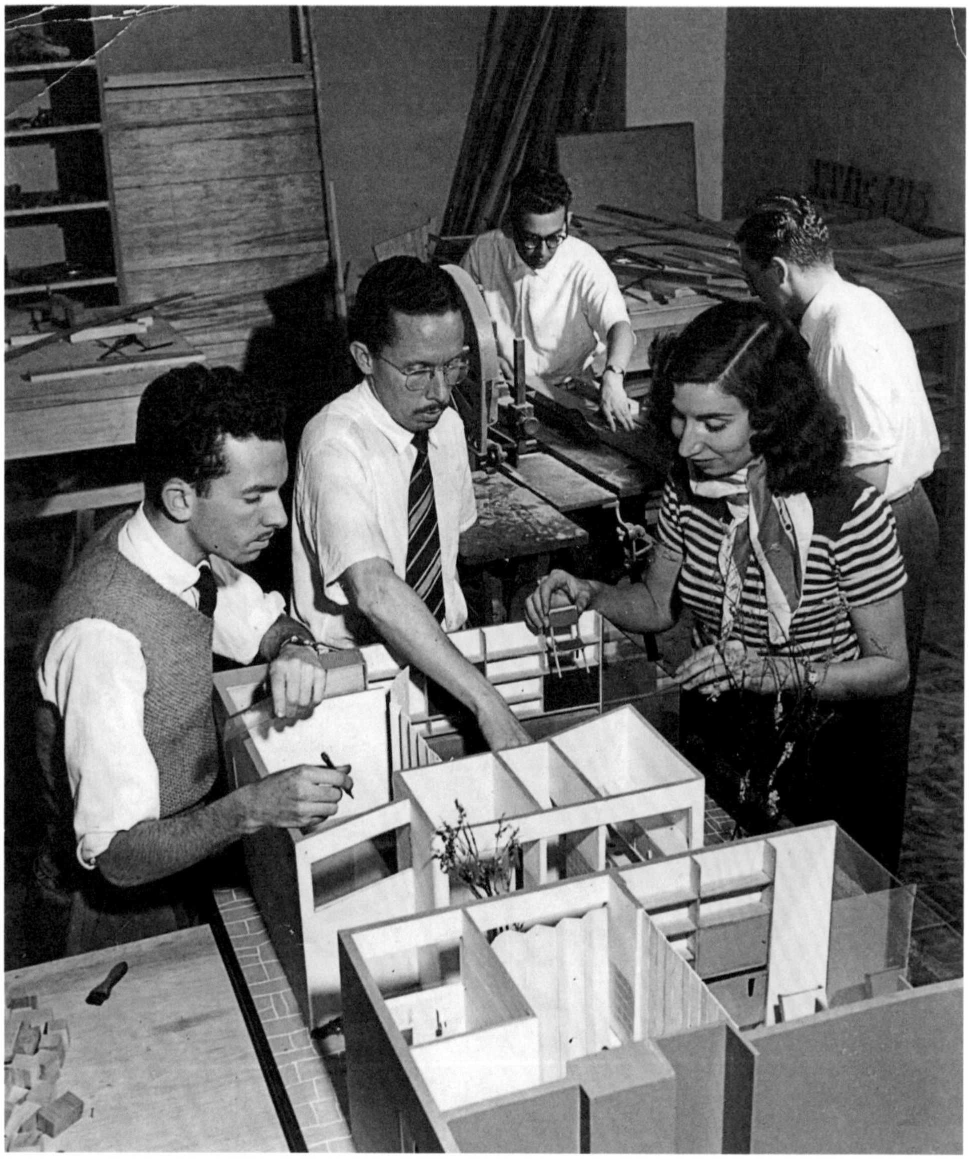

IAC: Lauro Pressa Hardt, prof. Nogueira, José Carlos F. Oliveira, Alexandre Wollner & Maria da Glória Nogueira Leme (1950's)

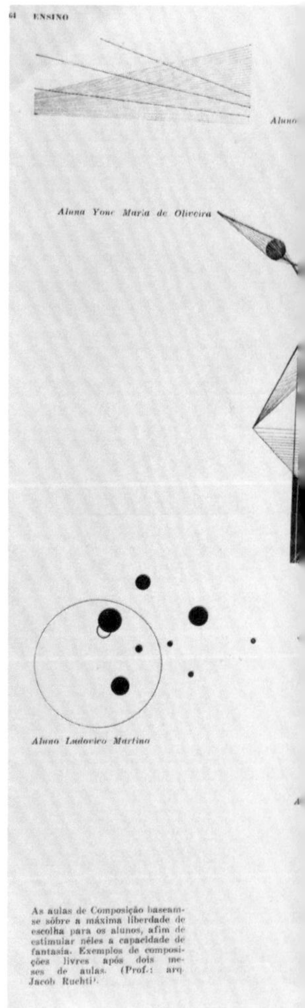

Exercícios [exercises] do prof. Jacob Ruchti, Habitat n.3 [magazine] (1951)

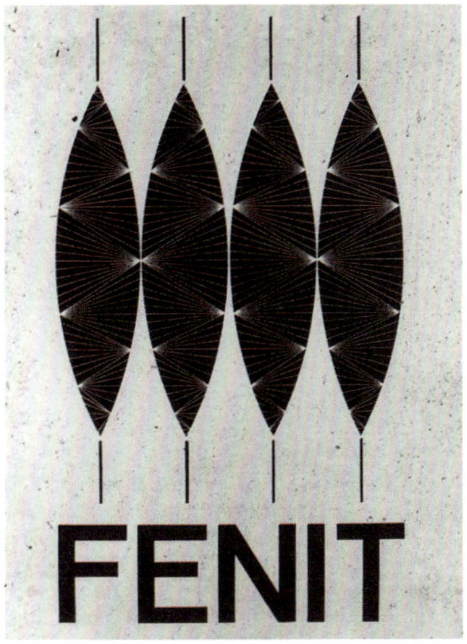

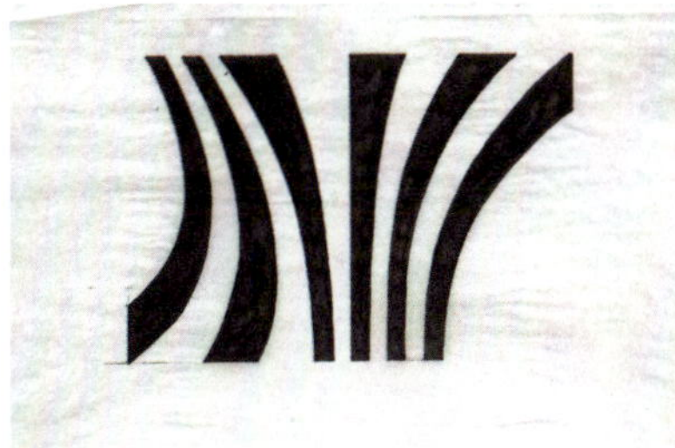

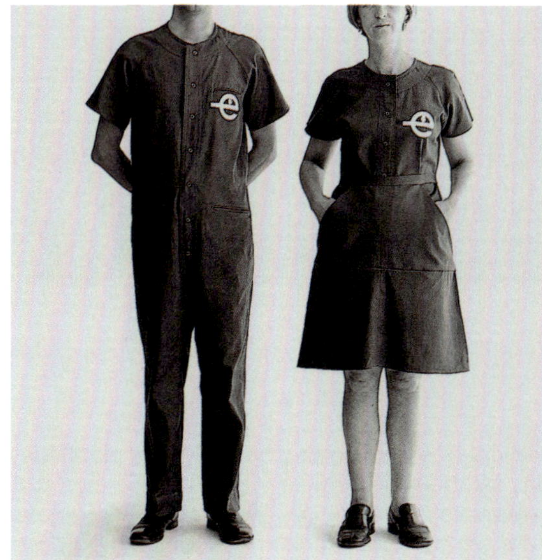

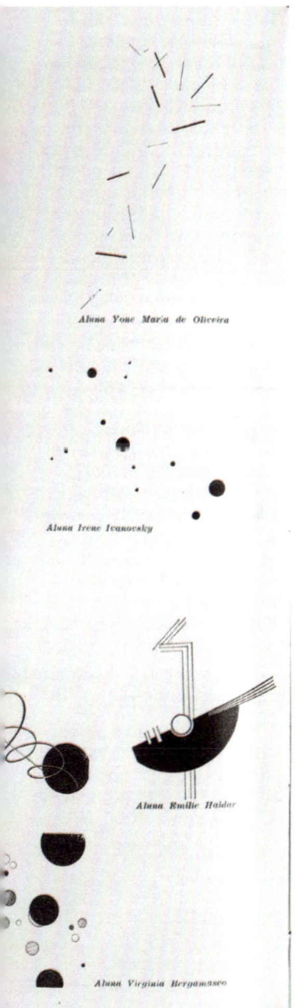

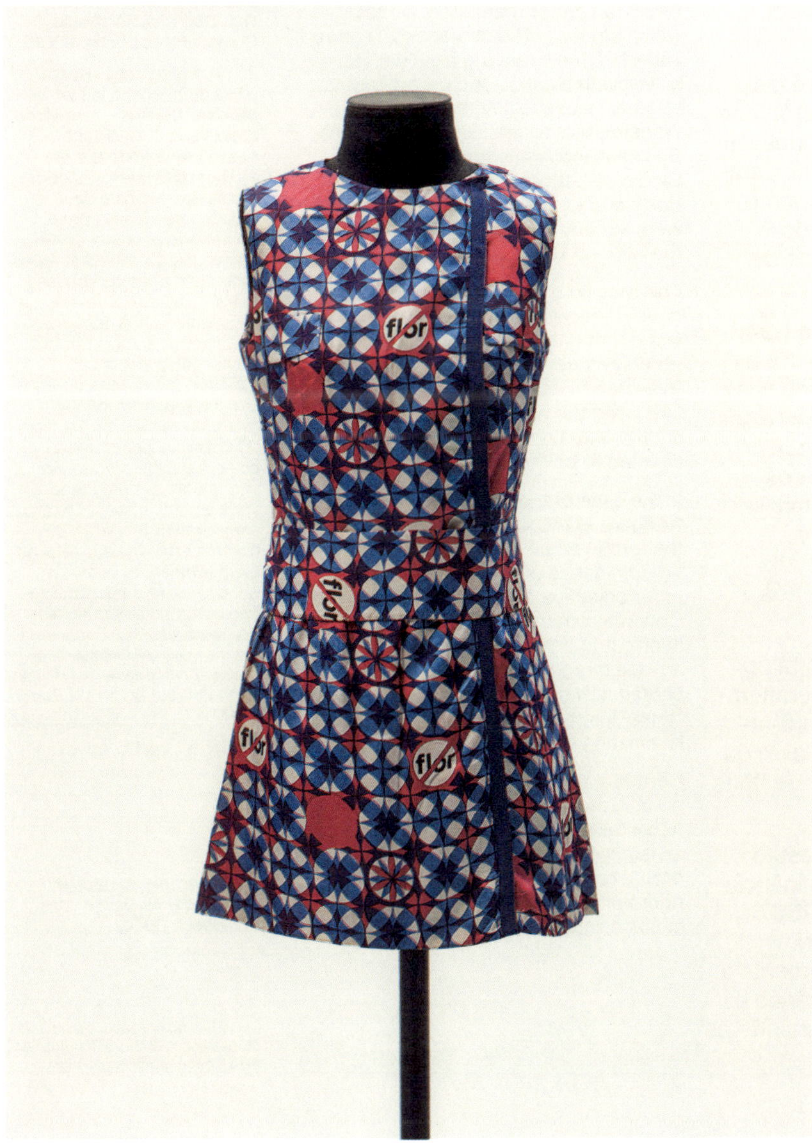

16. _____. Typewritten document about the curriculum of IAC, n.d., IAC/Masp Archive.

17. _____. Manuscripts about the IAC, n.d., Masp Archive.

18. IAC closed its doors in the second half of 1953, while Getúlio started his government in 1951 and committed suicide in August 1954.

Mauricio Nogueira Lima, logo Fenit (1958)

Emilie Chamie, logo Centro Cultural São Paulo (1982)

Estella Aronis, uniforme ergonômico Equipesca [ergonomic uniform] (1960's)

Antônio Maluf, estampa Rhodia [fabric print] (1960-70)

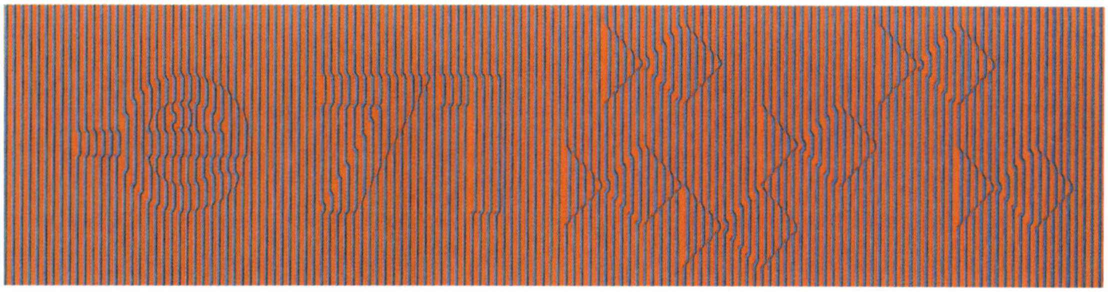

Estella Aronis, cartão de ano novo [new year's card], Equipesca (1970)

Não apenas nas exposições de artes plásticas do Masp, mas também na famosa *Vitrine das Formas* (1950), Bardi apresentou esta concepção, justapondo objetos antigos e contemporâneos, caso de louças em porcelana de Sèvres, de vidros de farmácia do século XIX, da máquina de escrever de Marcello Nizzoli, produzida pela Olivetti, e, ainda, da máquina de costura Vigorelli.

Segundo Bardi, o IAC dependia da adesão de empresas brasileiras que assumissem o desenho industrial autóctone, parassem de copiar modelos externos e não se rendessem ao gosto dos decoradores, estofadores e *tutti quanti*. Esta adesão não aconteceu. E o IAC sobreviveu praticamente o tempo em que Getúlio Vargas realizou seu segundo mandato.[18] Nesse período, o Brasil convivia com itens de consumo familiar comprados no mercado externo.

A abertura comercial promovida pelo governo Dutra (1946-1950) inundara o país com "sobras de guerra e supérfluos – matéria plástica, Cadillacs, ioiôs e bambolês!"[19]. Anúncios da loja de departamentos norte-americana Sears, instalada no Rio de Janeiro, apresentavam itens importados que incluíam rádios para carros, facas com cabos plásticos, aparelhos radiofônicos e outros itens do consumo familiar. Marcas como Webster, Milwaukee, Garrard, Thorens, Sonideal e Aga se somaram à geladeira Coldspot e aos automóveis Ford, Buick e Lincoln, já vendidos entre nós antes da Segunda Guerra Mundial.

Talvez aí esteja uma pista para entender a crítica feita por Lina Bo Bardi ao mundo do design que vem sendo contemporaneamente interpretada como sua adesão ao "pré-artesanato" brasileiro[20]. Não à toa Lina emprega a palavra da língua inglesa *gadgets*[21], denunciando a quantidade de itens frívolos que pareciam ser o destino da atividade.

No caso da arquiteta fundamental para o IAC, a questão não era a origem formal dos objetos, mas a predominância da forma sem qualquer outro objetivo. Ela diz em 1960: "Enquanto a poesia concreta corta a linguagem para chegar mais depressa, para comunicar mais rapidamente a ideia, nas artes plásticas o concretismo contemporâneo é coisa puramente formal, que se limita à forma, eliminando o conteúdo."[22]

The trade opening promoted by the Dutra administration (1946-1950) had inundated the country "with leftovers from war, and superfluous items – plastics, Cadillacs, yoyos and hula-hoops!".[19] Advertisements for the American department store Sears, which settled in Rio de Janeiro, featured imported items ranging from car radios, knives with plastic handles, radio sets, to other household items. Brands like Webster, Milwaukee, Garrard, Thorens, Sonideal and Aga added up to the Coldspot refrigerator, and the Ford, Buick and Lincoln automobiles, which were already sold in the country before the Second World War.

This may be a clue to understand the criticism by Lina Bo Bardi to the design world that has been interpreted contemporarily as her adhesion to the Brazilian "pre-craftmanship"[20]. Not by coincidence, Lina used the word *gadgets*[21], denouncing the quantity of frivolous items which seemed to be the destiny of the activity.

In the case of the architect, a fundamental figure at IAC, the question was not the formal origin of the objects, but the predominance of the form without any other objective. She said in 1960: "While Concrete poetry uses language as a shortcut to arrive faster, to communicate an idea more rapidly, in the fine arts contemporary concretism is a purely formal thing, which is limited to form, eliminating the content."[22]

Certainly, this criticism does not apply to graphic design, due to the representational tasks that fall upon it. A logotype, an isotype or any communicative sign, even if resulting from a grid, even if rigorous in its geometry, must represent, indicate, inform something rapidly.

18. O IAC fechou as portas no segundo semestre de 1953, enquanto Getúlio iniciou seu governo em 1951 e cometeu suicídio em agosto de 1954.

19. Schwarcz, Lilia M.; Starling, Heloisa M. *Brasil: uma biografia*. São Paulo: Companha das Letras, 2015.

20. "A proliferação especulativa do desenho industrial – *gadgets*, objetos – na maioria supérfluos...". Não cabe nesse breve texto discutir as repetidas interpretações atuais dos textos e da atuação de Lina Bo Bardi no período posterior ao IAC. Muitas destas interpretações defendem práticas ligadas a estratégias de sobrevivência de populações à margem dos direitos sociais básicos. E Lina não defendia a manutenção dessas práticas e sua arregimentação ao mercado de design. Ela diz: "O Brasil se industrializou, a nova realidade precisa ser aceita para ser estudada. A volta a corpos sociais extintos é impossível, a criação de centros artesanais, o retorno a um artesanato como antídoto a uma industrialização estranha aos princípios do país é errada." Bardi, Lina Bo. *Tempos de Grossura: o design no impasse*. São Paulo: Instituto Lina Bo e P. M. Bardi, 1994.

21. Bardi, Lina Bo, op. cit..

19. Schwarcz, Lilia M.; Starling, Heloisa M. *Brasil: uma biografia*. São Paulo: Companha das Letras, 2015.

20. "The speculative proliferation of industrial design – gadgets, objects – most of them superfluous...". It would not be possible, in this brief text, to discuss the repeated interpretation of current texts about Lina Bo Bardi's performance in the period after the IAC. Many of these interpretations defend practices related to survival techniques of populations at the margins of basic social rights, Lina did not defend the maintenance of these practices and their mobilization for the design market. Says she: "Brazil has become industrialized, and the new reality must be accepted, in order to be studied. The return to extinct social bodies is impossible, the creation of craftsmanship centers, the return of the crafts as an antidote to an industrialization that is estranged from the principles of the country is wrong". Bardi, Lina Bo. *Tempos de Grossura: o design no impasse*. São Paulo: Instituto Lina Bo e P. M. Bardi 1994.

21. Bardi, Lina Bo, op. cit.

22. _____. "Técnica e Arte". *In*: Rubino, Silvana; Grinover, Marina (org.). *Lina por escrito*. São Paulo: Cosac Naify, 2009.

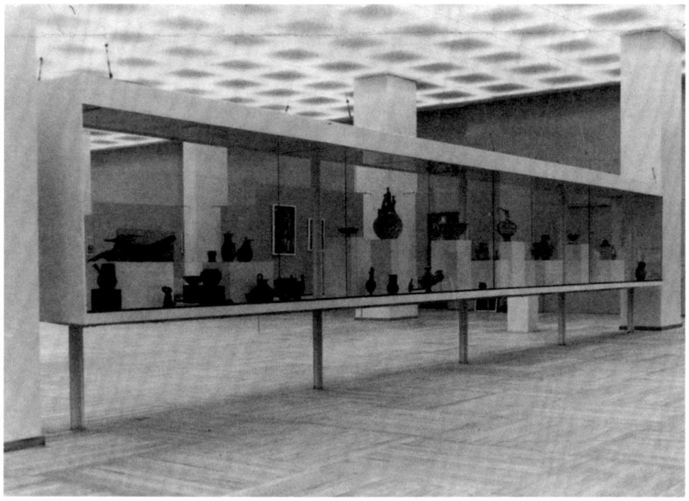

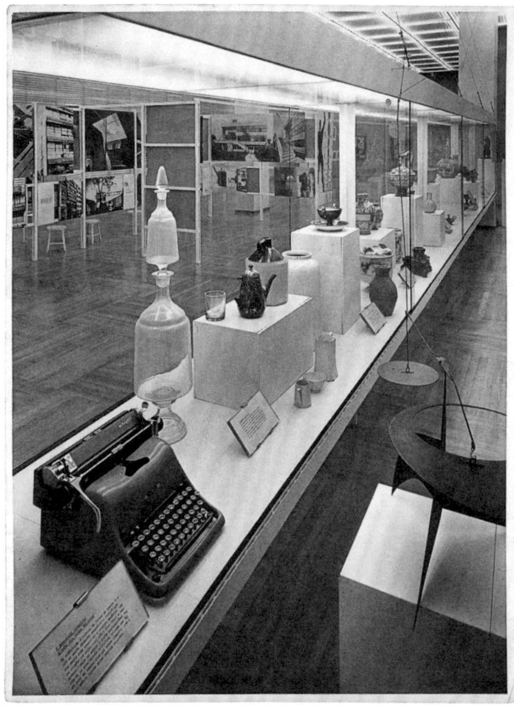

Certamente, esta crítica não cabe ao design gráfico, em função das tarefas representacionais que lhe cabem. Um logo, um isotipo ou qualquer sinal comunicativo, por mais que resulte de grid matematicamente definido, por mais rigoroso em sua geometria, deve representar, indicar, informar algo e rapidamente.

É curioso: segundo Bardi e muitos ex-alunos do IAC, a escola fechou porque no Brasil e, particularmente, em São Paulo, não havia espaço para o design gráfico, menos ainda para o design de produtos. Ali e no Rio de Janeiro, pelo menos, constituíram-se rapidamente grupos artísticos ligados ao concretismo e ao neoconcretismo, com acesso a importantes espaços expositivos. Já o primeiro escritório que assumiu a denominação *design*, o forminform, foi fundado apenas em 1958, em pleno período Juscelino Kubitschek e seu novo surto industrializante, que povoou o país com bens de consumo duráveis nacionais.

Seria o design "concretista" a realização desse ideário de "arte na vida comum" que os artistas teriam, ao menos parcialmente, abandonado? Sua implicação na vida cotidiana teria tido importância na mudança de padrões de gosto da sociedade brasileira?

Se os estudantes de design do IAC recusaram a arte aplicada como domínio profissional – uma vez que ela pertencia aos decoradores e outros detratores do gosto moderno – certamente realizaram o que seria interpretado como contrassenso por quem defendeu a separação rigorosa entre arte e design[23]: mostraram-se aplicados em levar os ensinamentos de Max Bill, Jacob Ruchti[24] e demais professores para os banais objetos da vida comum.

It is peculiar: according to Bardi and to many alumni from IAC, the school closed down because in Brazil and, particularly, in São Paulo, there was no space for graphic design, and less so for product design. There and in Rio de Janeiro, at least, art groups connected to concretism and to the neo-concrete movement were formed, having access to important exhibition spaces. The first firm to take on the Design denomination, forminform, was founded only much later, in 1958, during the Juscelino Kubitschek administration and the new industrializing surge, which populated the country with national durable consumer goods.

Would the "Concretist" design be the realization of the ideal of "art in common life", that artists had, at least partially, abandoned? Would its implications in daily life have been important in changing Brazilian society's taste standards?

If the students of Design from IAC refused applied arts as a professional domain – since it belonged to decorators and other detractors of modern taste – they certainly did what would have been interpreted as a contradiction in terms for someone who defended the rigorous separation between art and design[23]: they applied themselves to taking the teachings of Max Bill, Jacob Ruchti[24] and other professors to the banal objects of common life.

22. _____. "Técnica e Arte". *In*: Rubino, Silvana; Grinover, Marina (ed). *Lina por escrito*. São Paulo: Cosac Naify, 2009.

23. Embora tenha sido discípulo de Max Bill na Hochschule für Gestaltung, de Ulm, Alexandre Wollner defendeu, ao longo de toda sua vida profissional no Brasil, rigorosa separação entre arte e design, tal como formulada por Tomás Maldonado na escola alemã.

24. Jacob Ruchti, importante professor do IAC, baseou seu curso no livro de Wassily Kandinsky *Ponto e linha sobre plano* (1926).

23. Although he was a disciple of Max Bill at the Hochschule für Gestaltung, in Ulm, Alexandre Wollner defended, throughout his professional life in Brazil, a strict separation of art and design, as formulated by Tomas Maldonado at the German school.

24. Jacob Ruchti, a leading professor at the IAC, based his course at the school on Wassily Kandinsky's book *Point and line to plane* (1926).

Vitrine das Formas, Masp (1950)

o

ast
tomás ma
e o design no mam rio

the asterisk: tomás maldonado and design at mam rio

erisco: ldonado

aleca le blanc

O asterisco

Em janeiro de 1958, o Jornal do Brasil publicou uma página dupla em cujo título se lia "Em casa própria; o Museu de Arte Moderna". Após seis anos ocupando uma sede temporária no Ministério de Educação e Cultura, o jovem Museu de Arte Moderna do Rio de Janeiro – MAM Rio estava pronto para inaugurar o primeiro de seus três edifícios no novo campus. Embora a longa reportagem, creditada ao pseudônimo de Teresa Trota, fosse efusiva, as quatro imagens que acompanhavam o texto eram, de certa forma, peculiares. Por exemplo, ao invés de publicar uma fotografia do novo edifício, uma fotomontagem da maquete foi impressa no canto direito superior da página. À esquerda, acima da dobra, apenas uma obra de arte aparecia ilustrada – a icônica escultura de Jean Arp, *Évocation d'une Forme: humaine, lunaire, spectrale* (1950) [Evocação de uma Forma: humana, lunar, espectral], que, embora compusesse o acervo do museu, parecia uma escolha incomum diante do contexto de celebração da modernização e do progresso do Brasil. As outras duas imagens – dois organogramas – figuravam um em cada página, abaixo da dobra, no que de outra forma seriam zonas retangulares em branco. Este layout aparentemente heterogêneo, que misturava fontes com e sem serifa, letras maiúsculas e minúsculas e espaçamento inconsistente, além de outros espaços em branco, estava em perfeita harmonia com o design e o layout não convencional do restante do Suplemento Dominical naquela época, quando Amílcar de Castro e Reynaldo Jardim o redesenhavam semanalmente. Além disto, conectava-se ao crescente interesse na estética do design moderno do Rio de Janeiro[1].

Publicar um organograma descrevendo a estrutura do MAM Rio foi um meio lógico para introduzir o museu, e não apenas porque estava entrando em uma nova fase importante, mas também porque a instituição rompia com os modelos tradicionais de museus nacionais que povoavam a capital brasileira. O gráfico à esquerda do artigo, abaixo do título "O Museu no Presente", esboça as prioridades da instituição, com categorias previsíveis como acervos, exposições, conferências, aulas, publicações e administração. Entretanto, o gráfico à direita, ilustrando "O Museu no Futuro*", é completamente reestilizado e apresenta um novo Centro de Cultura Contemporânea constituído de cinco departamentos distintos – o museu de arte moderna, um teatro e auditório, uma editora, uma lista de cursos independentes e a Escola Técnica de Criação – ETC – todos operando sob o mesmo órgão. Contudo, minha atenção é reiteradamente atraída por um asterisco localizado logo após o título. Trata-se de um minúsculo sinal gráfico que nos direciona a uma frase em fonte minúscula na margem inferior, explicando que este futuro museu ainda é uma "ideia-tentativa", embora baseada em planos existentes no MAM Rio[2]. Mas por que, em um momento em que todos aguardavam longamente a inauguração de um prédio novo – e após o árduo trabalho necessário, pode-se imaginar, para atingir este objetivo – a administração da instituição já estaria reconfigurando o museu como algo muito maior e mais ambicioso? Além disso, por que estariam publicando planos que não passavam de uma tentativa?

The asterisk

In January 1958, the Jornal do Brasil published a two-page spread entitled "Home of its own; the Museum of Modern Art". After six years in temporary quarters at the Ministry of Culture and Education, the fledgling Museum of Modern Art of Rio de Janeiro – MAM Rio was prepared to inaugurate the first of three buildings on their new campus. While the lengthy article, credited to the pseudonym Teresa Trota, was effusive, the four images that accompanied the text were somewhat peculiar. For example, instead of publishing a photograph of the new building, a photomontage of the architectural maquette was printed in the upper right corner. On the left side, above the fold, a single work of art was illustrated, Jean Arp's iconic sculpture *Évocation d'une Forme: humaine, lunaire, spectrale* (1950) [Evocation of a Form: human, lunar, spectral], which, although the museum had one in its collection, was an unexpected choice in the context of celebrating Brazilian modernization and progress. The other two images – a pair of organizational charts – were centered on each page below the fold, in what would have otherwise been, rectangular zones of unprinted space. This seemingly heterogeneous layout, which combined serif and sans-serif fonts, upper and lower case letters, and inconsistent kerning, as well as other blank spaces, was in perfect step with the unconventional design and layout of the rest of the Sunday supplement of the time, when Amilcar de Castro and Reynaldo Jardim re-designed it on a weekly basis. It also speaks to the growing interest in the aesthetics of modern design in Rio de Janeiro[1].

1. No geral, o layout é interessante devido ao fato de que a página da esquerda e a da direita não seguem o mesmo desenho lógico e a localização das imagens e o alinhamento do título nas metades superiores das páginas parecem operar de maneira independente uma da outra. Diversas outras análises poderiam ser feitas em relação a estas páginas, mas extrapolariam nosso espaço aqui. Cf. Trota, Teresa. Em casa própria; o Museu de Arte Moderna. *Suplemento Dominical do Jornal do Brasil*, 26 jan. 1958.

2. "Ideia-tentativa, baseada nos atuais planos do Museu". Idem.

1. The overall layout is interesting for the fact that the left and the right pages don't follow the same design logic, and the location of images and alignment of the headline in the upper halves of the pages seem to operate independently from one another. There is much more analysis that could be done on this spread than room allows here. Cf. Trota, Teresa. Em casa própria; o Museu de Arte Moderna. *Suplemento Dominical Jornal do Brasil*, Jan. 26, 1958.

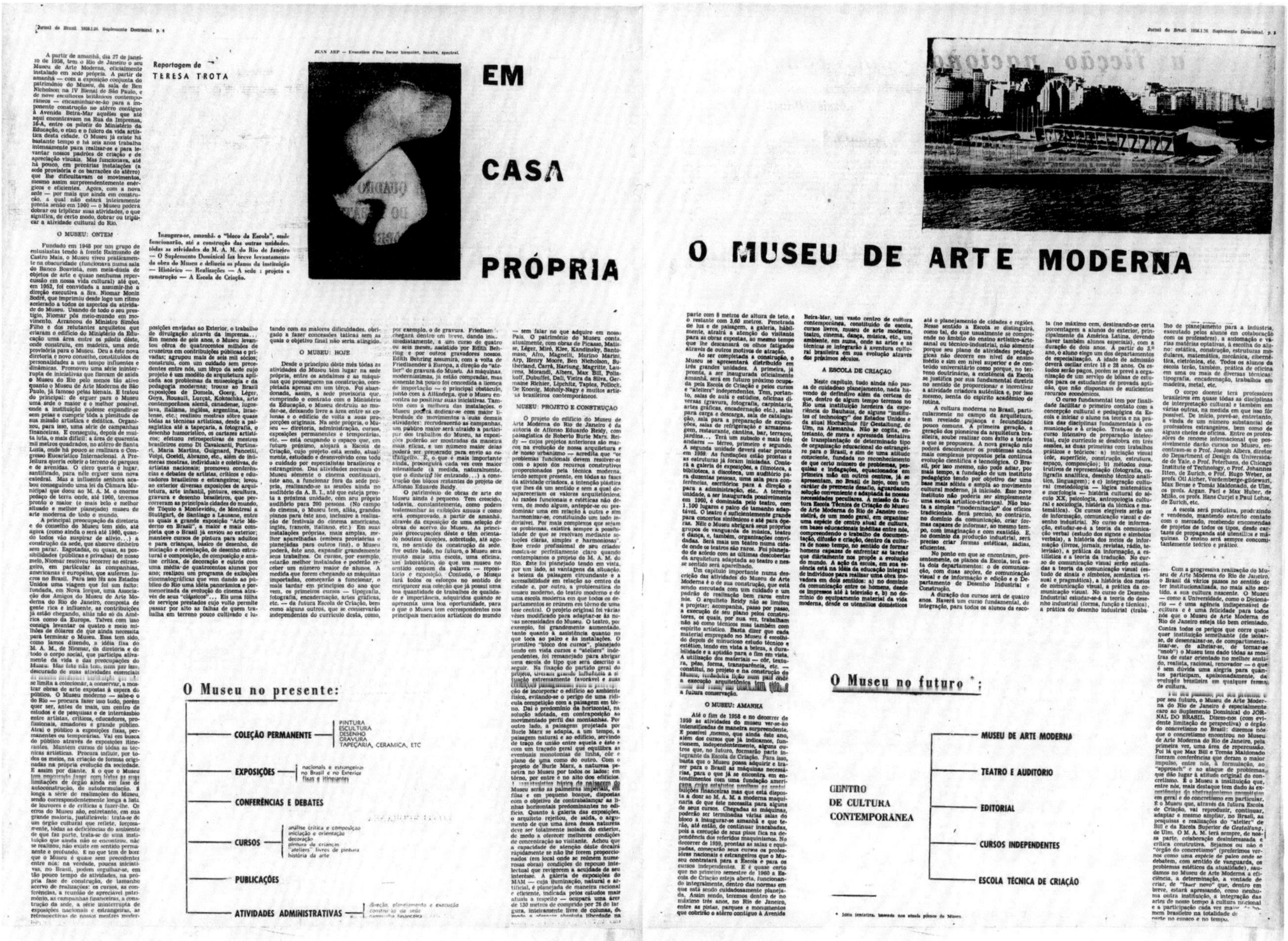

Reportagem de
TERESA TROTA

EM CASA PRÓPRIA

O MUSEU DE ARTE MODERNA

O MUSEU: ONTEM

O MUSEU: HOJE

MUSEU: PROJETO E CONSTRUÇÃO

A ESCOLA DE CRIAÇÃO

O MUSEU: AMANHÃ

O Museu no presente:

- COLEÇÃO PERMANENTE — PINTURA, ESCULTURA, DESENHO, GRAVURA, TAPEÇARIA, CERAMICA, ETC
- EXPOSIÇÕES — nacionais e estrangeiras, no Brasil e no Exterior, fixas e itinerantes
- CONFERÊNCIAS E DEBATES
- CURSOS — análise crítica e composição, iniciação e orientação, decoração, pintura de crianças, "ateliers" livres de pintura, história da arte
- PUBLICAÇÕES
- ATIVIDADES ADMINISTRATIVAS — direção, planejamento e execução, controle da sede, campanhas financeiras

O Museu no futuro *:

CENTRO DE CULTURA CONTEMPORÂNEA
- MUSEU DE ARTE MODERNA
- TEATRO E AUDITÓRIO
- EDITORIAL
- CURSOS INDEPENDENTES
- ESCOLA TÉCNICA DE CRIAÇÃO

Jornal do Brasil, Suplemento dominical [Sunday supplement], n. 21 (1958)

Printing an organizational chart describing MAM Rio structure was a logical means to introduce readers to the museum, and not only because it was entering an important new phase, but also because the institution was breaking away from the traditional models of national museums that populated the Brazilian capital. The chart that appears on the left side of the article, under the heading "O Museu no Presente" [The Museum in the Present], sketches the institution's current priorities, with such predictable categories as collections, exhibitions, conferences, classes, publications, and administration. However, the chart on the right, illustrating "O Museu no Futuro*" [The Museum in the Future], is entirely re-conceptualized, wherein a newly formed Centre of Contemporary Culture is constituted with five discrete departments – the museum of modern art, a theatre and auditorium, a publisher, a roster of independent courses, and the Technical School of Creation – ETC – all operating under a single organ. Yet, my attention is repeatedly drawn back to the asterisk placed just after the heading. This minuscule graphic sign directs us to a line of minuscule font in the lower margin, explaining that this future museum is still a "tentative idea", although based on existing plans at MAM Rio[2]. Why is it that, at the moment everyone would be celebrating the inauguration of a long awaited building (and, one would imagine, the years of toil that were required to achieve this goal), the museum's administration is already reconceptualizing that very institution into something much larger and far more ambitious? Furthermore, why would they be publishing plans that were only an attempt?

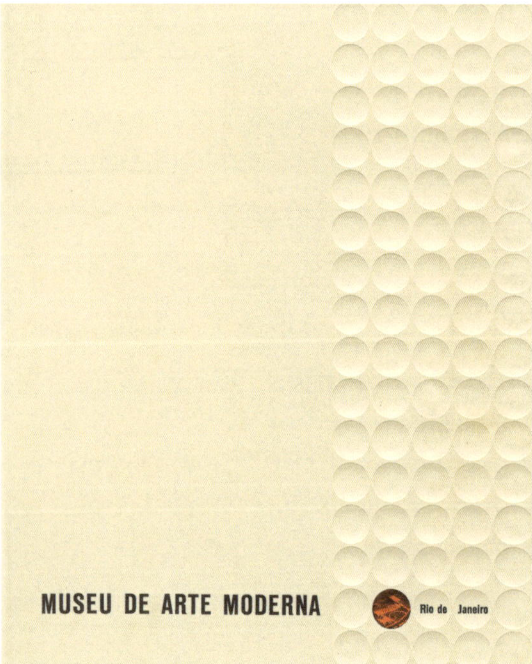

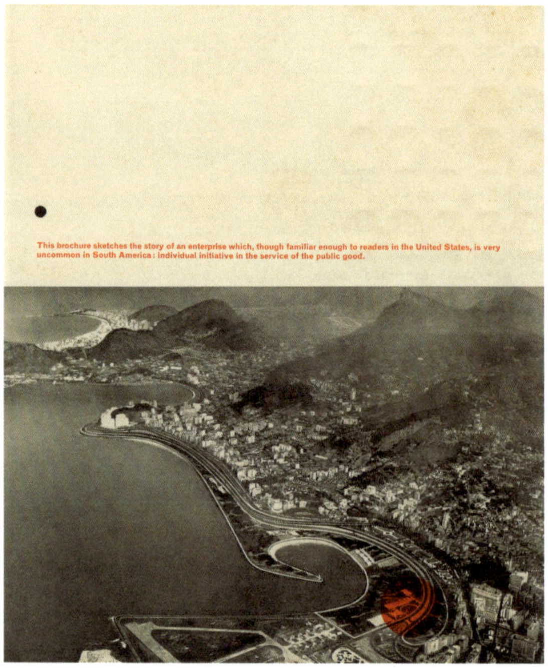

Folder Campanha Internacional de Sócios [International Membership Campaign], MAM Rio, Nova York (1957)

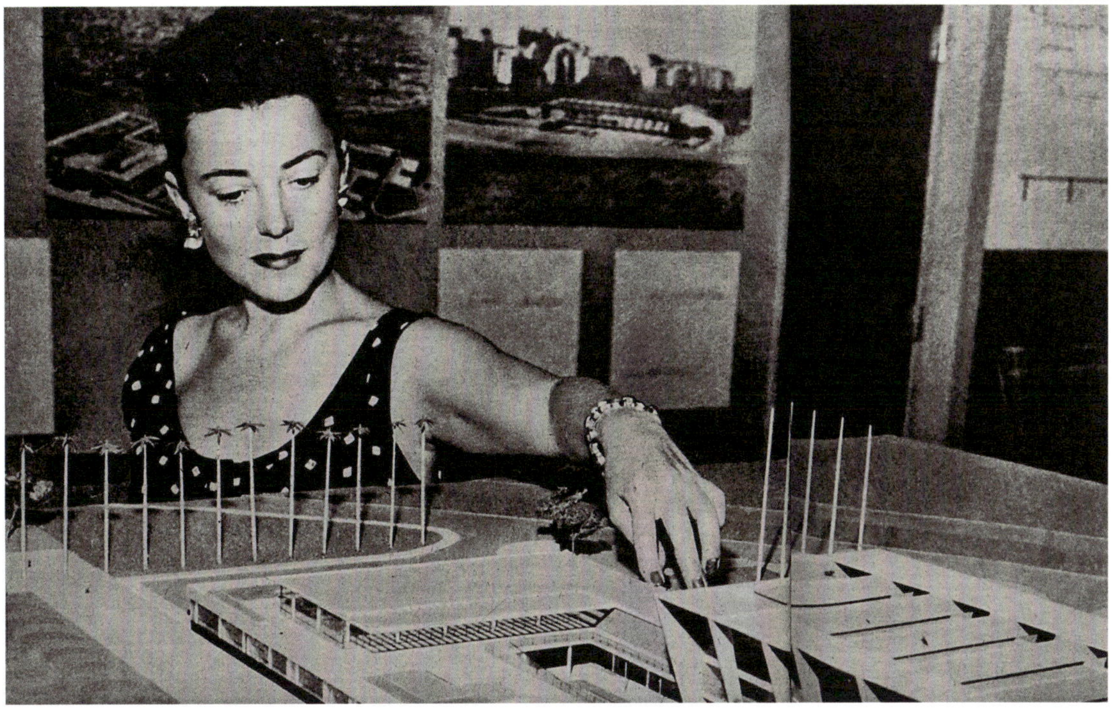

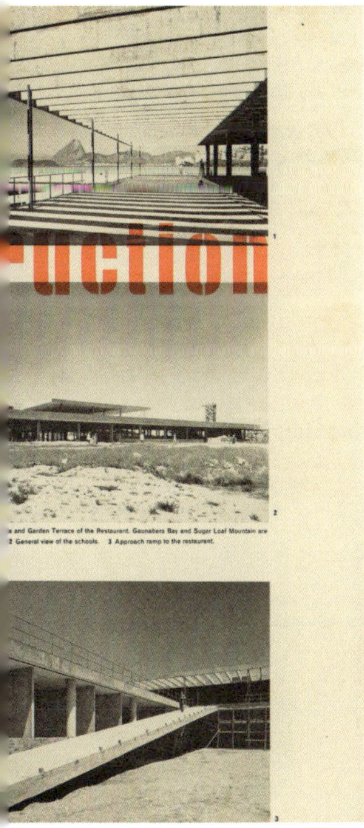

On the one hand, this reorganization and expansion is evidence of what has been described as a national obsession with planning for the future, while ignoring the past, which characterized many of the initiatives, both public and private, large, and small, initiated during the 1950s. Indeed, Mário Pedrosa diagnosed these desires in 1957, perfectly encapsulating them when he stated that Brazil was always "condemned to the modern"[3]. This sentence has a Sisyphean quality, as it seems to suggest that modernity would forever remain elusive and a perpetual dissatisfaction with the present. But what if this is a misinterpretation and instead, Pedrosa is expressing optimism, wherein Brazil is always in the process of formation and improvement? In that case, the present should be seen as the bedrock for what is to come, not something to be replaced. By entertaining this optimistic interpretation, the asterisk's message shifts, since while it anticipates what the future museum will provide, it also refers to the importance of actions by its managers at that moment.

2. "Tentative-idea, based on the Museum's current plans". Idem.

3. "...Americans, Brazilians, we are, as we have had occasion to say, 'condemned to the modern'." Pedrosa. Mario. Capital – Brasília ou Maracangalha. *Jornal do Brasil*, Mar. 27, 1957.

Niomar Moniz Sodré diante do projeto de Affonso Eduardo Reidy [in front of Reidy's project], MAM Rio, Manchete [magazine], n. 302 (1958)

Por um lado, esta reorganização e expansão são evidências do que tem sido descrito como uma obsessão nacional com o planejamento futuro enquanto se ignora o passado, algo caracterizado por diversas das iniciativas, tanto públicas quanto privadas, grandes e pequenas, iniciadas nos anos 1950. De fato, Mário Pedrosa já havia diagnosticado esses desejos em 1957, encapsulando-os perfeitamente na afirmação de que o Brasil estaria sempre "condenado ao moderno"[3]. Esta frase tem uma qualidade sisífica pois parece sugerir a modernidade como algo que permanece fugidio e uma insatisfação perpétua em relação ao presente. Mas e se esta for uma interpretação equivocada e, no lugar disso, Pedrosa estivesse expressando o otimismo de que o Brasil estaria em um eterno processo de formação e melhoria? Neste caso, o presente deve ser visto como alicerce daquilo que está por vir e não algo a ser substituído. Ao alimentar esta interpretação otimista, a mensagem do asterisco se altera, já que, prevendo o que o museu do futuro oferece, também se refere à importância das ações por parte de sua liderança naquele momento.

À data da publicação, Niomar Moniz Sodré era diretora do museu já há sete anos, e a proeminente missão educacional da insitutição era o marco distintivo de seu mandato. É revelador que, no processo de construção do complexo permanente do MAM Rio, em 1955, o Bloco Escola – um dos três edifícios programados para o local – tenha sido priorizado e, consequentemente, sido o primeiro a ser inaugurado, em 1958. Projetado para acomodar uma gama de iniciativas didáticas do MAM Rio, o edifício abrigava salas de aula e ateliês, uma cantina para estudantes e até apartamentos para professores visitantes[4]. A priorização da construção da ala de ensino, antes mesmo das galerias expositivas, ressalta o comprometimento da administração do museu com o perfil educacional da instituição, reconhecendo seu significado.

Desde o início, Moniz Sodré alocou grande parte do orçamento e da mão de obra do museu no apoio às iniciativas educacionais, incluindo cursos, publicações sobre educação, palestras e eventos. Sob sua direção, o museu oferecia, concomitantemente, exposições e aulas de arte; para Moniz Sodré, ambas as empreitadas – exibir arte, por um lado, e produzir arte, por outro – eram igualmente importantes. Se, nos primeiros anos, as aulas eram dedicadas a expor o público a novas formas e materiais, expandindo seus horizontes visuais, em meados da década de 1950, o currículo foi ampliado e passou a incorporar o design. Ao revisitar os arquivos institucionais, é fácil identificar um aumento no número de atividades dedicadas ao design a partir de 1956[5]. Isto inclui exposições, palestras, cursos e outros eventos. O objetivo de Niomar com o museu era muito mais amplo do que uma abordagem convencional que previa colecionar e expor obras de arte, algo habitual nas instituições brasileiras por décadas; com o MAM Rio, ela aspirava à criação de um espaço onde ideias pudessem fermentar e, eventualmente, transformar-se em novos objetos e formas. No lugar de um mausoléu, o museu de arte moderna funcionaria como uma incubadora, embora feita de concreto armado e grandes placas de vidro.

At the time of publication, Niomar Moniz Sodré had been directing the museum for seven years, and the prominence of its educational mission defined and distinguished her tenure. It is significant that when the construction of MAM Rio permanent campus got underway in 1955, the *Bloco Escola* [the School Building], one of three buildings slated for the site, was prioritized and consequently was the first to be inaugurated in 1958. Designed to accommodate the full range of MAM Rio didactic initiatives, the building included classrooms and studios, a cantina for students, and even apartments for visiting professors[4]. Prioritizing the construction of the educational wing, even before the exhibition galleries, underscores the museum's administration commitment to the educational profile of the institution, recognizing how significant it was.

From the start, Moniz Sodré allocated a large portion of the institution's finances and labor to support didactic initiatives, including courses, publications about education, lectures, and events. Under her leadership, the museum concurrently offered art exhibitions and art classes; for Moniz Sodré, both endeavors – showing art on one hand and making art on the other – were of equal importance. If, in the first few years, classes were intended to expose the public to new forms and materials, expanding their visual landscapes, by the mid-1950s, this agenda had broadened to incorporate design. Reviewing the institutional archives, one quickly identifies an escalation in the number of activities dedicated to design beginning around 1956[5]. This included exhibitions, lectures, courses, and other events. Niomar's objective with the museum was much broader than the conventional approach to the collecting and display of art, what had been customary in Brazilian institutions for decades; with MAM Rio, she aspired to create a space where ideas could ferment and eventually transform into new objects and forms. Instead of a mausoleum, the modern art museum would function as an incubator, albeit one made of reinforced concrete and large plates of glass.

3. "...americanos, brasileiros, estamos, como já tivemos ocasião de dizer, 'condenados ao moderno'." Pedrosa, Mário. Capital – Brasília ou Maracangalha. *Jornal do Brasil*, 27 mar. 1957.

4. Embora eu não esteja certa de que os apartamentos tenham sido finalizados ou utilizados, eles, de fato, aparecem em algumas das plantas encontradas nos arquivos do museu e destacam as intenções do MAM Rio de criar um centro educacional e uma instituição com acomodações para professores visitantes.

5. Varela, Elizabeth. *Trajetória: cursos e eventos*. Rio de Janeiro: Museu de Arte Moderna, 2016.

4. Although I am not certain that the apartments were ever completed or used, they do appear on some of the building plans found in the museum archives and underscore MAM Rio intentions to make the institution an educational center with accommodations for visiting professors.

5. Varela, Elizabeth. *Trajetória: cursos e eventos*. Rio de Janeiro: Museu de Arte Moderna, 2016.

Niomar Moniz Sodré assumiu a direção em 1951 e incorporou o otimismo e a audácia que caracterizam muitas das áreas de desenvolvimento ao longo daquela década. Em um período de sete anos, Moniz Sodré catapultou um pequeno museu que, até então, havia exercido o papel de elefante branco para a elite cultural carioca, tornando-o uma instituição dinâmica e interdisciplinar, além de internacionalmente reconhecida. Ela foi hábil ao navegar pelos sistemas burocráticos do Brasil – à época, o Rio de Janeiro era a capital do país –, ao atrair pessoas abastadas que apoiassem sua empreitada e ao exercer influência para que o jornal de seu marido, *Correio da Manhã*, promovesse o museu. Contudo, foi o círculo de intelectuais que a rodeavam que deixou as marcas mais indeléveis no Museu de Arte Moderna. Mário Pedrosa, por exemplo, trabalhou com Niomar desde o início, em 1951, organizando exposições e publicando catálogos e, mais importante ainda, trazendo Ivan Serpa para dar aulas no museu, em 1952. Uma vez ali, Serpa começou a desenvolver cursos, um dos quais era um ateliê aberto, no qual empregou uma nova e radical pedagogia baseada no aprendizado experimental e experiencial, que se contrapunha aos métodos tradicionais de instrução, forjados em exercícios rígidos e hierarquias obsoletas. Carmen Portinho, uma das primeiras engenheiras do Brasil, também colaborou com Niomar desde o início, mais precisamente supervisionando a construção do complexo do museu. Há ainda uma quarta figura que, embora geograficamente distante, foi igualmente instrumental na formação da instituição em sua primeira década, sobretudo naquilo que diz respeito ao campo do design: o artista, designer gráfico e pedagogo Tomás Maldonado (1922-2018, Argentina). Munida de interlocutores como Mário, Ivan, Carmen e Tomás, Niomar estava rodeada de indivíduos semelhantes a ela, todos detentores de um espírito empreendedor e pensamento ousado, que ela também manifestava na figura de diretora do MAM Rio.

Meu caro, mi querida

Maldonado e Moniz Sodré cultivaram uma longa amizade repleta de colaborações frutíferas. É provável que tenham se conhecido em 1951, ano em que Niomar assumiu a diretoria do MAM Rio e época da primeira visita de Maldonado ao país. Ele havia sido convidado pelo compositor vanguardista Hans Joachim Koellreutter, que morava no Brasil, para dar um curso de seis semanas em Teresópolis, chamado "A arte concreta e a polêmica do formalismo"[6]. Nessa época, Maldonado ainda vivia em Buenos Aires, onde, desde 1944, estava ligado a uma diversidade de artistas com ideias semelhantes, que haviam explorado as possibilidades e limitações estéticas da arte concreta. No entanto, gradualmente, seus questionamentos se afastaram das belas artes e se inclinaram ao design – processo este acelerado por sua primeira viagem à Europa, em 1948, quando passou seis meses (de janeiro a junho) conhecendo artistas e teóricos, muitos dos quais se tornariam futuros colaboradores.

Niomar Moniz Sodré became the museum director in 1951 and embodied the optimism and audacity that characterize many areas of development during the decade. In the span of seven years, Moniz Sodré catapulted a small museum that had mostly functioned as a folly for Rio's cultural elite, into a dynamic and interdisciplinary internationally recognized institution. She was savvy in her ability to maneuver within Brazil's bureaucratic systems – Rio was still the nation's capital –, court wealthy individuals to support the endeavor, and leverage her husband's newspaper, the *Correio da Manhã*, to promote the museum. However, it was the coterie of intellectuals that she surrounded herself with who left the most indelible marks on the Museum of Modern Art. Mário Pedrosa, for example, worked with her from the very start in 1951, organizing exhibitions and publishing catalogs, and, more significantly, brought Ivan Serpa to teach at MAM Rio in 1952. Once there, Serpa began to develop courses, specifically an open studio wherein he employed a radical new pedagogy based on experimental and experiential learning, which stood in stark contrast to traditional methods of instruction based on entrenched exercises and outmoded hierarchies. Carmen Portinho, one of Brazil's first female engineers, also collaborated with Niomar from the start, with the specific purview of overseeing the construction of the museum campus. There is a fourth figure who, although geographically distant, was equally instrumental in shaping the museum during its first decade, particularly the programming related to the field of design; the artist, graphic designer, and pedagogue Tomás Maldonado (1922-2018, Argentina). With interlocutors such as Mário, Ivan, Carmen e Tomás, Niomar had surrounded herself with likeminded individuals, each possessing the same enterprising spirit and bold thinking that she exemplified as the director of the MAM.

6. Cf. Inaugura-se hoje o 2º Curso Internacional de Férias. *Correio da Manhã*, 21 jan. 1951.

Sua orientação estética começou a se cristalizar em um texto de 1949, *El diseño y la vida social,* no qual especulava maneiras substanciais e significativas para que o artista contribuísse com a vida cotidiana. Neste ensaio, considerado por alguns o primeiro artigo publicado na Argentina sobre a função social do design industrial, Maldonado insistia que "(...) o artista do futuro deve (...) entrar no universo da produção em massa (...)"[7]. Seguindo as suas próprias palavras, um ano depois, Maldonado e seus colegas Alfredo Hilto e Carlos Méndez Mosquera fundaram a Axis, tida como o primeiro estúdio de design e comunicação na Argentina. Em 1951, ele foi ainda mais além e criou a *nueva visión* – revista de cultura visual, um periódico que trazia artigos sobre construtivismo, concretismo, arquitetura, planejamento urbano, tipografia e design gráfico e industrial, não apenas na Argentina, como em todo o Ocidente. Assim, quando Maldonado chegou ao Brasil, já havia adquirido conhecimento teórico e experiência sobre como o design operava na economia, em pleno processo de industrialização da Argentina.

Mesmo com a expansão de suas áreas de interesse, Maldonado continuou a pintar – ainda que tenha abandonado algumas de suas premissas mais radicais dos anos 1940, contentando-se com a produção de composições geométricas a partir de materiais mais tradicionais, como óleo sobre tela, em molduras ortogonais penduradas diretamente sobre a parede. Sua viagem seguinte ao Rio de Janeiro, em 1953, foi para participar de uma exposição de obras abstratas argentinas patrocinada pelo MAM Rio, na qual contribuiu com algumas pinturas. Nos arquivos do museu, há diversas fotografias que mostram Maldonado e Moniz Sodré juntos e sua amizade pode ser facilmente percebida por suas posturas tranquilas e expressões joviais. Isto ocorreu próximo à época em que Maldonado deixou Buenos Aires e mudou-se permanentemente para Ulm, na Alemanha, onde juntou-se à então recém-fundada Hochschule für Gestaltung[8].

Meu caro, mi querida

Maldonado and Moniz Sodré shared a long friendship with many productive collaborations. They likely met in 1951, the year that Niomar became director of MAM Rio and during Maldonado's first visit to Brazil. He had been invited by the avant-garde composer, Hans Joachim Koellreutter, who was living there, to teach a six-week course in Teresópolis entitled "Concrete art and the polemic of formalism"[6]. At the time of his first visit, Maldonado was still based in Buenos Aires, where, since 1944 he had belonged to a loose affiliation of like-minded artists that had explored the aesthetic possibilities and limitations of Concrete Art. However, gradually his inquiries shifted away from fine art and toward the field of design, a process that was accelerated by his first trip to Europe in 1948, where he traveled for six months, from January to June, establishing connections with artists and theorists, many who would become future collaborators.

His aesthetic orientation began to crystallize in his 1949 text, *El diseño y la vida social* [Design and Social Life], wherein he speculated about substantive and meaningful ways in which the artist could contribute to everyday life. In this essay, considered by some as the first article published in Argentina about the social function of industrial design, he insisted that "(...) the artist of the future has to (...) enter into the universe of mass production (...)"[7]. Following his own edict a year later, Maldonado, with his colleagues Alfredo Hlito and Carlos Méndez Mosquera founded Axis, widely credited as the first design and communications firm in Argentina. In 1951, he went a step further and founded *nueva visión* – visual culture magazine, a journal which featured articles about constructivism, concretism, architecture, urban planning, typography, and industrial and graphic design, not just in Argentina but all across the West. By the time Maldonado arrived in Brazil, in early 1951, he had both theoretical and first-hand knowledge of the way design was operating in Argentina's industrializing economy.

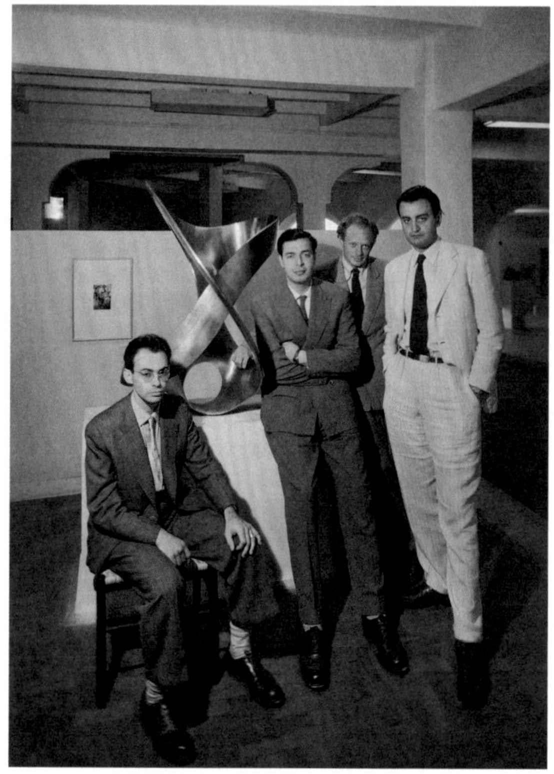

Abraham Palatnik, Waldemar Cordeiro, Kasmer Féjer & Tomás Maldonado, 1ª Bienal de Arte de São Paulo (1951)

Even as his fields of interest expanded, Maldonado continued to paint, although he abandoned some of the more radical propositions of the 1940s and contented himself making geometric compositions with traditional materials, oil paint on canvas, housed in orthogonal frames and hung directly on the wall. The next time he traveled to Rio de Janeiro, in 1953, it was for an exhibition of abstract works from Argentina sponsored by MAM Rio, wherein he contributed some paintings. In the museum's archives are several photographs showing Maldonado and Moniz Sodré together, and their friendship is easily detected in their relaxed postures and jovial expressions. This was also around the time that Maldonado left Buenos Aires and moved permanently to Ulm, Germany, where he joined the faculty of the newly formed Hochschule für Gestaltung[8].

7. "...el artista del futuro ha de mirar a nuevos horizontes de creación, entrando en el universo de la producción de objetos en serie...". Maldonado, Tomás. *Boletín del Centro de Estudiantes de Arquitectura*, n. 2., out./nov. 1949.

8. Devalle, Verónica. "Tomás Maldonado, 1944-1957: from arte concreto to nueva visión". *Journal of Design History, vol.* 32, n. 1, out. 2018. Sobre a desnazificação do currículo da HfG Ulm, cf. Betts, P. "Design and its Discontents: the Ulm Institute of Design". *In: _____. The Authority of Everyday Objects: a cultural history of West German industrial design*. Oakland: University of California Press, 2004.

6. Cf. Inaugura-se hoje o 2º Curso Internacional de Férias. *Correio da Manhã*, Jan. 21, 1951.

7. "...el artista del futuro ha de mirar a nuevos horizontes de creación, entrando en el universo de la producción de objetos en serie...". Maldonado, Tomás. *Boletín del Centro de Estudiantes de Arquitectura*, n. 2., Oct./Nov. 1949.

8. Devalle, Verónica. Tomás Maldonado, 1944-1957: from arte concreto to nueva vision. *Journal of Design History, vol.* 32, n. 1, Oct. 2018. On the de-nazification of the HfG Ulm curricula, cf. Betts, P. "Design and its Discontents: the Ulm Institute of Design". *In: _____. The Authority of Everyday Objects: a cultural history of West German industrial design*. Oakland: University of California Press, 2004.

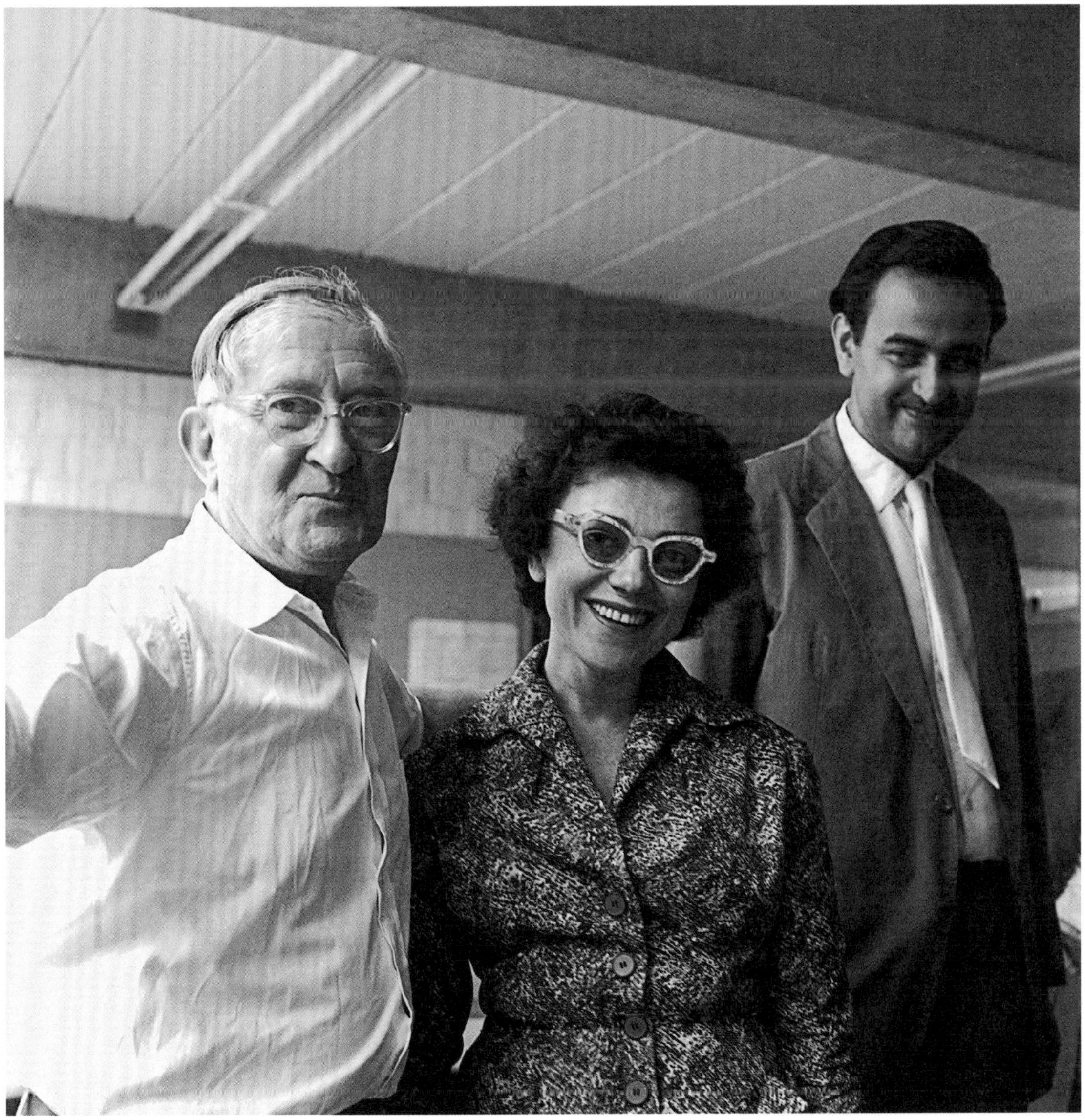

Josef Albers, Niomar Moniz Sodré & Tomás Maldonado (1955)

Embora Maldonado e Niomar tenham se encontrado em diversas ocasiões na década de 1950, no Brasil, na França e na Alemanha – graças, em grande parte, à crescente disponibilidade de voos comerciais –, sua verdadeira camaradagem é detectada em suas correspondências, ao compartilharem um com o outro seus desafios e aspirações profissionais. Da mesma maneira em que Pedrosa e Serpa foram veementes em relação à necessidade de haver aulas de arte, Maldonado pregava a importância de incorporar o design à estrutura do museu, tendo sido bem-sucedido em diversas frentes. Houve, por exemplo, um aumento significativo no número de exposições destinadas ao design realizadas no Bloco Escola ao final da década de 1950. Só em 1958, o MAM Rio recebeu exposições dedicadas ao designer gráfico Aloísio Magalhães, às artes decorativas finlandesas e à estilista Fridl Loos[9]. Naquele mesmo ano, o museu instalou a primeira de três mostras sobre a fabricante de máquinas de escrever Olivetti, com exposições subsequentes em 1960 e 1963. Empresas de móveis como a norte-americana Knoll ou a brasileira Brafor foram tema de exposições em 1960 e 1963, respectivamente. Escolas de design também foram objeto de mostras, como a Hochschule für Gestaltung Ulm – HfG Ulm, em 1956, e a Bauhaus, em 1963.

Em 1956, Maldonado retornou ao MAM Rio a convite de Niomar. A razão para esta jornada era dupla: instalar a exposição dedicada à HfG e desenvolver o currículo para a futura Escola Técnica de Criação do MAM Rio. A exposição consistiu em painéis de texto descrevendo as origens e a filosofia pedagógica da escola (que, naquele momento, operava havia apenas dois anos), fotografias de alunos, professores e estúdios, publicações relevantes e uma seleção de obras de arte produzidas pela equipe da escola e afiliados, incluindo Josef Albers, Wassily Kandinsky, Paul Klee, Max Bill (1908-1994, Suíça) e o próprio Maldonado[10].

Although Maldonado and Niomar met several times over the course of the 1950s, in Brazil, France, and Germany – thanks in large part to the increasing availability of commercial air travel – it is in their epistolary exchanges that one can detect their true camaraderie, as they shared their professional challenges and aspirations with one another. In the same way that Pedrosa and Serpa had been vociferous about the necessity of art classes, Maldonado was evangelical about the importance of incorporating design into the museum's fabric and was successful on many fronts. For example, there was a significant increase in the number of design-oriented exhibitions that were installed at the *Bloco Escola* in the late 1950s. In 1958 alone MAM Rio hosted exhibitions dedicated to the graphic designer Aloísio Magalhães (1927-1982, Brazil), Finnish decorative arts, and the textile and fashion designer, Fridl Loos[9]. Also, that year, MAM Rio installed the first of three exhibitions dedicated to the typewriter manufacturer Olivetti, with additional installations occurring in 1960 and 1963. Furniture companies like the U.S.-based Knoll or the Brazilian firm, Brafor, were the subjects of exhibitions in 1960 and 1963, respectively. And schools of design also received dedicated exhibitions, with the Hochschule für Gestaltung Ulm – HfG Ulm as the subject in 1956, and the Bauhaus in 1963.

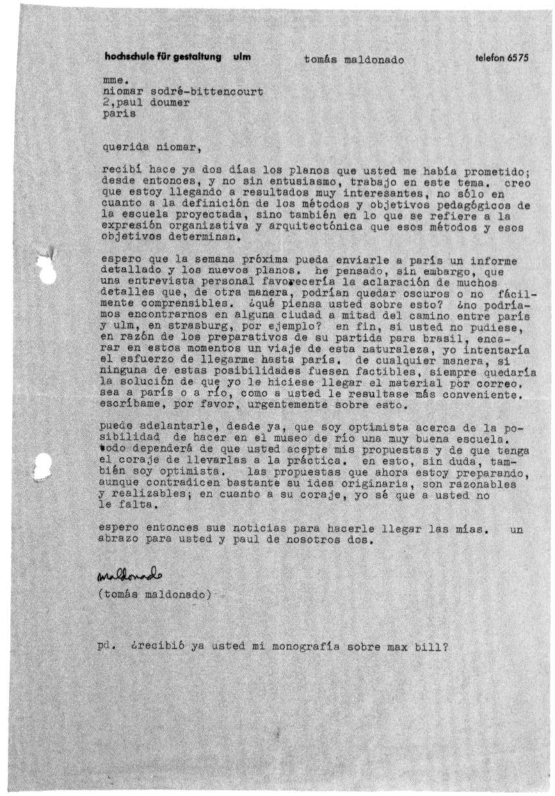

hochschule für gestaltung ulm   tomás maldonado   telefon 6575

mme.
niomar sodré-bittencourt
2,paul doumer
paris

querida niomar,

recibí hace ya dos días los planos que usted me había prometido; desde entonces, y no sin entusiasmo, trabajo en este tema. creo que estoy llegando a resultados muy interesantes, no sólo en cuanto a la definición de los métodos y objetivos pedagógicos de la escuela proyectada, sino también en lo que se refiere a la expresión organizativa y arquitectónica que esos métodos y esos objetivos determinan.

espero que la semana próxima pueda enviarle a parís un informe detallado y los nuevos planos. he pensado, sin embargo, que una entrevista personal favorecería la aclaración de muchos detalles que, de otra manera, podrían quedar oscuros o no fácilmente comprensibles. ¿qué piensa usted sobre esto? ¿no podríamos encontrarnos en alguna ciudad a mitad del camino entre parís y ulm, en strasburg, por ejemplo? en fin, si usted no pudiese, en razón de los preparativos de su partida para brasil, encarar en estos momentos un viaje de esta naturaleza, yo intentaría el esfuerzo de llegarme hasta parís. de cualquier manera, si ninguna de estas posibilidades fuesen factibles, siempre quedaría la solución de que yo le hiciese llegar el material por correo. sea a parís o a río, como a usted le resultase más conveniente. escríbame, por favor, urgentemente sobre esto.

puedo adelantarle, desde ya, que soy optimista acerca de la posibilidad de hacer en el museo de río una muy buena escuela. todo dependerá de que usted acepte mis propuestas y de que tenga el coraje de llevarlas a la práctica. en esto, sin duda, también soy optimista. las propuestas que ahora estoy preparando, aunque contradicen bastante su idea originaria, son razonables y realizables; en cuanto a su coraje, yo sé que a usted no le falta.

espero entonces sus noticias para hacerle llegar las mías. un abrazo para usted y paul de nosotros dos.

maldonado
(tomás maldonado)

pd. ¿recibió ya usted mi monografía sobre max bill?

Carta de Maldonado para Moniz Sodré [letter] (1955)

In 1956, Maldonado returned to MAM Rio at Niomar's invitation. The reason for the journey was two-fold; to install an exhibition dedicated to the HfG, and to develop the curriculum for MAM Rio future Technical School of Creation – ETC. The exhibition consisted of text panels describing the origins and educational philosophies of the school – which at that point had only been operational for two years – photographs of students, teachers and studios, relevant publications, and a selection of artworks made by school staff and affiliates, including Josef Albers, Wassily Kandinsky, Paul Klee, Max Bill (1908-1994, Switzerland), and Maldonado himself[10].

Maldonado's presence in Rio de Janeiro in the winter of 1956 was also fortuitous because it coincided with Grupo Frente's fourth and final exhibition, which MAM Rio sent to Volta Redonda so that it could be installed at the National Steel Company – CSN. Although the documentation about this show is scant, installing an exhibition of constructivist art at the headquarters of the national steel mill, was by no means commonplace. However, it would have dovetailed with Maldonado's own history as a painter of concrete art and his belief in its potential for creating a bridge between art and industry. That year, the CSN had been in operation for a decade, and they were inaugurating a second blast furnace. This would significantly boost the quantity of steel produced, a commodity in heavy demand as Brazilian urban centers and industrial initiatives expanded at an exponential rate. Furthermore, this exhibition provided an opportunity to showcase the successes of the planned community of Volta Redonda. In fact, one article published in Rio de Janeiro's *Correio da Manhã,* focused not on the works on display but on the community's infrastructure. An entire paragraph describes how out-of-town visitors who came for the closing of the show were invited to a lavish reception hosted by General Macedo Soares, the director of the CSN, and that "visits were organized to the offices and furnaces of the Steel Company, the workers' quarters, avenues, parks, the social, cultural and recreational assistance sector, leaving the best of impressions"[11]. In addition to the artists, the group of visitors also included members of MAM Rio administration, such as Moniz Sodré, Pedrosa, and Maldonado.

A presença de Maldonado no Rio de Janeiro durante o inverno de 1956 também foi fortuita por coincidir com a quarta e última exposição do Grupo Frente, que foi enviada pelo MAM Rio a Volta Redonda para ser instalada na Companhia Siderúrgica Nacional – CSN. Embora a documentação sobre esta mostra seja escassa, instalar uma exposição de arte construtivista na sede da usina nacional de aço não é nada comum. No entanto, ajusta-se perfeitamente à trajetória de Maldonado como pintor de arte concreta e sua crença no potencial do concretismo em criar uma ponte entre a arte e a indústria. Naquele ano, a CSN completava uma década de funcionamento e inaugurava um segundo alto-forno, algo que impulsionaria a produção de aço, commodity de alta demanda em um momento em que os centros urbanos e as iniciativas industriais expandiam-se exponencialmente no Brasil. Além disso, a mostra oferecia uma oportunidade de exibir o sucesso do planejamento urbano de Volta Redonda. De fato, um artigo publicado no jornal carioca *Correio da Manhã* dava enfoque não apenas às obras da mostra como também à infraestrutura da comunidade. Um parágrafo inteiro descrevia como visitantes de fora da cidade que haviam ido para o encerramento da exposição foram convidados para uma luxuosa recepção oferecida pelo General Macedo Soares, diretor da CSN. O texto afirmava que "foram organizadas diversas visitas às oficinas e fornos da siderúrgica, vilas operárias, avenidas, parques, setor de assistência social, cultural e recreativa, deixando a melhor das impressões"[11]. Além dos artistas, o grupo de visitantes incluía membros da administração do MAM Rio, como Moniz Sodré, Pedrosa e Maldonado.

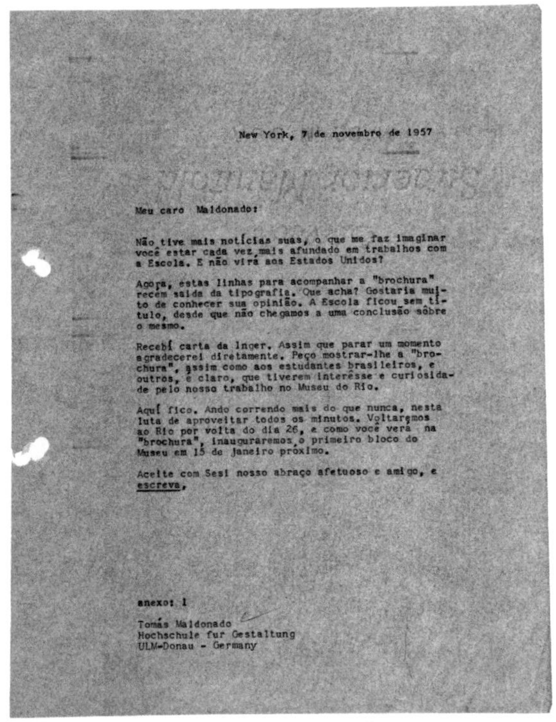

New York, 7 de novembro de 1957

Meu caro Maldonado:

Não tive mais notícias suas, o que me faz imaginar você estar cada vez mais afundado em trabalhos com a Escola. E não virá aos Estados Unidos?

Agora, estas linhas para acompanhar a "brochura" recém saída da tipografia. Que acha? Gostaria muito de conhecer sua opinião. A Escola ficou sem título, desde que não chegamos a uma conclusão sôbre o mesmo.

Recebí carta da Inger. Assim que parar um momento agradecerei diretamente. Peço mostrar-lhe a "brochura", assim como aos estudantes brasileiros, e outros, é claro, que tiverem interêsse e curiosidade pelo nosso trabalho no Museu do Rio.

Aquí fico. Ando correndo mais do que nunca, nesta luta de aproveitar todos os minutos. Voltaremos ao Rio por volta do dia 26, e como você verá na "brochura", inauguraremos o primeiro bloco do Museu em 15 de janeiro próximo.

Aceite com Sesi nosso abraço afetuoso e amigo, e escreva,

anexo: 1

Tomás Maldonado
Hochschule fur Gestaltung
ULM-Donau - Germany

Carta de Moniz Sodré para Maldonado [letter] (1957)

9. Cf. *Exposições realizadas no Museu de Arte Moderna do Rio de Janeiro* (documento), Arquivo MAM Rio, s.d.

10. Cf. *MAM-EXP: 40* (documento), Arquivo MAM Rio, s.d.

11. Cf. O Grupo Frente em Volta Redonda. *Correio da Manhã*, 28 jul. 1956.

9. Cf. *Exposições realizadas no Museu de Arte Moderna do Rio de Janeiro* (document), MAM Rio Archive, n.d.

10. Cf. *MAM-EXP: 40* (document), MAM Rio Archive, n. d.

11. Cf. O Grupo Frente em Volta Redonda. *Correio da Manhã*, Jul. 28, 1956.

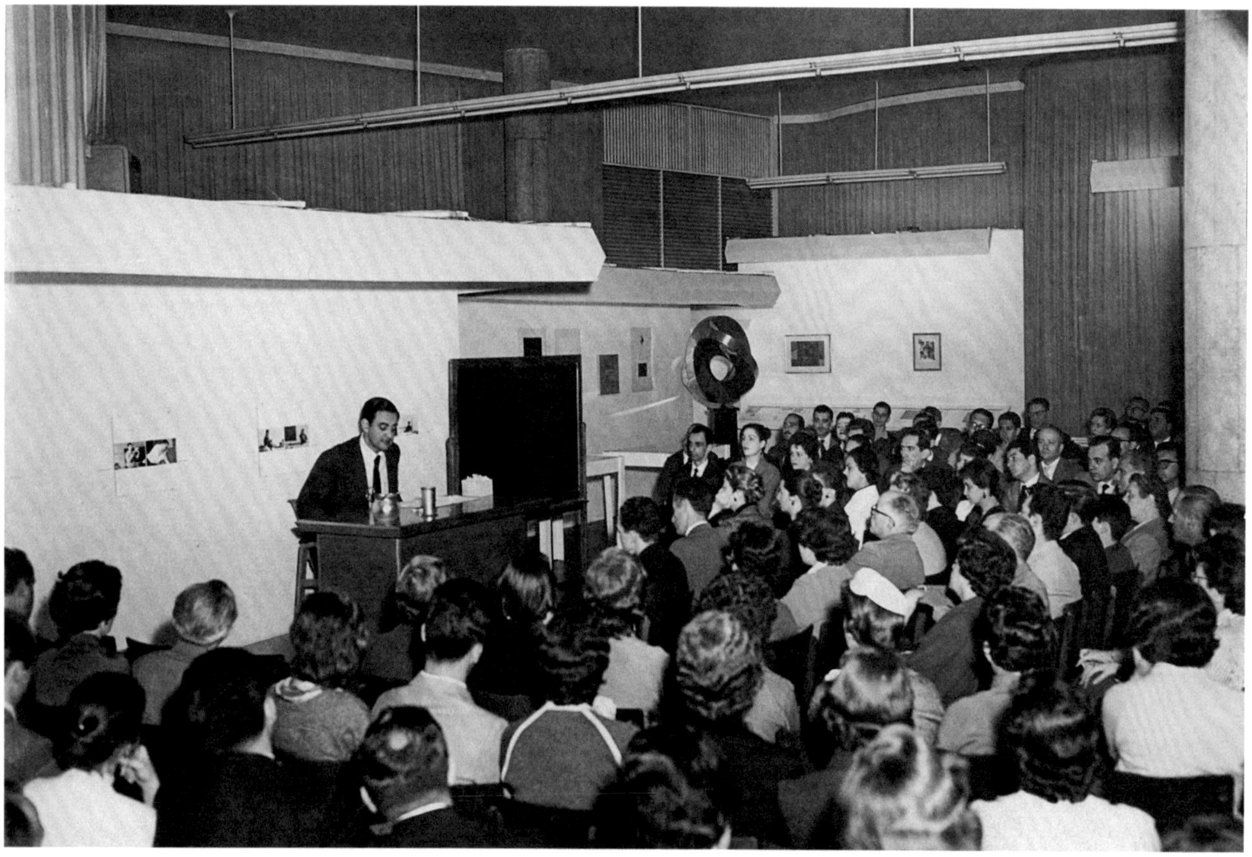

12. Maldonado, Tomás. A educação em face da Segunda Revolução Industrial. *Revista brasileira de estudos pedagógicos, vol.* 40, n. 92, 1963.

13. Trota, Teresa, op. cit.

12. Maldonado, Tomás. Education in the face of the Second Industrial Revolution. *Revista brasileira de estudos pedagógicos, vol.* 40, n. 92, 1963.

Durante sua estadia no Rio naquela temporada, Maldonado proferiu um discurso apaixonado no MAM Rio, que começou com uma grave previsão: "Pode-se dizer, sem exagerar, que o futuro de nossa civilização industrial dependerá do êxito ou fracasso das reformas [na educação]"[12]. Para enfatizar ainda mais seu argumento, Maldonado o colocou em termos políticos, descrevendo como a educação havia entrado na corrida armamentista e se tornado uma ferramenta estratégica imposta pelos novos poderes mundiais – os Estados Unidos e a União Soviética – cujo objetivo era criar vantagens ao longo da contínua expansão da Guerra Fria. Em suma, aos olhos de Maldonado, uma potencial aniquilação catastrófica estaria em curso caso não houvesse uma rápida e ampla implementação de um currículo de estética e design para ajudar na orientação de jovens estudantes rumo a um fim positivo como alternativa à autodestruição. Para Maldonado, não se tratava de nada além de pura ideologia.

During his sojourn in Rio that winter, Maldonado gave an impassioned speech about education and industry at MAM Rio. He began with an especially dire prediction: "It can be said without exaggeration that the future of our industrial civilization depends on the success or failure of the reforms [to education]."[12] To further emphasize his point, Maldonado put it into political terms, describing how education had entered the arms race and become a strategic tool marshaled by the new world powers – the United States and the Soviet Union – to create advantage during the steady expansion of the Cold War. In short, to Maldonado's eyes the potential for catastrophic annihilation was already in place unless there was a rapid and widespread implementation of aesthetic and design curricula that would help orient young students toward positive ends rather than self-destruction. For Maldonado, it was nothing more, nor less, than pure ideology.

Conferência de Tomás Maldonado [conference], MAM Rio (1956)

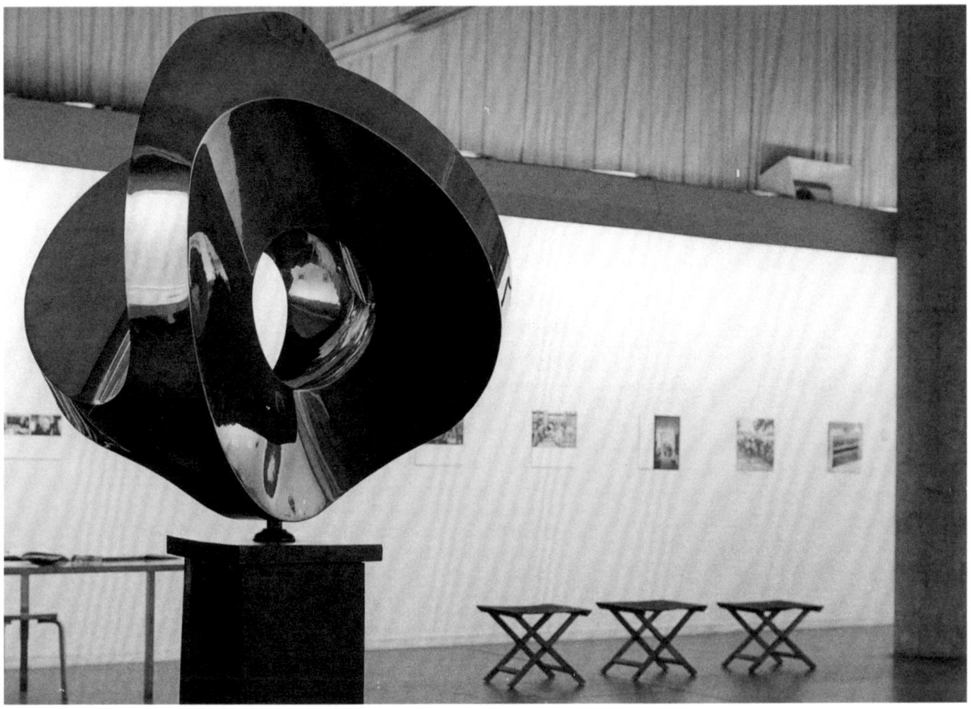

Exposição da HfG Ulm
[exhibition], MAM Rio (1956)

One of the themes that emerges in their letters is profound agreement about the importance of education for the generations coming of age after the Second World War. During these years it was widely believed by many that education was one of the most important tools to safeguard against repeating the atrocities of the war. Broadly, education would enlighten citizens, imbuing them with reason and a newfound sense of humanity – and, more specifically, with a visual appreciation for their modern world, informing their relationship with industry and its potentials. In addition, for those in the art world, education would promote aesthetic appreciation. It was precisely for these reasons that many of the newly founded museums in Brazil aspired to offer classes for their patrons, young to old, from their first days of operation. During MAM Rio early years, Serpa's classes were intended to expose students to new forms and materials, by the mid-1950s, this agenda had broadened to include design thinking.

Um dos temas que emergem em suas cartas é o profundo consenso sobre a importância da educação, sobretudo quando aplicada às gerações que cresciam após a Segunda Guerra Mundial. Naquela época, muitos acreditavam que a educação era uma das mais importantes ferramentas para evitar a repetição das atrocidades da guerra. De forma geral, a educação iluminaria os cidadãos, imbuindo-os de razão e de um recente senso de humanidade – e, mais especificamente, da valorização visual de seu mundo moderno, informando sua relação com a indústria e seus potenciais. Ademais, para aqueles no mundo da arte, a educação promoveria o reconhecimento estético. Por estas razões, muitos dos museus então recentemente inaugurados no Brasil almejavam oferecer aulas aos seus patronos, dos jovens aos idosos, desde seu primeiro dia de operação. Durante os primeiros anos do MAM Rio, as aulas de Serpa destinavam-se a expor os alunos a novas formas e materiais; em meados da década de 1950, essa agenda foi ampliada para incluir o pensamento de design.

De todas as iniciativas nas quais Maldonado e Moniz Sodré trabalharam juntos, o desenvolvimento da Escola Técnica de Criação foi, de longe, a mais ousada. Dado que Maldonado havia se tornado professor na HfG Ulm e, eventualmente, assumido o posto de reitor em 1957, parecia ser o candidato ideal para desenvolver o novo instituto, modelado a partir de seu equivalente alemão. Ele e Niomar começaram a trabalhar seriamente no projeto em 1955 e, em 1958, quando o Bloco Escola foi inaugurado, a estrutura e o currículo do ETC já estavam bem desenvolvidos, por isso a referência à escola no Suplemento Dominical na véspera da inauguração do novo prédio do Museu. A ETC aceitaria vinte candidatos por ano, com idades entre 18 e 28 anos, para cursos que durariam quatro anos. Os dois primeiros anos seriam dedicados ao Curso Fundamental e apenas após este período os alunos trabalhariam em sua área de especialização. Conforme descrito por Trota no Suplemento Dominical, dois caminhos seriam oferecidos: o primeiro focado em comunicação visual, apresentada como "comunicação entre homens, da prensa à televisão", e o segundo, voltado à integração industrial, que se relacionava às "ferramentas materiais da vida moderna, dos utensílios ao planejamento urbano"[13]. Assim como nos outros cursos oferecidos pelo MAM Rio, o ensino seria prático e teórico, abrindo oportunidades para que alunos fossem contratados pelo setor privado a fim de criar tudo: do design à produção de aparelhos, passando por campanhas publicitárias.

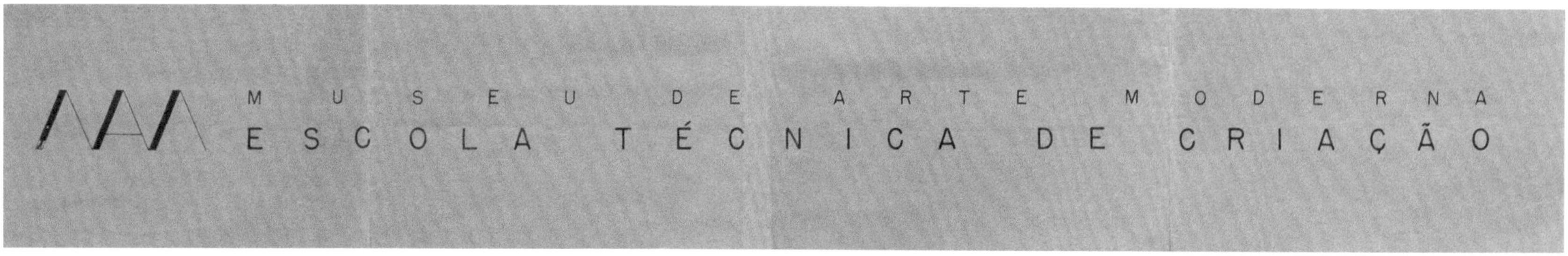

Maldonado visitou Moniz Sodré no museu mais uma vez naquela década. Em setembro de 1959, o Brasil recebeu a reunião anual da Associação Internacional de Críticos de Arte – AICA, concebida por Pedrosa em torno do tema oportuno e utópico "Cidade Nova – Síntese das artes"[14]. Sessenta e cinco delegados estrangeiros, incluindo o presidente da organização, James Johnson Sweeney, bem como outros membros distintos, como Meyer Shapiro, Giulio Carlo Argan, Bruno Zevi e Maldonado passaram dez dias conhecendo Brasília, São Paulo e Rio de Janeiro. Além de participar da conferência da AICA, Maldonado juntou-se a Otl Aicher (1922-1991, Alemanha), seu colega em Ulm, para ministrar o primeiro curso oferecido pela ETC: Elementos de Comunicação Visual. O curso, que aconteceria de 20 de agosto a 15 de setembro, abordava teoria e prática, refletindo a pedagogia da escola alemã. Mais dois cursos foram oferecidos em 1962, no qual os designers brasileiros Alexandre Wollner (1928-2018, Brasil) e Aloísio Magalhães ensinaram Artes Gráficas, e Max Bense, mais um professor da HfG, deu aulas de Visualidade e Estética[15]. No entanto, após esta experiência, nenhum outro curso vinculado à ETC foi ministrado. A fundação do instituto foi exageradamente dispendiosa para o MAM Rio e a arrecadação de fundos para este fim tornou-se impossível, especialmente porque a economia entrou em rápido declínio devido à enorme dívida nacional contraída por meio dos projetos de desenvolvimento de grande escala dos anos 1950, como a construção de Brasília. Por fim, o museu associou-se ao Estado da Guanabara para financiar o empreendimento, mas devido a manobras visando ambições políticas por parte do Secretário de Educação e Cultura, Carlos Flexa Ribeiro, um dos membros do conselho do MAM Rio, o conceito da escola foi transferido para o governo do Estado no ano 1962[16]. O Estado da Guanabara abriu o instituto sob o nome Escola Superior de Desenho Industrial – Esdi em 1963, no bairro da Lapa, onde segue em atividade[17].

Of all the initiatives in which Maldonado and Moniz Sodré collaborated, the development of the Escola Técnica de Criação was by far the boldest. Since Maldonado was installed as a professor at the Ulm School, and eventually became its rector in 1957, he was the ideal candidate to develop the new institute, which was modeled after its German counterpart. He and Niomar began working on the plan in earnest in 1955, and by 1958, when the Bloco Escola opened, the structure and curriculum of the ETC was well developed, hence the reference in the Sunday supplement on the inauguration eve of the Museum new venue. The ETC would admit twenty applicants per year between the ages of 18 and 28, for studies that would last four years. The first two years were spent in Foundation Course, and then students worked in their areas of specialization. As described by Trota in the Sunday supplement, there were two paths offered, one that focused on visual communication, described as "communication between men from press to television," and the other focusing on industrial integration, which related to the "material tools of modern life, from utensils to urban planning"[13]. As with other courses offered by MAM Rio, the education would be both theoretical and practical, providing opportunities for students to be hired by the private sector to produce everything from the design and production of appliances as well as advertising campaigns.

14. Para mais detalhes, conferir o site da AICA e os artigos de Mário Pedrosa disponíveis na Biblioteca Nacional (Rio de Janeiro). O artigo de Henry Meyric Hughes também contribuiu para a redação deste ensaio. Cf. Hughes, Henry Meyric. Art Criticism Comes of Age: Brasilia, AICA and the extraordinary congress of 1959. In: 8º Seminário Docomomo, 2009, Rio de Janeiro (Anais).

15. Varela, Elizabeth, op. cit.

16. O decreto para a criação da Escola Superior de Desenho Industrial – Esdi foi assinado pelo governador Carlos Lacerda em 5 de dezembro de 1962. Em decreto posterior, de 1963, a escola foi definida como órgão descentralizado e relativamente autônomo ligado à Secretaria de Educação e Cultura do Estado da Guanabara. A transição entre a ETC no MAM Rio e a Esdi contou com a ação de um Grupo de Trabalho formado por Lamartine Oberg, diretor do Instituto de Belas Artes; Maurício Roberto, presidente do Instituto de Arquitetos do Brasil; Wladimir Alves de Souza, diretor da Faculdade Nacional de Arquitetura; e o arquiteto Sérgio Bernardes. Cf. Niemeyer, Lucy. *Design no Brasil: origens e instalação*. Rio de Janeiro: 2AB, 2007.

17. A Esdi é considerada a primeira faculdade de design industrial no Brasil e na América do Sul. Cf. Souza, Pedro Luiz Pereira de. *Esdi: biografia de uma ideia*. Rio de Janeiro: Editora UERJ, 1996.

Diagrama da Escola Técnica de Criação [diagram], MAM Rio (1957)

Maldonado visited Moniz Sodré at the museum once more that decade. In 1959, Brazil hosted the International Art Critics Association – AICA annual meeting in September, conceptualized by Pedrosa around a timely and utopian theme, "The New City – A Synthesis of the Arts"[14]. Sixty-five foreign delegates, including the organization's president James Johnson Sweeney, as well as many other esteemed members such as Meyer Shapiro, Giulio Carlo Argan, Bruno Zevi, and Maldonado, spent ten days touring Brasília, São Paulo, and Rio de Janeiro. In addition to participating in the AICA conference, Maldonado was joined by Otl Aicher (1922-1991, Germany), his colleague in Ulm, and they led the first two courses offered by the ETC; Elements of Visual Communication. This course, which ran from August 20th through September 15th, addressed both theory and practice and reflected Ulm pedagogy. Two more courses were offered in 1962: Brazilian designers Alexandre Wollner (1928-2018, Brazil) and Aloísio Magalhães taught Graphic Arts, and Max Bense, another Ulm professor, offered the class Visuality and Aesthetics.[15] However, after this attempt, no other courses affiliated with the ETC were offered. Establishing the institute was prohibitively expensive for MAM Rio and fundraising for this endeavor became impossible, especially as the economy fell into rapid decline due to enormous national debt incurred through the large-scale development projects of the 50s, such as the building of Brasilia. Ultimately, MAM Rio partnered with the State of Guanabara to finance the school, but due to political maneuvering on the part of the Secretary of Education and Culture, Carlos Flexa Ribeiro, one of MAM Rio trustees with political ambitions, the concept of the school was transferred to the state government in 1962[16]. The state of Guanabara opened the institute under the name School of Industrial Design – Esdi in 1963, in Rio's Lapa neighborhood, where it is still in operation[17].

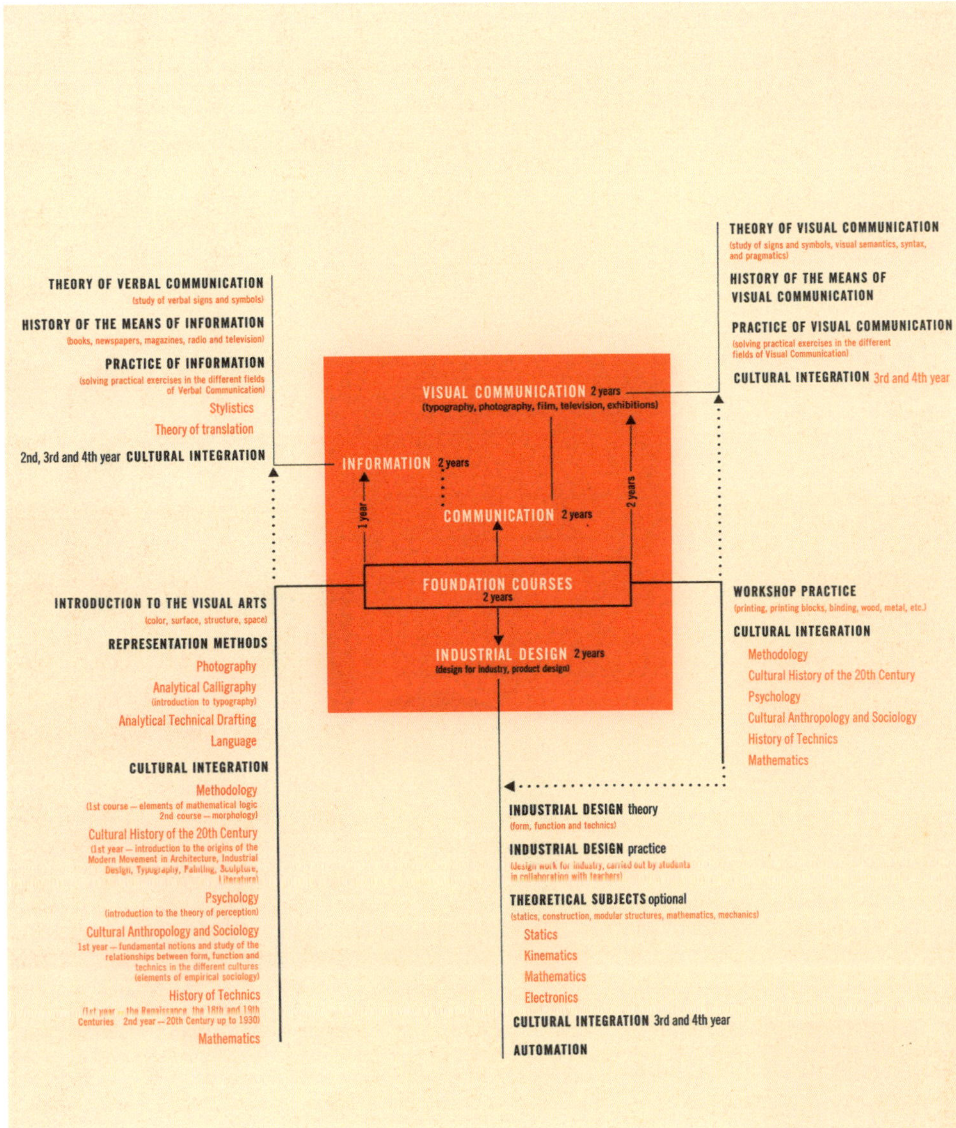

13. Trota, Teresa, op. cit.

14. Details are available on the organization's website and in Mário Pedrosa's papers at Biblioteca Nacional (Rio de Janeiro). Henry Meyric Hughes' essay was of help in writing this essay. Cf. Hughes, Henry Meyric. Art Criticism Comes of Age: Brasilia, AICA and the extraordinary congress of 1959. In: 8 th Docomomo Congress, 2009, Rio de Janeiro (Annals).

15. Varela, Elizabeth, op. cit.

16. The decree for the creation of the School of Industrial Design – Esdi was signed by Governor Carlos Lacerda on December 5, 1962. In a later decree, in 1963, the school was defined as a decentralized and relatively autonomous organ connected to the Secretariat of Education and Culture of the State of Guanabara. The transition between ETC at the MAM Rio and Esdi relied on the action of a Work Group formed by Lamartine Oberg, director of the Fine Arts Institute; Maurício Roberto, president of the Institute of Architects of Brazil; Wladimir Alves de Souza, director of the National College of Architecture; and architect Sérgio Bernardes. Cf. Niemeyer, Lucy. *Design no Brasil: origins and installation.* Rio de Janeiro: 2AB, 2007.

17. Esdi is considered the first industrial design college in Brazil and South America. Cf. Souza, Pedro Luiz Pereira de. *Esdi: biografia de uma ideia.* Rio de Janeiro: Editora UERJ, 1996.

Folder Campanha Internacional de Sócios [International Membership Campaign], MAM Rio, Nova York (1957)

evolution, disruption and continuity: the early years of the ulm school of design

ev
e co
prin
da e
de ul

lução, interrupção
tinuidade: os
neiros anos
scola
lm

david
oswald

A Hochschule für Gestaltung Ulm – HfG Ulm foi uma escola pioneira e um local de controvérsias. Uma constelação que dificilmente parece ser acidental, mas sim necessária. Afinal, quando há um acordo de se deixar para trás velhos caminhos, não fica claro qual direção deveria ser tomada. Uma vida sem controvérsia, sem discussão, pode existir em uma universidade onde todos os envolvidos estejam confortáveis com o *status quo*. Não foi o caso em Ulm: as questões em torno do que é design e como ele deveria ser ensinado foram intensamente discutidas, especialmente nos primeiros anos da HfG.

Apesar de todas as diferenças de opinião e mudanças de direção, houve também um grande consenso, que constitui o cerne da Escola de Ulm: o design como uma disciplina socialmente eficaz e, consequentemente, designers responsáveis. Também eram importantes as discussões acerca da incorporação do design à ciência e à tecnologia, e, acima de tudo, da adesão inexorável à ideia de um processo de design racional e, portanto, compreensível.

Nos primeiros anos, foi especialmente discutido o legado da Bauhaus, à qual, no início, a Escola de Ulm quis explicitamente suceder. A questão acerca de quais elementos do programa da Bauhaus permaneciam atuais era controversa[1]. O que era de se esperar, afinal, já se haviam passado mais de duas décadas e uma guerra mundial. Na discussão sobre tal legado, o grande tema de Ulm já era evidente: a relação entre ciência e design[2]. A escola divergia dos métodos de trabalho artístico característicos da Bauhaus inclinando-se para métodos cada vez mais orientados para a ciência[3]. Um processo que levou, em 1957, à renúncia de Max Bill (1908-1994, Suíça), o primeiro reitor de Ulm, que defendeu o legado da Bauhaus e a ideia de "boa forma" não apenas simbolicamente.

Uma nova escola

A rigor, o primeiro conflito começou antes mesmo da HfG ser fundada, ainda na fase de planejamento. Os fundadores Inge Scholl, Otl Aicher (1922-1991, Alemanha) e Max Bill foram unânimes em um ponto: ela deveria ser uma escola não-universitária, orientada holisticamente[4]. A ideia original de Scholl e Aicher era construir a escola em torno do tema central da educação política e do método. Alguns anos depois do fascismo de Hitler e da Segunda Guerra Mundial, o objetivo dos fundadores era formar uma nova elite democrática. As ciências, a tecnologia, o design e a arquitetura pretendiam complementar este objetivo político como parte de uma educação integrada. O suíço Max Bill, assim como os dois alemães Aicher e Scholl, tinha sido um obstinado opositor dos nazistas[5]. No entanto, Bill teve uma abordagem diferente em relação à questão da orientação primária da escola: não queria ver a política, mas o design no centro – no centro do currículo e no centro do poder. Aicher e Scholl fizeram esta primeira grande mudança por pura necessidade; o proeminente artista Max Bill era demasiado importante para a realização do projeto da escola e não poderia ser perdido por esse dissenso[6]. Logo, ao invés de uma escola política que também contempla o design, Ulm se tornou uma escola de design com aspirações sociopolíticas.

The Hochschule für Gestaltung Ulm was a pioneering design school and a place of controversy. A constellation that seems hardly accidental, but rather, a necessity. After all, if it is agreed to leave old paths behind, it is far from clear in which direction to continue. A life without controversy, without discussion, can be lived at a university in which all participants have made themselves comfortable in the *status quo*. This was not the case in Ulm: the question of what design is and how it should be taught was intensively discussed, especially in the early years of the HfG.

Despite all differences in opinion and change of direction, there was also a great continuity that constitutes the inner core of the Ulm School: design as a socially effective discipline and, following this, responsible designers. Design embedded in science and technology, and above all, the unyielding adherence to the idea of a rational and thus comprehensible design process.

In the first years, what was especially discussed was the legacy of the Bauhaus, which the Ulm School explicitly wanted to succeed at the beginning. The question of which parts of the Bauhaus program were still up-to-date was controversial[1]. No surprise, over two decades and a World War later. In the discussion about the Bauhaus legacy, the great topic of Ulm was already laid out: the relationship between science and design.[2] The school diverged from the artistic working methods of the Bauhaus towards increasingly science-driven methods[3]. A development that led, in 1956 to the resignation of Max Bill (1908-1994, Switzerland), Ulm's first rector who stood for the Bauhaus legacy and the idea of "good design" not only symbolically.

1. Maldonado, Tomás. "Is the Bauhaus relevant today?" *ulm* 8/9, 1963.

2. Depois da partida de Bill, mais e mais métodos de trabalho científicos migraram para a sala de aula. Alguns professores, especialmente o matemático Horst Rittel, trabalharam para uma cientificação de todo o processo de design e os alunos cada vez mais queixaram-se de exercícios formalistas, cuja pertinência prática era contestada. Outros professores científicos também consideravam a prática do design, cujas decisões nunca são completamente dedutíveis logicamente, como sendo menos valiosa que a teoria "pura". Curiosamente, os mesmos professores que lutaram por um maior papel das ciências foram aqueles que se opuseram à tentativa de uma cientificação absoluta do design no início dos anos 1960 – Aicher e Maldonado, ao mesmo tempo apoiados por Gui Bonsiepe, defendiam que o design nunca poderia fundir-se completamente com a ciência. Cf. Maldonado, Tomás; Bonsiepe, Gui. Science and Design. *ulm* 10/11, 1964.

1. Maldonado, Tomás. "Is the Bauhaus relevant today?" *ulm 8/9*, 1963.

2. After Bill's departure, more and more scientific methods migrated into the classroom. Some lecturers, especially the mathematician Horst Rittel, worked towards a scientification of the entire design process and students increasingly complained about formalistic exercises whose practical relevance they doubted. Other academic lecturers, too, considered design practice, whose decisions are never completely logically derivable, to be less valuable than "clean" theory. Interestingly, the same lecturers who had fought for a greater role of the sciences were those who opposed the attempt at an absolute scientification of design in the early 1960s – Aicher and Maldonado, meanwhile supported by Gui Bonsiepe, took the view that design could never completely merge into science. Cf. Maldonado, Tomás; Bonsiepe, Gui. Science and Design. *ulm* 10/11, 1964.

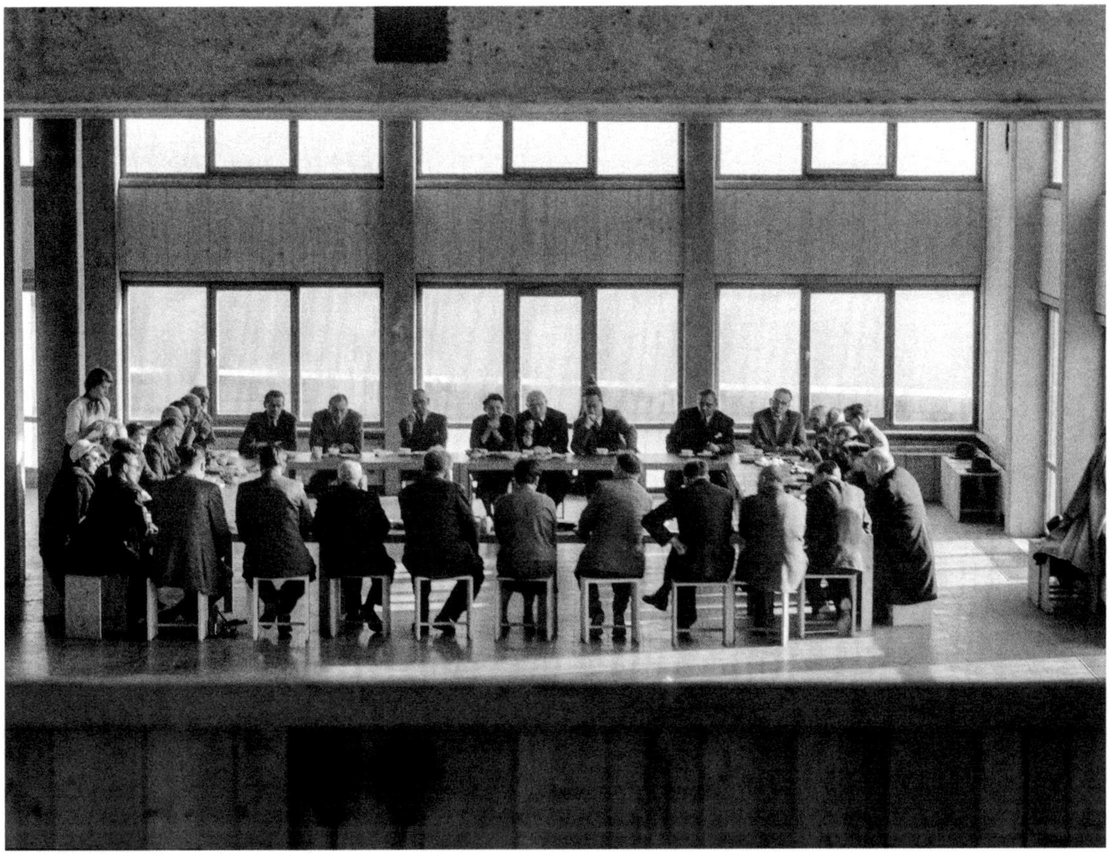

A new school

Strictly speaking, the first conflict began already *before* the foundation of the school, at the stage of its planning. The founders, Inge Scholl, Otl Aicher (1922-1991, Germany) and Max Bill agreed on one thing: it should become a holistically oriented, non-university faculty[4]. Inge Scholl and Otl Aicher's original idea was to build the school around the core theme of political education and method. A few years after Hitler's fascism and World War II, the founders' goal was to form a new democratic elite. Science, technology, design and architecture were intended as a complement to this political goal as part of an integrated education. Like the two Germans Aicher and Scholl, the Swiss Max Bill had been a determined opponent of the Nazis.[5] Nevertheless, he took a different approach to the question of the school's primary orientation. In this new school, Bill did not want to see politics, but design at the center – at the center of the curricula and at the center of power. Aicher and Scholl made this first major change only out of necessity. The prominent artist Max Bill was too crucial for the realization of this school project to lose him due to this dissent[6]. Instead of a political school that also integrates design, Ulm became a design school with sociopolitical aspirations.

3. Classificar a Bauhaus como completamente artística e não científica seria errado. Também na Bauhaus houveram desenvolvimentos do romantismo artesão esotérico dos anos de fundação. Cf. Wagner, Christoph (org.). *Esoterik am Bauhaus*. Ratisbona: Schnell & Steiner, 2009 para uma maior orientação técnica e para uma sólida orientação sociocientífica. Esta última, no entanto, apenas sob a curta direção de Hannes Meyer, de 1928 a 1929, à qual Maldonado explicitamente se referiu em "Is the Bauhaus relevant today?" Cf. Oswalt, Philipp (org.). *Hannes Meyers neue Bauhauslehre: Von Dessau bis Mexiko*. Basileia: Birkhäuser, 2019.

4. A rejeição não se referia ao nível universitário, mas sobretudo à forte separação disciplinar, à desvalorização da prática de aplicação e aos métodos universitários de ensino e aprendizagem.

5. Inge Scholl era irmã de Hans e Sophie Scholl, que foram executados em 1943 como combatentes da resistência "A Rosa Branca". À época, Inge Scholl trabalhava em posição de liderança para organização feminina nazista. Quando exatamente ela se transformou em antifascista é ainda hoje controverso. Cf. Zankel, Sönke. *Mit Flugblättern gegen Hitler: Der Widerstandskreis um Hans Scholl und Alexander Schmorell*. Colônia: Böhlau Verlag, 2008. Max Bill já na década de 1930 trabalhava para a revista antifascista *Information - wirtschaft, wissenschaft, erziehung, technik* publicada na Suíça por Ignazio Silone, um italiano que tinha fugido de Mussolini.

6. Wachsmann, Christiane e Oswald, David "Writing as a Design Discipline – The Information Department of the Ulm School of Design and its Impact on the School and Beyond". Em: *AIS/Design. Storia e Ricerche,* Número 6 de dezembro de 2015.

3. It would be wrong to classify the Bauhaus as artistic and non-scientific. At the Bauhaus too there was a development from the esoteric handicrafts romanticism of the founding years. Cf. Wagner, Christoph (org.). *Esoterik am Bauhaus*. Regensburg: Schnell & Steiner, 2009 to a greater technical orientation and to a strong social and scientific orientation. The latter, however, only under the brief directorship of Hannes Meyer from 1928 to 1929, to which Maldonado explicitly referred in "Is the Bauhaus Relevant Today?" Cf. Oswalt, Philipp (ed.). *Hannes Meyers neue Bauhauslehre: Von Dessau bis Mexiko*. Basel: Birkhäuser, 2019.

4. The rejection did not refer to the university level, but above all to the strong disciplinary separation, the devaluation of application and praxis, and the university teaching and learning methods.

5. Inge Scholl was the sister of Hans and Sophie Scholl, who were executed in 1943 as resistance fighters of the "White Rose". At that time Inge Scholl was in a leading position for the girls' organization of the Nazis. When exactly she turned into an anti-fascist is still controversial today Cf. Zankel, Sönke. *Mit Flugblättern gegen Hitler: Der Widerstandskreis um Hans Scholl und Alexander Schmorell*. Cologne: Böhlau Verlag, 2008. Max Bill already worked in the 1930s for the anti-fascist period magazine *Information - wirtschaft, wissenschaft, erziehung, technik* which was published in Switzerland by Ignazio Silone, an Italian who had fled from Mussolini.

6. Wachsmann, Christiane; Oswald, David "Writing as a Design Discipline - The Information Department of the Ulm School of Design and its Impact on the School and Beyond". In: *AIS / Design. History and Research*, No. 6, December 2015.

Vista do prédio [building's view] HfG Ulm

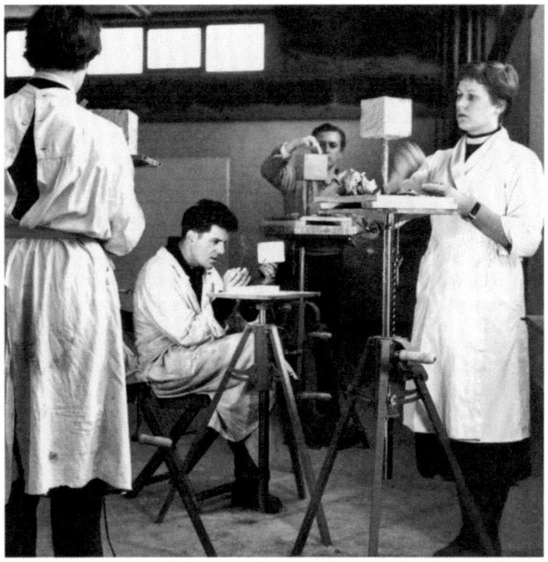

7. The Werkbund is an association of artists, architects, and industrialists founded in 1907 in Germany. It was strongly influenced by the Arts & Crafts movement and acted as what today would be called a lobby organization for contemporary design.

8. Erni, Peter. *Die Gute Form - Eine Aktion des Schweizerischen Werkbundes*. Baden: LIT Lars Müller, 1983.

9. "Hochschule für Gestaltung Ulm Lehrplan", typewritten script, HfG-Archiv Ulm, 1953.

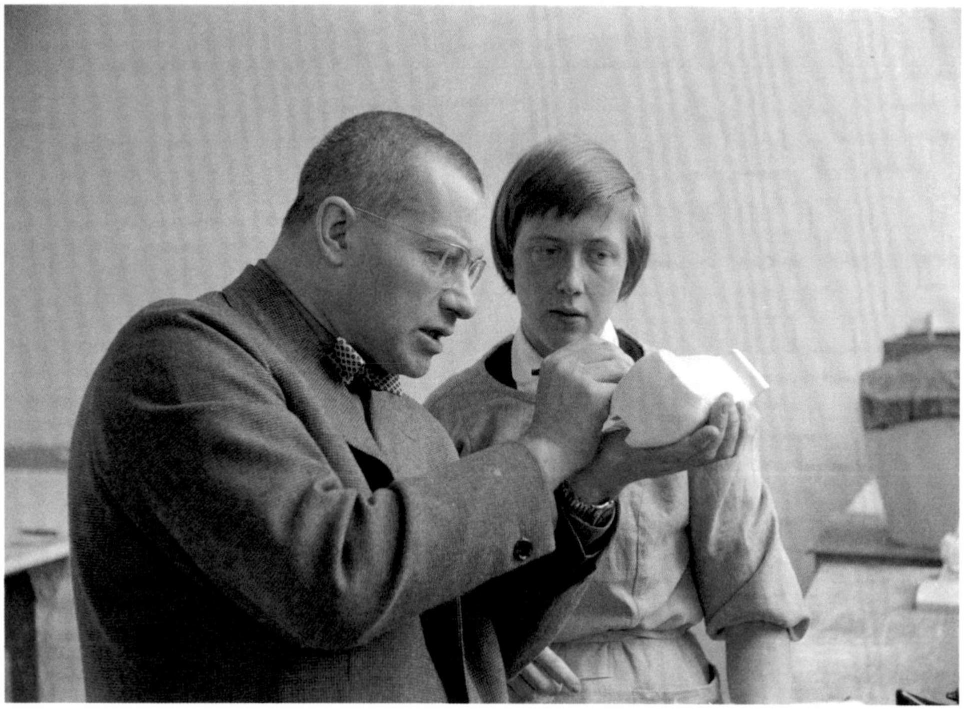

Aula de Tomás Maldonado [class], HfG Ulm

Bill & Frauke Koch-Weser (1956)

Max Bill and the gute Form

After two years of study at the Bauhaus in Dessau, Max Bill joined the Schweizerischen Werkbund [7]. Among other things, the Werkbund aimed to teach the general public an understanding of "good design". In the 1950s, Werkbund members traveled Germany with sample cases full of exemplarily designed everyday products in order to propagate material-appropriate, functional, durable and "honest" design – in contrast to industrially produced kitsch, cheap material imitations, and so-called "decor defects". At the same time, Max Bill helped popularize the concept and notion of "good design" in Switzerland through exhibitions and publications[8].

Looking at the missionary work of the Werkbund of that time with today's knowledge, one wonders how dogmatically and apodictically argued it was. With clean conscience, normative judgments were made and questions of design were explicitly raised to questions of morality. According to them, it was a matter of decency to buy "good design" products. At the same time, it is striking how deeply many of these beliefs are still inscribed in the collective memory of the design discipline today: simplicity as an ever-present goal, complexity as an opponent, ornament as a "crime" and the great myth of "material veracity". The latter did not only refer to objectively existing physical properties of the materials, but also to culturally conditioned characterizations, or ascribed traits based on esoteric theories, in the sense of a supposed material's essence.

The basic year at HfG Ulm

In 1953, the teaching activities of the school began with a basic course modelled after the preliminary course of the Bauhaus. Four former Bauhaus teachers taught in Ulm: Josef Albers, Johannes Itten, Walter Peterhans and Helène Nonné-Schmidt. As at the Bauhaus, the students of all departments went through the same program, regardless of whether they wanted to study product design, visual communication or architecture (or *bauen*, literally meaning "building"). Just as at the Bauhaus, the goal was "learning to see" and to develop personal creative potential in order to "work impartially and independently"[9].

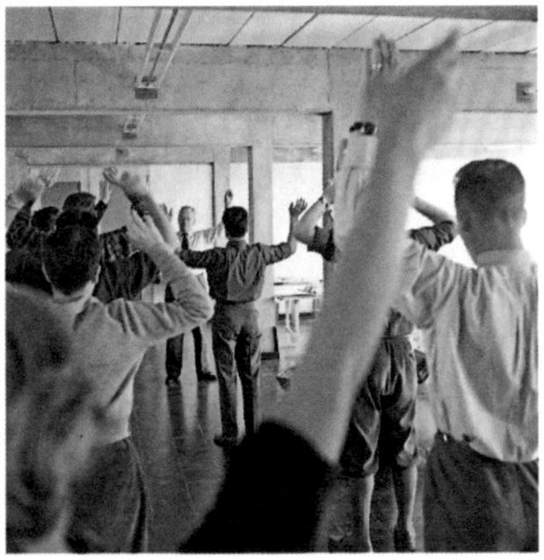

7. A Werkbund é uma associação de artistas, arquitetos e industriais fundada em 1907, na Alemanha. Foi fortemente influenciada pelo movimento Arts & Crafts e agiu de forma semelhante ao que hoje seria uma organização em defesa do design contemporâneo.

8. Erni, Peter. *Die Gute Form - Eine Aktion des Schweizerischen Werkbundes*. Baden: LIT Lars Müller, 1983.

9. "Hochschule für Gestaltung Ulm Lehrplan", roteiro datilografado, HfG-Archiv Ulm, 1953.

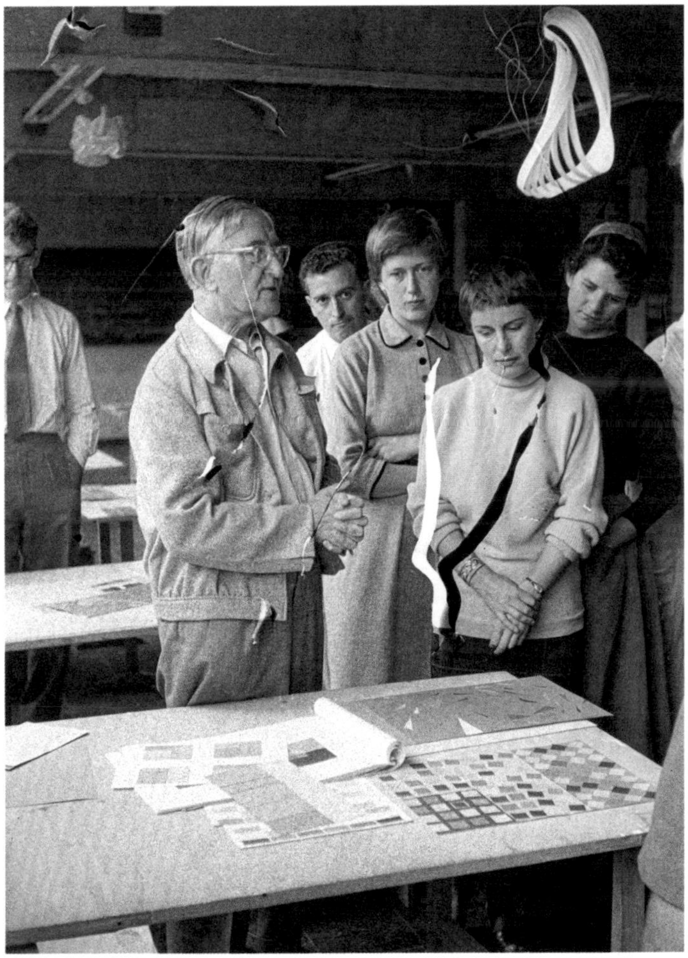

Aula de Johannes Itten [class], HfG Ulm (1955)

Bergmiller, Albers, Wollner, Koch-Weser, Marsenger & Bänninger, HfG Ulm (1955)

Max Bill e a gute form

Após dois anos de estudo na Bauhaus de Dessau, Max Bill ingressou no Schweizerischen Werkbund[7]. Um dos objetivos do Werkbund era ensinar ao público uma compreensão da "boa forma". Na década de 1950, os membros do Werkbund percorreram a Alemanha com caixas de amostras cheias de produtos do dia a dia para propagar o design material apropriado, funcional, durável e "honesto" – em contraste ao kitsch produzido industrialmente, às imitações em materiais baratos e aos chamados "defeitos de decoração". Ao mesmo tempo, Max Bill ajudou a popularizar o termo e a ideia de "boa forma" na Suíça através de exposições e publicações[8].

Quando olhamos para o trabalho missionário do antigo Werkbund com o conhecimento de hoje, pode ser espantoso o quanto sua argumentação fora dogmática e indiscutível. Julgamentos normativos foram feitos, e questões de design foram explicitamente elevadas a questões de moralidade – sem que houvesse peso na consciência. Segundo eles, era uma questão de decência comprar produtos com "boa forma". Ao mesmo tempo, impressiona o quão profundamente muitas destas crenças ainda estão inscritas na memória coletiva da disciplina do design hoje: a simplicidade como objetivo a ser sempre buscado, a complexidade como adversária, o ornamento como "crime" e o grande mito da "autenticidade material". Esse conceito fazia referência não somente às características dos materiais propriamente ditos, mas também a caracterizações culturalmente condicionadas, ou a características atribuídas com base em teorias esotéricas, no sentido de uma suposta essência dos materiais.

O ano básico na HfG Ulm

Em 1953, as atividades de ensino da escola começaram com um curso básico concebido nos moldes do curso preliminar da Bauhaus. Quatro antigos professores da escola ensinaram em Ulm: Josef Albers, Johannes Itten, Walter Peterhans e Helene Nonné-Schmidt. Tal como na Bauhaus, os alunos de todos os departamentos passavam pelo mesmo programa, independentemente de desejarem estudar design de produto, comunicação visual ou arquitetura (ou *bauen,* literalmente "construção"). Assim como na Bauhaus, o objetivo era "aprender a ver" e a desenvolver potencial criativo para então "trabalhar de forma imparcial e independente"[9].

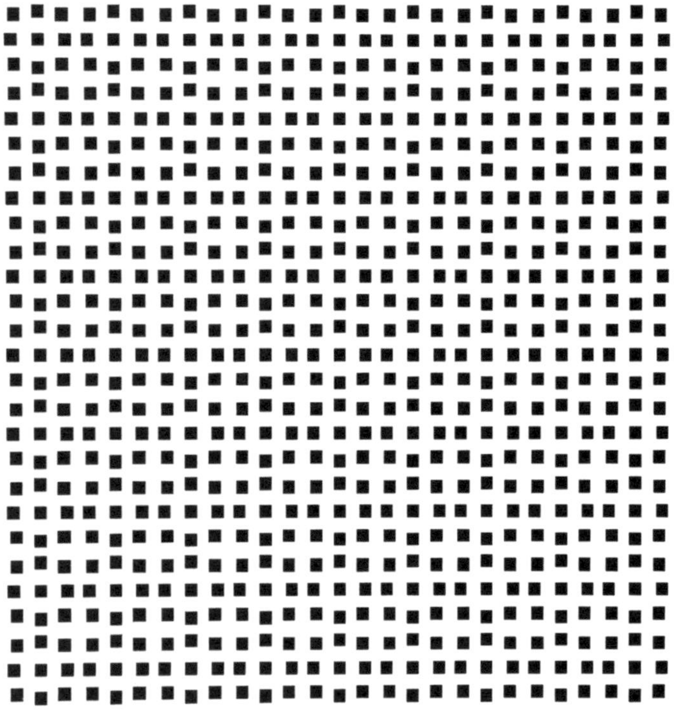

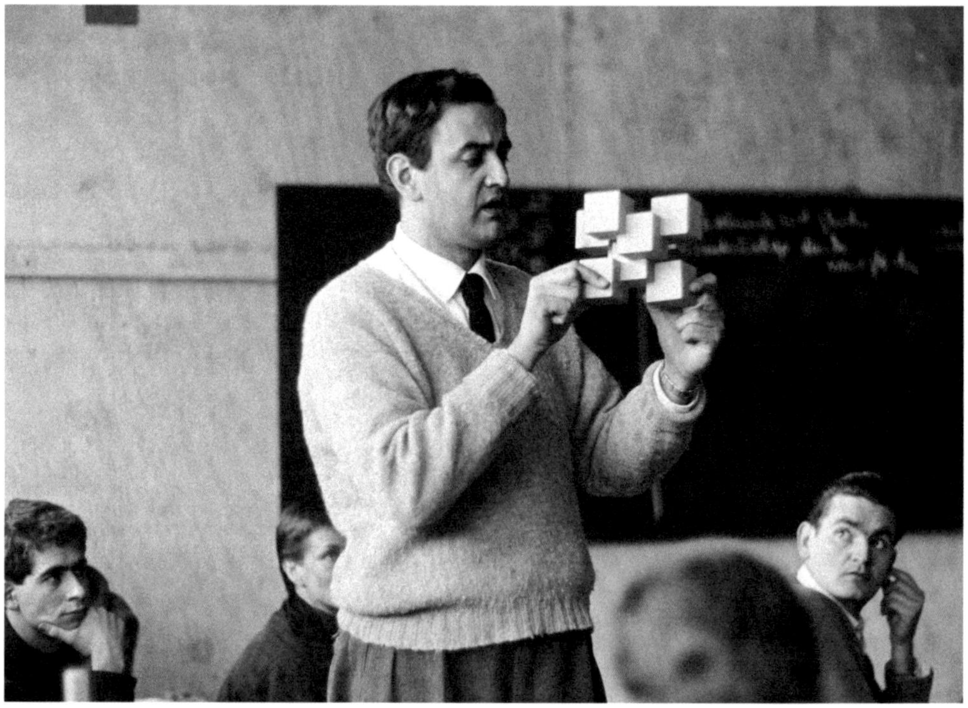

Tomás Maldonado (prof.), exercício *Inexact by Exact* [exercise] (1958)

Tomás Maldonado, HfG Ulm (1956)

O primeiro ano da recém-fundada escola começou com um curso de Walter Peterhans, que havia lecionado na Bauhaus de Dessau. Em seus cursos, Peterhans podia literalmente passar horas discutindo uma única linha preta – quais os seus efeitos e como cabem no formato do papel. Os exercícios caracterizavam-se por inúmeras repetições e precisão absoluta, tanto em termos de prática manual, como de efeito estético da forma. Uma única linha em um grande papel-cartão branco foi trabalhada durante uma semana. Peterhans havia desenvolvido este curso em Chicago, na The New Bauhaus. Mies van der Rohe descreveu seu efeito como "uma mudança completa na atitude mental dos alunos. Qualquer agitação e desleixo desapareciam de seus trabalhos"[10]. Os debates de Peterhans sobre proporções, formas, cores, texturas e espaços eram rigorosamente desprovidos de qualquer contexto de aplicação, sem referência simbólica ou icônica, e sem "significado". Esta insignificância, a limitação aos meios visuais mais elementares, trazia aos métodos de Peterhans pontos em comum com a arte concreta – embora ele não fosse um artista concreto nem tivesse o objetivo de se tornar um.

The first year of the newly founded school began with a course by Walter Peterhans, who had taught at the Bauhaus in Dessau. In his courses, he could literally spend hours discussing a single black line – what its effects are and how it fits in the paper format. The exercises were characterized by countless iterations and absolute precision, both in terms of the craftsmanship and the design effect. One single line on a large white cardboard was worked on for a week. Peterhans had developed this course in Chicago at The New Bauhaus successor. Mies van der Rohe described its effect as "a change of the whole mental attitude of the students. All fussiness and sloppiness disappeared from their work".[10] Peterhans' confrontations upon proportions, shapes, colors, textures, and spaces were strictly without any application context, without symbolic or iconic reference, and without a "meaning". This insignificance, the restriction to the most elementary means of the visual, had Peterhans' methods in common with concrete art – even if Peterhans was neither a concrete artist nor had the goal of training as such.

10. Cf. Wachsmann, Christiane; Albers, Ingela. *Bauhäusler in Ulm - Grundlehre an der HfG 1953-1955.* Ulm: HfG-Archiv, 1993.

11. Lindinger, Herbert (org.). *Ulm design - The morality of objects.* Cambridge: The MIT Press, 1991.

10. Cf. Wachsmann, Christiane; Albers, Ingela. *Bauhäusler in Ulm - Grundlehre an der HfG 1953-1955.* Ulm: HfG-Archiv, 1993.

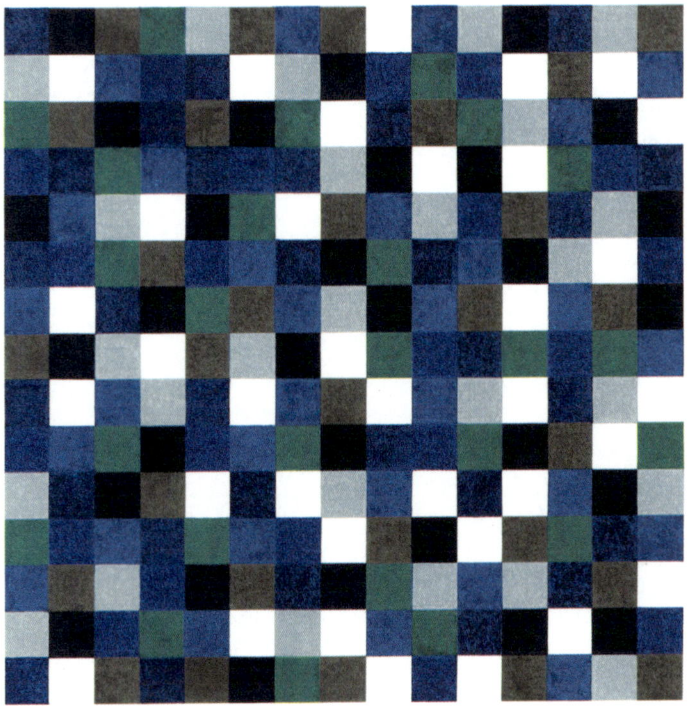

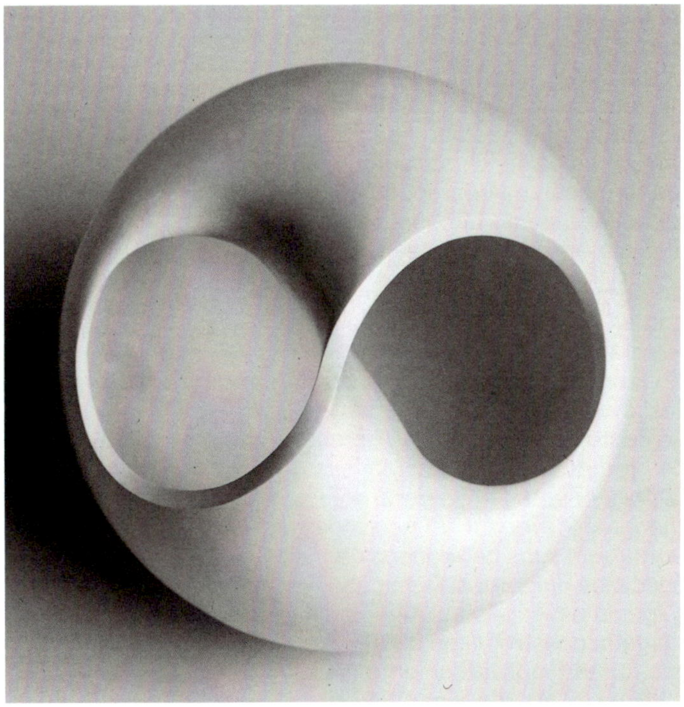

Max Bill, e, mais tarde, particularmente Tomás Maldonado (1922-2018, Argentina), introduziram outro aspecto da arte concreta no ensino básico de Ulm: a relação com a matemática. A intenção por trás das abordagens direcionadas matematicamente era promover explicabilidade, sistemática, orientação de regras e objetividade. Não só a geometria e a topologia foram aplicadas a estruturas e corpos, os exercícios foram também enriquecidos por outros conceitos matemático-algorítmicos, tais como triângulos de Sierpinski, superfícies de Peano, operações de simetria, reflexões, projeções, traduções etc. No entanto, as percepções psicológicas, os aspectos fenomenológicos não foram substituídos pelos rígidos métodos matemáticos. Maldonado propunha inúmeros exercícios que treinavam a visão, por exemplo, explorando os limites da percepção das imprecisões (exercício "inexato pelo exato") ou quando em mosaicos abstratos multicoloridos alguns quadrados pretos deveriam ser incorporados de modo a não serem vistos como buracos, mas como uma cor (exercício "preto como cor")[11]. Mas mesmo estes exercícios não deveriam resultar em soluções individuais. Eles estavam inseridos na tradição de Josef Albers, que já havia libertado o curso preliminar na Bauhaus das teorias "holístico-transcendentais" de Itten[12]. Mesmo os exercícios não matemáticos de

Max Bill, and later Tomás Maldonado (1922-2018, Argentina) in particular, introduced another aspect of concrete art into Ulm's basic teaching: the relationship to mathematics. The intention behind the mathematically driven approaches was to foster explainability, systematics, rule orientation and objectivity. Not only geometry and topology were applied to structures and bodies, the exercises were also enriched by further mathematical-algorithmic concepts such as Sierpinski triangles, Peano surfaces, symmetry operations, reflections, projections, translations etc. However, the perceptual-psychological, phenomenological aspects were not replaced by the rigid mathematical methods. Maldonado as well provided numerous exercises that train vision, for example by exploring the limits of perception of inaccuracies (exercise "inexact by exact") or if some black squares are to be embedded in abstract, multi-colored mosaics in such a way that they are not perceived as holes, but as equal color (exercise "black as a color")[11]. But even these exercises should not result in individual-personal solutions. They were

12. Por um lado, Itten tem grandes méritos, como a popularização de uma teoria sistemática das cores. Por outro lado, ao longo de sua vida, procurou teorias que ligassem tudo e explicassem, não só fenômenos da cor, mas também da música, da saúde, da criação e todo o cosmos em uma fórmula mundial holística. Um exemplo do livro de Itten *Die Kunst der Farbe* [A Arte da Cor], de 1970: "Se duas cores são misturadas, a interpretação da cor mista resultante deve corresponder com a interpretação de ambas as cores iniciais. (...) Amarelo e azul dão verde = conhecimento e fé dão compaixão." Uma atribuição tão precisa de cores a significados seria considerada simplista demais hoje em dia, mesmo dentro de um espaço cultural razoavelmente homogêneo.

11. Lindinger, Herbert (ed.). *Ulm Design - The Morality of Objects*. Cambridge: The MIT Press, 1991.

Tomás Maldonado (prof.), exercício *Black as Color* [exercise] (1958)

Exercício de Ulrich Burandt [exercise], *Nicht orientierbare Fläche*, aula de Tomás Maldonado [class] (1958/59)

design de Maldonado, com foco na percepção, também se referiam a teorias científicas da percepção como as leis da *Gestalt*, ou interpretavam os projetos com base na teoria dos sinais e modelos semióticos explicativos. Max Bill, que também lecionou no curso fundamental, colocou-se entre essas duas culturas, ou, em outras palavras: conectou-as. Sentia-se em casa tanto na formação da percepção artística influenciada pela Bauhaus, como também na lógica projetual, inspirada na matemática, da arte concreta.

Quando Tomás Maldonado se mudou de Buenos Aires para Ulm, em 1954, ele também era um genuíno artista concreto, embora com uma grande tendência para as ciências, teoria e formação teórica. Ao contrário de Bill, no entanto, ele não era um designer de produtos experiente. Todavia, Maldonado rapidamente superou Bill. Não porque se tornaria um designer de produtos melhor, mas por sua determinação em dar uma nova orientação ao perfil do designer industrial. Designers não deveriam ser sabichões artístico-engenhosos, que extraem suas habilidades da experiência pessoal, de princípios rígidos e da intuição, mas sim parte de uma equipe de especialistas que trabalha o mais cientificamente orientada possível. Uma divisão canônico-moral entre "boas formas" e, inversamente, "más formas", é naturalmente alheia a tal abordagem. Não é de se admirar que houvesse conflitos em Ulm.

Otl Aicher: design entre democratização e dogmatismo
Neste conflito, Otl Aicher ficou do lado de quem queria inovar e cada vez mais distanciar-se da Bauhaus. O próprio Aicher frequentou os cursos dos antigos bauhausianos no primeiro ano da escola de Ulm. Apesar de seu papel como cofundador, ele estava longe de ser, naquele momento, um designer conceituado e experiente. No entanto, aprendeu rapidamente e logo passou a ministrar aulas no curso fundamental.

De todos os professores de Ulm, Aicher é aquele que posteriormente irá se desassociar da arte de forma mais radical – a ponto de insuflar polêmicas contra toda arte e "os artistas"[13]. Ao mesmo tempo, ele defendia vários princípios dogmáticos para o design, e era cético em relação às descobertas adquiridas empiricamente – especialmente quando estas podiam questionar suas opiniões[14]. Uma parte dos fundamentos do design de Aicher podem ser explicados racionalmente. Eles baseiam-se na fisiologia da percepção, como, por exemplo, a melhor legibilidade do texto quando alinhado à esquerda e a rejeição de textos justificados e em caixa alta. Por outro lado, a rejeição da escrita com caixa mista[15] e a peculiaridade da Bauhaus de escrever tudo em letras minúsculas derivaram de uma superestrutura teórica que, embora compreensível na argumentação, é, no fim das contas, mais uma expressão de uma atitude que um serviço ao leitor. O pensamento de Aicher é, de fato, interessante: não escrever em maiúsculas as pessoas e as coisas, mas sim as ações, ou seja, os verbos. Mas porque isso era muito diferente do habitual, Aicher permaneceu escrevendo tudo em letras minúsculas.

in the tradition of Josef Albers, who had already released the preliminary course at the Bauhaus from Itten's "holistic-transcendental" theories.[12] Even Maldonado's non-mathematical design exercises that focussed on perception, also referred to scientific theories of perception such as *Gestalt* laws, or they construed the design with sign theory and semiotic explanatory models. Max Bill, who also taught the basics, stood between these two cultures, or in other words: he connected them. He felt at home both in the Bauhaus-influenced artistic perception training as well as in the mathematics-inspired design logic of concrete art.

When Tomás Maldonado moved from Buenos Aires to Ulm in 1954 he also was a genuine concrete artist, albeit with a great penchant for the sciences, theory and theory formation. Unlike Bill, he was not an experienced designer of everyday products. However, Maldonado quickly outgrew Bill. Not by becoming a better product designer, but in his determined orientation towards the new professional profile of the industrial designer. Designers should not be artistic-ingenious know-it-alls, who draw their skills from personal experience, firm principles and intuition, but part of a team of experts who work as scientifically informed as possible. A canonical-moral division into "good designs", and conversely also into "bad designs", is naturally alien to such an approach. No wonder there were conflicts in Ulm.

Otl Aicher: design between democratization and dogmatism
Otl Aicher took the side of the innovators in this conflict, who increasingly wanted to distance themselves from the Bauhaus. Aicher himself had attended the courses of the old Bauhausers in the first year after the school's opening. Although he was the initiator and co-founder of the school, he was far from being a respected experienced designer at the time. However, Aicher learned quickly and soon took on lessons in the basic course himself.

12. On the one hand, Itten has great merits, e.g., in the popularization of a systematic color theory. On the other hand, throughout his life he searched for theories that connect *all* and explain, not only color phenomena, but also music, health, and the whole cosmos in a holistic world formula. An example from Itten's book *Die Kunst der Farbe* [The Art of Color], from 1970: "If two colors are mixed together, the interpretation of the resulting mixed color must correspond to the interpretations of the original colors. (...) Yellow and blue make green = knowledge and faith make compassion." Such an unequivocal assignment of colors to meanings today would be considered far too simplistic even within a reasonably homogeneous cultural space.

13. Aicher, Otl. "the signature". In: _____. *the world as design*. Berlim: Ernst & Sohn, 1994.

14. Por muito tempo, Aicher recusou-se a reconhecer que as fontes serifadas eram mais legíveis que as fontes modernas sem serifa – mesmo quando os estudos comprovaram isso experimentalmente.

15. O uso predefinido de letras maiúsculas e minúsculas na ortografia alemã.

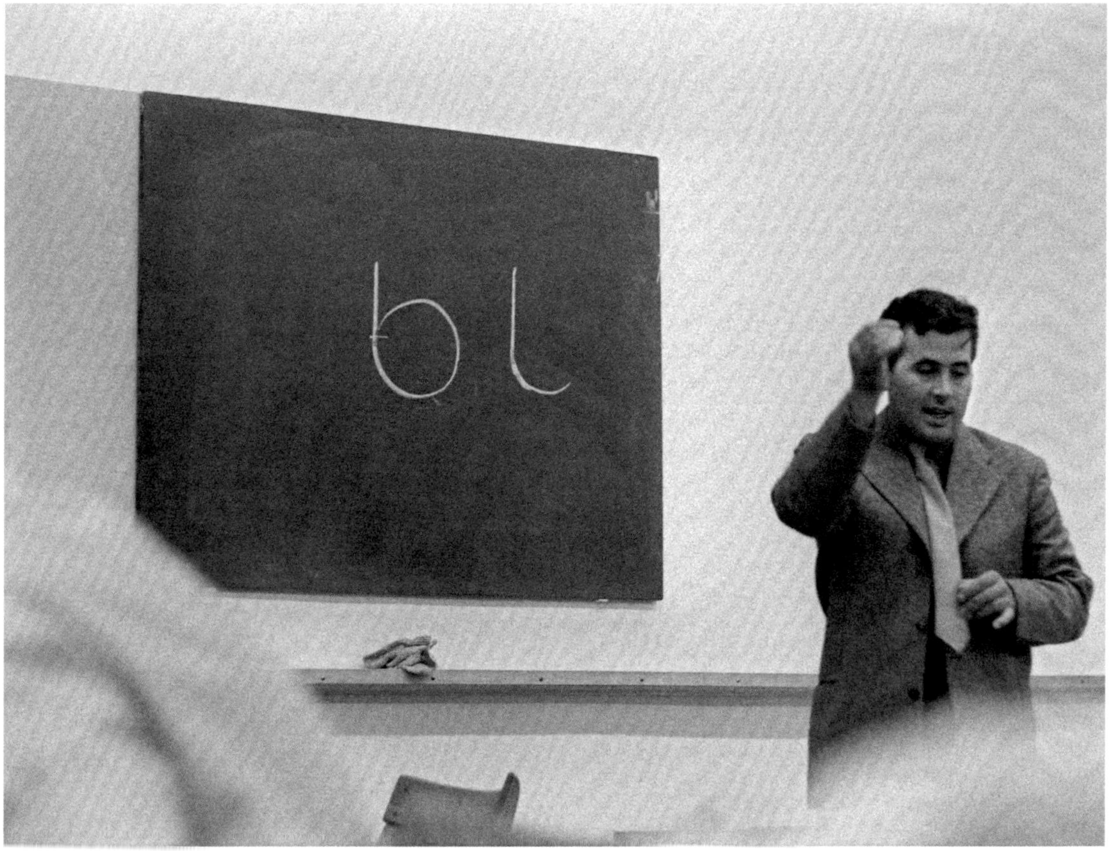

Aicher também rejeitou o texto centralizado e letras maiúsculas não apenas por razões de legibilidade. Como estas formas eram comuns nos tempos do feudalismo, para ele, elas também estariam contaminadas com uma atitude autoritária e por isso deveriam ser rejeitadas. É sabido que Aicher usou todas as cores do arco-íris para o design corporativo dos Jogos Olímpicos de 1972 – exceto o vermelho – para se distinguir o mais claramente possível dos Jogos Olímpicos da Alemanha Nazista de 1936. Além disso, para ele, o vermelho era a cor das ditaduras, de modo que o evitou sempre que possível, durante toda a sua carreira. "Vermelho é igual a totalitarismo": isto não é errado em termos históricos, mas em seu absoluto também não é certo. Vermelho também é a cor dos bombeiros e dos tomates.

Mais emocionante do que desconstruir outras crenças de Aicher, no entanto, é a questão subjacente ao impacto social do design: a atenção ou a não atenção a tais regras de design realmente afetam os destinatários desses códigos visuais em um sentido sociopolítico?

Aula de Otl Aicher [class], HfG Ulm

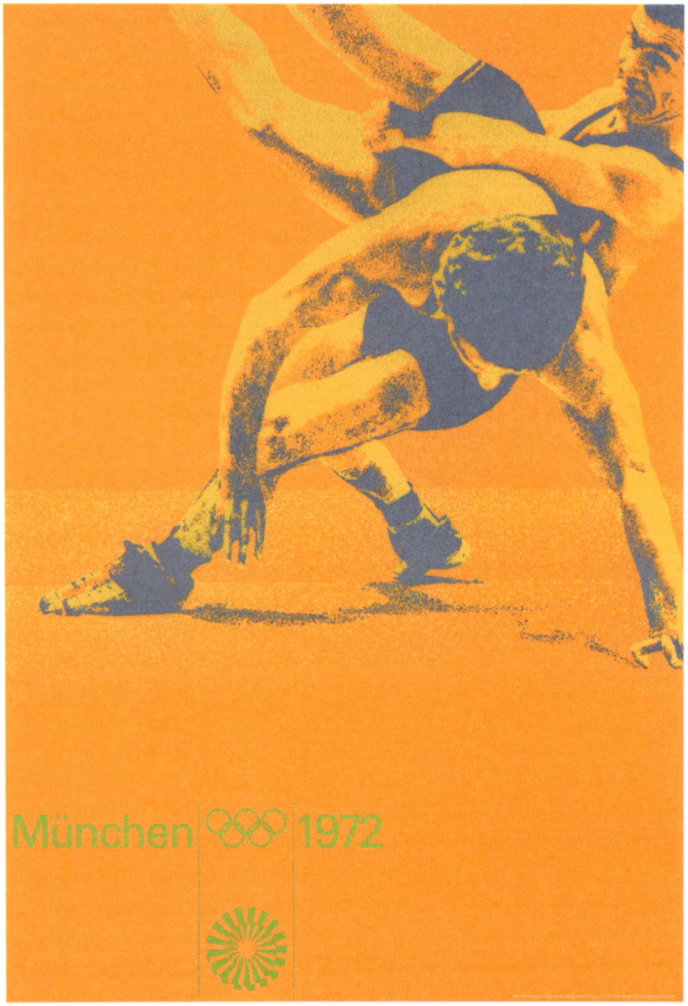

Of all Ulm's lecturers, Aicher is the one who later dissociated himself most radically from art – to the point of insulting polemics against all art and "the artists"[13]. At the same time, Aicher advocated numerous dogmatic design principles and had a good portion of skepticism towards empirically acquired knowledge – especially if it could question his views[14]. A portion of Aicher's design principles can be explained rationally. These are based on the physiology of perception, e.g. the better legibility of left-aligned sentences and the rejection of justified and uppercase text. On the other hand, the condemnation of mixed cased text[15] and Bauhaus' peculiarity of writing everything in lowercase were derived from a theoretical superstructure that, although argumentatively understandable, is in the end more an expression of an attitude than a service to the reader. Aicher's thought is indeed likable: not to write people and things in capital letters, but activities, thus the verbs. Just because this differed too much from the usual, Aicher continued to write everything in lowercase.

Aicher also rejected centered texts and capital letters not only for legibility reasons. Because these forms were common in times of feudalism, for Aicher they were also contaminated with an authoritarian attitude and therefore should be rejected. It is well known that Aicher used all rainbow colors for the corporate design of the 1972 Olympic Games – except red, in order to differ as clearly as possible from the Olympics in Nazi Germany in 1936. Moreover, for him red was the color of dictatorships, which he avoided throughout his career whenever possible. "Red equals totalitarianism": this is not wrong historically, but in its absoluteness, it is also just not right. Red is also the color of the fire brigade and tomatoes.

More exciting than deconstructing Aicher's other beliefs, however, is the underlying question of the social impact of design: Does the observance or non-observance of such design rules really affect the receivers of these visual codes in a socio-political sense?

Design and society

All major European design movements – Arts & Crafts, De Stijl, the Werkbund, the Bauhaus, the Ulm School – postulated a relationship of cause and effect between design and society. They linked the question of how we shape our material world, our things, with the question of how we want to live and in what kind of society. They were convinced that with "good design" not only the design is good, but it also has a positive effect on society. This idea can be dismantled into four overlapping theses:

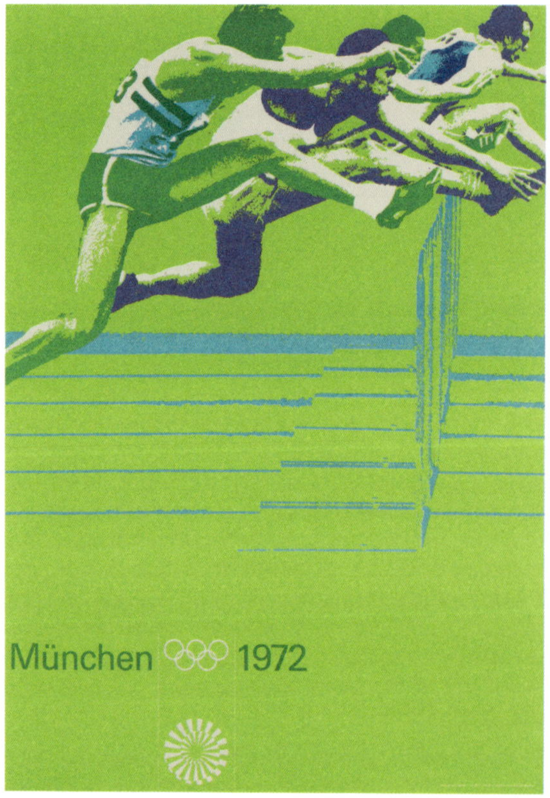

1. The design expresses the attitude of the designers. The designed artifact embodies this attitude.

This connection should be uncontested, even if some designers are not aware of how their beliefs and attitudes bias their designs. Just compare two iconic everyday products designed at the Bauhaus and the HfG Ulm: Marianne Brandt's silver tea pot (designed in 1924), and Nick Roerichts tea pot from his *TC100* series (designed in 1959). Except for the same basic functionality – storing and pouring tea – these two products hardly share any design attributes. Brandt's tea pot is strictly modelled on basic geometric shapes: circles, squares and triangles.[16] This approach, where formal "purity" takes precedence over handling aspects like the tea pouring behavior, is exactly oppositional to Roericht's. But the first major difference in their attitudes is their choice towards a use context and a target audience. Roericht decides to design for professional caterers and he derives his design requirements from analysing their use processes. His design is harmonious but it *deliberately* neglects elegance. As a part of a formally consistent modular system, it is optimized for robustness, cleanability, low space consumption, and stackability.

2. The artifact then acts on the users according to this attitude, it changes them or their behavior.

Although there are many cases in which the effect of things on users is evident, it is not self-evident that this mode of action would be generalizable. There are some weighty advocates of this theory: Friedrich Nietzsche ("Our writing tools take part in the forming of our thoughts"), Marshall McLuhan ("We shape our tools, and thereafter our tools shape us"), Bruno Latour (things as "actors"). In the classical-modern architecture, large glass surfaces stood for transparency and openness. Not only physically, but also symbolically in the sense of an open, democratic society. That sounds plausible at first. However, today, large floor-to-ceiling windows are hardly an indicator of the democratic-progressive attitude of the architect or residents. Rather of wealth.

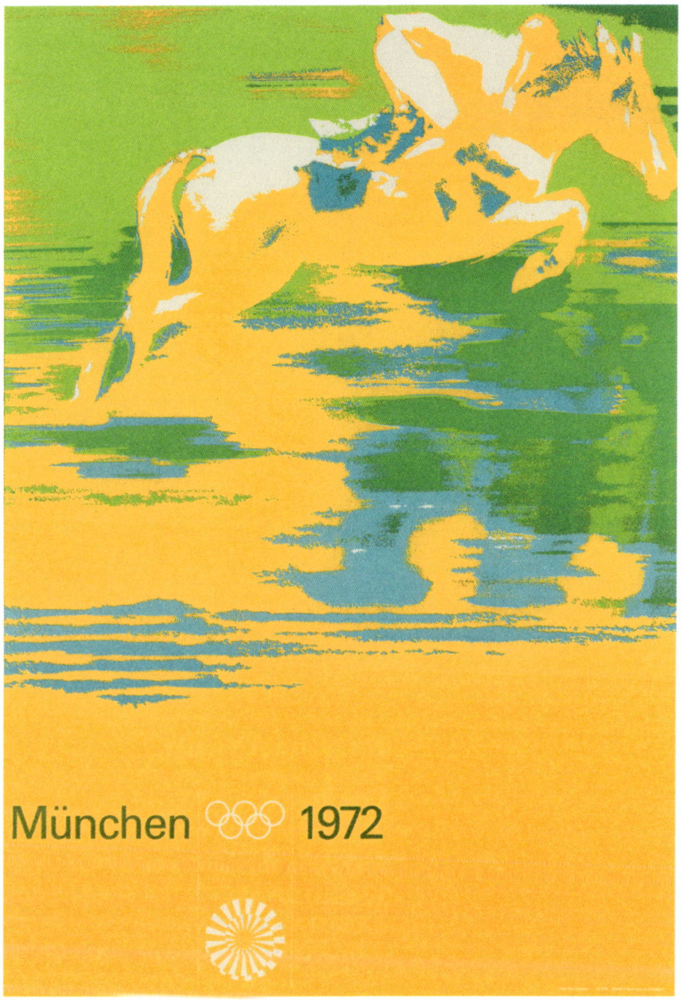

13. Aicher, Otl. "the signature". In: _____. *the world as design*. Berlim: Ernst & Sohn, 1994.

14. For a long time Aicher refused to acknowledge that serif fonts are more legible than modern sans serif fonts – even if studies proved this experimentally.

15. The default use of uppercase and lowercase letters in German spelling.

16. Handle, lid, and body are based on perfect geometric circles, the pedestal is based on a square, and the triangle can be found in the spout: its axis describes a perfect angle of 45°.

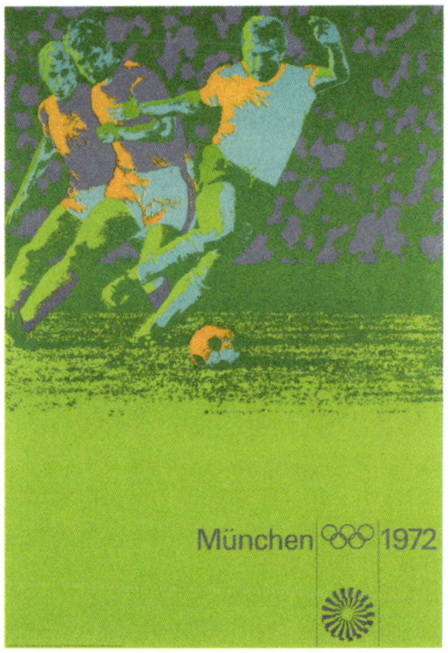

Otl Aicher, Jogos Olímpicos de Munique [Munich Olympic Games] (1972)

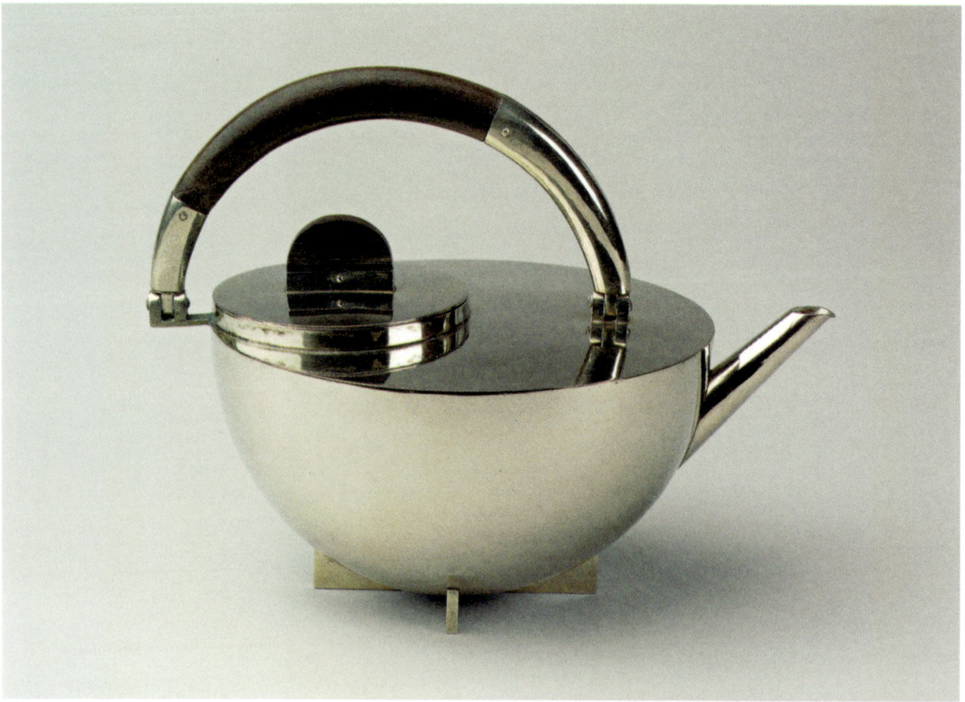

Marianne Brandt, bule de chá de prata [silver tea pot] (1924)

Design e sociedade

Todos os principais movimentos de design europeus – Arts & Crafts, De Stijl, Werkbund, Bauhaus, Escola de Ulm – postularam uma relação de causa e efeito entre design e sociedade. Relacionaram a ideia de como moldamos nosso mundo material, nossas coisas, com a expressão de como queremos viver e em que tipo de sociedade. Estavam convencidos de que na "boa forma" não só a forma é boa, mas promove um efeito positivo na sociedade. Esta ideia pode ser desmontada em quatro teses sobrepostas:

1. O design expressa a atitude dos designers. O artefato projetado encarna esta atitude.

Esta ligação deveria ser indiscutível, ainda que alguns designers não tenham conhecimento de como suas crenças e atitudes influenciam seus projetos. Basta comparar dois produtos icônicos de uso diário projetados na Bauhaus e na HfG Ulm: o bule de chá de prata de Marianne Brandt (1924) e o bule de chá da série *TC100* de Nick Roericht (1959). Além da mesma funcionalidade básica – armazenar e servir chá – os bules dificilmente compartilham quaisquer atributos de design. O de Brandt é estritamente modelado em formas geométricas básicas: círculos, quadrados e triângulos[16]. Essa abordagem, em que a "pureza" formal tem precedência sobre aspectos de manuseio, como servir o chá, é exatamente oposta à de Roericht. Mas a primeira grande diferença em suas atitudes é a decisão baseada em um contexto de uso e um público-alvo. Roericht decide projetar para profissionais de catering e deriva os requisitos do projeto da análise de seu uso. Seu design é harmonioso, mas negligencia deliberadamente a elegância. Como parte de um sistema modular formalmente consistente, o bule é otimizado para robustez, facilidade de limpeza, baixo consumo de espaço e capacidade de empilhamento.

The purported mechanism by which people become more democratic through the use of such buildings also seems questionable[17]. At the same time, it is generally accepted that, for example, chair-table arrangements affect group and work processes. In this case, the layout is first of all an expression of power relations. Just compare the standard layouts of a courtroom with the circle of chairs of a support group. These layouts are not only an *expression* of an attitude or a will, but they also make an *impression*. A hierarchical layout – the judge's chair in front, in the middle, elevated – induce a different behavior than the same and therefore equal seating at a round table.

Taking up the tea pot discussion: obviously not only the design criteria, but also the social functions of the two tea pots differ. When the *TC100* series was used in its originally intended context, for instance in a canteen, it was hardly apt to impress the customers, in view of its deliberate expressionlessness. The Bauhaus model in contrast not only is a sign of wealth[18], it also distinguishes the owners with a cultural surplus that comes with pieces of fine art and connects them to art history. The fact that the possession of a *TC100* set today may also be associated with design connoisseurship and therefore may increase the status of the proud owner, is yet another story.

2. O artefato atua sobre os usuários de acordo com esta atitude, alterando seu comportamento ou eles próprios.

Ainda que haja muitos casos em que o efeito das coisas nos usuários seja evidente, não é lógico que este mecanismo de ação seja generalizável. Há alguns defensores de peso desta teoria: Friedrich Nietzsche ("Nossas ferramentas de escrita participam na formação de nossos pensamentos"), Marshall McLuhan ("Moldamos nossas ferramentas, e depois disso nossas ferramentas moldam-nos") e Bruno Latour (a coisas como "atores"). Na arquitetura moderna clássica, grandes superfícies de vidro representavam transparência e abertura. Não apenas fisicamente, mas também simbolicamente, apontando para uma sociedade aberta e democrática. Inicialmente, tal abordagem parece plausível. Hoje, porém, grandes janelas que vão do piso ao teto dificilmente são indicadores da atitude democrático-progressista de arquitetos ou moradores. São, em geral, indicadores de riqueza.

O suposto mecanismo através do qual as pessoas se tornam mais democráticas por meio da utilização desses edifícios também parece questionável[17]. Ao mesmo tempo, é geralmente aceito que as disposições, por exemplo, de mesas e cadeiras tenham efeitos sobre os processos de grupo e de trabalho. Neste caso, o layout é, em primeiro lugar, uma expressão das relações de poder. Basta comparar o layout padrão de um tribunal com uma roda de cadeiras de um grupo de apoio. Tais disposições não são apenas *uma expressão* de uma atitude ou de uma vontade, elas também *impressionam.* Um layout hierárquico – a cadeira do juiz à frente, ao centro, elevada – induz um comportamento diferente do que um mesmo e, portanto, igual assento em uma mesa redonda.

Retomando a discussão sobre os bules de chá: obviamente, não apenas os critérios de design, mas também as funções sociais dos dois bules diferem. Quando a série *TC100* foi usada no contexto originalmente pretendido, por exemplo, em uma cantina, dificilmente impressionaria os clientes, devido à sua inexpressividade deliberada. O modelo da Bauhaus, em contraste, não é apenas um sinal de riqueza[18], mas também distingue os proprietários com o excedente cultural das obras de arte, e os conecta à história da arte. O fato de que a posse de um conjunto *TC100* hoje também pode estar associada ao conhecimento de design – e, portanto, aumentar o status do orgulhoso proprietário – é uma outra história.

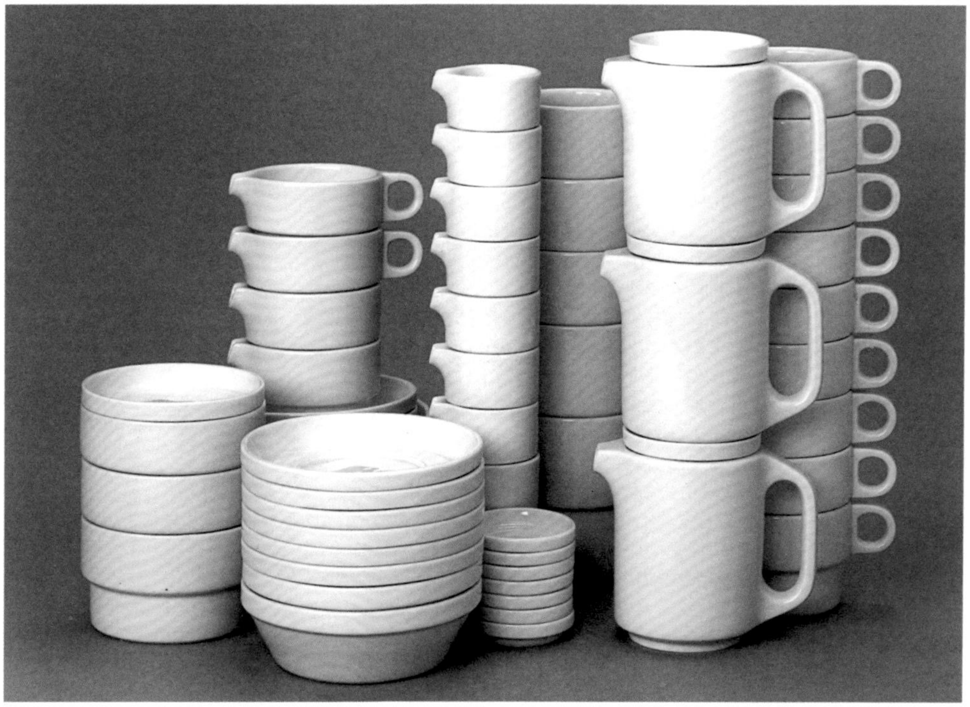

3. The society, the political and the economic system influence design or even determine it.

This fact is often regretted[19], but hardly doubted. Especially with the example of the Ulm School of Design, one can see how the transition from a post-war economy of scarcity at the beginning of the 1950s to an economy of oversaturated markets at the end of the 1960s leads to paradigms of design being questioned. Even companies like Braun, who had been the principal evangelist of Ulm's ascetic aesthetics, have diversified their product palette since the 1970s. When Hans Gugelot co-designed Braun's electric shaver *sixtant SM31* in 1962, he was convinced that a future design modification would only be necessary as part of a big technology change. Apart from that, its design was considered a perfect and therefore timeless translation of the function "shave" into form. Today, Braun offers not only one shaver with the one perfect design but eleven. Technically they mostly differ only marginally. Including the color variants, they add up to 28.

16. Alça, tampa e corpo se baseiam em círculos geométricos perfeitos, o pedestal assenta-se em um quadrado e o triângulo encontra-se no bico: o seu eixo descreve um ângulo perfeito de 45°.

17. O exemplo mais extremo disso é provavelmente Fritz Ertl, que estudou na Bauhaus de Dessau de 1928 a 1931 e mais tarde tornou-se vice gerente de construção do campo de concentração de Auschwitz. Cf. Seeger, Adina. "Fritz Ertl – Bauhausschüler und Baumeister im KZ Auschwitz-Birkenau". *In*: Oswalt, Philipp (ed.), op. cit.

17. The most extreme example of this is probably Fritz Ertl, who studied at the Bauhaus in Dessau from 1928 to 1931 and became vice site manager of the Auschwitz concentration camp. Cf. Seeger, Adina. "Fritz Ertl – Bauhausschüler und Baumeister im KZ Auschwitz-Birkenau". *In*: Oswalt, Philipp (ed.), op. cit.

18. Marianne Brandt's tea pot is still available today. In the merchandising shop of the Bauhaus Archive in Berlin, at about 10.000 US dollars (October 2021).

19. With statements like "*Actually* design should not only be sales promotion and image work" or "*Actually* designers are the lawyers of users and the environment". The catch is the "actually" – because a sober look at the real existing design practice rather proves the opposite.

Nick Roericht, jogo de louça empilhável *TC100* [stackable tableware] (1959)

3. A sociedade, os sistemas políticos e econômicos influenciam ou até determinam o projeto.

Este fato é muitas vezes lamentado[19], mas quase nunca contestado. O exemplo da Escola de Ulm, em particular, mostra como a lenta transição de uma economia de escassez do pós-guerra, no início da década de 1950, para uma economia de mercados supersaturados, ao final da década de 1960, leva os paradigmas do design a serem questionados. Mesmo empresas como a Braun, que foi a principal evangelista da estética ascética de Ulm, diversificaram sua paleta de produtos desde os anos 1970. Quando Hans Gugelot coprojetou o barbeador elétrico *sixtant SM31* da Braun em 1962, ele estava convencido de que uma modificação de design futura só seria necessária como parte de uma grande mudança tecnológica. Além disso, seu design foi considerado uma tradução perfeita e, portanto, atemporal, da função "barbear" em uma forma. Hoje, a Braun oferece não apenas uma máquina de barbear com esse design perfeito, mas 11. Tecnicamente, elas diferem apenas marginalmente. Incluindo as variantes de cor, elas somam 28.

Grande parte da lógica do design segue o conceito de venda, em vez de utilidade, usabilidade e longevidade. Em Ulm, porém, não prevaleceu a opinião de que o design deveria se adaptar às irracionalidades da superprodução e do consumismo, por exemplo, por meio da diferenciação de produtos funcionalmente desnecessária e do foco em valores simbólico-emocionais, como imagem e status, que substituiriam utilidade, longevidade e usabilidade como metas. Pelo contrário, grande parte dos Ulmianos estava convencida de que sua percepção de design já era bastante correta, mas que o mundo econômico à sua volta estava errado. Portanto, seria lógico que o sistema econômico devesse mudar, e não a disciplina do design. Hoje esse pensamento pode ser facilmente rejeitado e tido como ingênuo. Vimos como o mundo mudou desde a década de 1970, e o que é mais forte, o poder do sistema econômico ou o poder do design? It's the economy, stupid [É a economia, idiota!]

Much of the design logic follows the concept of selling rather than utility, usability, and longevity. In Ulm, of course, the opinion that design should adapt to the irrationalities of overproduction and consumerism did not prevail. For example, through functionally unnecessary product differentiation and a focus on symbolic-emotional values such as image and status, which would replace utility, longevity and usability as goals. On the contrary, a large portion of the people of Ulm was convinced that their conception of design was quite correct, but that the economic world around it was wrong. Hence, it is only logical that the economic system should change and not the design discipline. With today's knowledge, this can easily be dismissed as a naive thought. We have seen how the world has changed since the 1970s and which is stronger, the power of the economic system or the power of design? It's the economy, stupid!

4. The designed systems and artifacts, the material world, influence human beings, and consequently the society and the political system.

So, design changes the world for the better? That depends a lot on how you define "change for the better" – and of course, how you define "design"! If you mean a long-term positive effect for *all* people, society and nature, this is unfortunately rarely true. There remains the sobering recognition that the notion of design as the great problem solver is not entirely wrong, but is also far from being right, given how design acts within the contemporary capitalist economy. Yes, design changes the world and it also shapes people's actions. However, since design never acts alone and usually works within existing systems, its disruptive power is limited. That design can contribute to the improvement of the world is uncontestable; that it is the *crucial* contribution to its rescue is unlikely. Designers who believe this have not yet said goodbye to the artistic megalomania of the Bauhaus Manifesto of 1919[20].

Nevertheless, there is nothing against and much in favor of contributing as much as we can as designers. If anything at the Ulm School is still relevant today, it is this attitude.

18. O bule de chá de Marianne Brandt ainda está disponível hoje. Na loja do Arquivo Bauhaus em Berlim está à venda por cerca de 10.000 dólares americanos (outubro de 2021).

19. Com declarações como *"Na realidade,* o design não deve ser apenas promoção de vendas e trabalho de imagem." Ou *"Na realidade,* os designers são os defensores dos usuários e do meio ambiente". O problema é o "na realidade" – pois um olhar sensato sobre a prática real do design existente prova o contrário.

20. Como citação exemplar: "O artista é uma elevação do artesão. A graça divina, em raros momentos de luz que estão além de sua vontade, inconscientemente faz florescer arte da obra de sua mão." Gropius, Walter. Manifesto da Bauhaus, 1919.

20. As an exemplary quote: "The artist is an augmented artisan. The mercy of heaven allows art to blossom from the work of his hand unconsciously, in rare moments of illumination, which are beyond man's will." Gropius, Walter. Bauhaus Manifesto, 1919.

4. Os sistemas e artefatos projetados, o mundo material, influenciam seres humanos e, consequentemente, a sociedade e o sistema político.

Então o design muda o mundo para melhor? Isto depende muito de como se define "melhorar" – e claro, de como se define "design"! Se considerarmos com isso um efeito positivo a longo prazo para *todas* as pessoas, a sociedade e a natureza, então infelizmente a ideia raramente se aplica. Fica ainda o preocupante reconhecimento de que a noção do design como o grande solucionador de problemas não é de todo errada, mas também está longe de estar certa, dada a forma como o design atua dentro da economia capitalista contemporânea. Sim, o design muda o mundo e também molda as ações das pessoas. No entanto, uma vez que o design nunca age sozinho e geralmente atua dentro dos sistemas existentes, o seu poder disruptivo é limitado. Que o design possa contribuir para a melhoria do mundo é indiscutível; que ele fará a contribuição *decisiva* para a sua salvação, é improvável. Designers que acreditam nisso ainda não se despediram da megalomania artística do Manifesto da Bauhaus de 1919[20].

No entanto, não há nada contra, pelo contrário, há muito a favor de oferecermos a contribuição que nós, como designers, podemos dar. Se alguma coisa sobre a Escola de Ulm ainda é relevante hoje em dia, é esta postura.

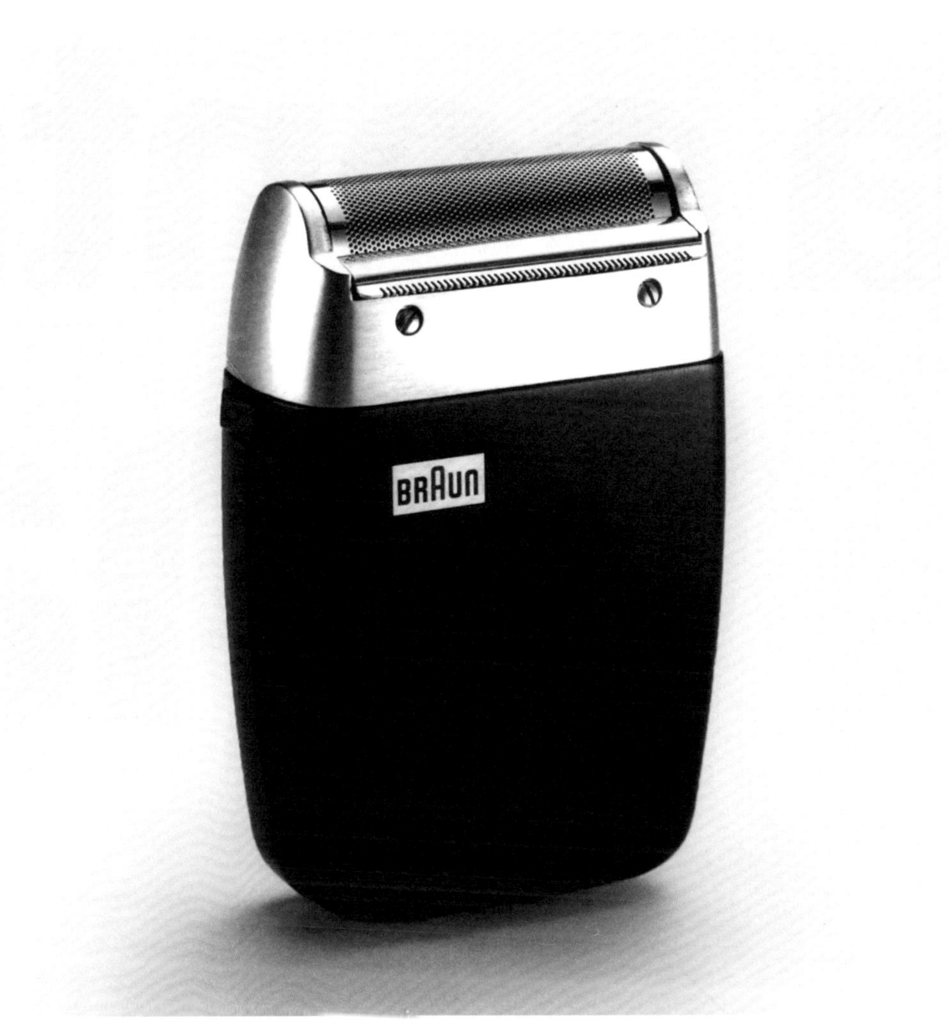

Hans Gugelot, barbeador Braun Sixtant SM31 [shaver] (1962)

a contribui

mary

V

para

e i

malou
von muralt

ão de

the contribution of mary vieira to brazilian and international design

eira

design brasileiro
ternacional

"De tirar o fôlego" – escreveu Toshihiro Katayama, em 1967, na revista *Graphic Design* de Tokyo[1]. "Sempre os mais altos padrões de design racional" – assim Friedrich Friedl apresentava a obra de Mary Vieira (1927-2001, Brasil) na revista internacional de tipografia *baseline*, em 1999[2].

Com apenas três cartazes, criados entre 1954 e 1957, Mary Vieira deixou sua personalíssima contribuição para a história do design internacional. Os três cartazes enaltecem o Brasil, dando a conhecer a moderna arquitetura brasileira, divulgando a invenção de Brasília, promovendo a excelência da Panair do Brasil.

Falando em "standards", Mary Vieira produziu pouco, mas deixou clássicos. Seu primeiro cartaz, *brasilien baut*, de 1954, selecionado entre os melhores do ano, integra a coleção do Museu de Arte Moderna de Nova York – MoMA. O cartaz *dc7c panair do brasil*, de 1957, é apresentado para estudantes de design no mundo inteiro e consta das mais respeitadas publicações sobre design internacional. Com *brasilien baut brasilia*, também de 1957, Mary Vieira assina mais uma obra prima. Com grande economia de recursos – o pequeno quadrado vermelho em meio à imensidão verde – a artista consegue transmitir a vibração e a força de um Brasil determinado a construir seu destino.

Mary bem conhecia essa imensidão, que vivenciara na infância, no sul de Minas, nas fazendas dos tios que ela percorria a cavalo e nas quais chegava a se perder. Em 1954, escrevia num dos raros textos em que fala de si:

> *Uma terra onde as forças da natureza ameaçam suplantar as do homem, onde a claridade da luz ofusca, onde a imensidão do horizonte confere a sensação de liberdade, mas também a de abandono, uma terra que oferece ao homem seus frutos em abundância podendo desta forma induzi-lo à malemolência, esta terra me viu nascer e imprimiu em mim o perigo de nela se perder.*[3]

Para não correr este risco, Mary Vieira precisou romper, aos poucos, com tudo que amava. Em 1944, com 22 anos de idade, deixou a casa paterna para estudar arte com Guignard. Em 1948, afastou-se de Belo Horizonte para "olhar para dentro de si" e assim criar seus *multivolumes*. Em 1949, trocou Minas Gerais pelo Rio de Janeiro, então capital do país, em busca de informação e pessoas. Em dezembro de 1951, por fim, foi preciso deixar os céus e as terras do Brasil. Cruzou o Atlântico para alcançar outro céu e outra terra onde encontraria os parâmetros que tanto procurara. Ao desembarcar na estação de Zurique, em janeiro de 1952, lá estava Max Bill (1908-1994, Suíça), esperando por ela[4].

"Breathtaking" – wrote Toshihiro Katayama, in 1967, in the Tokyo based magazine *Graphic Design*[1]. "Always the highest rational design standards" – this is how Friedrich Friedel introduced the work of Mary Vieira (1927-2001, Brazil) in the international typography magazine *baseline* in 1999[2].

With only three posters, created between 1954 and 1957, Mary Vieira left her highly personal contribution in the history of international design. The three posters extoll Brazil, raising awareness of modern Brazilian architecture, disseminating the invention of Brasília, fostering the excellence of Panair do Brasil airline.

Speaking of standards, Mary Vieira produced little, but left classics. Her first poster, *brasilien baut*, from 1954, selected among the best of the year, is part of the collection at the Museum of Modern Art – MoMA, in New York. The poster *dc 7c panair do brasil*, from 1957, is presented to design students from around the world and is included in the most acknowledged publications on international design. With *brasilien baut brasilia*, also from 1957, Mary Vieira signs yet another masterpiece. With a remarkable economy of resources – the small red square amidst the green vastness – the artist is able to convey the vibration and force of a Brazil which is determined to build its destiny.

Mary had a deep knowledge of this vastness, which she had experienced in her childhood, in southern Minas Gerais, in her uncles' farms where she roamed on horseback sometimes to get lost. In 1954 she wrote in one of the rare texts in which she talks about herself:

> *A land where the forces of nature threaten to supersede those of man, where the clarity of light blinds, where the immensity of the horizon confers the sensation of freedom, but also of abandon, a land which offers man its fruit in abundance, and in doing so, might induce him to indolence, this land saw me being born and imprinted in me the danger of losing myself in it.*[3]

1. Katayama, Toshihiro. Selected works of Mary Vieira. *Graphic Design*, n. 26, jan. 1967. Katayama conheceu Mary Vieira na Basileia em maio de 1965, período em que atuava como diretor artístico da Geigy AG, companhia farmacêutica suíça referência em design gráfico e publicidade.

2. Friedl, Friedrich. The work of Mary Vieira. *Baseline international typoGraphics magazine*, n. 27, 1999.

3. Cf. Vieira, Mary. *brasilien baut*. Zurique: Kunstgewerbemuseum, 1954.

4. Almir Mavignier em depoimento à autora, realizado em Hamburgo em 16 de outubro de 2004.

1. Katayama, Toshihiro. Selected works of Mary Vieira. *Graphic Design*, n. 26, jan. 1967. Katayama met Mary Vieira in Basel in May 1965, period in which he was artistic director of Geigy AG, Swiss pharmaceutical company reference in graphic design and advertising.

2. Friedl, Friedrich. The work of Mary Vieira. *Baseline international typographics magazine*, n. 27, 1999.

3. Cf. Vieira, Mary. *brasilien baut*. Zürich: Kunstgewerbemuseum, 1954.

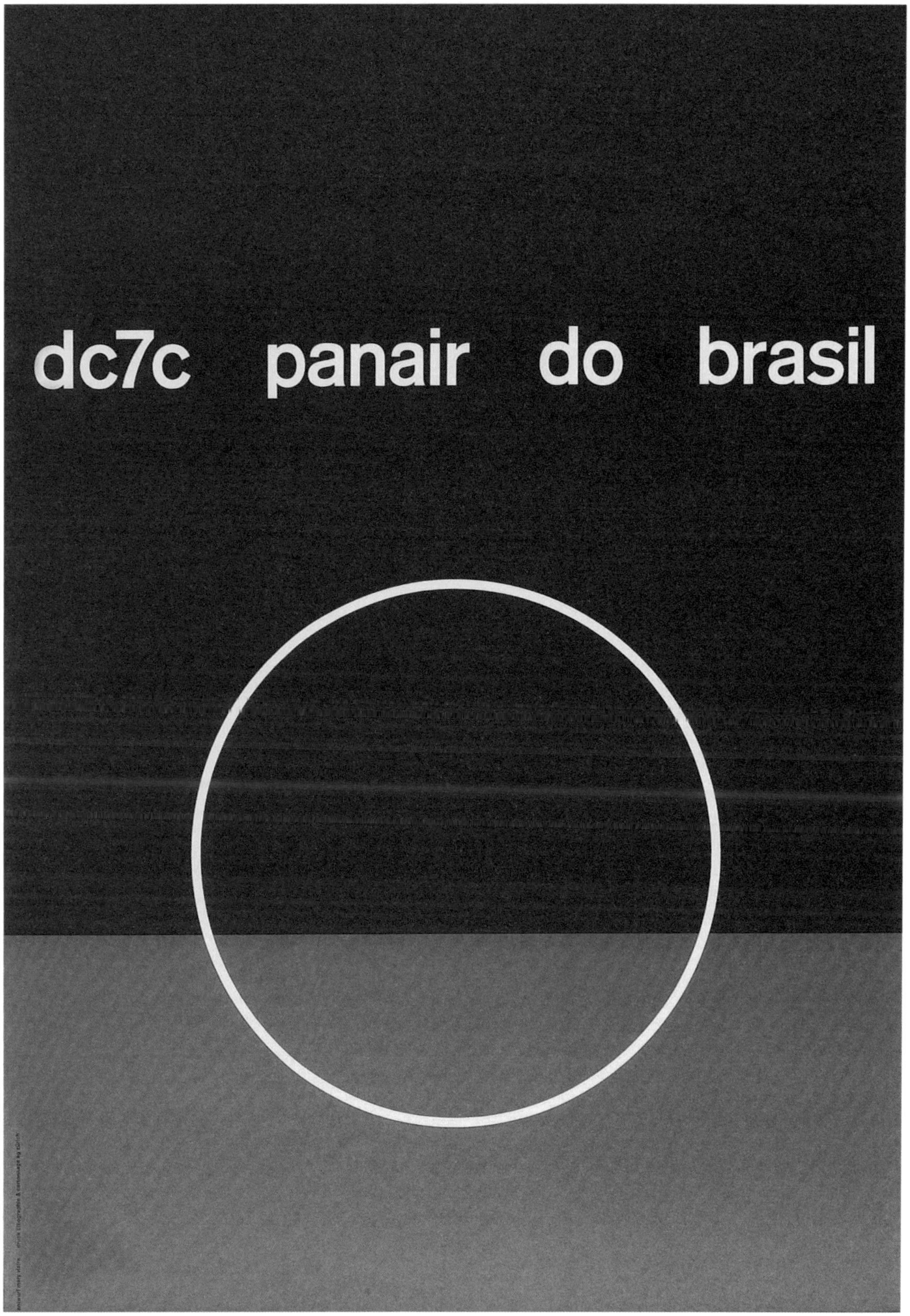

Mary Vieira, *dc 7c panair do brasil* (1957)

Em Zurique, Mary encontrou ambiente propício ao desenvolvimento de suas ideias. O silêncio, a disciplina, a concentração. O rigor, a exigência, a medida exata. Encontrou também, e principalmente, aceitação e diálogo. Max Bill abriu portas. Ele, que não tinha tempo, acabou ensinando muito: discutindo problemas, esclarecendo questões nas áreas do design, da escultura, da arquitetura. Naqueles anos, a arte concreta, a tipografia, a arte do cartaz e o design gráfico suíço estavam em seu apogeu.

O ano de 1952 foi de concentração máxima e de trabalho intenso. Além do aprendizado do idioma e da adaptação cultural, Mary estudou, assimilou tudo quanto o novo ambiente ofertava. Aprendeu a lidar com papel, encadernação, litografia e serigrafia. Também fez questão de se familiarizar com os mais diversos materiais – alpaca, alumínio, aço, mármore, gesso – realizando, ela mesma, suas peças em diversas oficinas.

Em retrospecto, fica evidente que, ao tomar a decisão de viajar para a Suíça, Mary já tinha em mente participar da 2ª Bienal de São Paulo. Neste período de pouco mais de um ano, produziu um significativo conjunto de obras[5] que apresentou, em 1953, na segunda edição da mostra internacional, e em 1954, na exposição do Grupo Allianz e na mostra *brasilien baut* [o Brasil constrói], ambas em Zurique – alcançando o reconhecimento do meio artístico e da crítica local.

Em 1952, Max Bill estava empenhado em desenhar, com seus assistentes, as plantas da futura Hochschule für Gestaltung Ulm – HfG Ulm, da qual era, a um só tempo, arquiteto e futuro reitor. Mary Vieira acompanhava este processo e, vez por outra, participava das discussões que surgiam em torno do projeto do futuro edifício.

Bill fizera questão de dar à escola uma dimensão internacional. Como antigo aluno da extinta Bauhaus, ele mantinha contato com seus fundadores e mestres e podia contar com o prestígio de personalidades como Josef Albers e Friedrich Vordemberge-Gildewart, entre outros, cuja imensa experiência era imprescindível, principalmente na fase inicial.

E esta internacionalização não se limitaria ao corpo docente. Metade das vagas para estudantes era reservada aos alemães, a outra destinava-se às candidaturas estrangeiras. Com isto, o Brasil encontrava-se em posição privilegiada, uma vez que o próprio Bill viajaria duas vezes ao país em 1953, tendo assim a oportunidade de convidar pessoalmente potenciais candidatos à escola. Evidentemente, Mary seguiria para Ulm, assim como Almir Mavignier (1925-2018, Brasil) (defendido por ela diante de Bill[6]) e, ainda nesta primeira turma de brasileiros, Alexandre Wollner (1928-2018, Brasil) e as irmãs Elke e Frauke Koch-Weser. Do Brasil seriam dez estudantes ao todo, sendo um dos últimos o cineasta Jorge Bodanzky.

To avoid this risk, Mary Vieira needed to, little by little, break away from everything she loved. In 1944, when she was 22 years old, Mary left the parental household to study art with Guignard. In 1948, she left Belo Horizonte to "look into herself" and thus create her *multivolumes*. In 1949, she moved from Minas Gerais to Rio de Janeiro, then the capital of the country, in search of information and people. Finally, in December 1951, it became vital to leave the skies and lands of Brazil. She crossed the Atlantic to reach for another sky and land where she would find the parameters she had sought for so long. As she arrived at the Zurich station, in January 1952, there was Max Bill (1908-1994, Switzerland), waiting for her[4].

In Zurich, Mary found an auspicious environment for the development of her ideas. Silence, discipline, concentration. Rigor, demand, precision. She also found acceptance and dialogue, mainly. Max Bill opened doors. He, who did not have much time, ended up teaching a lot: discussing problems, clarifying issues in areas of design, sculpture, architecture. In those years, concrete art, typography, poster art and the Swiss graphic design were in their prime.

Nineteen fifty-two was a year of utmost concentration and intense work. In addition to learning the language and adapting to the local culture, Mary studied, assimilated everything the new environment had to offer. She learned to handle paper, book binding, lithography and serigraphy. She also made a point of getting familiar with the most diverse materials – alpaca, aluminum, steel, marble, plaster – producing, by herself, her pieces in several workshops.

In retrospect, it becomes evident that, when she made the decision to travel to Switzerland, Mary already had in mind to take part in the 2nd Bienal de São Paulo. In this period little longer than a year, she produced a significant body of work[5] which she exhibited in 1953, at the second edition of the international exhibition; and in 1954, at the exhibition of the Allianz Group and at the *brasilien baut* [Brazil builds] exhibition, both in Zurich – gaining the recognition of the artistic scene and the local critique.

In 1952, Max Bill was committed to designing, with his assistants, the blueprint for the future Hochschule für Gestaltung Ulm – HfG Ulm, of which he was at once the director and future rector. Mary Vieira followed this process and would occasionally take part in the discussions which arose about the project of the future building.

5. Entre janeiro de 1952 e meados de 1954, Mary Vieira desenvolveu uma dezena de obras, algumas delas em três exemplares.

6. Considerando os trabalhos enviados por Almir Mavignier, Max Bill havia declarado sua intenção de recusá-lo: "Mary me defendeu – pessoa, trabalho, intenções de estudar" – depoimento de Almir Mavignier por email à autora em 23 de fevereiro de 2005.

7. Nesta época, Mário Pedrosa fazia parte da Delegação do Brasil junto à Unesco. Cf. Merklinger, Martina. *Die Biennale São Paulo*. Bielefeld: Transcript Verlag, 2013.

4. Almir Mavignier in interview to the author in Hamburg, on October 16th, 2004.

5. Between January 1952 and the middle of 1954, Mary Vieira developed a dozen artworks, some of which in three copies.

6. Considering the works Almir Mavignier had presented, Max Bill declared his intention to refuse him. "Mary championed me – person, work and intention to study." Testimony of Almir Mavignier by e-mail to the author on 23rd February 2005.

7. At the time, Pedrosa was part of the Brazilian Delegation to Unesco. Cf. Merklinger, Martina. *Die Biennale São Paulo*. Bielefeld: Transcript Verlag, 2013.

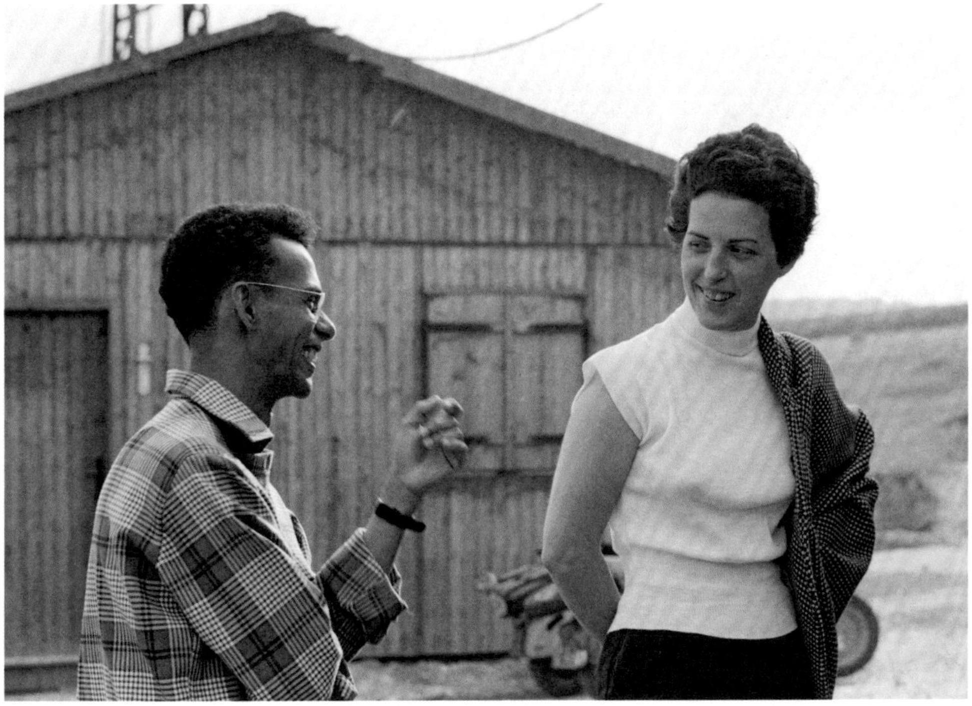

Almir Mavignier & Mary Vieira, Ulm (1954)

Ulm, *the place to be*!
No início de agosto, Bill e Mary empreenderam juntos a longa viagem até Ulm, no famoso Bentley do arquiteto. Hora de colocar a conversa em dia. Bill acabara de voltar de sua viagem ao Brasil, Peru e Estados Unidos e os assuntos não faltavam: como teria sido o encontro com o casal Bardi, no Masp? E a polêmica desencadeada pelas palestras e conferências de imprensa do arquiteto no Rio de Janeiro e em São Paulo? Bill teria certamente também contado sobre seu encontro com Josef e Anni Albers em Lima, ocasião em que Albers aceitou o convite para ministrar aulas no Curso Fundamental da HfG Ulm. Teriam conversado, talvez, a respeito do Congresso Internacional de Design em Aspen, do qual Max Bill fora conferencista convidado, e da passagem por Nova York, em que ele divulgou a escola de Ulm. Por sua vez, Mary Vieira falaria de seus estudos e do andamento na produção de suas obras, relataria sua recente ida a Paris, seus encontros com Mário Pedrosa, com Georges Vantongerloo e a possibilidade, ainda incerta, de conseguir uma bolsa de estudos por meio da Unesco[7].

Na segunda-feira, dia 3 de agosto de 1953, 15 alunos tomavam seus assentos nas grandes mesas de desenho espalhadas pela sala de aula. Walter Peterhans deu início ao curso preparatório. Permaneceu por três meses, voltando para Chicago em novembro daquele ano. Foi seguido por Albers, que ficou na escola de dezembro de 1953 até janeiro de 1954. Helene Nonné-Schmidt, aluna de Paul Klee na Bauhaus, encerrou o semestre. Apesar de dividido entre as suas atividades em Zurique e as responsabilidades que lhe cabiam em Ulm, Bill ainda ministrava algumas aulas. Além de grade regular havia, à noite, palestras organizadas pela *Volkshochschule*, como as do filósofo Max Bense.

Bill insisted on giving the school an international dimension. As an alumnus of the terminated Bauhaus, he kept in contact with its founding members and masters, and could count on the prestige of personalities such as Josef Albers and Friedrich Vordemberge-Gildewart, among others, whose immense experience was pivotal, particularly in the initial phase.

And this internationalization would not be limited to the faculty board. Half the slots for students were reserved to German students, and the other half was allocated to international applicants. With that, Brazil was in a privileged position, since Bill himself would travel there in two occasions in 1953, having the opportunity to invite potential candidates to the school in person. Obviously, Mary would set off to Ulm, as well as Almir Mavignier (1925-2018, Brazil) – whose application was defended by her to Bill[6] – and also in this first group of Brazilians were Alexandre Wollner (1928-2018, Brazil) and sisters Elke and Frauke Koch-Weser. From Brazil, there would be ten students in total, one of the latter being the filmmaker Jorge Bodanzky.

Ulm, the place to be!
In the beginning of August, Bill and Mary took a long trip together to Ulm, in the famous Bentley driven by the architect. Time to catch up, as Bill had just returned from his trip to Brazil, Peru and the US: How had the conversation been with the Bardis at Masp? And the controversy unleashed by the lectures and press conferences by the architect in Rio de Janeiro and in São Paulo? Bill would also certainly have told her about his meeting with Josef and Anni Albers in Lima, when Albers had accepted the invitation to be a lecturer in the Foundation Course at HfG Ulm. They would have talked, perhaps, about the International Design Conference in Aspen, where Bill had been a guest lecturer, and about his stay in New York, where he had promoted the Ulm school. In turn, Mary Vieira would have talked about her studies and the ongoing production of her works, she would have reported on her recent trip to Paris, her meetings with Mário Pedrosa, with Georges Vantongerloo and the still uncertain possibility of obtaining a scholarship through Unesco[7].

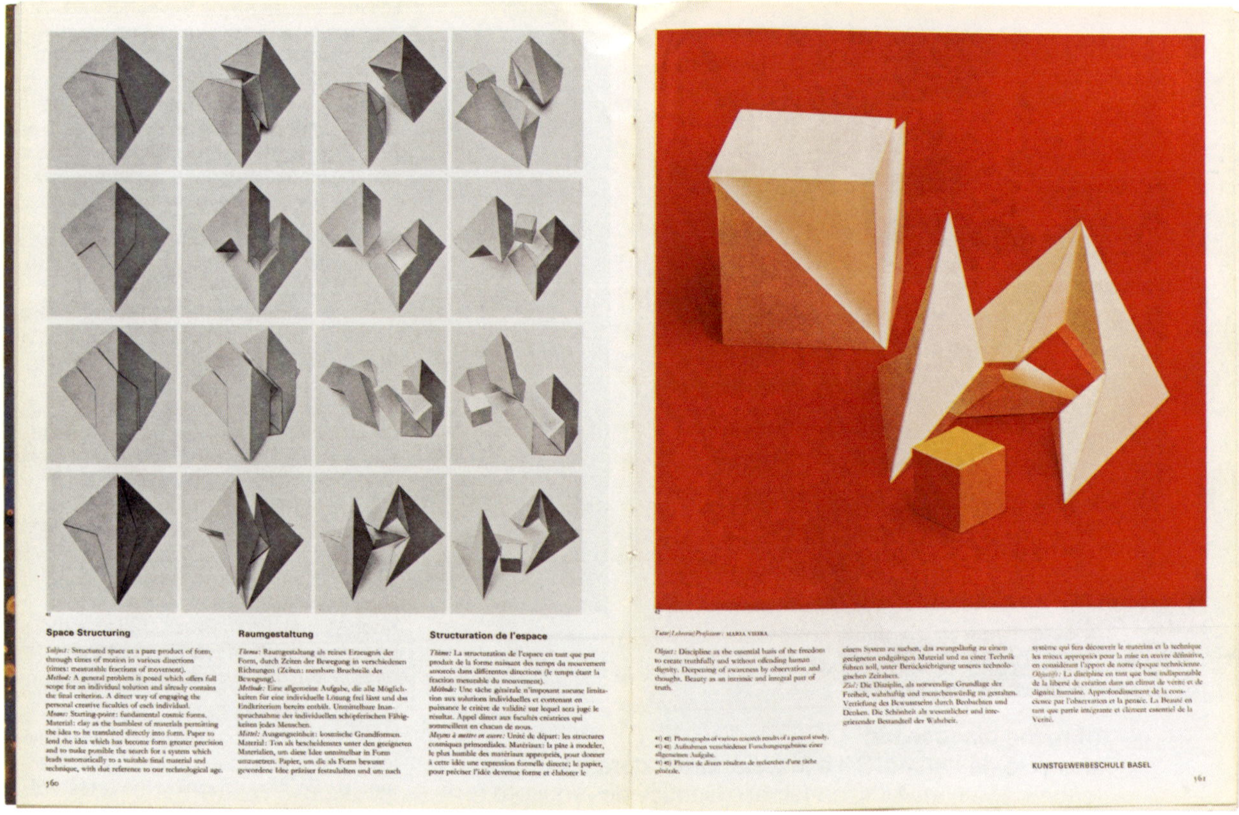

Graphis [magazine] (1969)

On Monday, August 3rd, 1953, 15 students took their seats at the large drawing tables spread across the classroom. Walter Peterhans initiated the preparatory course. He stayed for three months, returning to Chicago in November of that year. He was followed by Albers, who stayed at the school from December 1953 until January 1954. Helene Nonné-Schmidt, a student of Paul Klee at Bauhaus, finished the semester. Although divided between his activities in Zurich and the responsibilities he had at Ulm, Bill still taught some classes. In addition to the regular curriculum, there were, in the evenings, lectures organized by the *Volkshochschule*, such as those by philosopher Max Bense.

Peter Gautel, a student of the first class, remembers Mary Vieira without giving many details, though. He describes a strong woman, who knew how to make herself respected by the "the ones above", that is, by the faculty board and professors. He mentions the names of Bill, Maldonado, Vordemberge-Gildewart. Asked if Mary attended classes on a regular basis, he gave this puzzling answer: "There was someone... yes, there was someone in the classroom"[8]. He adds that Mary was introduced to him as an artist. Mary Vieira was, therefore, a special case. In fact, her application form indicates as a purpose: "Plastik", i.e., plastic arts. It is improbable that she had had the intention to graduate in Visual Communication. Moreover, we do not find, in the Ulm archives, any work by her, and the only one attributed to her is, in fact, a work by Karl Heinz Bergmiller (1928, Germany) for Albers' course.[9] Asked about the subject, Mavignier elucidated: "She was not a student. I do not think Bill had brought her to study...I suspect Bill wanted Mary as a faculty member..."[10]

8. Peter Gautel interviewed in Karlsruhe, on November 11th, 2019.

9. This incorrect attribution was solved in 2019. The artwork *Gestörte Ordnung* created in the Albers course in 1955 is now duly catalogued in the archives of HfG Ulm with Bergmiller as author.

10. Almir Mavignier in interview to the author in Hamburg, on October 16th, 2004.

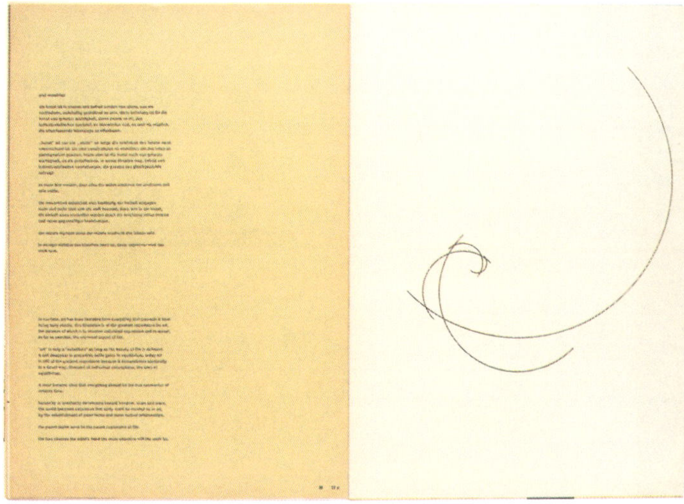

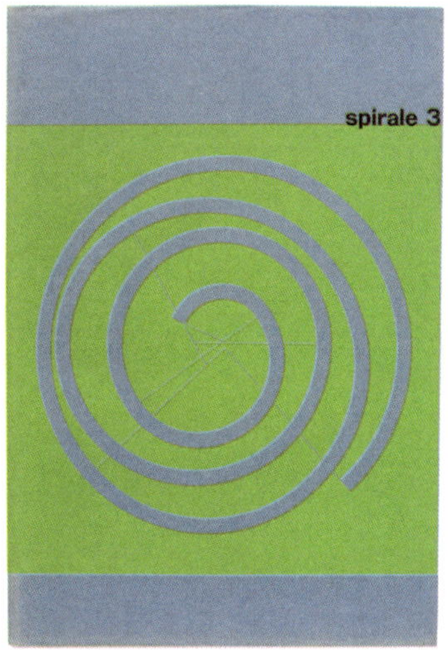

Peter Gautel, integrante da primeira turma, lembra de Mary Vieira sem, porém, nos oferecer detalhes. Descreve uma mulher forte, que sabia se fazer respeitar pela “turma lá de cima”, ou seja, pela diretoria e pelos docentes. Cita os nomes de Bill, Maldonado, Vordemberge-Gildewart. Perguntado se Mary frequentava as aulas diariamente, ele respondeu, enigmático: “Havia alguém... é, havia alguém na sala de aula”[8]. Acrescenta que Mary lhe foi apresentada como artista. Mary Vieira era, portanto, um caso à parte. De fato, sua ficha de inscrição indica como objetivo: “Plastik”, ou seja, artes plásticas. É pouco provável que tenha tido a intenção de formar-se em Comunicação Visual. Também não encontramos no arquivo de Ulm qualquer trabalho de sua autoria, sendo o único que lhe era atribuído, na verdade, uma obra de Karl Heinz Bergmiller (1928, Alemanha) para o curso de Albers[9]. Indagado sobre o assunto, Mavignier esclareceu: “Ela não era uma estudante. Eu não acho que Bill a traria para estudar... Eu tenho a suspeita de que Bill queria Mary como docente...”[10]

Mary Vieira, docente em Ulm! Por que não? Ela viria, anos mais tarde, afinal, a ensinar estruturação espacial[11], atendendo ao chamado do então diretor da Allgemeine Gewerbeschule Basel, Armin Hofmann[12]. Única mulher do corpo docente, Mary Vieira ministraria seu curso na Basileia de 1966 até 1982.

brasilien baut

Mil novecentos e cinquenta e quatro foi um ano de virada para Mary Vieira, com participação em duas importantes exposições: a do Grupo Allianz e *brasilien baut*. O ano iniciava com a publicação de uma bela litografia de página inteira no terceiro número da revista *spirale*[13], dialogando com um significativo texto de Mondrian na página oposta. Dirigida por Marcel Wyss, Dieter Roth e Eugen Gomringer, a revista reunia o que de melhor havia na poesia, na arte e na arquitetura. Publicava litogravuras originais, bem como textos dos mais renomados artistas. Com 600 exemplares, tinha divulgação internacional e era distribuída em livrarias no Rio de Janeiro e em São Paulo[14].

Mary Vieira, a lecturer at Ulm! Why not? After all, she would teach, years later, spatial structuring[11], accepting an invitation by the then director at Allgemeine Gewerbeschule Basel, Armin Hofmann.[12] The only woman in the faculty, Mary Vieira would teach her course in Basel from 1966 to 1982.

brasilien baut

Nineteen fifty-four was a turning point for Mary Vieira, with her participation in two important exhibitions: the Allianz Group and the *brasilien baut*. The year started with the publication of the beautiful full-page lithography in the third number of the *spirale*[13] magazine, in dialog with a significant text by Mondrian on the opposite page. Directed by Marcel Wyss, Dieter Roth and Eugen Gomringer, the magazine brought together the best there was in poetry, art and architecture. It published original lithographs as well as texts by the most renowned artists. With 600 copies, it had international circulation and was distributed in bookshops in Rio de Janeiro and São Paulo[14].

Awarded at the 2nd Bienal de São Paulo[15], Mary Vieira would also receive praising critique for her participation in the Allianz[16] show, in Zurich. The presence of the artist in these important exhibitions as well as the quality and technical perfection of her works placed Mary Vieira on a whole new level, revealing a sculptor of great force and talent – according to Mário Pedrosa: “the only concrete Brazilian nowadays”[17].

8. Peter Gautel em entrevista realizada em Karlsruhe, em 11 de novembro de 2019.

9. Este equívoco foi resolvido em 2019. A obra *Gestörte Ordnung*, realizada no curso de Albers em 1955, está agora devidamente catalogada no arquivo da HfG Ulm com autoria de Bergmiller.

10. Almir Mavignier em depoimento à autora, realizado em Hamburgo em 16 de outubro de 2004.

11. Mary Vieira desenvolveu seu próprio método. Cf. Munari, Bruno. “Exercícios construtivo-espaciais sobre sólidos regulares durante o curso de *Raumgestaltung* de Mary Vieira na Kunstgewerbeschule Basel 1966-67”. *In*: _____. *Design e Comunicação Visual*. Lisboa: Edições 70, 1968.

12. Cf. Hofmann, Dorothea. *Die Geburt eines Stils*. Zurich: Triest Verlag, 2016.

13. Cf. Bucher, Annemarie. *Spirale: eine Künstlerzeitschrift 1953-1964*. Baden: Verlag Lars Müller, 1990.

14. Mary Vieira também participou do quarto número da revista *spirale* (novembro de 1954), na qual foram publicadas reproduções de duas obras em fio de alpaca: *equilíbrio* e *tensão-expansão*, ambas de 1952-53.

11. Mary Vieira developed her own method. Cf. Munari, Bruno. “Exercícios construtivo-espaciais sobre sólidos regulares durante o curso de *Raumgestaltung* de Mary Vieira na Kunstgewerbeschule Basel 1966-67”. *In*: _____. *Design e Comunicação Visual*. Lisbon: Edições 70, 1968.

12. Cf. Hofmann, Dorothea. *Die Geburt eines Stils*. Zurich: Triest Verlag, 2016.

13. Cf. Bucher, Annemarie. *Spirale: eine Künstlerzeitschrift 1953-1964*. Baden: Verlag Lars Müller, 1990.

14. Mary Vieira also participated in *spirale* 4 (November 1954), in which reproductions of two artworks in alpaca were published: *equilibrium* and *tension-expansion*, both from 1952-53.

15. Mary Vieira was awarded the National Acquisition Prize of the Museum of Modern Art of Rio de Janeiro – MAM Rio. The claim, widely spread, according to which Mary Vieira had received the award Best National Sculptor is not consistent with reality. This award was granted to Bruno Giorgi. Cf. Lista de Prêmios. *In*: *Catálogo Geral da 2ª Bienal do Museu de Arte Moderna de São Paulo*. São Paulo: Museu de Arte Moderna, 1953.

16. The last exhibition of the Allianz Group (Union of Swiss modern artists) was held from January 23rd to February 24th, 1954, in Helmhaus, Zurich.

17. “Among the national values awarded by the II Bienal, I highlight [...] Mary Vieira, whose sculpture reveals effort, comprehension and appropriation of Concrete art. The only concrete Brazilian nowadays.” Pedrosa, Mário. *Tribuna de Imprensa*, Rio de Janeiro, December 26-27, 1953.

spirale 3 [magazine] (1954)

Premiada na 2ª Bienal de São Paulo[15], Mary Vieira também recebera crítica elogiosa por ocasião de sua participação na exposição do Grupo Allianz[16], em Zurique. A presença da artista nestas importantes exposições, a qualidade e perfeição técnica dos trabalhos apresentados a colocavam em outro patamar, revelando uma escultora de grande força e talento – segundo Mário Pedrosa: "a única brasileira atualmente concreta"[17].

Apresentada no Kunstgewerbemuseum de Zurique, entre outubro e dezembro de 1954, a mostra *brasilien baut* teve origem na exposição de arquitetura moderna brasileira idealizada em 1952 pelo MAM Rio. Após quase dois meses no Palácio Capanema, sede do Ministério de Educação e Saúde, fizera uma longa itinerância pela Europa, passando por Londres, Stuttgart, Lisboa, Viena, Roma, Madrid, Barcelona e Oviedo.

> *Chega então a exposição às mãos de mágico de Wladimir Murtinho, chefe da delegação do Brasil em Berna. Este diplomata (...) transforma a exposição em qualquer coisa de extraordinário, socorrido pela inteligência e talento de Mary Vieira. Reformam tudo, conseguem o Kunstgewerbemuseum de Zurique, incluem trabalhos de Mary Vieira, painéis inclinados e intitulam a mostra com este nome sugestivo: o Brasil constrói (brasilien baut).*[18]

A contribuição de Mary Vieira na organização da exposição foi, de fato, significativa e se deu de várias maneiras. Em primeiro lugar, a artista foi incumbida de desenhar o cartaz – ainda estava em Ulm quando recebeu, em agosto, uma correspondência do museu solicitando o envio do projeto e também sugerindo a inclusão de uma seleção de suas esculturas na mostra.[19] Percebendo que estava diante de uma oportunidade única de exercer seus talentos de designer, cenógrafa e escultora, Mary Vieira deixou Ulm e voltou para Zurique. Lançou mão de sua larga experiência em montagem de exposições[20] e transformou uma simples coleção de painéis num expressivo panorama da arquitetura moderna brasileira.

A receptividade foi enorme, com ampla repercussão nos jornais e nas rádios. Admiração e espanto davam o tom das críticas, em sua maioria muito elogiosas. Tamanho foi o sucesso da mostra, que esta teve de ser prorrogada até 20 de dezembro. Em dois meses, a mostra fora vista por mais de 10 mil pessoas.

Mary propôs um cartaz com características do design gráfico suíço da época. Estruturou-o em dois amplos planos, verde e azul, sobre os quais destacou os textos em branco, em fonte sem serifa, na tradicional caixa baixa. Um cartaz conciso, claro, cujo título *brasilien baut* não por acaso remete à antológica exposição *Brazil Builds*, de 1943[21]. Para além dos ensinamentos sobre a teoria das cores (*Farbenlehre*), vislumbramos nos elementos da linguagem formal os reflexos do diálogo que Mary Vieira mantivera em Ulm com Friedrich Vordemberge-Gildevart.

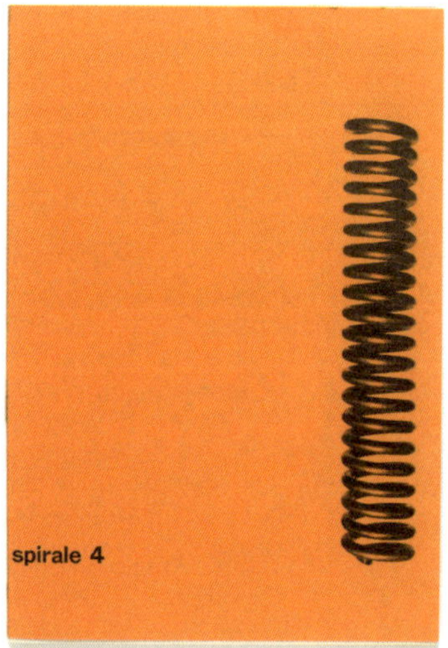

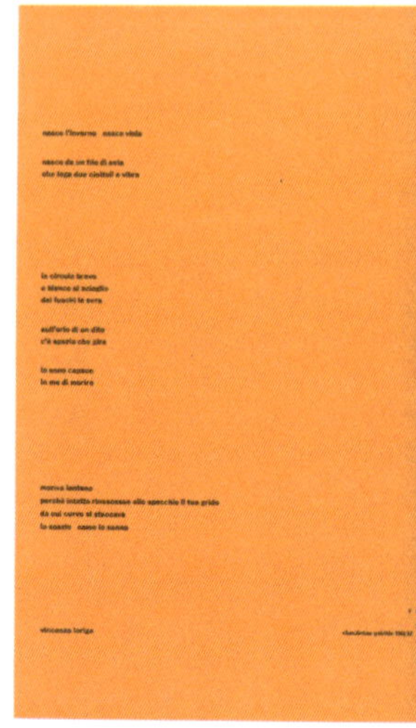

15. Mary Vieira foi contemplada com o Prêmio Aquisição Nacional do Museu de Arte Moderna do Rio de Janeiro – MAM Rio. A afirmação, amplamente divulgada, segundo a qual Mary Vieira teria recebido o prêmio Melhor Escultor Nacional não corresponde à realidade. Este prêmio foi concedido a Bruno Giorgi. Cf. Lista de Prêmios. *In: Catálogo Geral da 2ª Bienal do Museu de Arte Moderna de São Paulo*. São Paulo: Museu de Arte Moderna, 1953.

16. A última exposição do Grupo *Allianz* (União dos Artistas Modernos Suíços) ocorreu entre 23 de janeiro e 24 de fevereiro de 1954, no Helmhaus, Zurique.

17. "Entre os valores nacionais premiados pela 2ª Bienal, destaco [...] Mary Vieira, cuja escultura revela esforço, compreensão e apropriação da arte concreta. A única brasileira atualmente concreta." Pedrosa, Mário. *Tribuna de Imprensa*, Rio de Janeiro, 26-27 de dezembro de 1953.

18. Maurício, Jayme. *Correio da Manhã*, Rio de Janeiro, 20 de fevereiro de 1955.

19. Mary Vieira apresentou um conjunto de oito obras bem como portfólio, intitulado *zeiten einer zeichnung:* Berna: Spirale Press, 1954.

18. Maurício, Jayme. *Correio da Manhã*, Rio de Janeiro, February 20th, 1955.

19. Mary Vieira presented a set of eight artworks as well as the portfolio *zeiten einer zeichnung:* Bern: Spirale Press, 1954.

20. Mary Vieira had set up several exhibitions in the cities of Poços de Caldas (1948), Araxá, Lambarí (1949). Her scenography for the Minas Gerais State booth at the *International Exhibition of Industry and Commerce*, at the Hotel Quitandinha in Petrópolis, in 1948, also received critical acclaim.

spirale 4 [magazine] (1954)

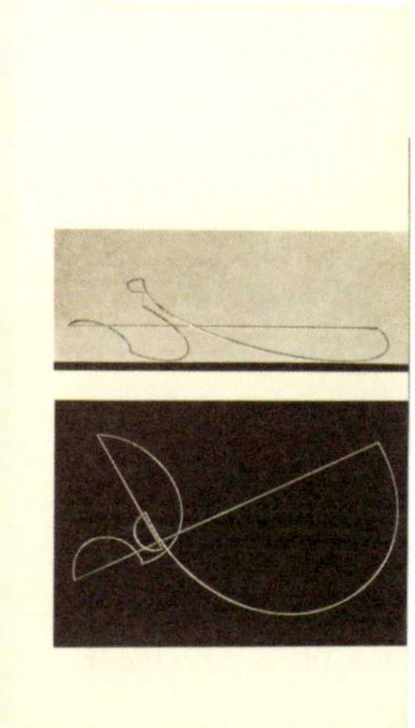

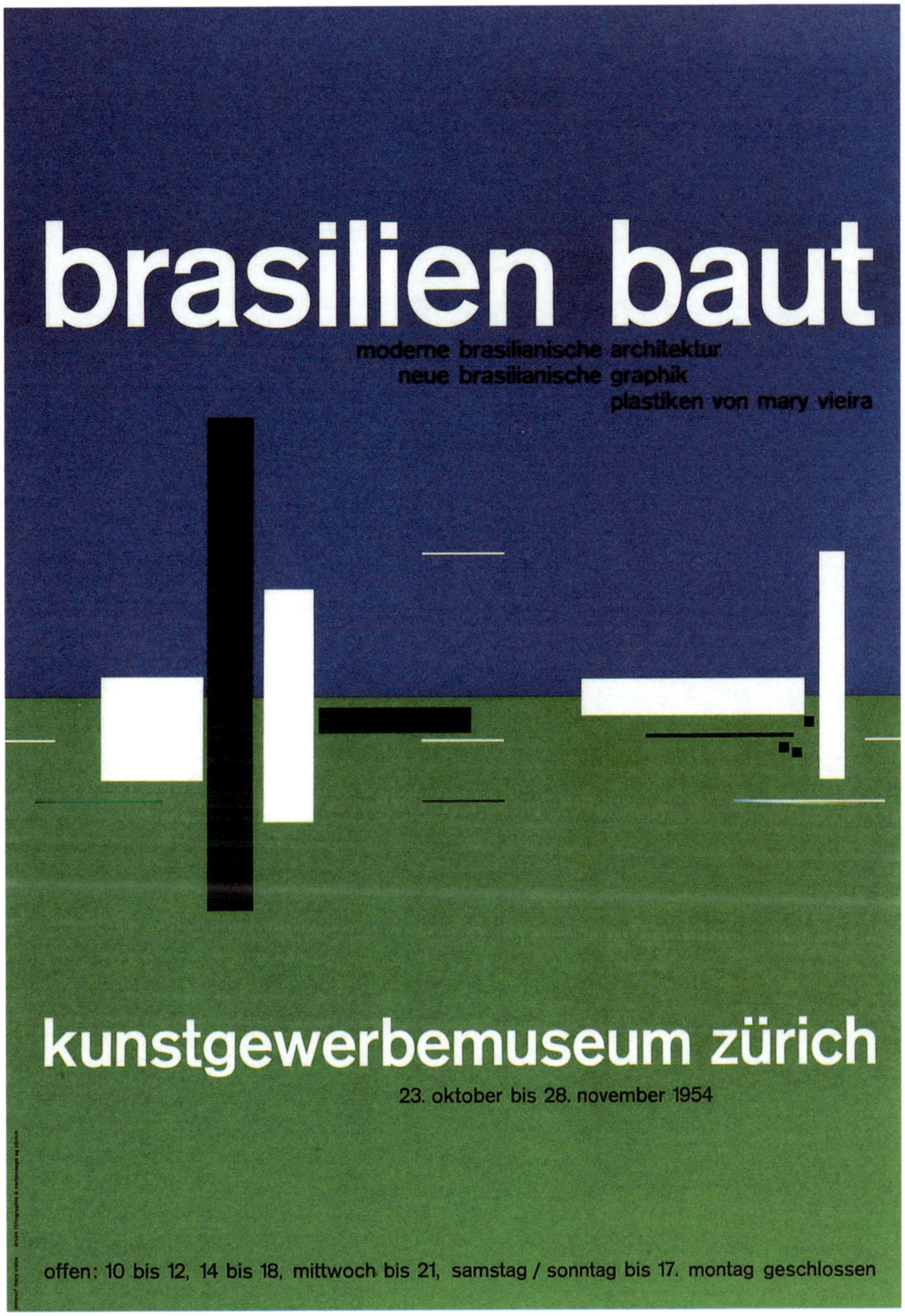

Mary Vieira, *brasilien baut* (1954)

Held at the Kunstgewerbemuseum of Zurich from October to December 1954, the *brasilien baut* exhibition originated from a show on Brazilian modern architecture idealized in 1952 by MAM Rio. After almost two months at the Palácio Capanema, headquarters of the Ministry of Education and Health, it travelled to London, Stuttgart, Lisbon, Vienna, Rome, Madrid, Barcelona and Oviedo.

> *The exhibition comes then to the magician's hands of Wladimir Murtinho, chief of the Brazilian delegation in Bern. This diplomat [...] transforms the exhibition into something extraordinary, aided by the intelligence and talent of Mary Vieira. They remodel everything, get the Kunstgewerbemuseum of Zurich, include artworks by Mary Vieira, inclined panels, and give the exhibition this suggestive name: Brazil builds (brasilien baut).*[18]

Mary Vieira's contribution in the organization of the exhibition was, in fact, significant and occurred in many ways. First, the artist was entrusted to design the poster – she was still at Ulm when she received, in August, a letter from the museum requesting the submission of the project and, also, suggesting the inclusion of a selection of her sculptures in the show.[19] Realizing that she was being offered a great opportunity to put into practice her talents as a designer, as a set designer and as a sculptor, Mary Vieira left Ulm and returned to Zurich. She made use of her vast experience in setting up exhibitions[20] and turned a simple collection of panels into a significant panorama of modern Brazilian architecture.

The receptivity was huge, with wide repercussion in the newspapers and on the radio. Admiration as well as surprise set the tone of the critiques, with words of critical acclaim mostly. The success was such that the exhibition had to be extended until December 20th. In two months, the exhibition had attracted more than 10 thousand visitors.

20. Mary Vieira havia montado diversas exposições nos municípios de Poços de Caldas (1948), Araxá e Lambarí (1949). Sua cenografia para o *stand* do Estado de Minas Gerais na *Exposição Internacional de Indústria e Comércio*, realizada no Hotel Quitandinha em Petrópolis (1948), também foi alvo de crítica elogiosa.

21. *Brazil builds: architecture new and old, 1652-1942,* exposição dedicada à arquitetura brasileira realizada no Museu de Arte Moderna de Nova York – MoMA, entre 13 de janeiro e 21 de fevereiro de 1943. No ano seguinte, Juscelino Kubitscheck fez questão de levar esta mostra para Belo Horizonte. Pode-se dizer que a *Exposição de Arquitetura Moderna e Antiga* e o complexo da Pampulha constituem marcos importantes na formação cultural e artística de Mary Vieira, cuja obra seria intimamente ligada à arquitetura. Cf. Goodwin, Philip L. *Brazil Builds. Architecture New and Old. 1652-1942.* New York: The Museum of Modern Art, 1943.

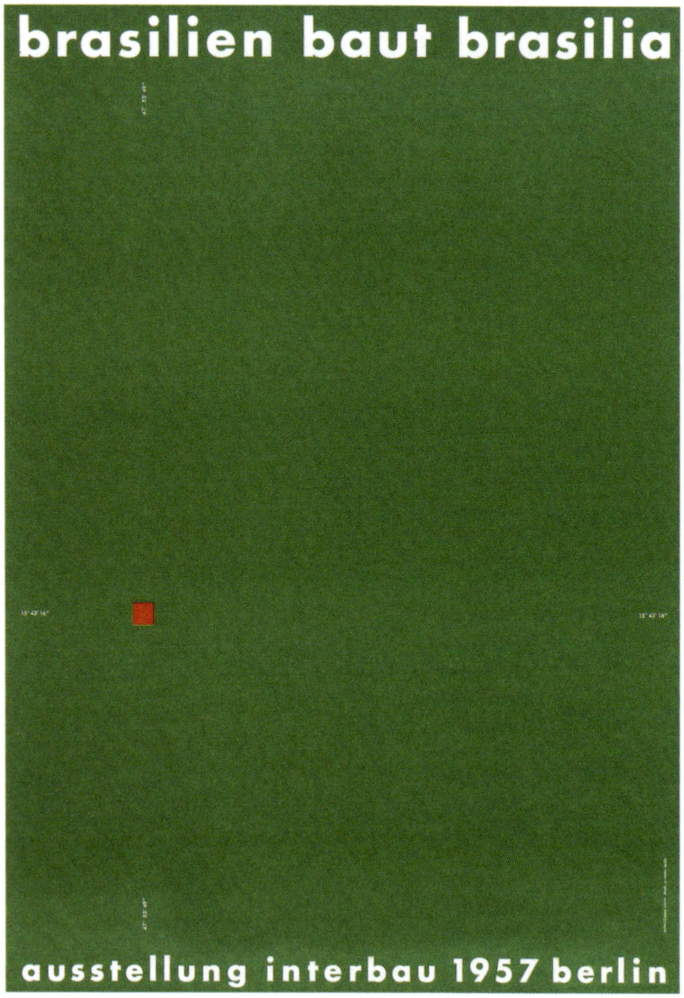

Mary Vieira, *brasilien baut brasilia* (1957)

Aliando dinamismo e rigor, o cartaz recebera o prêmio de melhor cartaz do ano concedido pelo governo suíço[22] e hoje é considerado um dos mais importantes do período. Mary Vieira ainda transpôs o cartaz para a terceira dimensão: criou um painel branco de madeira no qual os elementos brancos tornavam-se relevos, enquanto os elementos de cor preta eram vazados. Instalado no pórtico do museu, servia de chamada para a exposição. A ideia – e sobretudo o resultado – foi comentada em várias resenhas e publicações.[23]

brasilien baut brasilia

Em 1957, Mary realiza dois de seus mais importantes trabalhos gráficos: o cartaz para a Panair e o cartaz *brasilien baut brasilia*.

"Sentada na janela, eu observava, horas a fio, o sol, o mar, o horizonte infinito. O verde do mar, o azul anil do céu, marcaram-me profundamente."[24] Assim nascera *dc7c panair do brasil* e seu jogo de superposição de dois quadrados. O de cor azul ali está, bem visível, no entanto, quem está no comando é o quadrado verde. Em seu centro flutua o círculo branco enquanto a linha do texto, sempre em caixa baixa, repousa no seu topo. Este segundo cartaz, também premiado, tornou-se instantaneamente um clássico do design internacional. Wolfgang Weingart tinha-o como um dos seus preferidos. Via nele um lampejo de genialidade muito à frente de seu tempo.

A primeira mostra sobre Brasília aconteceria no âmbito da *Exposição Internacional de Arquitetura - Interbau*, em Berlim. Ao tema da exposição – *Die Stadt von Morgen* [A cidade de amanhã] – Mary respondeu, não sem um certo atrevimento: "A cidade de amanhã é a cidade de hoje". A exposição, rigorosamente concretista, apresentava em uma superfície quadrangular o *Plano Piloto* de Lucio Costa. Na vertical, engastadas na plataforma horizontal, ampliações fotográficas das maquetes dos três primeiros palácios da nova capital. Por fim, estrategicamente posicionada, a *coluna centripetal* de Mary Vieira, que Oscar Niemeyer pretendia destinar à Praça dos Três Poderes. A mostra irradiava a leveza e a aparente obviedade das coisas extremamente sofisticadas.

Igualmente ou ainda mais sofisticado seria o álbum *brasilien baut brasilia*, catálogo comemorativo da exposição, cujo exemplar de número um Mary Vieira entregaria pessoalmente ao presidente Juscelino Kubitscheck, no Rio de Janeiro, em 1959. Os exemplares dois e três foram destinados a Lucio Costa e Oscar Niemeyer, respectivamente.

Mais do que um cartaz, *brasilien baut brasilia* é um manifesto. O quadrado vermelho[25], em forte contraste com o fundo verde, indica que a nova capital havia de alcançar outro patamar. Aponta para uma mudança de paradigma. As coordenadas 15º43'16" de latitude sul e 47º53'49" de longitude a oeste de Greenwich situam Brasília não apenas no território nacional, mas no mundo. Max Bense reforça a dimensão paradigmática do cartaz quando escreve:

22. A premiação de melhores cartazes era promovida anualmente pelo governo suíço, que visava promover o design de qualidade. No ano de 1954, de um total de 331 concorrentes, foram selecionados 18 cartazes de 13 designers, sendo Mary Vieira a única mulher e a única artista estrangeira. Na ocasião, o cartaz de Vieira foi contemplado com o *Diplôme d'Honneur du Département Federal de l'Intérieur*. Entre os vencedores estavam designers de renome como Armin Hofmann (Basileia) ou Josef Müller-Brockmann (Zurique). Cf. Gerstner, Karl. *Die besten Plakate 1954*. Werk, vol. 42, n. 3, 1955.

23. Cf. Hollis, Richard. *Swiss graphic design: the origins and growth of an international style, 1920-1965*. New Haven: Yale University Press, 2006.

24. Palavras de Mary Vieira citadas por Wolfgang Weingart (1941-2021) em depoimento à autora (Basileia, 2004).

25. O quadrado vermelho tem também significado histórico: faz referência ao Quadrilátero Cruls, área de 14.400 km^2 demarcada em 1894 pela Comissão Cruls para o Distrito Federal. Em edição especial de março de 1960, a revista *Acrópole* reinterpretaria o design de Mary Vieira na sua capa. Nas páginas internas, o quadrado vermelho, impresso em papel-manteiga, se sobrepõe ao mapa do Brasil evidenciando mais uma vez Brasília como força de vanguarda irradiando sua energia para todos os cantos do país.

Mary proposed a poster with the characteristics of the Swiss graphic design of the time. She structured it on two ample planes in green and blue, over which she highlighted the texts in white, with sans serif lettering, in the traditional lower case. A concise, clear poster whose title *brasilien baut,* not by chance, referred to the anthological exhibition *Brazil Builds*, in 1943[21]. Beyond the teachings of color theory (*Farbenlehre*), it is possible to envision in the elements of the formal language the reflection of the dialogue that Mary Vieira maintained in Ulm with Friedrich Vordemberge-Gildevart.

Combining dynamism and rigor, the poster received the certificate of best poster of the year, delivered by the Swiss government[22], and today it is considered one of the best from the period. Mary Vieira also transposed the poster to the third dimension: she created a white wooden panel, in which the white elements of the poster became reliefs, while the black-colored elements were hollow. Installed at the portico of the museum, it served as an invitation to the exhibition. The idea – and particularly the result – was mentioned in many of the essays and publications[23].

brasilien baut brasilia

In 1957, Mary creates two of her most important graphic works: the poster for Panair and the *brasilien baut brasilia* poster.

"Sitting at the window, I observed, for hours on end, the sun, the sea, the infinite horizon. The green of the sea, the indigo blue of the sky, left a deep mark in me."[24] Thus the *dc7c panair do brasil* poster was born and its play of superposition of two squares. The blue one is there, quite visible; however, the green one is in command. In its center hovers the white circle while the line of white text, always in lower case, rests on top of it. This second poster, also an award winner, instantaneously became an international design classic. Wolfgang Weingart held it as a favorite of his. He saw in it a glimpse of genius, far ahead of its time.

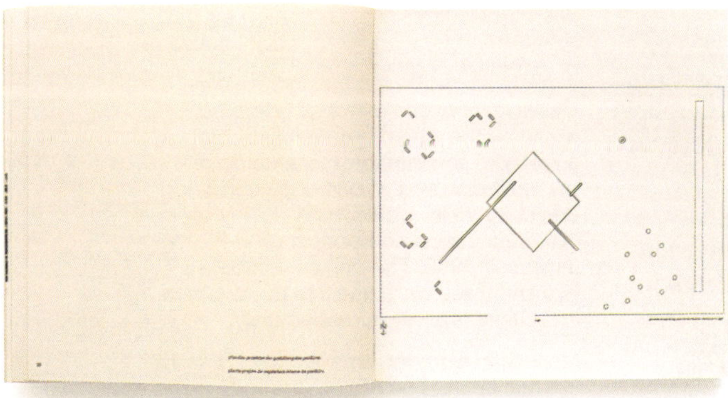

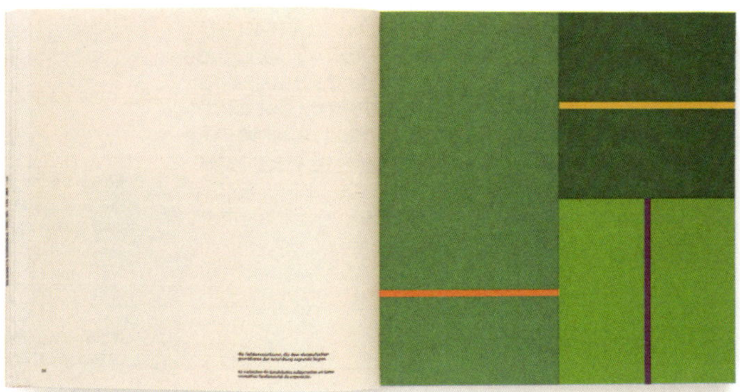

Livro *brasilien baut brasilia* [book] (1959)

21. *Brazil builds: architecture new and old, 1652-1942*, an exhibition dedicated to Brazilian architecture held at the Museum of Modern Art in New York – MoMA, between January 13 and February 24, 1943. The following year, Juscelino Kubitscheck made a point of taking this exhibit to Belo Horizonte. One can say that the *Modern and Ancient Architecture Exhibition* and Pampulha architectural complex are important landmarks in the cultural and artistic formation of Mary Vieira, whose work would be intimately linked to architecture. Cf. Goodwin, Philip L. *Brazil Builds. Architecture New and Old, 1652-1942*. New York: The Museum of Modern Art, 1943.

22. The award for the best posters was promoted annually by the Swiss government, which aimed to promote quality design. In 1954, from a total of 331 competing posters, 18 by 13 designers were selected, Mary Vieira being the only woman and the only foreign artist. Vieira's poster was awarded with the *Diplôme d'Honneur du Département Federal de l'Intérieur*. Among the winners were renowned designers such as Armin Hofmann (Basel) or Josef Müller-Brockmann (Zürich). Cf. Gerstner, Karl. Die besten Plakate 1954. *Werk*, vol. 42, n. 3, 1955.

23. Cf. Hollis, Richard. *Swiss graphic design: the origins and growth of an international style, 1920-1965*. New Haven: Yale University Press, 2006.

24. Mary Vieira cited by Wolfgang Weingart (1941-2021) in an interview given to the author in Basel, in 2004.

(...) Entendia-se também que o pensamento algorítmico, cuja generalidade Descartes sempre sustentou, aqui conduziu a um lúdico exemplo do antiprovincialismo da consciência tropical ao mesmo tempo que se adjudicava à cidade um distrito federal para suspender dialeticamente todos os Estados doce-amargos desse país desmesurado na mais elevada categoria de uma existência projetada radical e experimental.[26]

Decrescente-crescente

Fundada por Marie-Suzanne Feigel[27] em janeiro de 1945, a Galerie d'Art Moderne na Basileia era uma das raras galerias dedicadas à arte moderna. Foi nela que Mary Vieira teve a sua primeira exposição individual, em 1958. Muito conceituada, era ponto de encontro propício ao intercâmbio de artistas locais e internacionais. Foi Mary quem criou sua logomarca em 1963[28]. Imbricadas uma na outra, as duas letras "G" configuram uma marca cujo formato circular comunica a firmeza e a assertividade de um carimbo. O "G" maior, grafado em tom escuro, é também a primeira letra da palavra "*galerie*", enquanto o segundo "G", grafado em cinza claro, aparece invertido, aludindo à possibilidade das letras girarem em torno de seu eixo. Neste eixo virtual, Mary insere o nome da galeria ao qual acrescentaria, mais tarde, o nome da cidade: *Bâle* (Basileia, em francês). A fonte usada é *Akzidenz Grotesk*, sendo sua cor e peso variáveis de acordo com a necessidade do projeto gráfico para cada exposição. A galeria manteve o logotipo até seu fim, em 1993.

No ano anterior, Mary já havia desenhado um cartaz para a mostra *31 gestalter einer totalen visuellen synthese*. Com foco nas novas tendências da arte cinética, a mostra reunia três gerações de artistas: os pioneiros, a segunda geração e os contemporâneos.

Os cartazes da galeria possuíam formato reduzido – 64,5 cm x 28,5 cm – o que permitia versatilidade na divulgação em vitrines, livrarias, bibliotecas, além de caberem em um envelope de formato A4 para serem enviados por correio. Mary levou em conta essa contingência: se dobrado da forma certa, as dobras coincidiam com as linhas horizontais de modo que, na hora de abrir o cartaz, eram praticamente imperceptíveis.

The first exhibition about Brasilia would take place in the wake of the *International Architecture Exhibition – Interbau*, in Berlin. To the theme of the exhibition – *Die Stadt von Morgen* (The City of Tomorrow) – Mary responded with a certain hint of cheekiness: "The city of tomorrow is the city of today". The exhibition, rigorously concrete, presented, on a quadrangular surface, the *Pilot Plan* by Lucio Costa. In the vertical line, enclosed in the horizontal platform, enlarged photographs of the maquettes of the first three palaces of the new capital. Finally, strategically positioned, the *coluna centripetal* [centripetal column], by Mary Vieira, which Oscar Niemeyer intended to place at the Praça dos Três Poderes. The exhibition exuded lightness and the apparent obviousness of extremely sophisticated things.

Likewise, or even more sophisticated, would be the album *brasilien baut brasilia*, a splendid commemorative catalog of the exhibition and whose copy number one Mary Vieira would hand-deliver to president Juscelino Kubitschek in Rio de Janeiro, in 1959. The copies numbered two and three were given to Lucio Costa and Oscar Niemeyer, respectively.

More than a poster, *brasilien baut brasilia* is a manifesto. The red square[25], in stark contrast to the green background, indicates that the new capital would rise to new levels. It points to a shift in paradigm. The coordinates 15º43'16" latitude south and 47º53'49" longitude west of Greenwich situate Brasília not only in the national territory, but also in the world. Max Bense reinforces the paradigmatic dimension of the poster when he writes:

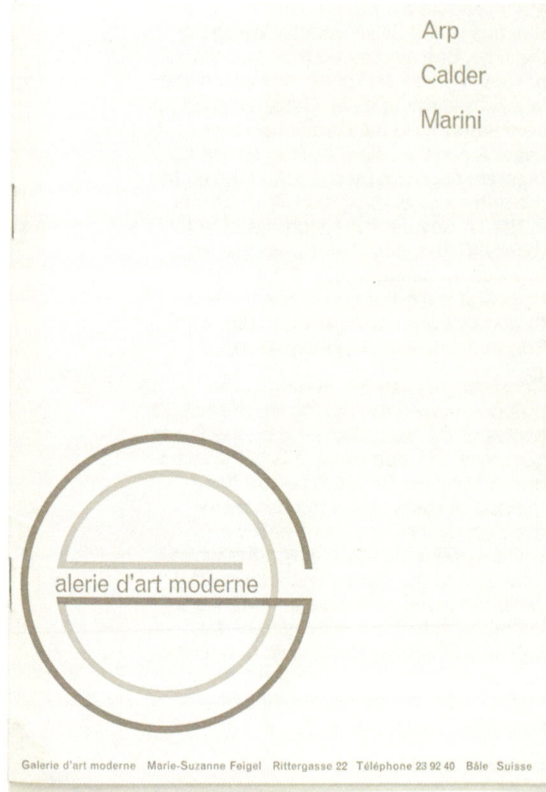

Mary Vieira, logo e catálogo Galerie d'Art Moderne [logo and catalog] (1963)

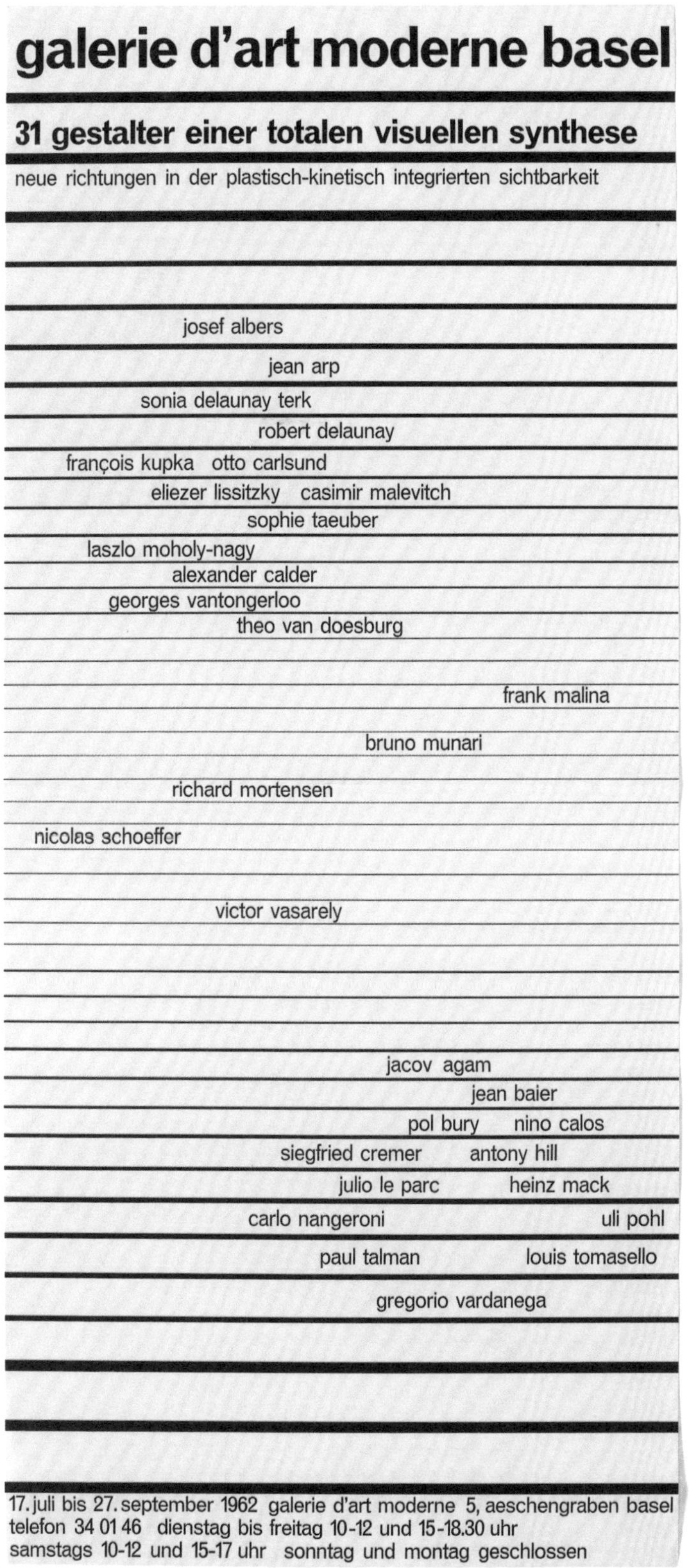

Mary Vieira, *31 gestalter einer totalen visuellen synthese* (1962)

(...) It was also understood that the algorithmic thought, whose generality Descartes always sustained, here was conducive to a playful example of the anti-provincialism of the tropical consciousness at the same time that it adjudicated to the city a federal district to dialectically suspend all the bittersweet States of this disproportionate country in the highest category of a radical and experimental projected existence.[26]

Decreasing-increasing

Founded by Marie-Suzanne Feigel[27] in January 1945, the Galerie d'Art Moderne, in Basel, was one of the few art galleries which were dedicated to modern art. It was there that Mary Vieira had her first solo exhibition, in 1958. Very reputable, the gallery was an auspicious meeting point for the interchange between local and international artists. Mary would create its logotype in 1963[28]. Imbricated into one another, two letters "G" configured a marking whose circular format communicated the firmness and assertiveness of a stamp. The larger "G", in a dark tone, is also the first letter of the word "galerie", while the second "G", in light grey, was presented inverted, alluding to the possibility of rotation of the two letters around their axes. In this virtual axis, Mary inserts the name of the gallery, to which she would add the name of the city later on: *Bâle* (Basel, in French). The font used is the *Akzidenz Grotesk*, and its weight and color vary according to the need of the graphic project for a specific exhibition. The gallery maintained its logotype until its termination, in 1993.

26. Bense, Max. *Pequena estética*. São Paulo: Perspectiva, 2003.

27. Marie-Suzanne Feigel organizou cerca de duzentas exposições de mais de quatrocentos artistas, dentre eles Hans Arp e Paul Klee. A capa de seu livro de memórias *Erinnerungen an die Galerie d'art moderne, Basel: 1945-1993* (Basel: Janus Verlag, 1993) é de autoria de Mary Vieira.

28. Schikowski, Frederik. "Logos im Kontext der Hochschule für Gestaltung Ulm". *In*: Rohde, Theres; Schimpf, Simone. *Logo – die Kunst mit dem Zeichen*. Frankfurt: Surface Art Book 310, 2016.

25. The red square has also a historical meaning: it refers to the Quadrilátero Cruls, an area of 14.400 km² demarcated in 1894 by the Cruls Commission for the Federal District. In a special edition of March 1960, the *Acrópole* magazine would reinterpret the design by Mary Vieira in its cover. In the article inside, the red square, printed in waxed paper, is superimposed on the map of Brazil, highlighting, once more, Brasilia as a leading force beaming its energy to all the corners of the country.

26. Bense, Max. *Pequena estética*. São Paulo: Perspectiva, 2003.

27. Marie-Suzanne Feigel organized around two hundred exhibitions, of more than four hundred artists, among them Hans Arp and Paul Klee. The cover of her memoir *Erinnerungen an die Galerie d'art moderne, Basel: 1945-1993* (Basel: Janus Verlag, 1993) is by Mary Vieira.

28. Schikowski, Frederik. "Logos im Kontext der Hochschule für Gestaltung Ulm". *In*: Rohde, Theres; Schimpf, Simone. *Logo – die Kunst mit dem Zeichen*. Frankfurt: Surface Art Book 310, 2016.

O cartaz é composto de 45 faixas brancas, de tamanho variável, separadas por linhas de espessura também variável. Linhas e faixas vão diminuindo até o centro do cartaz para então voltar a crescer. No topo e na base, três faixas separadas por linhas de quatro milímetros de espessura servem de moldura e destinam-se às informações gerais: nome da galeria, título e subtítulo da exposição. Na faixa inferior estão: datas, endereço, contato e horários. Sucedem-se, de forma espelhada, quatro faixas, cinco faixas e finalmente, no centro do cartaz, dez faixas, sendo a décima primeira a faixa central do cartaz. A estrutura obedece, portanto, à seguinte sequência: 3 – 4 – 5 – 10 – 1 – 10 – 5 – 4 – 3. A dinâmica rítmica decrescente-crescente confere um efeito Op Art à composição. Temos, por fim, os nomes dos 31 artistas reunidos em três constelações distintas. Na parte superior, paira a nuvem dos "pioneiros", no centro, configurando uma diagonal, segue a "2ª geração", enquanto na parte inferior flutuam, desta vez por ordem alfabética, os "novos pesquisadores". Moderno, elegante, inteiramente tipográfico, é um cartaz que poderia ter sido realizado na atualidade. Em branco e preto, quase severo é, no entanto, dinâmico e leve.

Uma vida transatlântica

Esboçamos aqui alguns aspectos da produção de Mary Vieira na área do design visual entre meados da década de 1950 e o final da década de 1960. A contribuição da artista permanece pouco estudada e divulgada. A mostra *mary vieira : o tempo do movimento,* com curadoria de Denise Mattar, realizada nas sedes do Centro Cultural Banco do Brasil – CCBB em São Paulo e no Rio de Janeiro no ano de 2005, foi a primeira e única exposição individual da artista no Brasil.

Conhecida principalmente por seus *polyvolumes* – com os quais convida o público a se tornar coautor de sua obra – Mary Vieira é uma artista completa. Escultora, designer, professora, soube se impor com a naturalidade e a competência de seu talento em áreas que, naquele tempo, ainda estavam sob domínio masculino: escultura, expografia, design, arquitetura, urbanismo, docência.

Pioneira da arte concreta e cinética no Brasil, Mary Vieira radicou-se na Suíça sem nunca romper os laços com seu país. "Mary Vieira é uma mediadora artística: esta brasileira na Europa enriqueceu a por vezes intransigente severidade do funcionalismo com um espírito multicultural (...)"[29]. No Brasil, para onde voltava todos os anos, participou da 2ª e 3ª Bienal de São Paulo, além de inúmeras exposições coletivas. Tem obras em vários museus e coleções privadas. Dentre suas criações no espaço público[30], destacamos o *polivolume : ponto de encontro*, instalado em 1970 no Palácio do Itamaraty em Brasília.

Para Almir Mavignier, Mary Vieira era "fascinante pela inteligência, pelo humor e, muitas vezes, pela elegância. Mary é uma das artistas que eu mais considero".

In the previous year, Mary had designed a poster for the gallery's exhibition *31 gestalter einer totalen visuellen synthese*. Focused on the new trends of kinetic art, the exhibition included three generations of artists: the pioneers, the second generation and the contemporary.

The posters designed for the gallery had a reduced format – 64,5 cm x 28,5 cm – which allowed versatility in advertising on shopwindows, bookshops, libraries, besides fitting inside an A4 format envelope to be mailed. Mary took this contingency into consideration: if folded in the right way, the folds would coincide with the horizontal lines, so that when the poster was unfolded, they would be almost imperceptible.

The poster is composed of 45 white, variable sized stripes separated by lines of also variable thickness. Lines and stripes are decreasing until the center of the poster to then start increasing again. At the top and bottom, three stripes separated by lines four millimeters thick provide a frame intended for general information: name of the gallery, title and subtitle of the exhibition. In the lower part are: dates, location, phone number and opening times. Following a symmetrical pattern, four stripes, five stripes and finally, in the center of the poster, ten stripes. The eleventh stripe lies in the center of the poster. The structure obeys, therefore, the following sequence: 3 - 4 - 5 - 10 - 1 - 10 - 5 - 4 - 3. The rhythmic decreasing-increasing dynamics confer an Op Art effect to the composition. We have, finally, the names of the 31 artists gathered in three distinct constellations. In the upper part, float the names of the "pioneers"; at the center, configuring a diagonal, follows the "second generation"; and in the lower part lie the "new researchers", now in alphabetical order. Modern, elegant, entirely typographic, this poster could have been designed today. In black and white, almost severe, it is, nevertheless, dynamic and light.

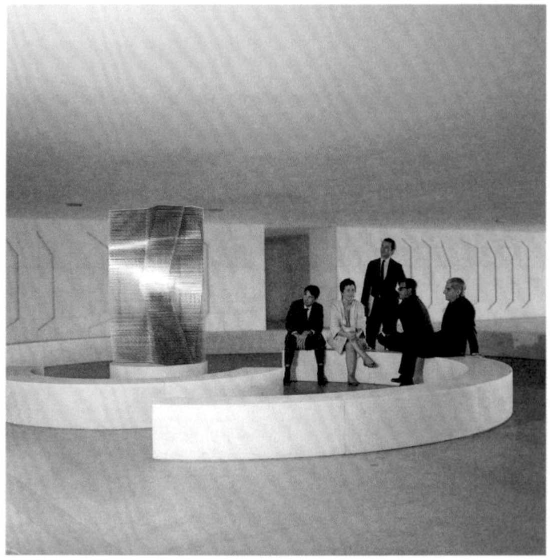

Mary Vieira, *polivolume : ponto de encontro*, Palácio do Itamaraty, Brasília (1970)

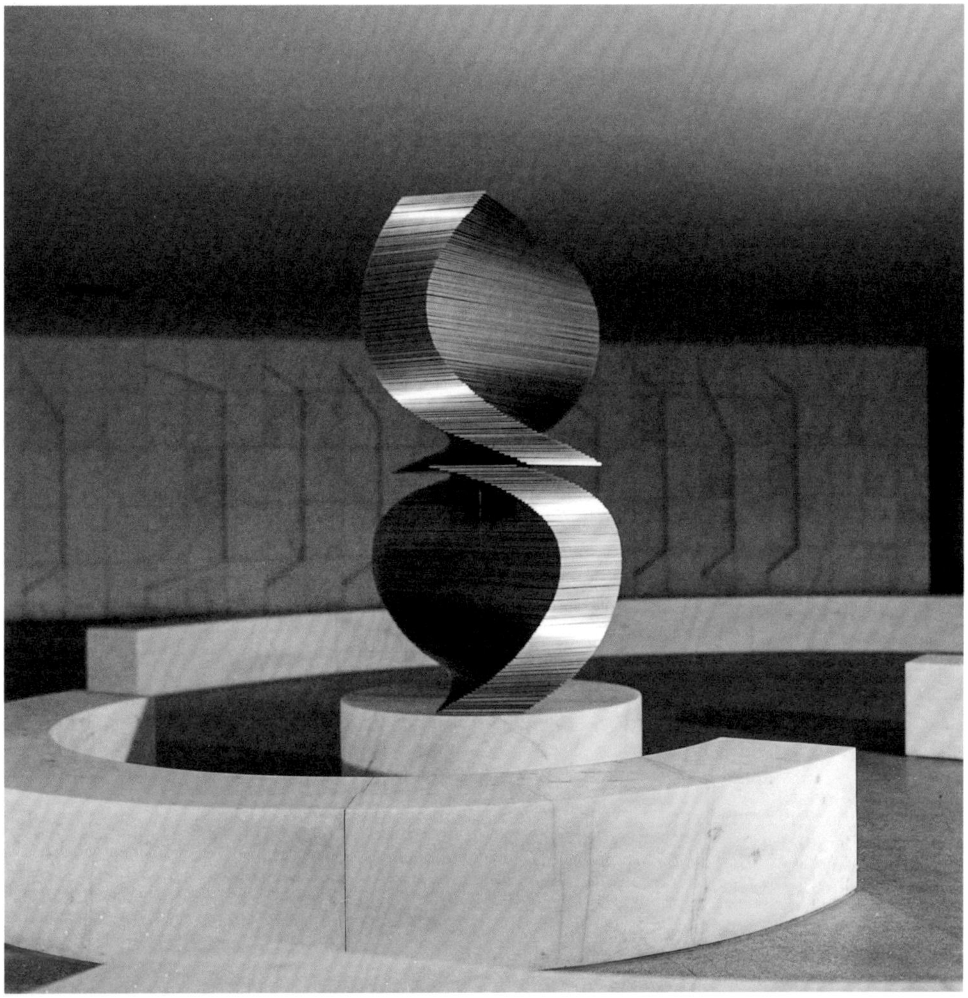

29. Friedel, Friedrich. The work of Mary Vieira. *Baseline international typographics magazine*, n. 27, 1999.

30. Dentre as criações de Mary Vieira em espaço público no Brasil, temos: *polivolume : conexão-livre* (1966), instalado em 1979 na Praça Eisenhower do Parque Ibirapuera, São Paulo, em homenagem a Pedro de Toledo; *praça-monumento : liberdade em equilíbrio* (1981), instalado na Praça Rio Branco, em frente à estação rodoviária, em Belo Horizonte.

29. Friedrich Friedel. The work of Mary Vieira. *Baseline international typographics magazine*, n. 27, 1999.

30. Among Mary Vieira's creations in public space in Brazil, we have: *polivolume : conexão-livre* [polyvolume : free-connection] (1966), installed in 1979 in the Eisenhower Square of Ibirapuera Park, São Paulo, in honor of Pedro de Toledo; *praça-monumento : liberdade em equilíbrio* [square-monument : freedom in balance] (1981), installed in Rio Branco Square, in front of the main bus station, in Belo Horizonte.

A transatlantic life

We outlined here some aspects of Mary Vieira's production in the area of visual arts between the middle of the 1950s and the end of the 1960s. The contributions of the artist remain little studied and propagated. The exhibition *mary vieira : o tempo do movimento* [mary vieira : the time of movement], curated by Denise Mattar, held at the Centro Cultural Banco do Brasil – CCBB in São Paulo and Rio de Janeiro in 2005, was the artist's first and only solo show in Brazil.

Known mainly for her *polyvolumes* – with which she invites the audience to become co-author of her work – Mary Vieira is a complete artist. Sculptor, designer, professor, she knew how to position herself, with the naturality and competence of her talent, in areas which were typically male domains: sculpture, design, exhibition design, architecture, urban planning, faculty.

A pioneer of concrete and kinetic art in Brazil, Mary Vieira settled in Switzerland without ever breaking the bonds with her country. "Mary Vieira is the artistic mediator: this Brazilian in Europe enriched the sometimes uncompromising severity of functionalism with a multicultural spirit (...)"[29]. In Brazil, where she returned every year, she participated in the 2nd and 3rd Bienal de São Paulo and in a number of collective exhibitions. Her work is featured in several museums and private collections. Among her creations for the public space[30], we highlight *polivolume : ponto de encontro* [polyvolume : meeting point], installed at the Palácio do Itamaraty, Brasília, in 1970.

To Almir Mavignier, Mary Vieira was "fascinating for her intelligence, sense of humor, and, in many instances, for her elegance. Mary is one of the artists I hold in the highest regard".

almir mavignier's travels
in "good form"

al
mavig
pela 'boa fo

as viagens de

mir

nier

rma'

julieta gonzález

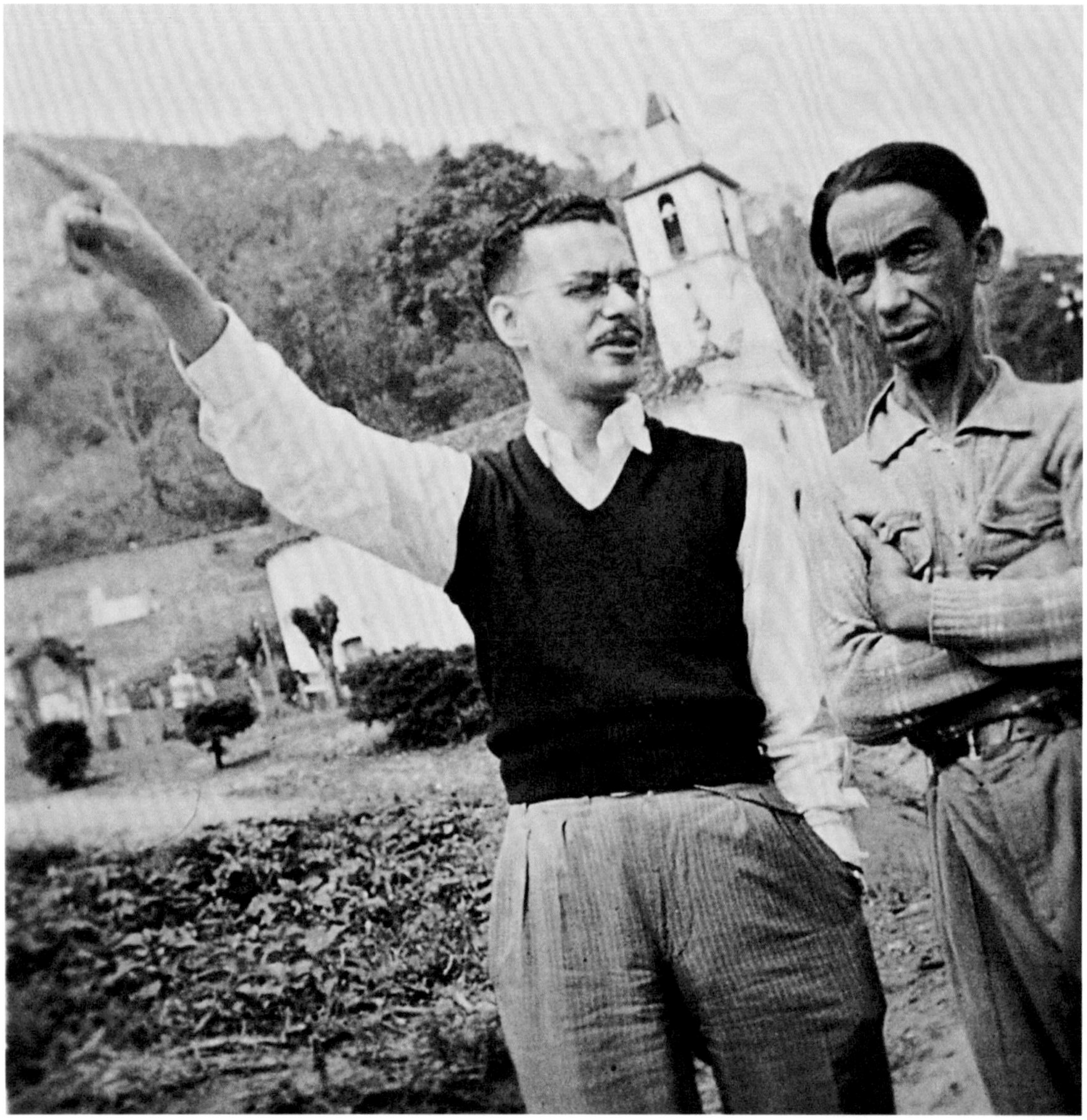

O princípio da boa forma é função de uma força coordenadora interna que prenuncia o dinamismo das mais altas atividades mentais no homem. Nada mais errado, porém, do que supor seja a percepção fruto de atividade intelectual. O poder de coesão, dentro de toda unidade estrutural, de todo complexo figural, exerce-se interiormente, graças a forças dinâmicas autônomas que se manifestam pela dialética do todo e das partes nele integradas e a ele subordinadas.

Mário Pedrosa[1]

The principle of the good form is a function of an internal coordinating force that foreshadows the dynamism of the highest mental activities in man. There is nothing more erroneous, however, than to suppose that perception is the result of intellectual activity. The power of cohesion, within every structural unit, every figural complex, is exercised from within, thanks to autonomous dynamic forces that manifest themselves through the dialectic of the whole and the parts integrated to it and subordinated to it.

Mário Pedrosa[1]

Almir Mavignier & Emygdio de Barros, Nhunguaçú, Rio de Janeiro (1950)

Em sua tese seminal intitulada *Da natureza afetiva da forma na obra de arte* (1949), Mário Pedrosa defendeu uma estrutura autônoma da percepção, independente de interpretação e sentido, que reivindicava a autonomia da arte em relação a questões culturais e intelectuais e abria o espaço artístico a outras manifestações tradicionalmente consideradas fora do cânone. O conceito de boa forma foi central para a abordagem fenomenológica proposta pela teoria da *Gestalt*, a qual sugeria que a boa forma é percebida internamente como um impulso fisiológico e psicológico direcionado à organização de estímulos externos. Ela não era uma construção externa, tampouco respondia a um julgamento de valor da forma, a definições culturais ou históricas da arte.

A abordagem fenomenológica de Pedrosa em relação à arte foi amplamente influenciada, por um lado, pelas teorias da *Gestalt*, e, por outro, por sua experiência em primeira mão com os pacientes psiquiátricos do Centro Psiquiátrico Nacional – mais tarde, ao final dos anos 1940, renomeado Centro Psiquiátrico Pedro II, situado no bairro do Engenho de Dentro, Rio de Janeiro. O que o impressionou ali foi como os pacientes podiam produzir obras de arte de alto valor estético, como se a apreciação das qualidades intrínsecas da forma e a capacidade de organizá-las dissesse respeito principalmente aos sentidos. Para Pedrosa, a forma era carregada de afeto e era necessário reeducar a sensibilidade para apreender e também organizar boas formas independentemente de um condicionamento cultural, algo que os artistas não treinados e pacientes mentais eram capazes de fazer, já que suas percepções não estavam contaminadas pelos cânones impostos pelo academicismo. A questão do afeto era de suma importância para as gerações de artistas em atividade durante os anos 1950 e 1960. Nesse sentido, a tese de Pedrosa sinaliza a incorporação estrutural de uma abordagem orientada pela *Gestalt* na arte brasileira que se desenvolveria em práticas radicais e inovadoras dos anos 1960.

Os ateliês de pintura foram organizados para esses pacientes pela psiquiatra Dra. Nise da Silveira a convite de um jovem artista do Rio, Almir Mavignier[2] (1925-2018, Brasil), que era o monitor[3] dos cursos. Para além do papel essencial de Mavignier na organização dessas experiências com os pacientes do Engenho de Dentro, podemos dizer que a ideia de boa forma percorre toda sua trajetória como artista e designer e reflete as diferentes iterações do conceito que influenciou muitos dos principais experimentos formais em arte e design entre os anos 1950 e 1960. A arte de Mavignier pode ser vista transitando por variados exemplos de boa forma: em seus anos iniciais como instrutor dos cursos no hospital Dom Pedro, no final dos anos 1940; no período dedicado à Hochschule für Gestaltung, em Ulm; e em sua conexão com grupos como Zero, Gruppo N, Arte Programmata e Nove Tendencije, este último estabelecido em Zagreb nos anos 1960.

In his seminal thesis titled *On the affective nature of form in the work of art* (1949), Mário Pedrosa argued for an autonomous structure of perception, one independent from interpretation and meaning, which staked a claim for the autonomy of art from cultural and intellectual concerns and opened the space of art to other manifestations that were traditionally considered outside of the artistic canon. The concept of good form was central to the phenomenological approach proposed by *Gestalt* theory, which suggested that it was perceived internally as a physiological and psychological impulse towards the organization of external stimuli. Good form was not an external construct, nor did it respond to cultural or art historical criteria.

Pedrosa's phenomenological approach to art was greatly informed on the one hand by the theories of *Gestalt*, and on the other, by his firsthand experience with the psychiatric patients at the Centro Psiquiátrico Nacional – later, by the end of the 1940s, renamed Centro Psiquiátrico Pedro II, located in Engenho de Dentro, Rio de Janeiro. What struck him there was that the patients could produce works of art of high aesthetic value, as it was a question of the senses appreciating the intrinsic qualities of form and being able to organize them. For Pedrosa, form was loaded with affect and it was necessary to reeducate sensibility to apprehend and also to organize good forms independent of external cultural conditioning, something that the untrained artists and mental patients were able to do, as their perception was not contaminated by the canons imposed by academicism. The affection was a major issue for the generations of artists active during the 1950s and 1960s. In this sense, Pedrosa's thesis signaled the structural incorporation of a gestalt-oriented approach in Brazilian art that would develop into the radical and groundbreaking practices of the 1960s.

1. Pedrosa, Mário. "Da natureza afetiva da forma na obra de arte". *In*: *Arte, forma e personalidade: 3 estudos*. São Paulo: Kairós Livraria e Editora, 1979.

2. Em depoimento de 1989, Mavignier conta: "(...) perguntei à Nise se ela não tinha interesse em iniciar esse ateliê; ela disse: 'mas eu espero há muito tempo uma pessoa que possa fazer isso'. De modo que realmente nos entendemos perfeitamente e ela conseguiu do Paulo Elejalde todo o esforço, toda aquela parte térrea do hospital, e começamos a trabalhar. As relações entre a Nise e eu eram as melhores possíveis, porque ela me ensinava, me instruía, me dizia como trabalhar com o pessoal, de não influenciar, de não mexer em coisa alguma, apenas dar uma orientação técnica. Ela achava que era muito bom que eu pintasse também e não fizesse o papel de inspetor que está olhando o doente, que está dirigindo, com função de bedel. Então começamos a trabalhar." Reily, Lucia; Silva, José Otávio Pompeu e. *Marcas e memórias: Almir Mavignier e o Ateliê de Pintura de Engenho de Dentro*. Campinas: Komedi, 2012

3. "Almir Mavignier era presente, se engajando quando necessário com os pacientes/artistas. Cuidava do estúdio de pintura, certificando-se de que os materiais estavam lá, até mesmo comprando telas e materiais com seu próprio salário para os artistas, às vezes. E ele mesmo trabalhava em uma sala que tinha passagem para o ateliê." Relato de Delmar Mavignier concedido à editora, em outubro de 2021.

1. Pedrosa, Mário. "Da natureza afetiva da forma na obra de arte". *In*: *Arte, forma e personalidade: 3 estudos*. São Paulo: Kairós Livraria e Editora, 1979.

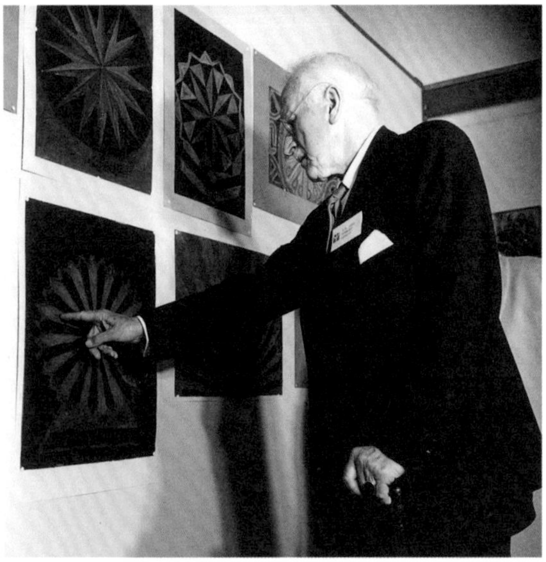

4. Cf. Pedrosa, Mário, op. cit.

Carl Jung, Congresso de Psiquiatria, organizado por Mavignier [Congress of Psychiatry, organized by Mavignier], Zurique (1957)

Em sua introdução ao livro *Arte: forma e personalidade*, de Mário Pedrosa, Otília Arantes afirma que se "propriedades emocionais são inerentes à arte, ela somente tem a capacidade de emocionar porque, por outro lado, as leis estruturais que a governam também podem ser aplicadas aos campos cognitivo e fisiológico – a boa forma então se estende ao sistema nervoso, às estruturas perceptivas, e ao organismo inteiro ou à realidade física". Sob a perspectiva de teorias mais modernas sobre o afeto, o que Pedrosa descreve como a natureza afetiva da forma na obra de arte nada mais é que uma abordagem sistêmica acerca do entendimento da obra e dos modos pelos quais ela age sobre o corpo e a psique humana. Supor que a forma poderia ter este amplo raio de influência, do sistema nervoso à realidade física, é perceber a arte como fundamental e essencial a toda iniciativa humana, para além de considerações estilísticas, culturais ou da história da arte.

Situar a arte como um ato de comunicação que seria capaz de afetar, ou seja, impingir uma emoção ou sensação em qualquer um que a produzisse e a experimentasse talvez tenha sido o princípio orientador que fomentou o ateliê de pintura da Dra. Nise com Mavignier. A tese de Pedrosa incorporara manifestações tradicionalmente consideradas externas ao cânone, e, portanto, confinadas à vaga rubrica de "arte autodidata". Por meio dessas observações, ele também estudou mais a fundo o princípio da simetria e da ordem, próprias às conceitualizações anteriores acerca da boa forma. Para Pedrosa, a ausência de simetria engendrava mudança e transformação, pois suscitava o impulso de organização e busca pela ordem. Mas, talvez uma das conclusões mais importantes a que ele chegou foi que a abordagem fenomenológica da arte deu autonomia a um campo que, há muito, era considerado secundário, e o elevou à importância que a ciência, a política e a religião têm para a sociedade contemporânea[4].

The painting studios with these patients were organized by psychiatrist Dr. Nise da Silveira upon invitation from a young artist from Rio, Almir Mavignier[2] (1925-2018, Brazil), who was the monitor[3] of these workshops. Beyond Mavignier's pivotal role in organizing these experiences with the patients at Engenho de Dentro, we can say that the idea of the good form runs through his entire trajectory as an artist and designer, and reflects the different iterations of the concept that influenced many of the main formal experiments in art and design between the 1950s and 1960s. Mavignier's art can be seen as transiting through various instances of the good form; from his early years as painting instructor at the Dom Pedro hospital in the late 1940s, his years at the Hochschule für Gestaltung at Ulm, and his connection to groups like Zero, Gruppo N, Arte Programmata and the Zagreb-based group Nove Tendencije in the 1960s.

In her introduction to Mário Pedrosa's book *Arte, forma e personalidade* [Art, design and personality], Otília Arantes states that if "emotional properties are inherent to art, it only has the capacity to move because, on the other hand, the structural laws that govern it can also be applied to the cognitive and physiological field – the good form thus extends itself to the nervous system, perceptive structures, and to the entire organism or physical reality". Read from the perspective of more recent theories on affect, what Pedrosa describes as the affective nature of form in the work of art is no other than a systemic approach to an understanding of the work of art and the ways in which it acts on the human psyche and body. To imply that design could have this wide radius of influence – from the nervous system to physical reality – is to situate art as fundamental and essential to all human undertaking, and beyond stylistic, cultural, or art historical considerations.

2. In a testimony from 1989, Mavignier tells: "(...) so I asked Nise if she wasn't interested in starting up a studio, and she said: 'well, I have been waiting a long time for someone who can do that.' So we understood each other perfectly, and she got Paulo Elejalde on board and he gave his support, he let us use all that area on the ground floor level of the hospital and we began working. The relations between Nise and myself were the best possible, because she taught me, she instructed me, she told me how to work with the people, about how not to influence them, not to meddle with anything, how to just give them technical orientation. She thought it was a good idea if I painted as well, not acting like an inspector that is observing the mentally ill, who is directing them and watching over them like an attendant. So we started working" Reily, Lucia; Silva, José Otávio Pompeu e. *Marcas e memórias: Almir Mavignier e o Ateliê de Pintura de Engenho de Dentro*. Campinas: Komedi, 2012.

3. "Almir Mavignier was present, engaging when needed with the patient/artists. He also took care of the painting studio making sure the art supplies were there, sometimes even bought canvasses and materials from his own salary for the artists. And he worked himself in a room connected to the atelier." Delmar Mavignier's account given to the editor in October 2021.

4. Cf. Pedrosa, Mário, op. cit.

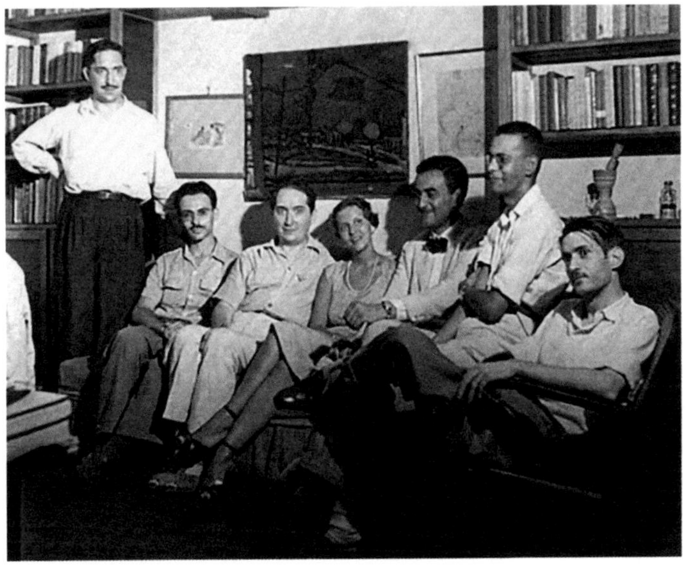

Barros, Palatnik, Pedrosa, Prati, Maldonado, Mavignier & Serpa, estúdio de Mário Pedrosa [studio], Rio de Janeiro (1951)

Almir Mavignier esteve bem no centro desta revolução da forma enquanto ela acontecia, tendo montado o ateliê no Engenho de Dentro quando era um artista ainda jovem, em seus vinte e poucos anos. O ateliê atraiu muita atenção de artistas e acadêmicos tais como Pedrosa, León Degand, Ivan Serpa, Abraham Palatnik, Mary Vieira (1927-2001, Brasil), entre outros, em parte devido ao entusiasmo de Mavignier em promover as descobertas psiquiátricas que interconectavam a arte e a psique. As observações de Pedrosa sobre os pacientes trabalhando foram cruciais em sua tese de 1949 e também em um ensaio publicado em 1947, intitulado *Arte, necessidade vital*. O termo *arte virgem* usado por Pedrosa para se referir à arte feita por crianças, artistas mentalmente incapacitados e artistas autodidatas foi decisivo para a sua tese acerca da arte como uma necessidade expressiva que transcendia barreiras culturais, psicológicas e educacionais. Essa natureza desestabilizadora do afeto, que tensionava o conceito da teoria da *Gestalt* de uma boa forma estável e simétrica, talvez tenha possibilitado que Mavignier se libertasse das limitações históricas e explorasse a ideia da *gute form* através da arte e do design nos anos que se seguiram.

Após o encontro com o trabalho de Max Bill (1908-1994, Suíça) na 1ª Bienal de São Paulo, em 1951, onde o suíço recebeu o primeiro prêmio de escultura com sua *Dreiteilige Einheit* [Unidade Tripartida], Mavignier decidiu deixar o Brasil e estudar na Europa. Primeiramente, chegou em Paris, e então seguiu para a Hochschule für Gestaltung Ulm – HfG Ulm, fundada por Bill ao lado de Otl Aicher (1922-1991, Alemanha) e Inge Scholl, em 1953. Lá, estudou com Josef Albers, Max Bense, Otl Aicher, dentre outros, e começou a desenvolver seu próprio vocabulário, originado a partir de uma investigação da linguagem gráfica e dos experimentos perceptivos com cores e padrões.

To posit art as an act of communication that was able to affect, that is, to impinge an emotion or sensation on whomever produced it and experienced it, is perhaps the guiding principle that animated the painting studio by Dr. Nise and Mavignier. Pedrosa's thesis incorporated manifestations that were traditionally considered external to the canon, and thus confined to the vague rubric of "outsider art". And, also through these observations, he further studied the principle of symmetry and order proper to prior conceptualizations of the good form. For him, the absence of symmetry engendered change and transformation as it rather prompted the impulse to organize and search for order. But perhaps one of the most important conclusions he reached was that a phenomenological approach to art gave autonomy to a field that had for a long time been considered secondary, and elevated it to the importance that science, politics or religion have for contemporary society[4].

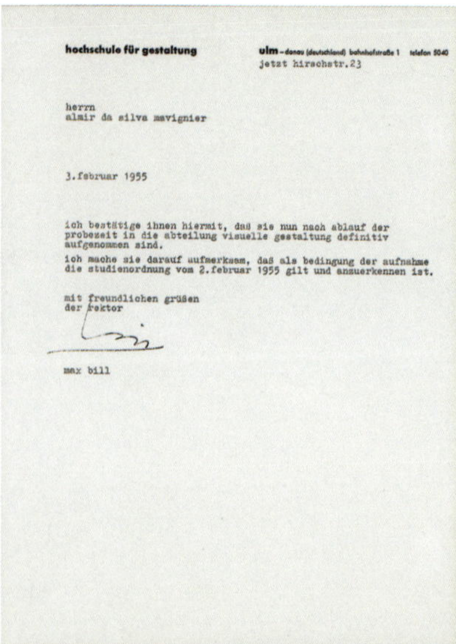

hochschule für gestaltung

ulm - donau (deutschland) bahnhofstraße 1 telefon 5040
jetzt hirschstr. 23

herrn
almir da silva mavignier

3. februar 1955

ich bestätige ihnen hiermit, daß sie nun nach ablauf der probezeit in die abteilung visuelle gestaltung definitiv aufgenommen sind.

ich mache sie darauf aufmerksam, daß als bedingung der aufnahme die studienordnung vom 2. februar 1955 gilt und anzuerkennen ist.

mit freundlichen grüßen
der rektor

max bill

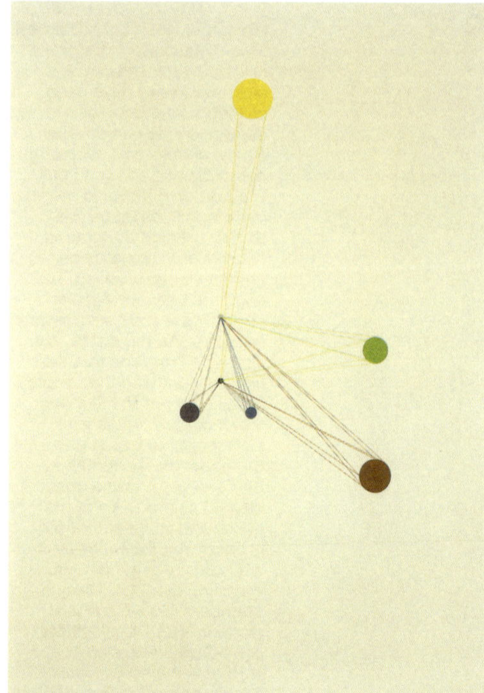

O questionamento de Mário Pedrosa sobre a ideia da boa forma nascido da experiência com pacientes psiquiátricos ressurgiu durante o período de Mavignier em Ulm, como ele declarou no catálogo de sua exposição de cartazes no Museu de Arte Moderna de São Paulo – MAM-SP, intitulada *Mavignier 75 / cinco décadas de cartazes*: "A arte é design, pinturas e cartazes são objetos, a pintura fascina e os cartazes informam. O limite entre eles é instável porque ambos podem fascinar. Para reconhecer esta fronteira, eu fui estudar em Ulm e aprendi que tal fronteira não existe." Em Ulm, não havia cursos de pintura; na verdade, Bill havia dito explicitamente a Mavignier que, se ele viesse à HfG, seria para estudar design. Para Mavignier, esta formação de designer teve igual relevância formadora para sua prática enquanto pintor e, desse ponto em diante, deixou de existir qualquer divisão entre a sua arte e o seu trabalho de design.

Almir Mavignier was at the very center of this revolution of design in the making, as he had set up the painting studio at Engenho de Dentro as a very young artist, in his early twenties. The studio garnered a lot of attention from artists and academics such as Pedrosa, León Degand, Ivan Serpa, Abraham Palatnik, Mary Vieira (1927-2001, Brazil), and others, in part due to Mavignier's enthusiastic promotion of the psychiatric discoveries that interconnected art and the psyche. Pedrosa's observations of the patients at work were crucial to his 1949's thesis and to an earlier paper published in 1947, entitled *Arte, necessidade vital* [Art, vital necessity]. The term *arte virgem* [virgin art] used by Pedrosa to refer to the art of children, mentally ill and self-taught artists was instrumental to his thesis on art as an expressive need that transcended cultural, psychological, and educational barriers. This destabilizing nature of the affective, that produced a tension with Gestalt theory's concept of the stable and symmetric *gute form*, perhaps enabled Mavignier to free himself from art-historical constraints and to explore the idea of the *gute form* through art and design in the years that ensued.

5. Bense, Max. "The projects of generative aesthetics". In: Reichardt, Jasia (org.). *Cybernetics, Art, and Ideas*. London: Studio Vista, 1971. Max Bill em 1949 já havia imaginado uma orientação matemática para a arte, em seu ensaio The Mathematical Approach in Contemporary Art.

Carta de Bill para Mavignier [letter from Bill to Mavignier] (1953)

Almir Mavignier, exercício da HfG Ulm [exercise] (1953-54)

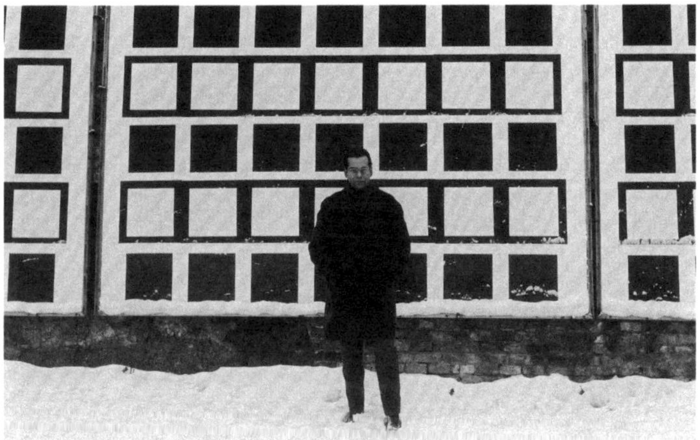

Um dos encontros mais significativos de Mavignier em Ulm foi com Max Bense, cujos cursos enfatizavam a teoria da informação, descrita posteriormente por Bense como estética generativa, conceito que reforçava a "combinação de operações, regras e teoremas que podem ser usados deliberadamente para produzir estados estéticos quando aplicados a uma série de elementos materiais"[5]. Informação e estética generativa, ao mesmo tempo, teriam um papel central na arte e no design de Mavignier. Os *Cartazes Aditivos* que ele desenvolveu no início dos anos 1960 são exemplos interessantes nesse sentido, já que trazem a ideia de informação e a codificam em uma forma, em um cartaz de exposição, por exemplo – o que, para ele, consistia em informação tanto constante como variável, a qual então combinava dobrando, girando e repetindo um padrão para configurar outros padrões mais complexos que, por sua vez, criam o que Bense definia como "estado estético". As noções de estética generativa, informação, código, ruído e redundância tiveram um impacto duradouro na produção artística de Mavignier e em seus encontros com artistas de pensamento e práticas semelhantes.

After coming across with Max Bill's (1908-1994, Switzerland) work in the 1st Bienal de São Paulo in 1951, when he won the first prize for sculpture with *Dreiteilige Einheit* [Tripartite Unit], Mavignier decided to leave Brazil to study in Europe. First, he arrived in Paris, and then went to the Hochschule für Gestaltung Ulm – HfG Ulm, founded by Bill with Otl Aicher (1922-1991, Germany) and Inge Scholl in 1953. There, he studied with Josef Albers, Max Bense, Otl Aicher, among others, and began to develop his personal vocabulary which stemmed from an investigation of graphic language and perceptual experiments with color and pattern.

Mário Pedrosa's questioning of the idea of the good form born of the experience with psychiatric patients reemerged during Mavignier's time in Ulm, as he stated in the catalog of his exhibition of posters at São Paulo Museum of Modern Art – MAM-SP, entitled *Mavignier 75 / cinco décadas de cartazes* [Mavignier 75 / five decades of posters]: "art is design, paintings and posters are objects, painting fascinates and posters inform. The boundary between them is unstable because both can fascinate. In order to recognize this boundary, I went to study at Ulm and learnt that such a boundary does not exist." At Ulm there were no painting courses, in fact Bill had explicitly told Mavignier that if he came to the HfG it would be to study design. For Mavignier, this education as a designer was equally formative for him as a painter, and from that point onwards there existed no frontier between his art and his design work.

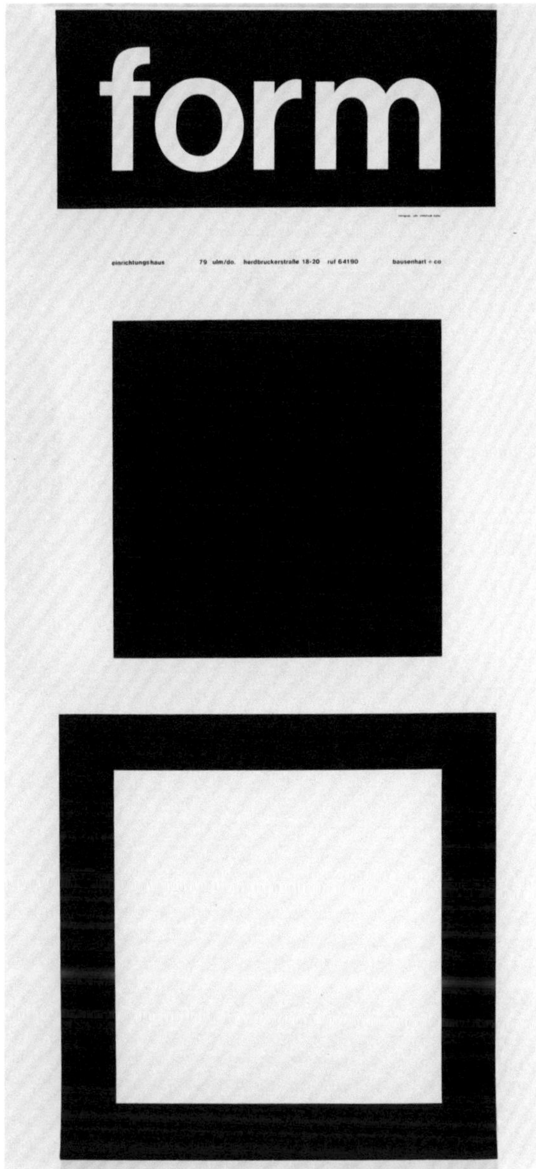

Mavignier & cartazes *form einrichtungshaus ulm* [posters] (1963)

Almir Mavignier, cartaz *form einrichtungshaus ulm* [poster] (1963)

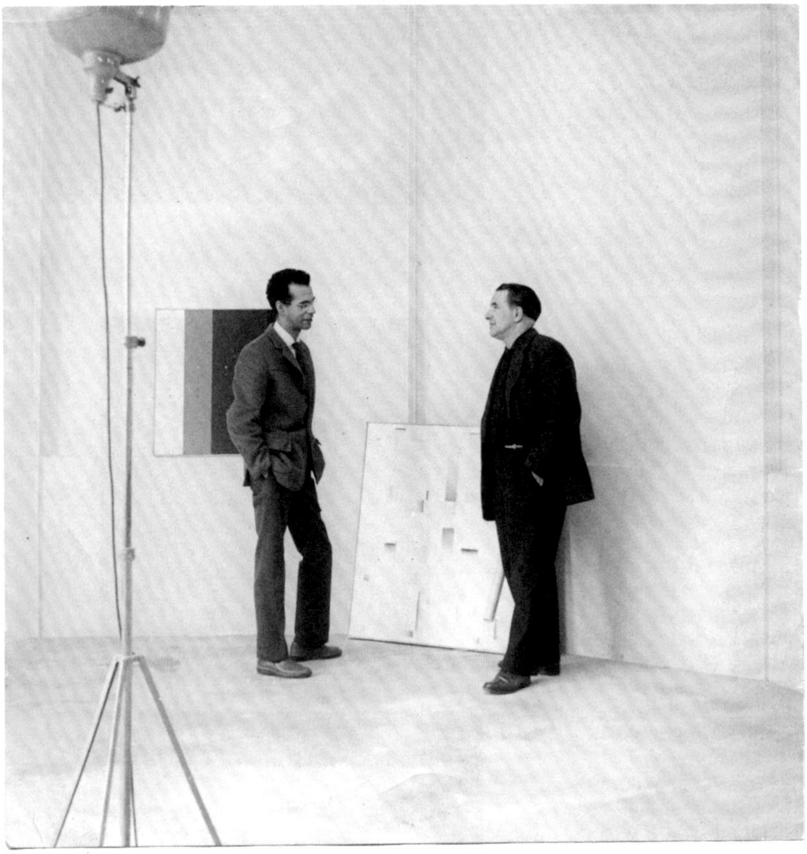

Almir Mavignier & Max Bense (1957)

Em 1958, conheceu Otto Piene e Heinz Mack, que o convidaram para exibir seu trabalho em uma de suas "exibições noturnas" – *Das rote Bild* [A imagem vermelha], em Düsseldorf – o que marcou o início de sua relação com o então incipiente grupo Zero. Mais tarde, participou de uma exposição em Milão, onde conheceu Piero Manzoni e Enrico Castellani, quem o ajudou mais tarde a exibir na Galleria Azimut. Mavignier conheceu, então, Matko Meštrović, em Zagreb, encontro que o levaria a organizar uma exposição inovadora, a primeira da série de exposições *Nove Tendencije* [Novas Tendências], que aconteceu em 1961 na Galerija Suvremene Umjetnosti, em Zagreb. Enquanto o título da mostra e a consequente formação de artistas ao redor de uma exploração do papel da informação e da comunicação na arte fora tirada da exposição *Nuove Tendenze Tedesche* [Novas Tendências Alemãs], organizada na Galleria Pagani, em Milão, em 1959, Mavignier pretendia que sua própria exposição em Zagreb mostrasse ao público da Iugoslávia que, em muitos locais ao redor do mundo, artistas estavam "trabalhando em uma linha experimental de arte (...) apresentando novos problemas (...) que poderiam representar hoje o que iremos amanhã chamar de avant-garde" – Mavignier escreveu em uma carta a Matko Meštrović, em 1961, terminando com uma advertência de que "precisamente devido ao seu caráter perigoso, profético, a exposição terá falhas, e talvez seja esse seu grande apelo"[6].

6. Rosen, Margit (org.). *A Little-Known Story about a Movement, a Magazine, and the Computer's Arrival in Art: new tendencies and bit international, 1961-1973*. Cambridge: MIT Press, 2011.

One of Mavignier's most formative encounters at Ulm was with Max Bense, whose courses placed an emphasis on information theory, and what Bense later described as generative aesthetics, concept which stressed the "combination of operations, rules and theorems which can be used deliberately to produce aesthetic states when applied to a set of material elements"[5]. Both information and generative aesthetic would play a central role in Mavignier's art and design. The *Additive Posters* he developed in the early 1960s are an interesting example in this sense, as they take the idea of information to encode it in a design, in an exhibition poster, for example, which for him consisted of both constant and variant information which he then combined, folding, rotating and repeating a pattern to configure other more complex patterns that in turn create what Bense described as an "aesthetic state". Ideas such as generative aesthetics, information, code, noise and redundancy, had a lasting impact on Mavignier's artistic production and his encounters with likeminded artists who were working along the same lines.

In 1958 he met Otto Piene and Heinz Mack, who invited him to show his work in one of their "evening exhibitions" – *Das rote Bild* [The red picture] in Düsseldorf – which marked the beginning of his relation to the then incipient Zero group. He later participated in an exhibition in Milan where he met Piero Manzoni and Enrico Castellani through whom he later exhibited at the Galleria Azimut. Mavignier then met Matko Meštrović, in Zagreb, an encounter that would lead Mavignier to organize a groundbreaking show, the first in a series of the *Nove Tendencije* [New Tendencies] exhibitions, which took place in 1961 at the Galerija Suvremene Umjetnosti, in Zagreb. While the title of the exhibition and ensuing formation of artists around an exploration of the role of information and communication in art was taken from the exhibition *Nuove Tendenze Tedesche* [New German tendencies], organized at Galleria Pagani in Milan in 1959, Mavignier intended his own exhibition in Zagreb to show to the Yugoslavian public that in many places around the world artists were "working in an experimental line of art (...) presenting new problems (...) that might represent today what we will tomorrow call the avant-garde" – he wrote in a letter to Matko Meštrović in 1961, ending with the caveat that "precisely due to its dangerous, prophetic character, the exhibition will have flaws, that is also perhaps its great appeal"[6].

5. Bense, Max. "The projects of generative aesthetics". In: Reichardt, Jasia (ed.). *Cybernetics, Art, and Ideas.* London: Studio Vista, 1971. Max Bill in 1949 had already envisaged a mathematical orientation to art in his essay The mathematical approach in contemporary art.

6. Rosen, Margit (ed.). *A Little-Known Story about a Movement, a Magazine, and the Computer's Arrival in Art: new tendencies and bit international, 1961-1973.* Cambridge: MIT Press, 2011.

7. Munari, Bruno. *Arte cinetica. Arte programmata. Opere moltiplicate. Opera aperta.* Milan: Officina d'Arte Grafica Lucini, 1962.

Mavignier and the other artists associated to these groups felt that they were on the threshold of something entirely new, a blank slate, so to speak for art, that would leave all traditional preconceptions behind and embark on a voyage of discovery armed with this new knowledge that information theory had provided them. But what, if any, presence did the idea of the good form have in all of this? It must be said that these experiments were undertaken by artists and designers alike, as design was central to their explorations. Bruno Munari who organized the exhibition *Arte programmata. Arte cinetica. Opere moltiplicate. Opera aperta.* [Programmed art. Kinetic art. Multiplied works. Open work.] in 1963, makes the connection with design in his essay for the exhibition stating that programmed art "has as its ultimate aim the production not of a single definitive and subjective image, but of a multitude of images in continual variation" and that the "programming of these works, which necessarily because of technical reasons and limitations are neither paintings nor sculptures, is to be understood in the sense that each artist chooses a particular material and the structural, kinetic and optical combinations that he considers suitable for the embodiment of his artistic intuition". Finally, he says that in keeping with the "rules of good form (...) the object made by the artist [to program this experience] would have its most natural form"[7]. More importantly, however, the idea of the good form, as the aligning of body and mind to organize sensory stimuli into an affective design, guided these cybernetic concerns. In 1970 Raymond Williams wrote an essay entitled "Structures of Feeling" in his book *Marxism and Literature*, in which he ascribed an affective dimension to historical and social upheavals, describing them as *structures of feeling*, using *feeling* to "emphasize a distinction from more formal concepts such as 'world view' or 'ideology'".

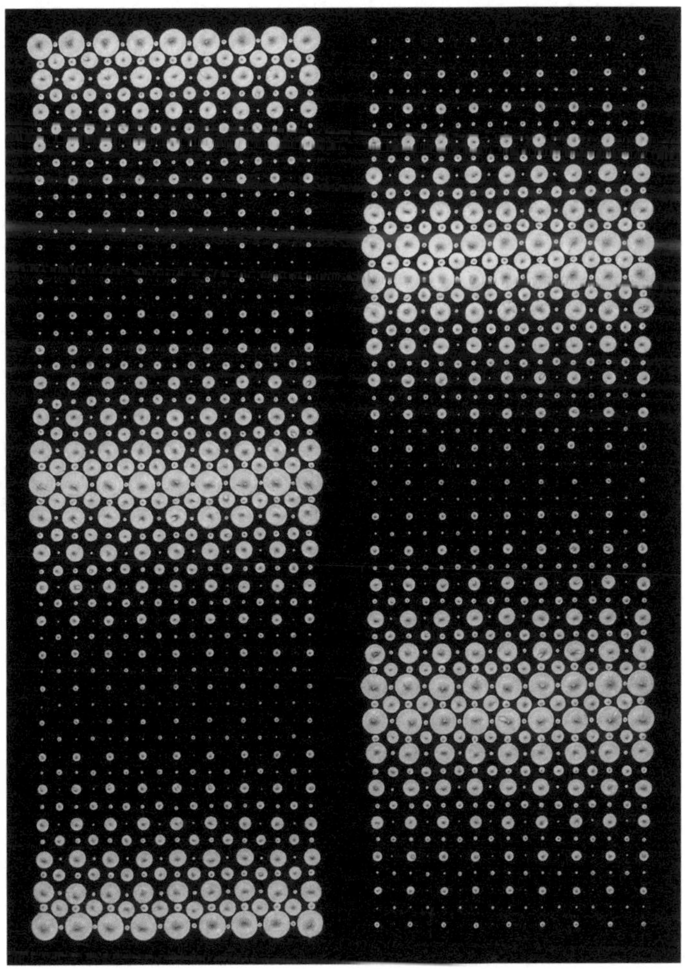

Almir Mavignier, *Konvex-Konkav II* (1962)

The groups Azimut, Arte Programmata and Gruppo N, in Italy; Zero, in Düsseldorf; Nove Tendencije in Zagreb; later, Grav (Groupe de Recherche d'Art Visuel), in Paris; and the artists affiliated to Signals gallery, in London, formed a transnational network of artists aligned with a cybernetic and phenomenological approach to art that transcended geographic, linguistic, cultural and ideological boundaries, in the midst of the Cold War, and the decolonization struggles in the Third World. Mavignier had a role in the articulation of these networks which heralded the advent of an art suited to the sensibilities of the time, a new "structure of feeling" that corresponded to an age of information that enabled the dematerialization of the art object, the configuration of realms of experience and affect, what Munari aptly described as "a field of events, an area of a previously unknown world of creativity, a fragment of a new reality to be observed in its continual variations"[8].

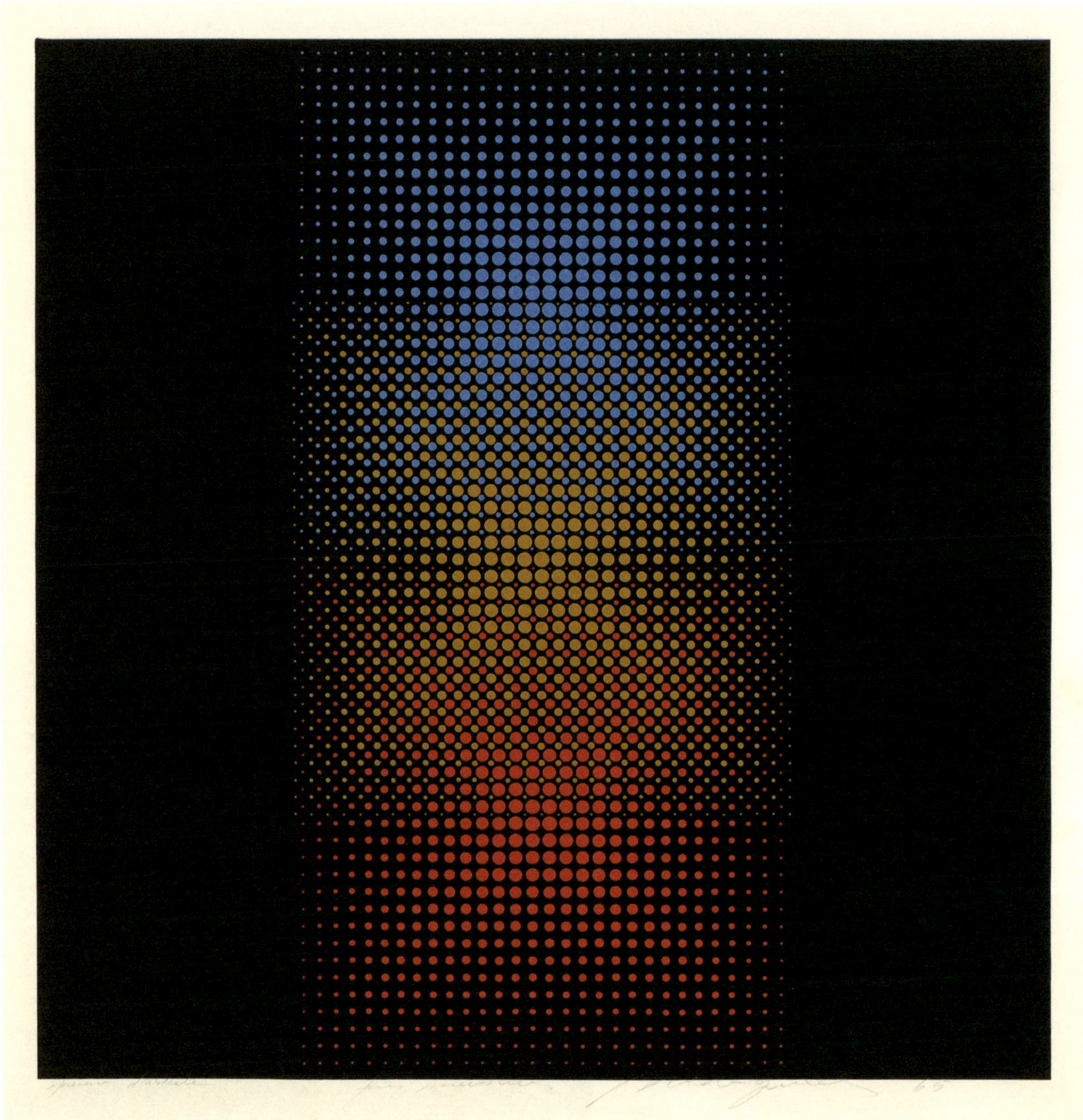

8. Idem.

Almir Mavignier, *Punctum* (1965)

Mavignier e outros artistas associados a esses grupos sentiam estar no limiar de algo inteiramente novo, uma tela em branco, por assim dizer, em termos de arte, o que fez com que deixassem para trás todas as tradicionais ideias preconcebidas e embarcassem em uma viagem de descobrimento munidos desse novo conhecimento que a teoria da informação lhes tinha fornecido. Mas qual seria o papel da boa forma em tudo isso? Vale dizer que essas experimentações eram realizadas por artistas e também por designers, uma vez que a forma era o seu elemento central. Bruno Munari, que organizou a exposição *Arte programmata. Arte cinetica. Opere moltiplicate. Opera aperta.* [Arte programada. Arte Cinética. Obras Multiplicadas. Obra aberta.], em 1962, cujo ensaio faz conexão com o design, afirma que a arte "tem como seu objetivo final a produção não de uma única imagem definitiva e subjetiva, mas de uma multiplicidade de imagens em constante variação" e que a "programação dessas obras, que, necessariamente por razões técnicas e limitações, não são nem pinturas nem esculturas, deve ser entendida no sentido de que cada artista escolhe um material específico, bem como as combinações estruturais, cinéticas e ópticas que ele considera apropriadas para incorporar à sua intuição artística". Por fim, afirma que mantendo-se as "regras da boa forma (...) o objeto criado pelo artista [para programar esta existência] deveria ter sua forma mais natural"[7]. Mais importante, no entanto, era que a ideia da boa forma, como o alinhamento do corpo e da mente para organizar estímulos sensoriais de uma forma afetiva, guiava essas preocupações cibernéticas. Em 1970, Raymond Williams escreveu um ensaio intitulado "Estruturas de Sentimentos" em seu livro *Marxismo e Literatura*, em que atribuiu uma dimensão afetiva a convulsões sociais e históricas, descrevendo-as como *estruturas de sentimentos*, usando *sentimento* para "enfatizar a distinção entre conceitos mais formais tais como 'visão de mundo' ou 'ideologia'".

Os grupos Azimut, Arte Programmata e Gruppo N, na Itália; Zero, em Düsseldorf; Nove Tendencije, em Zagreb; e, mais tarde, Grav (Groupe de Recherche d'Art Visuel), em Paris; e os artistas filiados à galeria Signals, em Londres, formaram uma rede transnacional de artistas alinhados a uma abordagem cibernética e fenomenológica da arte que transcendeu fronteiras geográficas, linguísticas, culturais e ideológicas, em meio à Guerra Fria e às lutas de descolonização no Terceiro Mundo. Mavignier desempenhou um papel importante na articulação destas redes, que anunciaram o advento de uma arte adequada às sensibilidades da época, uma nova "estrutura de sentimento" que correspondia a uma era da informação que possibilitava a desmaterialização do objeto de arte, a configuração de domínios de experiência e afeto que Munari bem descreveu como um "campo de eventos, uma área de um mundo anteriormente desconhecido de criatividade, um fragmento de uma nova realidade a ser observada em suas contínuas variações"[8].

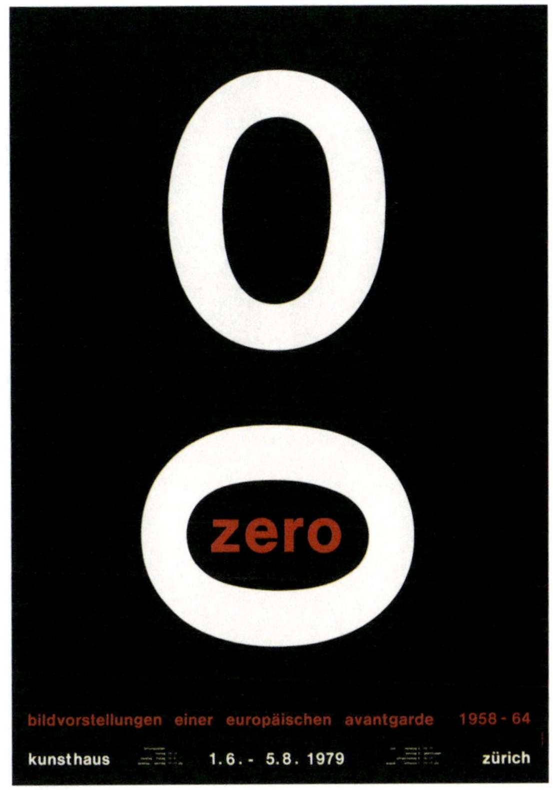

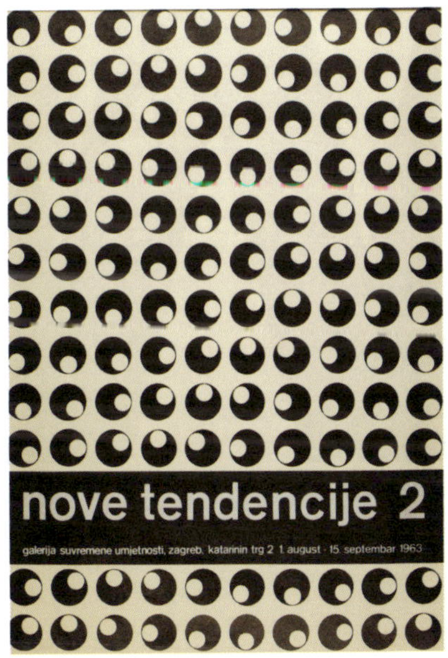

7. Munari, Bruno. *Arte cinetica. Arte programmata. Opere moltiplicate. Opera aperta.* Milão: Officina d'Arte Grafica Lucini, 1962.

8. Idem.

Ivan Picelj, cartaz *nove tendencije 2* [poster] (1963)

Almir Mavignier, cartaz *zero kunsthaus zurich* [poster] (1979)

alexand

wo

chico homem
de melo

alexandre wollner, designer of the 1950s and the 21st century

lre llner

designer dos anos 1950 e do século xxi

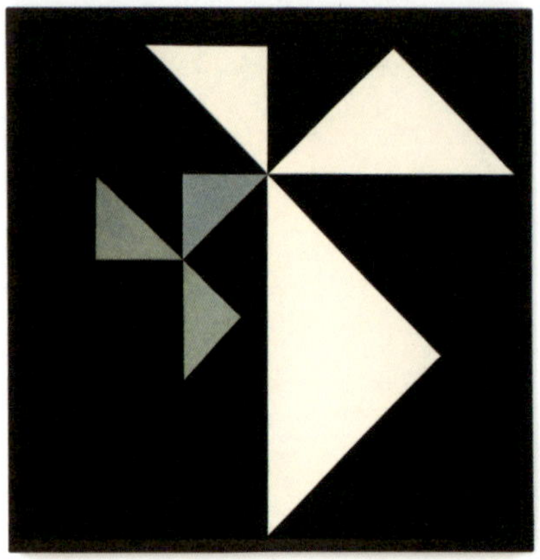

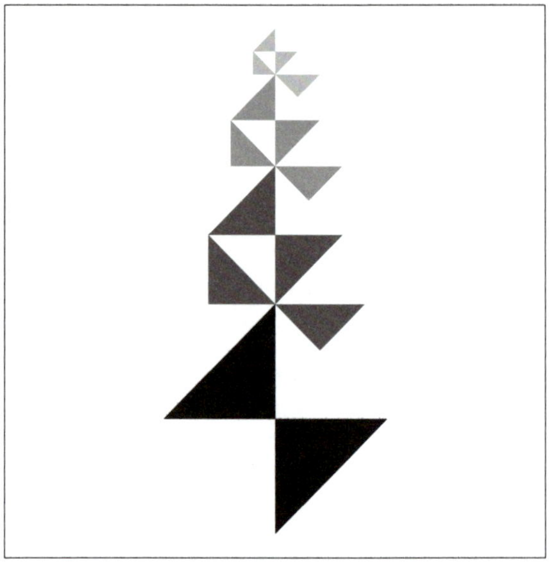

Alexandre Wollner (1928-2018, Brasil) integra a geração de designers forjada ao longo dos anos 1950, década nada menos do que extraordinária para a cultura brasileira. Artes visuais, fotografia, literatura, arquitetura, design e propaganda andaram de mãos dadas como nunca antes e nunca depois. Wollner participou ativamente desse amplo movimento, de tal modo que toda sua longa trajetória como criador é por ele marcada.

Brevíssimo esboço biográfico

Os contatos iniciais de Wollner com o ideário modernista ocorrem em 1950, aos 22 anos de idade, no curso do Instituto de Arte Contemporânea – IAC do Museu de Arte de São Paulo – Masp. Lá, ele tem aulas com professores europeus e conhece Max Bill (1908-1994, Suíça) durante uma breve passagem do artista suíço pelo Brasil. Nesse período, inicia uma parceria criativa com Geraldo de Barros (1923-1998, Brasil), que permaneceria viva ao longo da década. Em 1953, participa da 2ª Bienal de São Paulo como artista, com três pinturas inscritas no campo do abstracionismo geométrico. Em 1954, o contato anterior com Max Bill propicia a ida à Hochschule für Gestaltung [Escola de Ulm], na Alemanha, onde permanece até 1958. Nesse período, Wollner não perde o vínculo com o Brasil: em 1955, assina o cartaz da 3ª Bienal de São Paulo, sua primeira obra de design de destaque; em 1956, participa da exposição do Grupo Ruptura, vinculada à arte concreta; e, em 1957, faz o cartaz da 4ª Bienal.

Ao retornar ao país, funda o escritório de design forminform, juntamente com Geraldo de Barros, Ruben Martins e Walter Macedo – grupo a quem, pouco tempo depois, se uniu Karl Heinz Bergmiller (1928, Alemanha), recém-chegado da Alemanha[1]. Aplicando conhecimentos adquiridos em Ulm, passa a dedicar-se com regularidade ao campo da identidade visual corporativa. Essa dedicação permaneceria pelas décadas seguintes e se tornaria a marca registrada de sua atuação como designer. Ao falecer, em 2018, aos 89 anos, deixa uma obra consolidada como capítulo obrigatório do design gráfico brasileiro.

Alexandre Wollner (1928-2018, Brazil) belongs to the generation of designers shaped along the 1950s, a decade no less than extraordinary in Brazilian culture. The visual arts, photography, literature, architecture, design and advertising walked hand in hand as they never had before, or ever after. Wollner took active part in this general movement. So much so that his long trajectory as a creator is entirely marked by it.

A brief biographical draft

Wollner's initial contacts with the modernist ideology occurs in 1950, when he was 22 years old, at the Institute of Contemporary Art – IAC of the São Paulo Museum of Art – Masp.. There, he attends classes by European professors, and meets Max Bill (1908-1994, Switzerland), during a brief passage of the Swiss artist through Brazil. Over this period, he starts a creative partnership with Geraldo de Barros (1923-1998, Brazil), which would go on for a decade. In 1953, he takes part in the 2nd Bienal de São Paulo as an artist, with paintings in the geometric abstractionist style. In 1954, the former relationship with Max Bill brings him the opportunity to attend the Hochschule für Gestaltung Ulm, in Germany, where he stays until 1958. Wollner remains in contact with Brazil in this period: in 1955 he produces the poster of the 3rd Bienal de São Paulo, his first notable design work; in 1956 he participates in the exhibition of Grupo Ruptura, related to concrete art, and in 1957 he designs the poster of the 4th Bienal.

Geraldo de Barros, *Conjunção harmônica de dois grupos de triângulos* (1953)

Alexandre Wollner, *Constelação preto-cinza* (1953)

When he returns to the country, he establishes the design firm forminform, alongside Geraldo de Barros, Ruben Martins and Walter Macedo. Shortly after, Karl Heinz Bergmiller (1928, Germany) joins them, having recently arrived from Germany[1]. Applying the background knowledge acquired at Ulm, he then devotes himself regularly to the field of corporate visual identity. This dedication would continue through the following decades and would become the trademark of his work as a designer. When he passed away, in 2018, at 89 years of age, he left a consolidated body of work – an essential chapter of Brazilian graphic design.

The 1950s: the creative partnership with Geraldo de Barros

In the autobiographic book *Design Visual - 50 anos,* published in 2003, Wollner claims he considers Geraldo de Barros a master. In fact, his narrative both in this book and in the examination of the works created by him during the 1950s reveal how much the partnership with Barros was decisive in Wollner's formative process. The adhesion to the principles of constructive art, the affiliation to Grupo Ruptura and even his enrolment to the Ulm School were encouraged by the figure of Barros[2].

A revealing comparison: in 1952, Barros holds an exhibition at the Museum of Modern Art of São Paulo – MAM-SP. Wollner included in the autobiographical book a small black and white photo of his friend facing one of the exhibited artworks. If we analyze the series *Constelações* [Constellations], created by Wollner in 1953, and the poster for the 3rd Bienal, also designed by him, the similarity in visual reasoning with Barros' work is striking. It is frequent that constructive artworks of the period by different artists resemble each other; however, in these cases the resemblance is more blatant, illustrating the influence of Barros in the construction of Wollner's diction as a visual thinker.

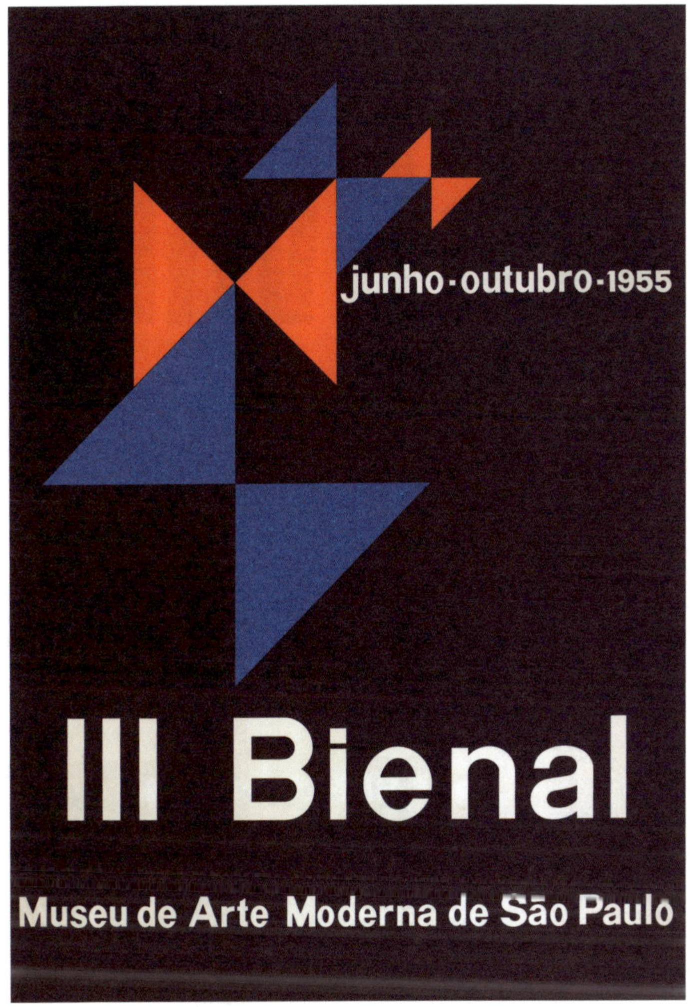

Alexandre Wollner, cartaz da 3ª Bienal de Arte de São Paulo [poster] (1955)

1. O forminform costuma ser apontado como o primeiro escritório de design no Brasil. A iniciativa combina dois fatores que valem ser pontuados: reunir um grupo de profissionais especializados em comunicação visual e desenho industrial, carreiras que começavam a se estabelecer no país; responder a certa demanda por projetos de design no cenário de desenvolvimento urbano e industrial do pós-Segunda Guerra Mundial brasileiro. No início, o forminform funcionava dentro da loja de móveis da Unilabor. Cf. Leon, Ethel; Montore, Marcello. "Brasil". *In*: Bonsiepe, Gui; Fernández, Silvia (org.). *Historia del Diseño en América Latina y el Caribe*. São Paulo: Blucher, 2008; Leon, Ethel. *Memórias do Design Brasileiro*. São Paulo: Editora Senac, 2009.

1. forminform is frequently mentioned as the first design office in Brazil. The initiative combines two factors that are worth noting: it brought together a group of professionals who specialized in visual communication and industrial design, careers which were beginning to be established in the country; it responded to a certain demand for design projects in a scene of urban and industrial development in the Brazilian post-war period. In its beginnings, forminform operated inside Unilabor furniture shop. Cf. Leon, Ethel; Montore, Marcello. "Brasil". *In*: Bonsiepe, Gui; Fernández, Silvia (org.). *Historia del Diseño en América Latina y el Caribe*. São Paulo: Blucher, 2008. Leon, Ethel. *Memórias do Design Brasileiro*. São Paulo: Editora Senac, 2009.

2. Wollner tells in his book that when Max Bill visited Brazil and met Pietro Maria Bardi, in 1953, he requested the recommendation of a IAC student to receive a scholarship at the Ulm school, which was about to be officially inaugurated. Bardi would have recommended Wollner, while Bill would have chosen Geraldo de Barros. Barros, for personal reasons, declined the invitation, and Wollner traveled to Germany. During his stay at Ulm, Wollner kept intense correspondence with Barros. Cf. Wollner, Alexandre. *Design Visual - 50 anos*. São Paulo: Cosac Naify, 2003. Stolarski, André. *Alexandre Wollner e a Formação do Design Visual Brasileiro*. São Paulo: Cosac Naify, 2005.

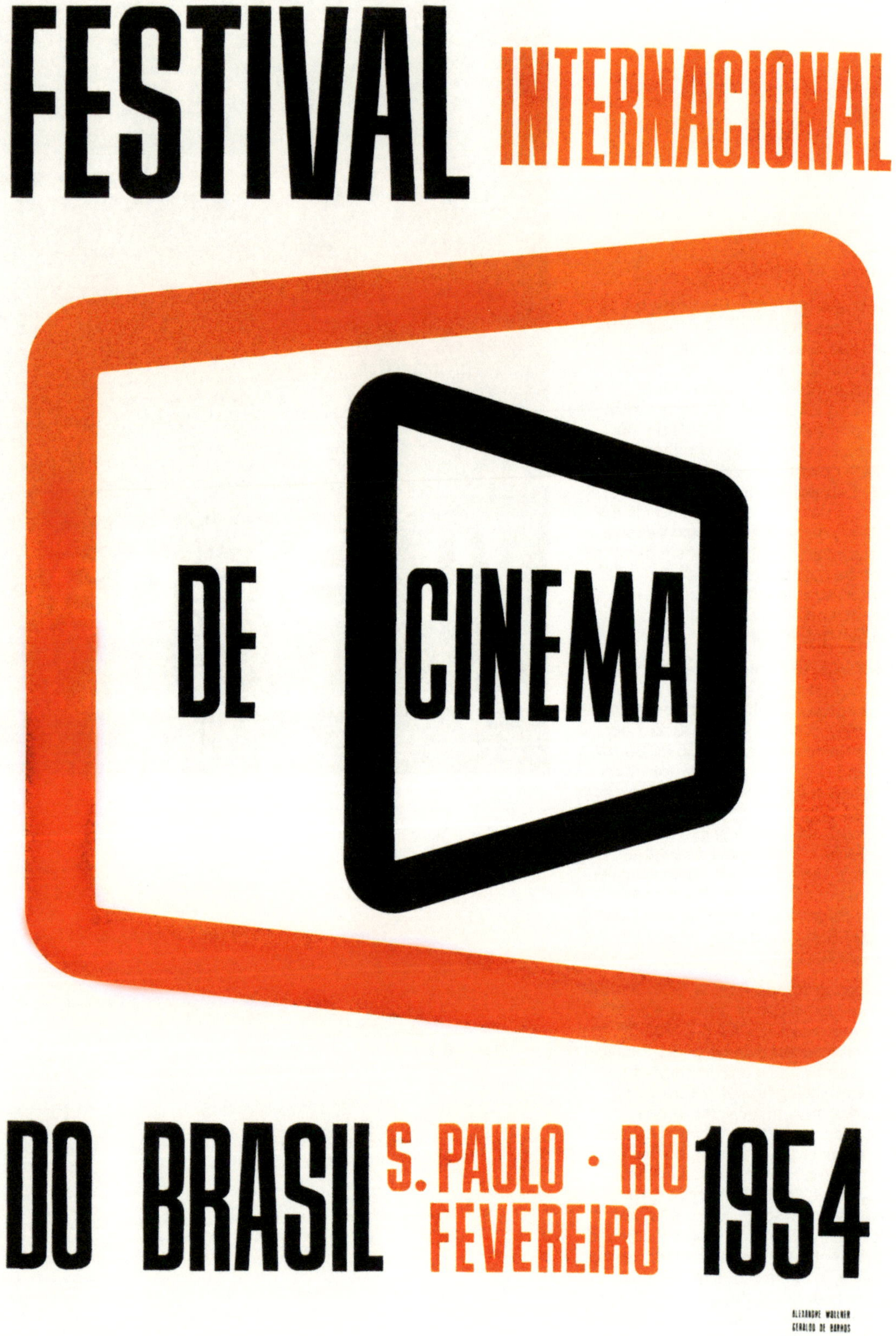

2. Wollner conta em seu livro que quando Max Bill visitou o Brasil e esteve com Pietro Maria Bardi, em 1953, solicitou a indicação de um estudante do IAC para receber bolsa de estudos na Escola de Ulm, que estava prestes a ser oficialmente inaugurada. Bardi teria sugerido Wollner, enquanto Bill teria escolhido Geraldo de Barros. Barros, por razões pessoais, declinou o convite e Wollner seguiu para a Alemanha. Durante o período em que esteve em Ulm, Wollner manteve intensa correspondência com Barros. Cf. Wollner, Alexandre. *Design Visual - 50 anos*. São Paulo: Cosac Naify, 2003; Stolarski, André. *Alexandre Wollner e a Formação do Design Visual Brasileiro*. São Paulo: Cosac Naify, 2005.

Alexandre Wollner & Geraldo de Barros, cartaz do Festival Internacional de Cinema [poster] (1954)

Anos 1950: a convivência criativa com Geraldo de Barros
No livro autobiográfico *Design Visual - 50 anos*, publicado em 2003, Wollner afirma considerar Geraldo de Barros um mestre. De fato, tanto sua narrativa nesse livro como a análise dos trabalhos realizados por ele ao longo da década de 1950 revelam o quanto o convívio com Barros foi decisivo para a formação de Wollner. A adesão aos princípios da arte construtiva, a filiação ao Grupo Ruptura e até mesmo a ida à Escola de Ulm foram balizadas pela figura de Barros[2].

Uma comparação reveladora: em 1952, Barros realiza uma exposição no Museu de Arte Moderna de São Paulo – MAM-SP. Wollner inseriu no livro autobiográfico uma pequena foto em preto e branco do amigo diante de uma das obras expostas. Se analisamos a série *Constelações*, criada por Wollner em 1953, e o cartaz da 3ª Bienal, também de autoria de Wollner, a semelhança de raciocínios visuais com o trabalho de Barros é patente. É frequente que obras da arte construtiva do período, de diferentes autores, se pareçam; no entanto, nestes casos, a semelhança é ainda mais acentuada, ilustrando a influência de Barros na construção da dicção de Wollner como pensador visual.

Vale avançarmos no exame da relação Barros-Wollner até o final da década. Entre 1953 e 1960, eles assinaram vários trabalhos em coautoria – a partir daí, não são encontradas outras referências à prática conjunta, sugerindo que a parceria deixou de vigorar. Entre os bons exemplos de fertilidade criativa da dupla, estão o cartaz produzido para o Festival Internacional de Cinema do Brasil (1954), a flâmula da 3ª Bienal de São Paulo (1955) e a capa do livro *e. e. cummings - 10 poemas* (1960).

Chama a atenção o quanto os três trabalhos se afastam da ortodoxia construtivo-geométrica que depois se tornaria uma das características do design de Wollner no campo da identidade corporativa. No cartaz do Festival Internacional de Cinema, a sutileza de linguagem está no jogo entre bidimensionalidade e tridimensionalidade. Na flâmula da 3ª Bienal, o aspecto que se destaca logo à primeira vista é o diagrama movimentado do texto; o arranjo mais automático seria o numeral "3" estar apoiado na mesma linha de base do "bienal sp"; em seguida, surpreende a referência figurativa do olho estar superposta à letra "b". Se tomarmos como referência a linguagem que Wollner praticaria nas décadas seguintes, poderíamos chamar de "sujo" essa composição de elementos.

Por fim, a capa de *e. e. cummings — 10 poemas* é mais um exemplo de combinação entre sutileza e complexidade; o texto poético em inglês, impresso em cinza, ocupa a página de maneira imprevista, enquanto o título em português, impresso em vermelho, se destaca do fragmento do poema e, ao mesmo tempo, se confunde com ele. Há uma dimensão lúdica nessas três obras que raramente apareceria na produção de Wollner das décadas seguintes.

It is worth examining the Barros-Wollner relationship until the end of the decade. Between 1953 and 1960, they signed a number of works jointly – from then on, other references of professional collaboration are not found, suggesting that the partnership ceased to exist. Among the good examples of the creative fecundity of the duo, are the poster designed for the International Brazil Film Festival (1954), the banner for the 3rd Bienal de São Paulo (1955) and the cover of the book *e. e. cummings - 10 poemas* (1960).

It is also notable how much these three artworks are distant from the geometric constructivist orthodoxy that would later become one of the characteristics of Wollner's design in the field of corporate identity. In the poster for the International Film Festival, the subtlety of the language is in the interplay between two-dimensionality and three-dimensionality. In the 3rd Bienal banner, the aspect that first catches the eye is the movement of the text's layout; the most automatic arrangement would be that the number "3" was aligned with the same base of "bienal sp"; also, it is surprising that the figurative reference of the eye is superimposed over the letter "b". If we take as a reference the language that Wollner would use in the next decades, we could call this composition of elements "dirty".

Finally, the cover of the book *c. c. cummings — 10 poemas* is yet another example of the combination between subtlety and complexity; the poetic text in English, printed in grey, occupies the page in an unexpected manner, while the title in Portuguese, printed in rod, stands out from the fragment of the poem and, at the same time, merges into it. There is a ludic element in these three pieces which would rarely appear in Wollner's production over the following decades.

1954-1958: learning and experimenting in Ulm
The period between 1954 and 1958 is a season of learning and experimentation in Ulm that proved to be decisive in Wollner's intellectual trajectory. The school gathered some of the most important names in the fields of art and design of the period. There, he assimilated the modernist precepts related to the powers of geometry ("gestalt")[3], of concision ("less is more")[4], of functionality ("form is function")[5], of systemic reasoning ("rationality"). At the same time, and contradicting a widely disseminated vision about Ulm, the school encouraged an experimental and inquisitive attitude.

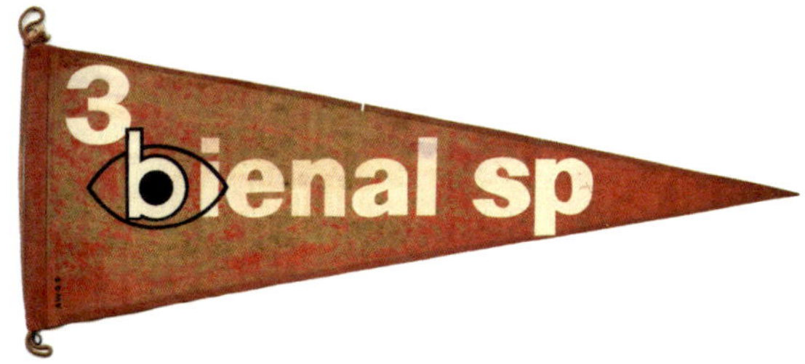

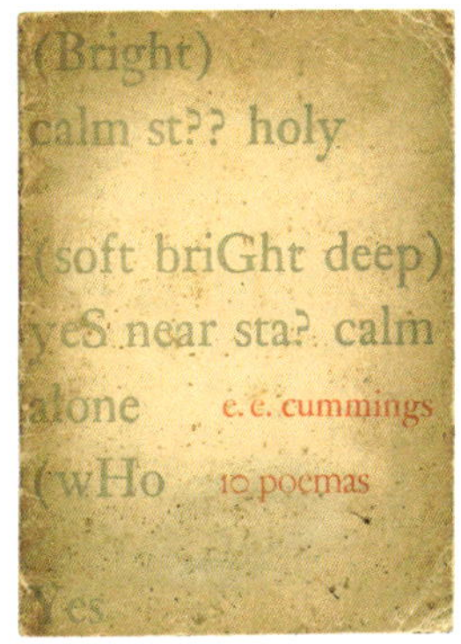

Alexandre Wollner & Geraldo de Barros, flâmula da 3ª Bienal de Arte de São Paulo [banner] (1955)

Alexandre Wollner & Geraldo de Barros, *e.e. cummings - 10 poemas* (1960)

1954-1958: aprendizado e experimentações em Ulm

O período entre 1954 e 1958 é uma temporada de aprendizado e experimentações em Ulm que se mostrou decisiva na trajetória intelectual de Wollner. A escola reunia alguns dos principais nomes do campo das artes e do design do período. Lá, ele assimilou os preceitos modernistas relacionados aos poderes da geometria ("gestalt")[3], da concisão ("menos é mais")[4], da funcionalidade ("forma é função")[5], do raciocínio sistêmico ("racionalidade"). Ao mesmo tempo, e contrariando uma visão muito difundida sobre Ulm, a escola incentivava uma postura experimental e indagadora.

Examinemos três trabalhos de Wollner, os dois primeiros realizados na escola alemã. A série de sete fotografias investe em formas fugidias e não na nitidez, na incerteza mais do que na certeza. Trata-se de uma abordagem nova em sua produção até aquele momento – voltaremos a ela adiante, quando tratarmos da produção de Wollner no século XXI.

O cartaz *Kieler Woche* também inaugura um campo de experimentações. Nele, a referência é a retícula, o recurso gráfico que permite a formação de imagens em meios tons em nossas retinas (vale lembrar que as retículas viriam a se transformar nos pixels das telas dos computadores). Retículas ampliadas até tornarem-se pontos visíveis a olho nu são presença constante nas obras de vários artistas construtivos, tais como Antônio Maluf, Almir Mavignier (1925-2018, Brasil) e Hermelindo Fiaminghi. O cartaz realizado em 1956 como trabalho acadêmico em Ulm fornece a base do raciocínio do cartaz da 4ª Bienal de São Paulo, realizado no ano seguinte. Nesse aspecto, Wollner é pioneiro em relação a seus colegas de geração na investigação das possibilidades expressivas derivadas de planos formados por pontos.

Anos 1960 e 1970: a noção de sistema e o design da identidade corporativa

De volta ao Brasil, em 1958, Wollner traz consigo o conceito-chave que nortearia toda sua produção posterior, e se tornaria um mantra em seu discurso: a noção de sistema, entendido como um conjunto de regras mutuamente coerentes, ordenadas segundo princípios de pura racionalidade. O sistema constituiria a ferramenta capaz de conduzir o projeto de design por caminhos seguros, com vistas a produzir redes complexas de mensagens eficientes e coesas entre si. Essa visão se adequava muito bem ao projeto de sistemas de identidade visual corporativos.

Foi apoiado nela que Wollner iniciou sua atuação nesse campo no final dos anos 1950, e seguiu firme pelas décadas seguintes. Projetar sistemas de identidade visual corporativos tornou-se sua marca enquanto designer. O corpo principal de sua obra nesse campo foi produzido nos anos 1960 e 1970. Ele está bem representado no impressionante cartaz-portfólio de 1977 – surpreendente pelo apuro de linguagem e pela quantidade e peso das empresas cujos sinais foram projetados por ele.

Let us examine three artworks by Wollner, the first two created in the German school. The series of seven photographs invests in fleeting figures rather than in sharpness, in uncertainty more than in certainty. It is a new approach in his production up to that moment – we will return to it further on, when we analyze Wollner's production in the 21st century.

The *Kieler Woche* poster also inaugurates a field of experimentations. In it, the reference is the reticle, the graphic resource that allows the creation of images in half tones in our retina (it is interesting to observe that the reticle would become the pixels of computer screens). Reticles amplified until they became points visible to the naked eye are a constant presence in artworks by many constructivist artists, such as Antônio Maluf, Almir Mavignier (1925-2018, Brazil) and Hermelindo Fiaminghi.

The poster created in 1956 as an academic project in Ulm, provides the logical basis for the 4th Bienal de São Paulo poster designed in the following year. In this respect, Wollner is a pioneer compared to his generational colleagues in exploring the expressive possibilities derived from planes formed by points.

1960s and 1970s: the notion of system and corporate identity design

Back in Brazil, in 1958, Wollner brings with him the key notion which would guide his entire production from then on and would become a mantra in his discourse: the notion of system, understood as a set of mutually coherent rules, ordered according to principles of pure rationality. The system would constitute the tool which would be able to guide the design project through safe paths, in order to produce complex networks of efficient and coherent messages. This vision conformed very well to the corporate visual identity project systems.

Based on it, Wollner started working in this field at the end of the 1950s and continued to do so for the following decades. Designing corporate visual identity systems has become his signature as a designer. The core of his body of work in this field was produced in the 1960s and 1970s and it is well represented in the impressive portfolio poster of 1977 – striking for the accuracy of the language and for the quality and weight of the companies which had their signs designed by him.

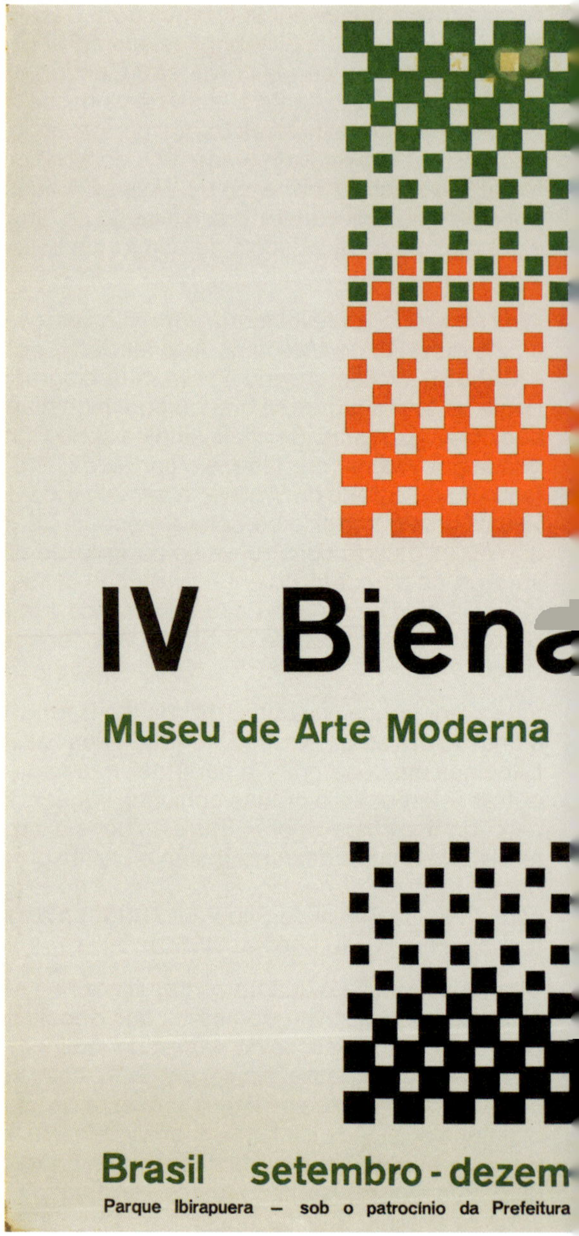

Alexandre Wollner, cartaz da 4ª Bienal de Arte de São Paulo [poster] (1957)

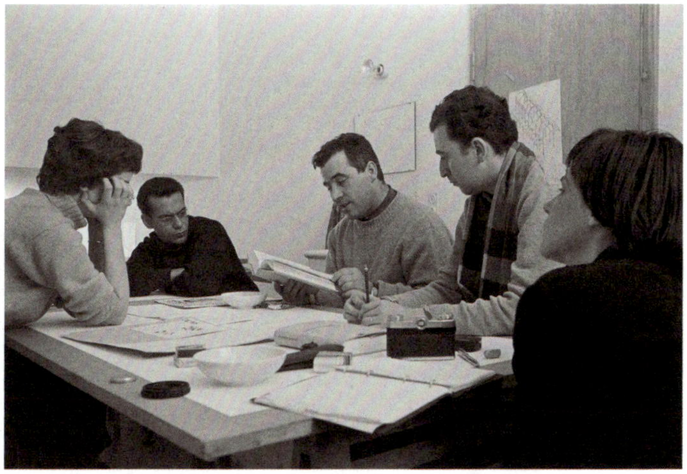

3. "A palavra alemã 'gestalt' é referência perceptual de formas orgânicas. (...) Segundo afirma a teoria da gestalt, os organismos vivos percebem as coisas não como elementos isolados, mas como padrões integrados – perceptíveis como um todo organizado. (...) Os problemas de design desenvolvidos na HfG tinham como característica essa definição de formas integradas, organizadas, expansíveis e de significados perceptíveis." Wollner, Alexandre, op. cit.

4. *Less is more*, aforismo do arquiteto alemão Mies van der Rohe, remete à busca por uma linguagem formal concisa, sem ornamento e comprometida com o mundo industrial. Rohe foi o último diretor da Bauhaus, escola alemã que pretendia formar especialistas aptos a projetar os artefatos da vida moderna. Cf. Schneider, Beat. *Design – uma introdução*. São Paulo: Blucher, 2010; Gay, Peter. *Modernismo*. São Paulo: Companhia das Letras, 2009.

5. A expressão *form follows function* é de Louis Sullivan, expoente da chamada Escola de Chicago. Sullivan foi um arquiteto comprometido com a reconstrução de Chicago após o incêndio de 1871. Defendia a produção industrial e que a forma dos objetos resultasse de sua estrutura, sem ornamentos ou revestimentos que escondessem suas características construtivas. Cf. Schneider, Beat, op. cit.

3. "The German word 'gestalt' is the perceptual reference of organic forms. (...) according to what Gestalt theory affirms, living organisms perceive things not as isolated elements, but as integrated patterns – perceptible as an organized whole. (...) The problems of design developed at HfG had as a characteristic this definition of integrated, organized and expandable forms and of perceptible meanings." Wollner, Alexandre, op. cit.

4. *Less is more*, aphorism by German architect Mies van der Rohe, refers to the search for a concise formal language, without ornament and committed to the industrial world. Rohe was the last director of Bauhaus, a German school which intended to form specialists able to design artifacts for modern life. See: Beat Schneider. *Design – uma introdução*. São Paulo: Blucher, 2010. Peter Gay. *Modernismos*. São Paulo: Companhia das Letras, 2009.

5. The expression *form follows function* is by Louis H. Sullivan (1856-1924), an exponent of the so-called Chicago school. Sullivan was an architect who was committed to the reconstruction of Chicago after the 1871 fire. He defended Industrial production and that the design of objects resulted from their structure, without ornaments which would hide their constructive characteristics. Cf. Schneider, Beat, op. cit.

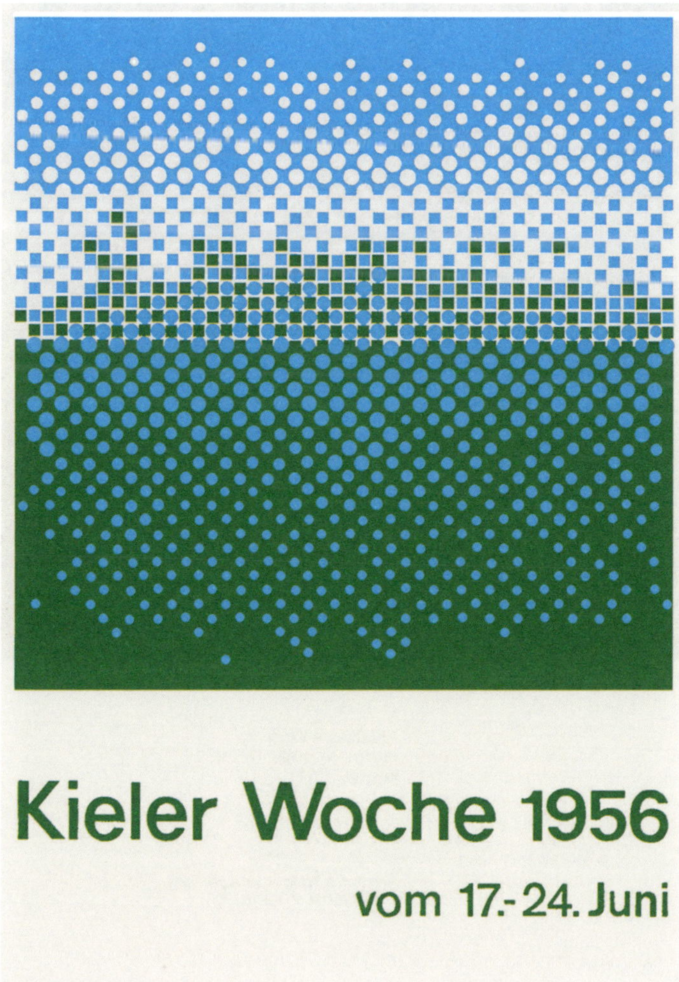

Alexandre Wollner, cartaz *Kieler Woche* [poster] (1956)

Almir Mavignier, Otl Aicher & Alexandre Wollner na [at] HfG Ulm (1956)

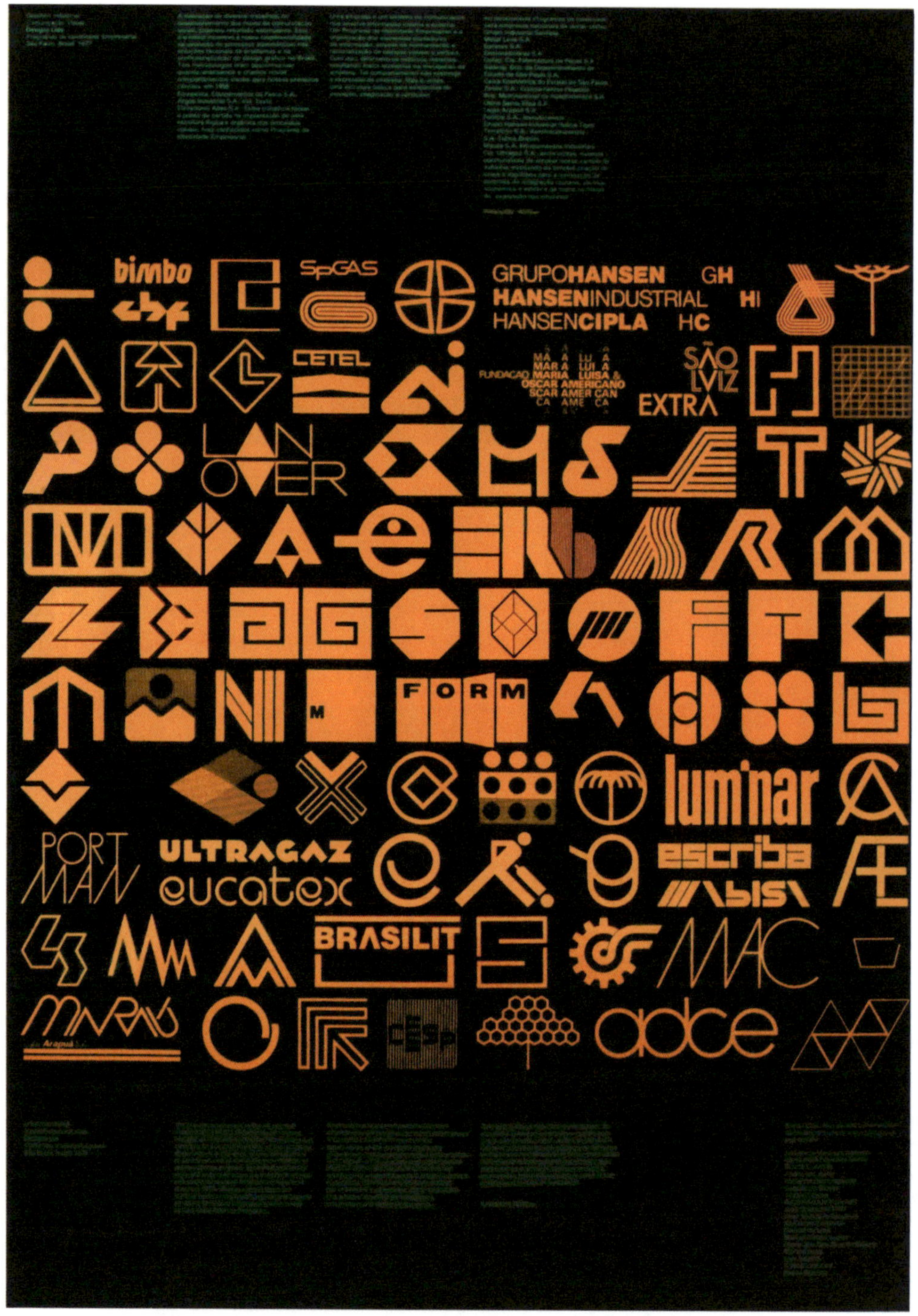

Voltemos a Geraldo de Barros. Sua obra *Função Diagonal* é de 1952; os sinais da Atlas e da Alcominas, projetados por Wollner, são de 1958 e 1960, respectivamente. A obra pictórica de Barros do início dos anos 1950 está na raiz do raciocínio visual de ambos os sinais. De modo análogo, se percorrermos o cartaz-portfólio de 1977, veremos que a sintaxe da arte construtiva dos anos 1950 está presente como pano de fundo de muitos deles – da maioria, na verdade.

Essa sintaxe geométrica foi combinada à noção de sistema que fundamenta o trabalho não só de Wollner como de toda a brilhante geração de designers brasileiros do período. O sucesso dessa combinação é inegável. Aliás, vale registrar que a noção de sistema como alicerce imprescindível dos projetos sobrevive quase intacta no atual *branding*.

No entanto, o triunfo da visão sistêmica não impede que examinemos o reverso da moeda. Se voltarmos aos três exemplos relativamente singelos da parceria Barros-Wollner mostrados anteriormente, veremos que alguma coisa preciosa que estava ali foi varrida pelo furacão sistêmico. A atmosfera lúdica que identificamos desaparece nas décadas seguintes, sob o peso de palavras fortes como coerência, rigor, racionalidade. No design "coerente" e "rigoroso" – em uma palavra, "sistêmico" – dos anos 1960 e 1970, uma flâmula como a da 3ª Bienal de São Paulo não teria lugar. Felizmente, apesar do peso desse ideário, vez por outra aparecia um sinal como o da Eucatex para mostrar que é possível respirar ares mais leves e encarar uma paisagem mais imprevista.

Alexandre Wollner, cartaz-portfólio [portfolio poster] (1977)

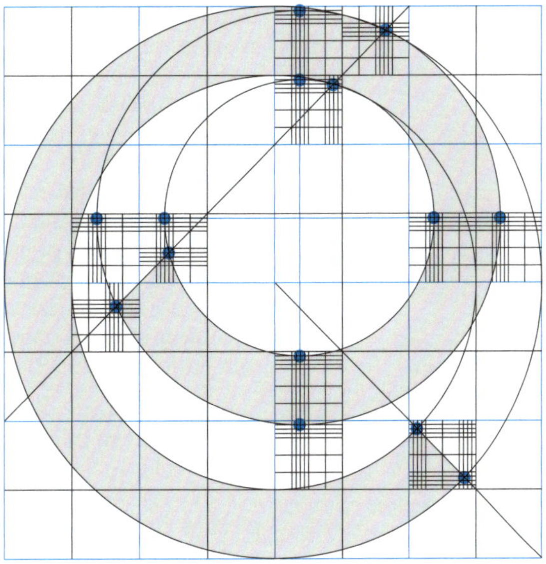

Going back to Geraldo de Barros, his work *Função Diagonal* [Diagonal Function] dates from 1952; the signs of the companies Atlas and Alcominas, designed by Wollner, are from 1958 and 1960, respectively. Barros' pictorial work from the beginning of the 1950s is in the root of the thought process behind both signs. Similarly, if we go through the portfolio poster of 1977, we can see that the syntax of the constructive art of the 1950s is present in the background of many of them – most of them, in fact.

This geometric syntax was combined with the notion of system that substantiates the work, not only by Wollner, but by the brilliant generation of Brazilian designers from this period. The success of this combination is undeniable. By the way, it is worth noting that the notion of system as the essential foundation of design survives almost intact in today's branding.

However, the triumph of the systemic view does not prevent us from examining the flip side of the coin. If we return to the three relatively simple examples of the Barros-Wollner partnership shown above, we will see that something precious that existed there was swept away by the systemic hurricane. The playful atmosphere we identified disappears in the following decades, under the weight of strong words like coherence, rigor, rationality. In the "coherent", "rigorous" design – in a word, "systematic" – of the 1960s and 1970s, a banner such as the one for the 3rd Bienal de São Paulo would have no room. Fortunately, despite the weight of this ideal, occasionally a sign like the one for Eucatex would appear, bringing about a lighter atmosphere and a more unexpected landscape to look at.

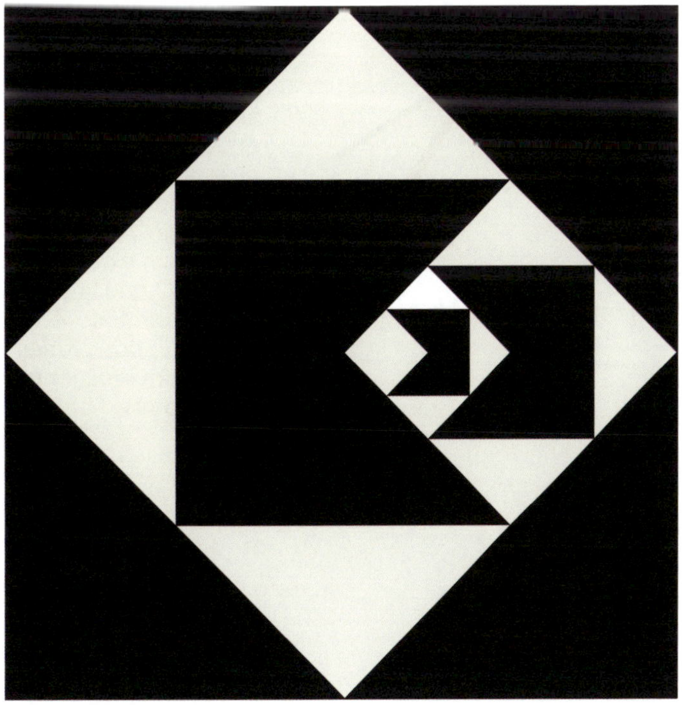

Alexandre Wollner, sinal Eucatex [sign] (1967)

Alexandre Wollner, sinal Elevadores Atlas [sign] (1958)

Geraldo de Barros, *Função diagonal* (1952)

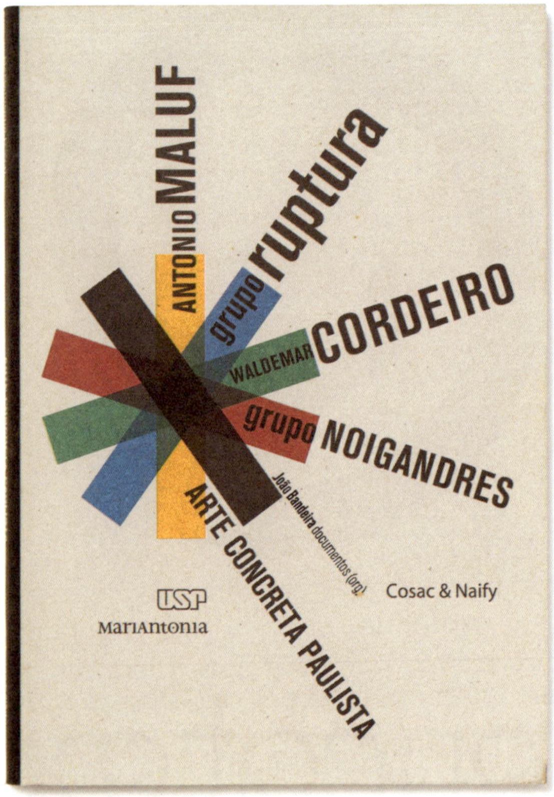

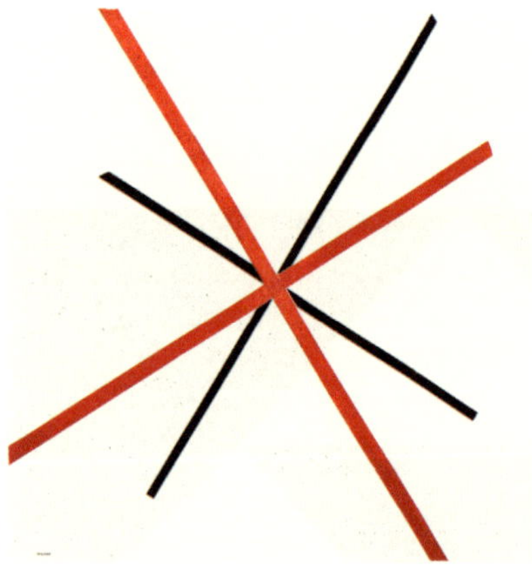

Século XXI: de volta às raízes

Wollner seguiu projetando design corporativo nas décadas seguintes, ainda que sem o impacto da produção dos anos 1960 e 1970. É possível identificar uma inflexão em sua linguagem no início do século XXI, quando se comemoraram os 50 anos de eclosão do movimento construtivo. Diversos livros foram lançados, entre os quais a sua já citada autobiografia *Design Visual - 50 anos* (2003), bem como obras de registro e de balanço do movimento. Dentre as várias com design de Wollner, vamos examinar três: a série *Arte Concreta Paulista* (2002-2003), a sua autobiografia e o catálogo da exposição *Concreta '56 - a raiz da forma* (2006).

A série *Arte Concreta Paulista* aponta o caminho: ao se voltar para um balanço do movimento do qual participou, é inevitável que Wollner reexaminasse também sua própria obra. No projeto da série de cinco capas, ele revisita a pintura *Composição*, dos anos 1950. Acrescenta a ela a abordagem sistêmica, adiciona complexidade, mas mantém o princípio visual. Os arranjos surpreendentes de cada um dos quatro títulos monográficos se fecham no quinto título, de caráter panorâmico, construindo a forma final.

Nas capas de *Design Visual* e *Concreta '56* o tema é a superposição. Ela estava insinuada nas obras em parceria com Geraldo de Barros, e afirmada de maneira explícita na série de fotos *Movimento em Stuttgart*, produzida em Ulm. A aposta mais alta é a capa do catálogo, na qual a massa textual beira a ilegibilidade. A exposição é um palimpsesto, e Wollner produz um ícone dele.

Na maturidade, ao se voltar para o exame do passado, Wollner resgata valores que haviam ficado submersos pelos ditames da identidade corporativa e do imperativo sistêmico, alguns deles presentes até mesmo na experiência na escola de Ulm. Não que a ideia de sistema esteja ausente dessa produção, longe disso. O conjunto de capas de *Arte Concreta Paulista* é um belo exemplo desse raciocínio. Até mesmo a pilha de sete livros revela que todos têm exatamente o mesmo tamanho, e esse tamanho é... A4! O que importa de fato – a beleza da trajetória, se preferirmos – é Wollner reencontrar na maturidade a vitalidade dos primeiros anos. Surpreendente, complexo, vemos um Wollner novamente em contato com o frescor da invenção.

Alexandre Wollner, *Arte concreta paulista* (Cosac Naify, 2002-2003)

Alexandre Wollner, Sem título, s.d.

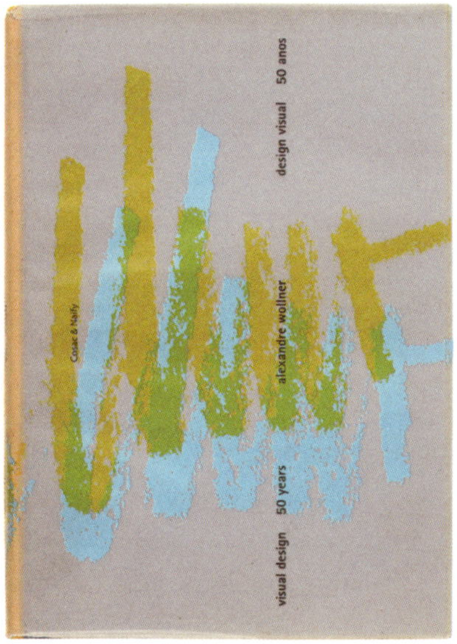

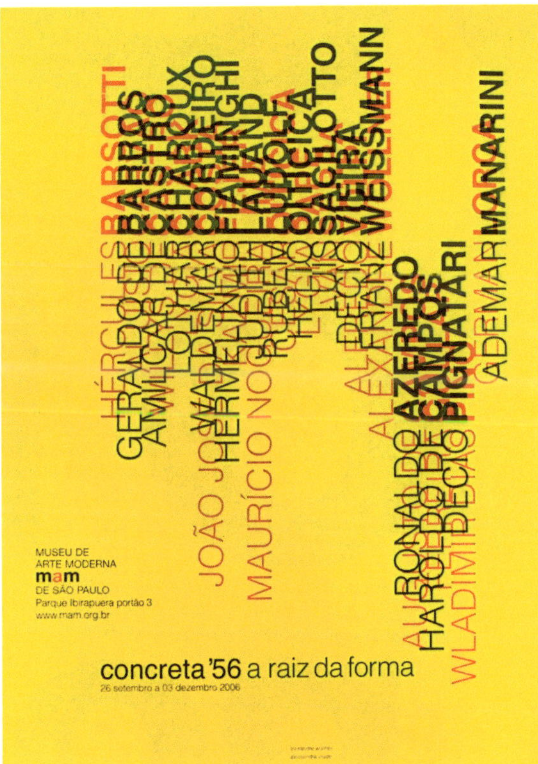

21st century: back to the roots

Wollner continued producing his corporate design in the following decades, yet without the same impact of the 1960s and 1970s. It is possible to identify an inflection in his language in the beginning of the 21st century, when the 50 years of the emergence of the constructivist movement were celebrated. A number of books were published, among them his autobiography *Design visual - 50 anos* (2003). These are reference pieces as well as an assessment of the movement. Within an array featuring Wollner's design, let us analyze three: the series *Arte Concreta Paulista* [Paulista Concrete Art] (2002-2003), his autobiography and the catalog of the exhibition *Concreta '56 - a raiz da forma* [Concrete '56 – the root of form] (2006).

The series *Arte Concreta Paulista* points the way: as he looks back to the movement in which he took part, it is inevitable that Wollner would reexamine his own work as well. In the project of the series, he revisits the painting *Composição* [Composition], from the 1950s. He adds the systemic approach as well as complexity to it, but he maintains the visual principle. The surprising arrangements of each of the four monographic titles come to a closure in the fifth title from the series, of panoramic character, building the final form.

On the covers of *Design Visual* and *Concreta '56* the theme is superimposition. It had been insinuated in works in partnership with Geraldo de Barros and it is affirmed in an explicit manner in the series of photographs *Movimento em Stuttgart* [Movement in Stuttgart], produced in Ulm. A higher bet is the catalog cover, in which the text mass is almost illegible. The exhibition is a palimpsest and Wollner produces an icon of it.

In later years, as he reexamines the past, Wollner rescues values that had been submerged by the dictates of corporate identity and the systematic imperative, some of them present even in the experience at the Ulm School of Design. It does not mean that the idea of system is absent from this production, not at all. The set of covers of *Arte Concreta Paulista* is a great example of this thinking. Even the stack of seven books reveals their same size, and this size is... A4! What really matters – the beauty of the trajectory, if you will – is Wollner rediscovering in maturity the vitality of the early years. Surprising, complex, we can see a Wollner back in touch with the freshness of invention.

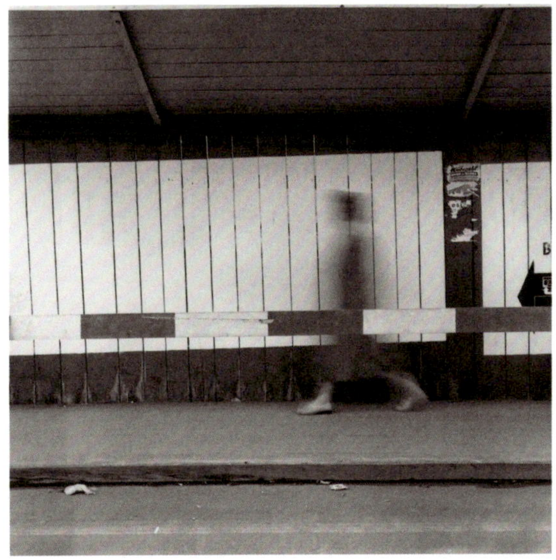

Alexandre Wollner, *design visual - 50 anos* (Cosac Naify, 2003)

Alexandre Wollner, catálogo *Concreta 56' - a raiz da forma* [catalog] (2006)

Alexandre Wollner, *Tapume Stuttgart*, s.d.

a es

e o n

no c

moc

nc

pedro luiz
pereira de souza

esdi and mam rio in modern
design in rio de janeiro

di
nam rio
esign
rno
rio de janeiro

Duas instituições do Rio de Janeiro definiram, nas décadas de 1950 e 1960, algumas referências para o design moderno brasileiro: o Museu de Arte Moderna do Rio de Janeiro – MAM Rio, e a Escola Superior de Desenho Industrial – Esdi. Elas resultaram de mobilizações de elites burguesas que procuravam manter a relevância cultural de uma cidade que não era mais capital do país e estabeleceram, nas primeiras décadas de suas atividades, relações ideológicas e de trabalho significativas.

A expressão "design moderno" caracteriza uma atividade desenvolvida no mundo capitalista que propunha tratar as questões do projeto de produtos industriais de forma criativa, as quais, além de submetidas a aspectos técnicos e expressivos, estariam sujeitas a fatores econômicos e sociais. Tal conceituação pressupunha a existência de uma indústria e seu permanente desenvolvimento, logo, a formação de uma classe consumidora capaz de alimentar tal processo. Demandava adesão a uma ideologia industrialista fundamentada na crença de que uma sociedade burguesa e democrática deveria surgir através da industrialização massiva e a qualquer custo, contrapondo-se, em muitos aspectos, às técnicas artesanais e seus meios tradicionais de formação de mão de obra, baseados nas relações entre mestre e aprendiz.

A ideia industrialista surgiu no Brasil, inicialmente, pela atuação pragmática, estabelecida na prática do Visconde de Mauá. Mais tarde, no final do Império e início da Primeira República, observou-se um grande entusiasmo de Rui Barbosa por pedagogias criativas, muitas delas fundamentadas na prática do desenho, em voga na Europa e nos Estados Unidos[1]. A criação do Liceu de Artes e Ofícios do Rio de Janeiro, bastante elogiada por Rui e dirigida pelo arquiteto Béthencourt da Silva, atesta esse fato.

Ocorreram, também de maneira prática e pragmática, surtos industrialistas no Nordeste, salientando-se as iniciativas de Delmiro Gouveia em Alagoas, Carlos Alberto de Menezes em Pernambuco e Luís Tarquínio na Bahia[2]. Mais tarde, nas duas primeiras décadas do século XX, em São Paulo, surgiram iniciativas mais consistentes e próximas ao industrialismo com Jorge Street e seus empreendimentos da Fábrica Santana e da Fábrica e Vila Operária Maria Zélia. A partir da década de 1920, ganhou destaque Roberto Simonsen, empreendedor e intelectual burguês orgânico, capaz de introduzir conceitos de método, pesquisa social e planejamento na cultura industrial e econômica do país, além de incentivar ações inovadoras na educação superior através da Escola Livre de Sociologia e Política em 1933, voltada para a prática e isolada das grandes instituições acadêmicas – uma estrutura que serviria de inspiração para a Esdi três décadas depois. Essas iniciativas, e outras que se seguiram, não consolidaram de todo uma ideologia industrialista no país. Ainda assim, são visíveis – e problemáticas – as consequências que dela decorrem, como questões ambientais, escassez de recursos e exclusão e marginalização de setores sociais significativos.

Two institutions from Rio de Janeiro defined, in the 1950s and 1960s, some of the references for the modern Brazilian design: the Museum of Modern Art of Rio de Janeiro – MAM Rio and the School of Industrial Design – Esdi. They were the result of the mobilization of a bourgeois elite who sought to preserve the cultural relevance of a city that was no longer the capital of the country, establishing, in the first decades of their activities, significant ideological and professional relationships.

The term "modern design" characterizes an activity developed in the capitalist world which intended to creatively approach the issues of the industrial product design, subject not only to technical and expression aspects, but also to economic and social factors. Such concept presupposed the existence of an industry and its permanent development, and consequently, the formation of a consumer class able to feed this process. It demanded the adhesion to an industrialist ideology, built on the belief that a bourgeois and democratic society might emerge through mass industrialization at any cost, in many aspects contrasting with craftsmanship techniques and their traditional means of labor formation, based on the relationship between master and apprentice.

Initially, the industrialist idea appeared in Brazil through pragmatic action, established in the practice of Viscount of Mauá. Later, at the end of the Brazilian Imperial period, and in the beginning of the First Republic, Rui Barbosa showed great enthusiasm for creative pedagogical methods, many of which based on the practice of drawing, then fashionable in Europe and the United States[1]. The creation of the School of Arts and Crafts of Rio de Janeiro, highly praised by Rui and directed by architect Béthencourt da Silva, is proof of the fact.

1. Em seus *Pareceres sobre a Educação* (1882), Rui Barbosa propunha mudar a educação vigente no Brasil, que enfatizava descrições verbais, para outra que priorizasse processos intuitivos e experiências sensoriais. Em 1881, ele traduziu o livro *Primeiras Lições de Coisas* (1861) do educador norte-americano Norman Allison Calkins, que defendia um aprendizado baseado em conceitos experimentais. Rui aventou a criação de uma Escola Normal Nacional de Arte Aplicada, fundamentada no desenho aplicado como elemento básico para a formação de trabalhadores em artes industriais, que deveriam estabelecer uma relação consistente entre arte, ciência e indústria. Rui considerava a educação o caminho para se alcançar uma democracia no país. Dizia que o ensino existente conduzia as crianças a se tornarem máquinas de repetição, ou a um crescente favorecimento de uma elite conservadora. Em todas as hipóteses ele considerava que sensibilidade, espontaneidade e originalidade ficavam em um plano inferior em tais processos, marginalizando qualidades pessoais, curiosidade e capacidade de observação e criação dos alunos. Cf. *Barbosa, Rui. Reforma do Ensino Primário e Várias Instituições Complementares da Instrução Pública. Rio de Janeiro: Casa de Rui Barbosa, 1947.*

1. In his *Pareceres sobre a Educação* (1882) [Advice on Education], Rui Barbosa proposed to change education in Brazil, which emphasized verbal description rather than an education which would prioritize intuitive processes and sensorial experiences. In 1881, he translated the book *First Lessons of Things* (1861) by the American educator Norman Allison Calkins who defended a kind of learning based on experimental concepts. Rui considered the possibility of creating a Normal School of Applied Arts, founded on design as the basic element in the formation of industrial art workers, which should establish a consistent relationship between art, science and industry. Rui considered education as a pathway to reach democracy in the country. He claimed that the existing education led either to children becoming repetition machines or to a growing favoritism of a conservative elite. In any hypothesis he considered that sensitivity, spontaneity and originality were underrated in such processes, marginalizing personal qualities, curiosity and the observation and creativity of students. Cf. *Barbosa, Rui. Reforma do Ensino Primário e Várias Instituições Complementares da Instrução Pública. Rio de Janeiro: Casa de Rui Barbosa, 1947.*

O industrialismo pode ser visto como uma ideologia advinda, em muitos aspectos, da Revolução Industrial. Precisou definir e estabelecer soluções para problemas operativos e instrumentais, bem como para o preparo de mão de obra especializada, inicialmente em aspectos técnicos, através das engenharias, e depois em questões qualitativas formais e de uso, através do design. Informação e formação passaram a ser elementos básicos e necessários à atualização dirigida a um progresso determinado por critérios quantitativos – mais e melhor –, controle do tempo de trabalho e da produção e qualificação formal dos produtos. O design foi parte importante desta última etapa e poucas profissões deram tanta importância à renovação do ensino e tanta relevância à informação sobre si mesma. Era, portanto, esperado que as linhas de ação políticas que o adotassem como instrumento valorizassem instituições como escolas e museus. Assim foi na Europa, particularmente na Alemanha antes da Primeira Guerra Mundial e, posteriormente, durante a República de Weimar, com a renovação e criação de escolas de arte e de artes aplicadas, como a Bauhaus, paralelamente à criação de museus de artes industriais visando a informação e educação de um público genérico sobre as novas qualidades desejadas em objetos produzidos industrialmente.

Nos Estados Unidos a tradição de formação de arquitetos em escritórios e na prática profissional conduziu a uma valorização mais formalista: o conceito de *good design*, diferente da *gute form* alemã. O primeiro referia-se a objetos que, por sua qualificação formal, seriam considerados exemplares, sendo incorporados a coleções de design de museus como o Museu de Arte Moderna de Nova York – MoMA. A segunda preocupou-se em como proceder para chegar a essa qualificação formal, conduzindo à estruturação de escolas burguesas para a formação de mão de obra especializada, caso da Bauhaus. Mais tarde, na busca por ideias que dessem sustentação a esse tipo de educação no Brasil nas décadas de 1950 e 1960, foi compreensível que se estabelecessem afinidades com os dois modelos. Isso explica, em parte, o interesse do MAM Rio em se tornar "um museu que fosse também uma escola"[3] e a aproximação pedagógica da Esdi com o modelo da HfG Ulm, revisão crítica das ideias da Bauhaus, inserida em um contexto de reconstrução democrática na Alemanha – processo que, em certa medida, também se desenvolvia no Brasil, principalmente durante o governo de Juscelino Kubitschek, na segunda metade da década de 1950.

Surges of industrialism occurred, in a practical and pragmatic way, in the Northeast of Brazil, in particular the initiatives of Delmiro Gouveia in Alagoas, Carlos Alberto de Menezes in Pernambuco and Luís Tarquínio in Bahia[2]. Later, in the first two decades of the 20th century, in São Paulo, more consistent initiatives closer to industrialism emerged with Jorge Street and his enterprises Fábrica Santana and Fábrica e Vila Operária Maria Zélia. From the 1920s on, the person in the spotlight was Roberto Simonsen, an organic bourgeois entrepreneur and intellectual, who was able to introduce concepts of method, social research and planning in the industrial and economic culture of the country, and at the same time, to encourage innovative actions in higher education, through the Free School of Sociology and Politics in 1933, focused on practice and isolated from the greater academic institutions – a structure which would serve as an inspiration for Esdi three decades later. These initiatives, and others that followed, did not altogether consolidate an industrialist ideology in the country. Nevertheless, the consequences resulting from it, such as environmental issues, scarcity of resources, and the exclusion and marginalization of significant social sectors, are visible – and problematic.

Industrialism can be seen as an ideology stemming, in many ways, from the Industrial Revolution. It needed to define and establish solutions for operative and instrumental problems, as well as to prepare skilled labor, initially in technical aspects, through the engineering areas, and then in qualitative matters of use and in formal matters, through design. Information and formation became fundamental elements, necessary for an action directed towards a process that was determined by quantitative criteria – more and better –, control of work time and of production and formal qualification of products. Design was an important part of this last phase and only a few professions gave such importance to the renovation of education and so much relevance to information about itself. It was, therefore, expected that the political lines of action which adopted it as an instrument valued institutions such as schools and museums. It was so in Europe, in particular in Germany before the First World War and, later on, during the Weimar Republic, with the renovation and creation of art schools and applied art schools, such as the Bauhaus, parallel to the creation of industrial arts museums aiming to inform and educate the general public about the new qualities desired in industrially produced objects.

2. Cada um desses protoindustrialistas nordestinos apresentou características próprias definidas a partir de suas personalidades e de seus interesses imediatos. Menezes era ligado ao pensamento católico; Tarquínio era um hábil negociante negro que se tornou prefeito de Salvador; Gouveia era o mais inovador e ousado. Tiveram em comum a ideia taylorista de exercer um controle da vida e do tempo de seus operários através de benefícios como vilas equipadas com serviços de saúde, lazer e boas condições de habitação. Gouveia foi o mais emblemático por seu enfrentamento a indústrias de capital inglês, tornando-se um ícone de setores políticos nacionalistas à esquerda. Todos valorizavam o trabalho como forma de ser e existir.

3. Discurso de Carlos Flexa Ribeiro na inauguração da sede do Museu de Arte Moderna do Rio de Janeiro, em 21 de janeiro de 1958.

2. Each one of these northeastern proto industrialists presented their own characteristics defined by their personalities and immediate interests. Menezes was connected to the Catholic thought; Tarquínio was a skillful negotiator, a man of African descent who became the mayor of Salvador; Gouveia was the most innovative and daring. They all had in common the idea, derived from Taylorism, of exercising the control of the life and work of their factory workers, through benefits such as villas equipped with health and leisure services, and with good living quarters. Gouveia was the most emblematic of them, becoming an icon for his confrontation with the industries of British capital, and became a hero to left-wing nationalist political sectors. All of them valued work as a form of being and existing.

As relações entre as duas instituições foram definidas por diversas personalidades da elite da cidade, interessadas em mantê-la como centro irradiador de cultura. O primeiro diretor da Esdi foi o arquiteto Maurício Roberto, que fizera parte da diretoria do MAM Rio. A terceira diretora da escola foi Carmen Portinho, antes diretora executiva do museu e engenheira responsável pela construção do projeto de Affonso Eduardo Reidy para sua sede. Além disso, o projeto pedagógico inicial da escola fundamentou-se, em parte, na proposta da Escola Técnica de Criação – ETC, pensada para o museu e delineada por Tomás Maldonado (1922-2018, Argentina) e também Otl Aicher (1922-1991, Alemanha), professores da Hochschule für Gestaltung Ulm – HfG Ulm, que desenvolveram, na instituição, cursos preliminares de design na década de 1950[4].

Karl Heinz Bergmiller (1928, Alemanha), designer alemão nascido em 1923, radicou-se no Brasil logo após sua formação no departamento de *Produktform* da HfG Ulm. Ainda na Alemanha, trabalhou no Atelier Max Bill com o arquiteto, artista e designer suíço, que foi seu professor e orientador de projeto de graduação. Era frequente, em Ulm, que os alunos colaborassem em projetos práticos e reais, encomendados por empresas, nos escritórios dos professores. Nessas experiências, Bergmiller assimilou muitos conceitos e fundamentos profissionais do mestre. Sobre essas referências, disse: "O que mais me impressionou em Max Bill foi sua forma exata de se expressar, sem nenhum virtuosismo intelectual, sem nenhum pedantismo. Às vezes, seus argumentos surpreendiam e poderiam indicar caminhos para um produto primitivo. Mas, quando se refletia sobre eles, percebia-se que não eram nada primitivos: eram essência. Deveria ser um produto do qual não se deveria tirar nada e também nada acrescentar."[5]

Com seu colega de estudos em Ulm, Alexandre Wollner, ligado às orientações de Otl Aicher, Bergmiller foi responsável pelo esclarecimento do conteúdo e do ideário da escola alemã na área de projeto de produtos industriais e de programação visual quando eles foram chamados, em 1962, pelo então Secretário de Educação e Cultura do Estado da Guanabara, Carlos Flexa Ribeiro (também ex-diretor do MAM Rio), para colaborar na estruturação da Esdi. Pouco tempo depois, Bergmiller mudou-se para o Rio de Janeiro com o intuito de melhor coordenar o desenvolvimento da escola, na qual passou a se responsabilizar pelas disciplinas de Desenvolvimento do Projeto de Produto[6].

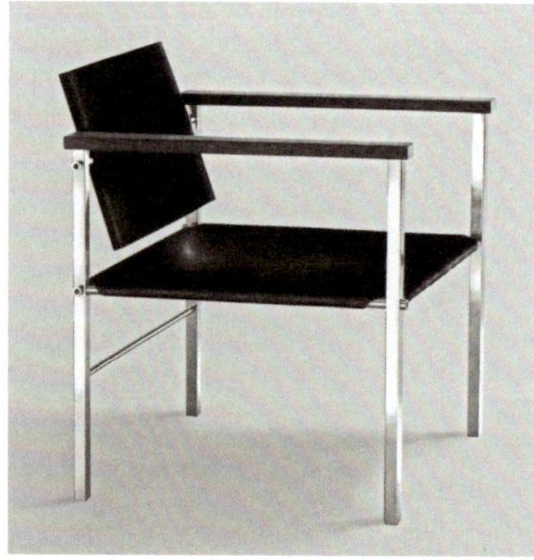

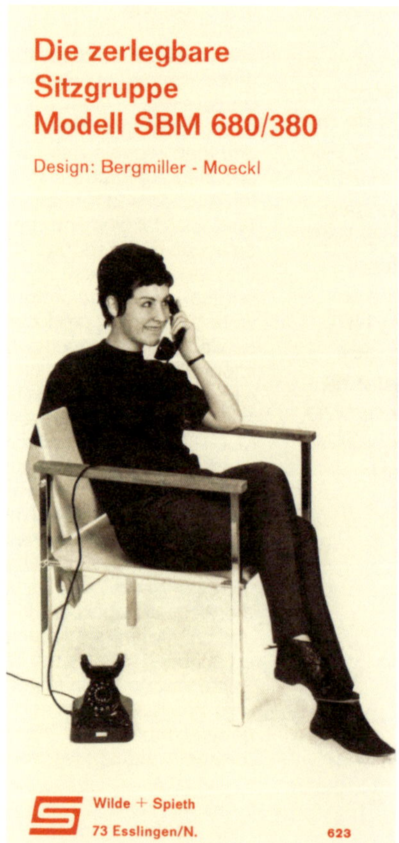

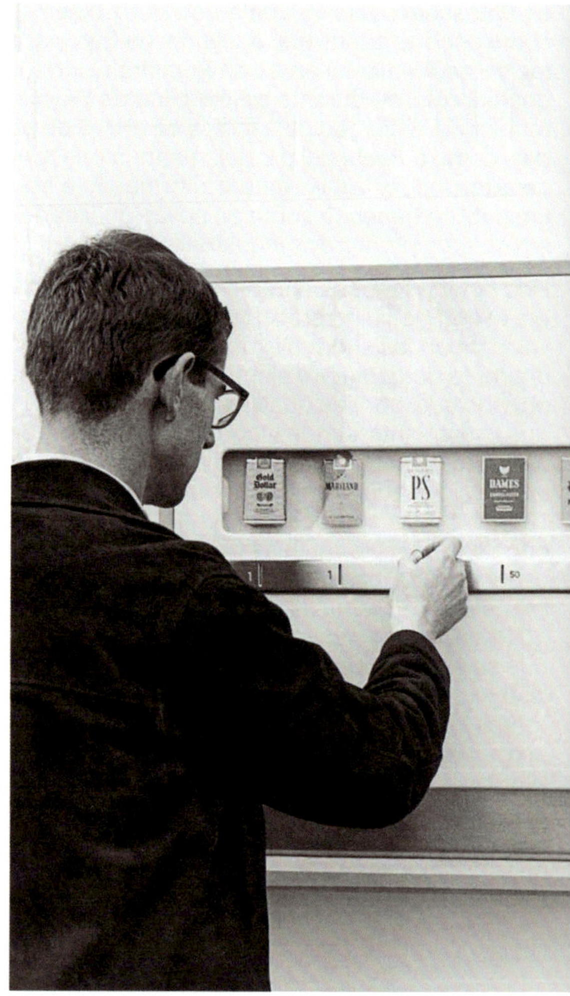

Karl H. Bergmiller & Ernst Moeckel, cadeira *SBM* [armchair] (1958)

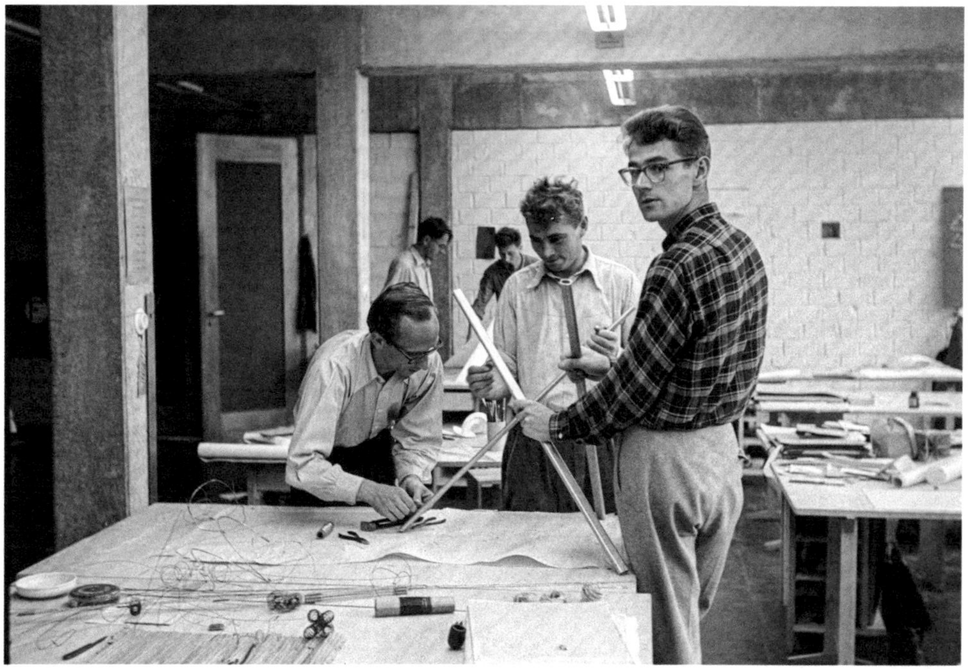

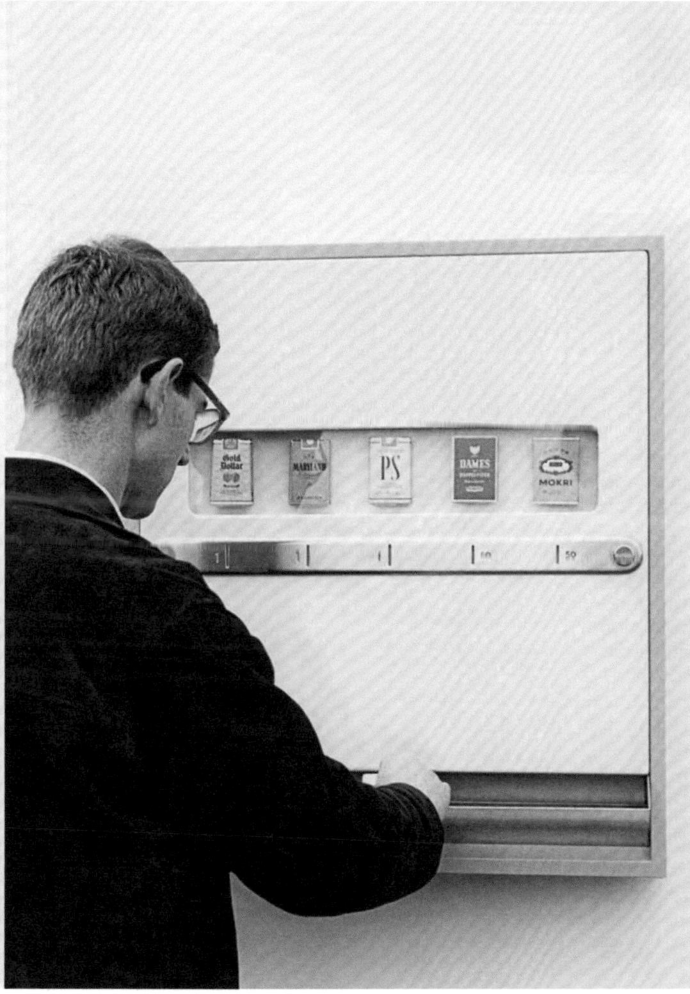

4. Maldonado, em conferências desenvolvidas na Esdi, em 1994, e em conversas informais, disse que sua participação ocorrera, mas que fora superestimada.

5. Souza, Pedro Luiz Pereira de. *Karl Heinz Bergmiller – um designer brasileiro*. São Paulo: Blucher, 2019.

6. Bergmiller havia morado anteriormente em São Paulo, trabalhando próximo a artistas e designers como Geraldo de Barros, Ruben Martins e outros ligados ao forminform, um dos primeiros escritórios de design a funcionar na cidade.

Projeto de conclusão de Bergmiller [graduation project], HfG Ulm (1958)

Bergmiller na [at] HfG Ulm (1955)

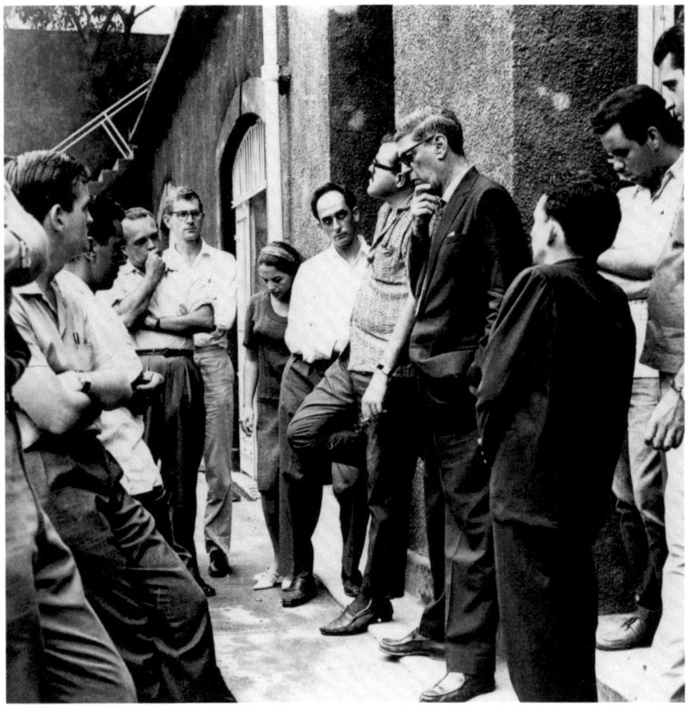

In the United States, the tradition of academic training of architects in offices and its professional practice led to a more formalist appreciation of the concept of *good design* different from the German *gute form*. The first referred to objects that, for their formal qualification, would be considered exemplary, being incorporated into the design collections of museums such as the Museum of Modern Art in New York – MoMA. The second was concerned about how to proceed to achieve this formal qualification, leading to the establishment of bourgeois schools for the formation of skilled labor, such as the Bauhaus. Later, in the search for ideas that would support this educational approach in Brazil in the 1950s and 1960s, it was understandable that affinities were established with both models. This explains, in part, MAM Rio's interest in becoming "a museum that was also a school"[3] and the Esdi's pedagogical approach to the HfG Ulm model, a critical revision of Bauhaus ideas, set in a context of democratic reconstruction in Germany – a process that, to some extent, was also developing in Brazil, especially during the government of Juscelino Kubitschek in the second half of the 1950s.

The relationship between the two institutions was defined by a number of personalities from the elite of the city, interested in maintaining it as a center for the dissemination of culture. The first director of Esdi was architect Maurício Roberto, who had been part of MAM Rio's board of directors. The third director of the school, Carmen Portinho, had formerly been the executive director of the museum and the engineer in charge of the execution of the project by Affonso Eduardo Reidy for its headquarters. Besides, the initial educational project was based, in part, on the proposition for the Creative Technical School – ETC, considered for the museum and outlined by Tomás Maldonado (1922-2018, Argentina) and Otl Aicher (1922-1991, Germany), professors at Hochschule für Gestaltung Ulm – HfG Ulm, who developed preliminary design courses in the 1950s[4] at the institution.

3. Speech by Carlos Flexa Ribeiro at the inauguration of the main building of the Museum of Modern Art of Rio de Janeiro on January 21st, 1958.

4. Maldonado, in conferences developed at Esdi, in 1994, and in informal conversations, said that his participation had occurred, but that it was overrated.

5. Souza, Pedro Luiz Pereira de. *Karl Heinz Bergmiller - um designer brasileiro*. São Paulo: Blucher, 2019.

6. Bergmiller had lived in São Paulo before, working close to artists and designers such as Geraldo de Barros, Ruben Martins and others who were part of forminform, one of the first design firms to operate in the city.

Bergmiller, Zuenir Ventura, Maurício Roberto, entre outros [among others], Esdi (1963)

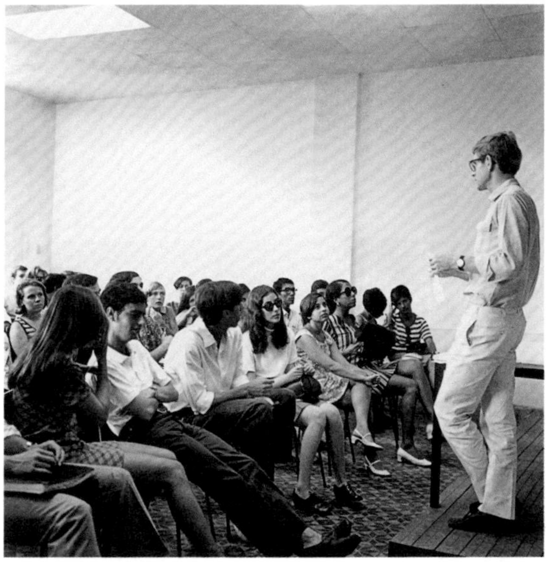

Aula de Bergmiller [class], Esdi (1968)

Karl Heinz Bergmiller (1928, Germany), German designer born in 1923, settled in Brazil soon after his graduation at the *Produktform* department of HfG Ulm. While still in Germany, he worked at the Atelier Max Bill, with the Swiss artist and designer, who was his professor and graduation supervisor. In Ulm, it was frequent that students collaborated in real, practical projects commissioned by companies, in the professors' offices. In these experiences, Bergmiller absorbed many professional concepts and principles from the master. About these references, he said: "What impressed me the most in Max Bill was his exact form of expressing himself, without any intellectual virtuosity, no pedantism. Sometimes his arguments were surprising and could point to ways of a primitive product. But when reflecting on them, it became clear that they were not primitive at all: they were essence. It was supposed to be a product from which nothing should be taken off nor should be added."[5]

With his schoolmate at Ulm, Alexandre Wollner (1928-2018, Brazil), who was connected to the guidance of Otl Aicher, Bergmiller was responsible for clarifying the content and the ideals of the German school in the industrial products design and visual programming areas when they were invited in 1962, by the then Secretary of Education and Culture Carlos Flexa Ribeiro (also a former director of MAM Rio), to take part in the structuring of Esdi. A short time later, Bergmiller moved to Rio de Janeiro with the objective of better coordinating the development of the school, where he was put in charge of the disciplines in Product Design Development[6]

Sobre sua contribuição inicial na estruturação da Esdi, contrariando o senso comum, Bergmiller diz que a escola não foi modelada estritamente segundo o que se fazia na Alemanha. Afirma que sequer haveria tal possibilidade, até pelas diferenças existentes entre os professores presentes na escola alemã e aqueles empenhados na criação da escola no Rio de Janeiro, sem com isso definir juízos de valor que não as diversidades culturais. O trabalho, que foi iniciado por uma relativa incorporação do projeto da Escola Técnica de Criação do MAM Rio, ganhou forma por meio de adaptações e interpretações, e não do transplante de um modelo, o que não evitou conflitos e mudanças curriculares observadas nos anos seguintes de funcionamento da Esdi. Essa instabilidade curricular inicial é uma particularidade de escolas experimentais – uma característica desejada para a Esdi em sua proposição inicial. A própria HfG Ulm não manteve um mesmo currículo por dois anos consecutivos.

Porém, é importante observar que a junção de interesses e disciplinas tão variadas e diversas em uma escola voltada para a criação formal era, sem dúvida, um reflexo direto da modernidade proposta pela escola alemã, parte dos interesses em renovar e democratizar a política e o país depois da Segunda Guerra Mundial. Maldonado disse, em correspondência com Walter Gropius a propósito de uma troca de ideias divergentes sobre a natureza da Bauhaus, que essa nunca fora uma escola caracterizada por uma unidade ideológica, mas multifacetada[7]. A HfG Ulm foi uma escola mais definida que sua antecessora; já a Esdi, se não foi multifacetada como a Bauhaus, certamente não foi determinada como Ulm.

No plano do ensino, pode-se dizer que a influência da HfG Ulm se refletiu no estabelecimento e definição do Curso Fundamental, indubitável herança da Bauhaus, modificada na sucessora alemã e igualmente repensada na Esdi. A ideia de um curso básico – não de nivelamento, como foi mal interpretado, mas de intercâmbio de diferenças – foi estabelecida como fundamento da nova escola. Introduziu, ainda, diretrizes específicas quanto à sua proposição e sua natureza pois, com algum autoritarismo, priorizava no desenvolvimento do curso os conceitos de sistematização, método e lógica projetual em lugar de formas de trabalho intuicionistas e personalistas que, no entanto, também nela permaneceram[8]. A Esdi e seu currículo inicial, com as influências da HfG Ulm, representaram a introdução, no ensino das atividades de criação formal, de um ordenamento técnico e objetivo contraposto à tradição presente em instituições que a precederam no Rio de Janeiro, que eram voltadas ou incluíam o ensino das artes aplicadas.

7. Correspondência entre Tomás Maldonado e Walter Gropius. *ulm*, n. 10/11, maio 1964.

8. A influência das ideias de Ulm foi importante para a Esdi, particularmente em sua fase inicial, porém a escola não permaneceu restrita a isso, pois a presença de outros professores, de outras ideias e conceitos, fizeram dela um extraordinário campo de prova para pedagogias menos ortodoxas. Personalidades como as de Aloísio Magalhães, Renina Katz, Daisy Igel e outros foram um saudável contraponto às ideias mais específicas de Ulm em áreas técnicas e expressivas. Também colaboraram para isso outros professores de áreas humanas e sociais como José Bonifácio Martins Rodrigues (Antropologia), Carlos Lessa (Economia), Frederico de Morais (Crítica e História da Arte), Zuenir Ventura (Redação), Décio Pignatari (Comunicação), entre outros.

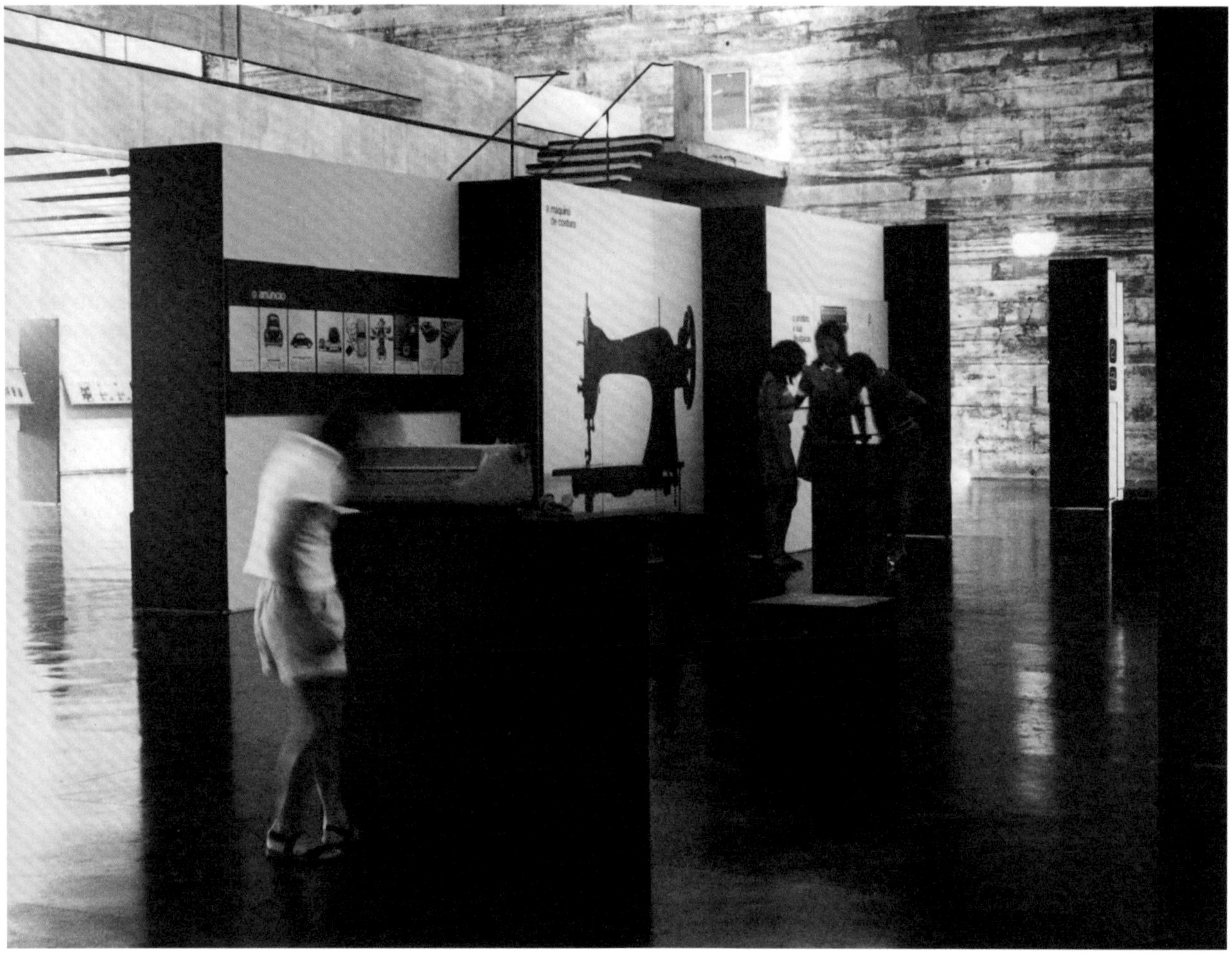

Sistema expositivo, Bienal de Desenho Industrial 68 [expographic system], MAM Rio (1968)

About his initial contributions for the structuring of Esdi, contrary to common belief, Bergmiller says the school was not strictly modelled after what was done in Germany. He claims that this possibility did not even exist, due to the differences between the professors present at the German school and those engaged in creating the school in Rio de Janeiro, without making any judgment of value apart from the cultural diversity. The work, which started by a relative incorporation of the project of the Creative Technical School of MAM Rio, took shape through adaptations and interpretations, and not through the transplant of a model, which did not prevent conflicts and curriculum alterations observed in the following years of operation at Esdi. This initial instability in the curriculum is a peculiarity of experimental schools – a desirable characteristic for Esdi in its initial proposition. HfG Ulm itself did not maintain the same curriculum for two consecutive years.

It is important to observe, however, that the combinations of such diverse interests and disciplines in a school focused on formal creation was, undoubtedly, a direct reflection of the modernity proposed by the German school, stemming from the interest in renewing and democratizing politics and the country after the Second World War. Maldonado wrote, in correspondence with Walter Gropius regarding an exchange of ideas that diverged about the nature of the Bauhaus, that it had never been a school characterized by an ideological unity, but a multifaceted one[7]. HfG Ulm was a more defined school than its predecessor; Esdi, in turn, if not as multifaceted as Bauhaus, was certainly not as determined as Ulm.

Foi através de um convite de Carlos Flexa Ribeiro e de Maurício Roberto que Bergmiller desenvolveu seu primeiro trabalho para o MAM Rio: o projeto de seu sistema de exposições. Era um sistema de painéis e suportes modulados, móveis, que possibilitavam montagens rápidas e versáteis para mostras variadas, de acordo com a proposta original de um museu que não se queria centrado em um acervo, mas dirigido à promoção de uma cultura visual ampla, variada e contemporânea[9]. Essa aproximação inicial permitiu a Bergmiller atuar nos dois polos do desenvolvimento do design moderno no Rio de Janeiro.

Com a realização da 1ª, 2ª e 3ª Bienal Internacional de Desenho Industrial no Rio de Janeiro, em 1968, 1970 e 1972, surgiu a oportunidade para a criação do Instituto de Desenho Industrial do Museu de Arte Moderna do Rio de Janeiro – IDI/MAM já em 1968. A proposta foi feita por Bergmiller para criar um centro de difusão da informação sobre design e também voltado para atividades de pesquisa aplicada. Essa era uma ideia inicialmente prevista para a Esdi que, por razões políticas e burocráticas, não se concretizou na escola. Pode-se dizer que o IDI/MAM foi esse centro de pesquisa, pois seus coordenadores, colaboradores e estagiários sempre foram professores, profissionais formados ou alunos da escola. A coordenação geral do IDI/MAM permaneceu sempre a cargo de Bergmiller e o Instituto, além das atividades de informação e pesquisa sobre design, foi responsável pela montagem das exposições e eventos do museu desde sua criação até meados da década de 1980.

A atividade desenvolvida pelo IDI/MAM foi a mais visível consequência prática da influência das ideias da HfG Ulm na Esdi. Além das citadas bienais de design e de outras exposições sobre o assunto, lá se desenvolveram importantes projetos de pesquisa para organismos oficiais, procurando a inserção do design na definição de políticas públicas e de interesse social. Entre eles, destacam-se o *Manual para Planejamento de Embalagens*, na primeira metade da década de 1970, para o Ministério de Indústria e Comércio[10] e o *Mobiliário Escolar* para o Ministério da Educação, projeto de produto industrial que melhor representou o ideal de design resultante da influência racionalista de Ulm, dirigido a um interesse público. Ele foi implantado durante as décadas de 1970 e 1980, sendo revisto e reavaliado nas duas décadas seguintes. Abrangeu a definição e a recomendação de critérios técnicos, construtivos, formais e dimensionais para o mobiliário escolar brasileiro nos níveis pré-escolar, escolar, superior e até para regiões rurais onde a própria industrialização era menos presente.

In terms of teaching, it can be said that the influence of HfG Ulm reflected in the establishment and definition of the Foundation Course, clearly a heritage from Bauhaus, modified at the German successor and equally reconsidered at Esdi. The idea of a basic course – not for leveling purposes, as it has been misinterpreted, but for exchanging differences – was established as a fundamental element of the new school. It also introduced specific guidelines as to its proposition and its nature, for, with some degree of authoritarianism, it prioritized, in the development of the course, the systematization, method and project logics concepts, instead of intuitionist and personalist forms of work which nevertheless stuck to it[8]. Esdi and its initial curriculum, with influences of HfG Ulm, represented the introduction, in the teaching of formal creation, of a technical and objective guidance in contrast to the tradition that permeated its preceding institutions in Rio de Janeiro, which were focused on or included the teaching of applied arts.

It was at the invitation of Carlos Flexa Ribeiro and Maurício Roberto that Bergmiller developed his first work for MAM Rio: the project for its exhibition system. It was a system of panels and modular, mobile supports, which allowed quick and versatile settings for varied exhibitions, according to the original proposal of a museum that did not want to be centered on a collection, but aimed at promoting a broad, varied and contemporary visual culture[9]. This initial approach allowed Bergmiller to work on the development of modern design in Rio de Janeiro.

9. O conceito de sistema sempre esteve presente nos trabalhos de Bergmiller e pode ser resumido em uma definição básica: um sistema de produtos é um conjunto de elementos interdependentes de modo a formar um todo organizado; cada elemento se relaciona com os demais e todos se relacionam em seu conjunto.

10. O *Manual para Planejamento de Embalagens* foi um projeto de caráter normativo visando um aprimoramento técnico, formal e visual da apresentação dos produtos brasileiros voltados para a exportação. Teve desdobramentos também no mercado interno e apresentou um caráter interdisciplinar envolvendo design, engenharia de materiais e de processos, engenharia de transporte e marketing. Foi editado pelo Ministério de Indústria e Comércio, através de sua Secretaria de Tecnologia Industrial e teve sua edição esgotada em pouco tempo.

7. Correspondence between Tomas Maldonado and Walter Gropius. *ulm*, n. 10/11, May 1964.

8. The influence of the Ulm ideas was important for Esdi, particularly in its initial phase, but the school did not remain restricted to it, since the presence of other professors, other ideas and concepts made it an extraordinary testing ground for less orthodox pedagogies. Personalities such as Aloísio Magalhães, Renina Katz, Daisy Igel and others were a healthy counterpoint to the more specific ideas of Ulm in technical and expressive areas. Other professors also collaborated in the areas of humanities and social studies, such as José Bonifácio Martins Rodrigues (Anthropology), Carlos Lessa (Economy), Frederico de Morais (Art History and Criticism), Zuenir Ventura (Writing), Décio Pignatari (Communications), among others.

9. The concept of system was always present in the works of Bergmiller and can be summed up in a basic definition: a system of products is a set of elements interdependent in such a way to form an organized whole; each element relates to the others and all of them relate to their whole set.

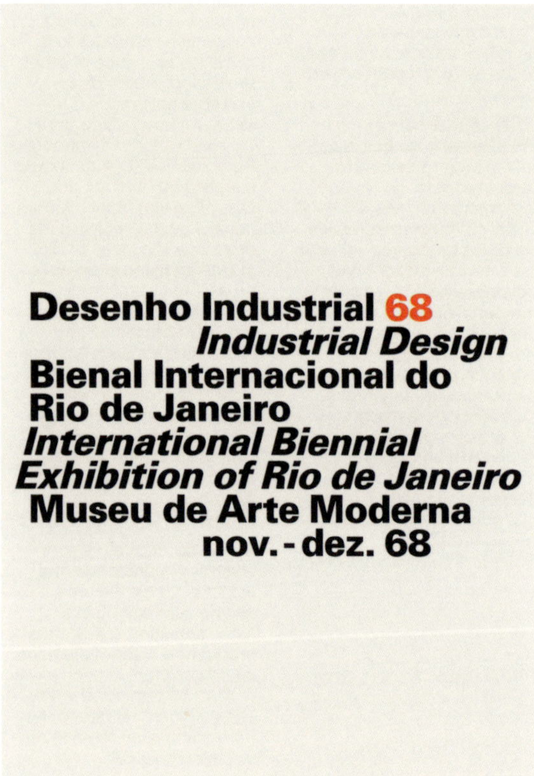

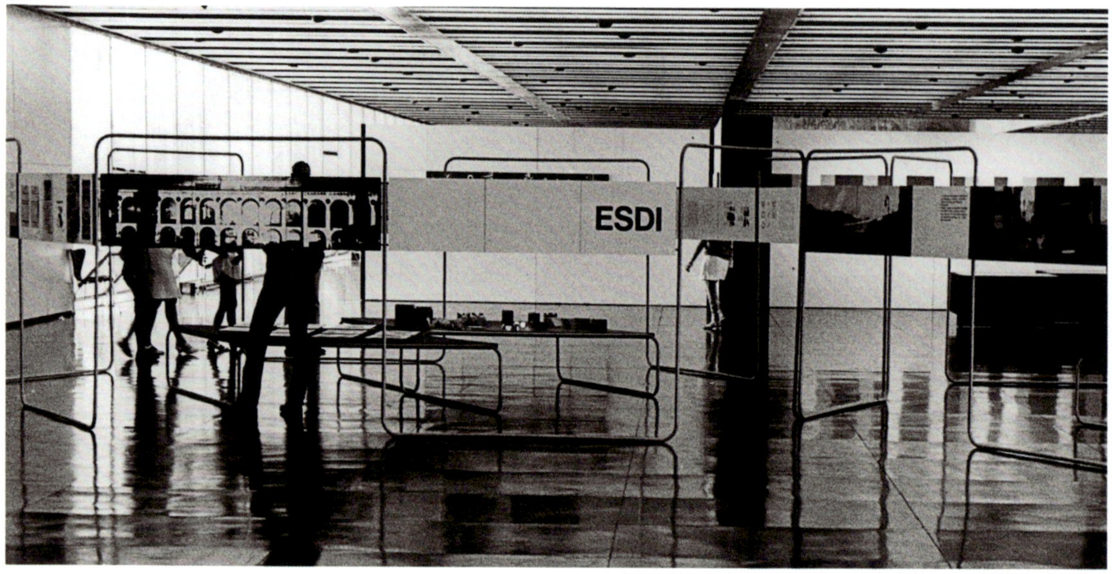

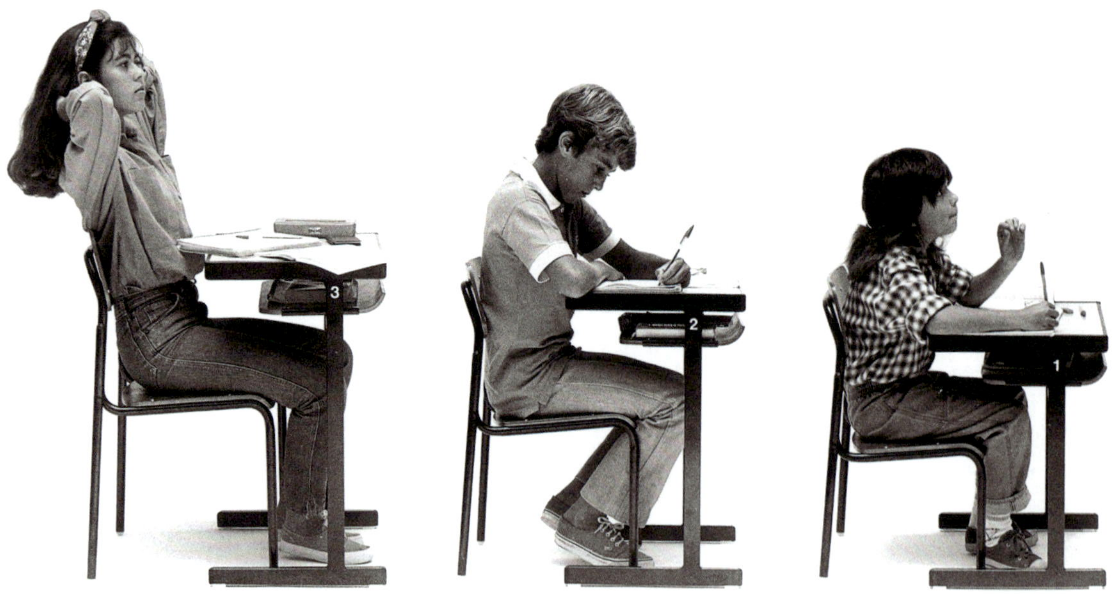

Goebel Weyne, cartaz Bienal de Desenho Industrial 68 [poster], MAM Rio (1968)

Esdi na [at] Bienal de Desenho Industrial 70, MAM Rio (1970)

Mobiliário escolar modelo Conesp [school furniture], IDI/MAM (1986)

With the 1st, 2nd and 3rd International Biennial of Industrial Design held in Rio de Janeiro in 1968, 1970 and 1972, the opportunity arose to create the Industrial Design Institute of the Museum of Modern Art of Rio de Janeiro – IDI/MAM in 1969. The proposal was made by Bergmiller to create a center for the dissemination of information on design and also for applied research activities. This was an idea initially expected at Esdi which, for political and bureaucratic reasons, did not materialize. It can be said that IDI/MAM was this research center, because its coordinators, collaborators and interns were always professors, trained professionals or students from the school. The general coordination of IDI/MAM always remained in charge of Bergmiller and the Institute – in addition to the information and research activities about design – was responsible for setting up exhibitions and events at the museum from its creation until the middle of the 1980s.

The activity developed by IDI/MAM was the most visible practical consequence of the ideas of HfG Ulm at Esdi. Besides the design biennials mentioned earlier, and other exhibitions on the matter, important research projects for official agencies were developed there, seeking the insertion of design in the definition of public policies and in matters of social interest. Among them, the *Manual for Package Planning*, in the first half of the 1970s, for the Ministry of Industry and Commerce[10] and the *School Furniture*, for the Ministry of Education, a project for an industrial product which best represented the ideal of design resulting from the rationalist influence of Ulm, directed towards a public interest, attracted considerable attention. It was implemented during the 1970s and 1980s, being revisited and reevaluated in the two following decades. It encompassed the definition and recommendation of technical, formal, dimensional and construction criteria for Brazilian school furniture at pre-school, elementary school and high-school levels, and even for rural areas where industrialization itself was less implemented.

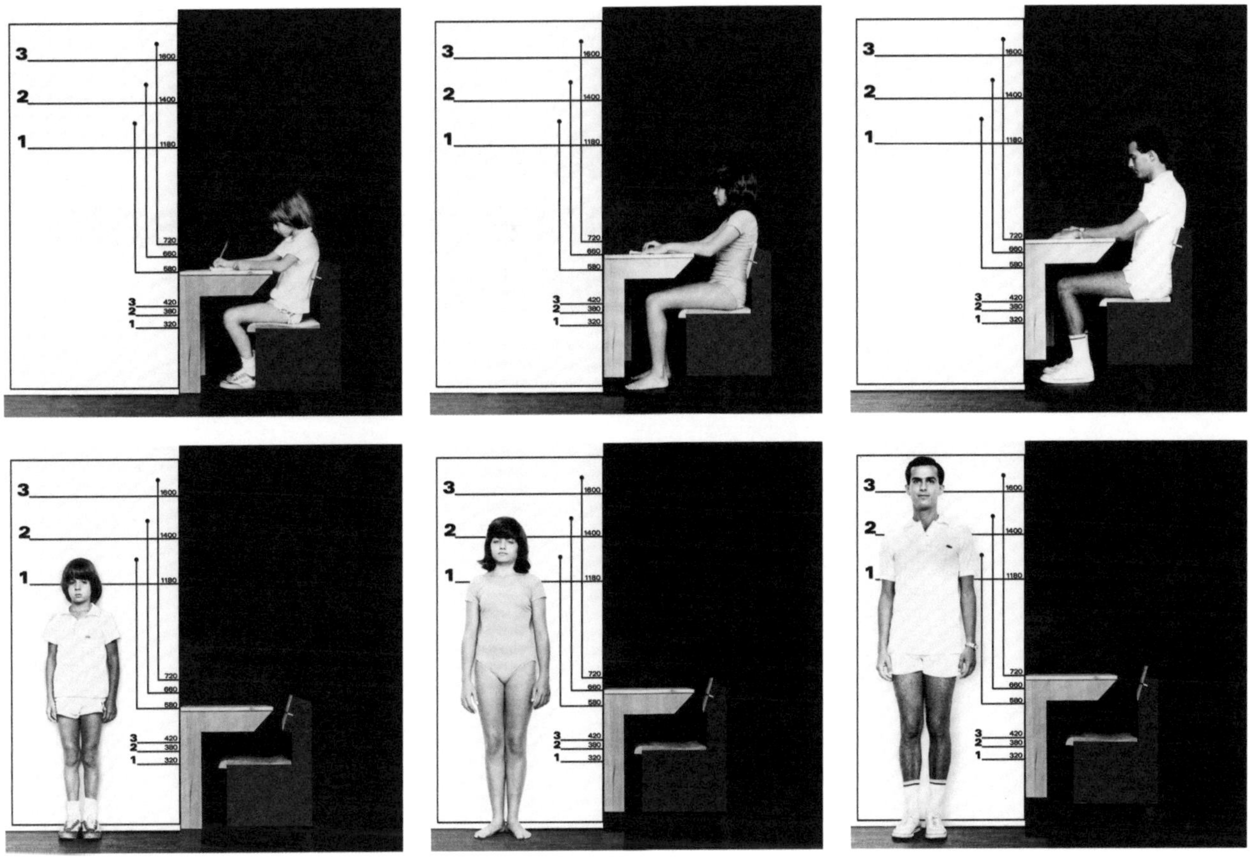

Testes antropométricos Mobiliário Escolar Cebrace-MEC [school furniture anthropometric tests], IDI/MAM (1977)

10. The *Manual para Planejamento de Embalagens* [Manual for Package Planning] was a project with normative characteristics aimed at the technical, formal and visual enhancement of Brazilian products designed for export. It also had repercussions in the internal market and presented an interdisciplinary character involving design, materials and processes engineering, transport engineering, and marketing. It was published by the Ministry of Industry and Commerce, through its Secretariat of Industrial Technology and was sold out in a short time.

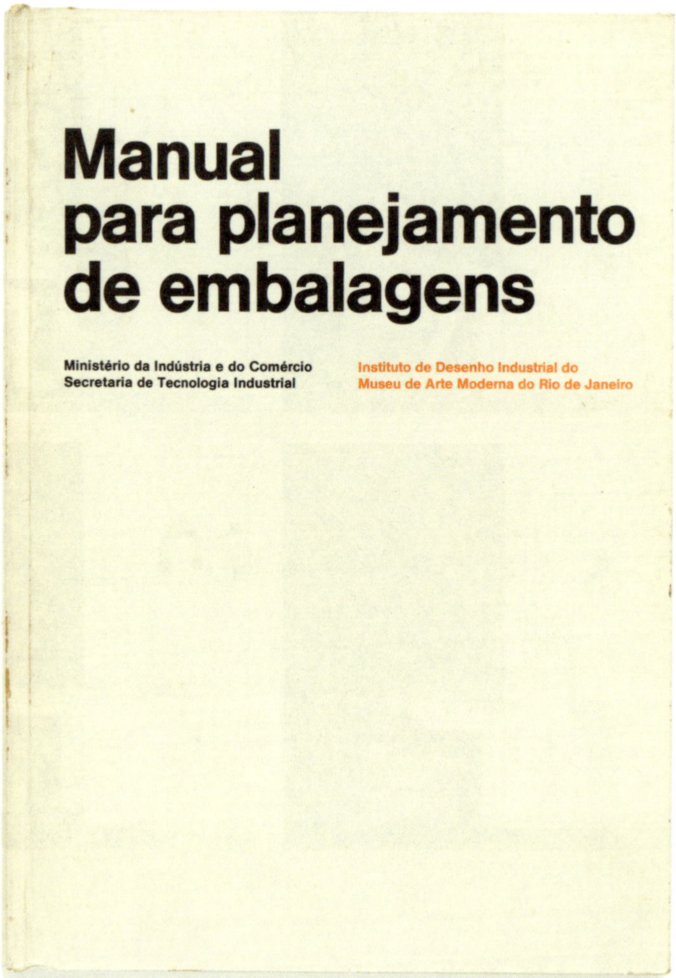

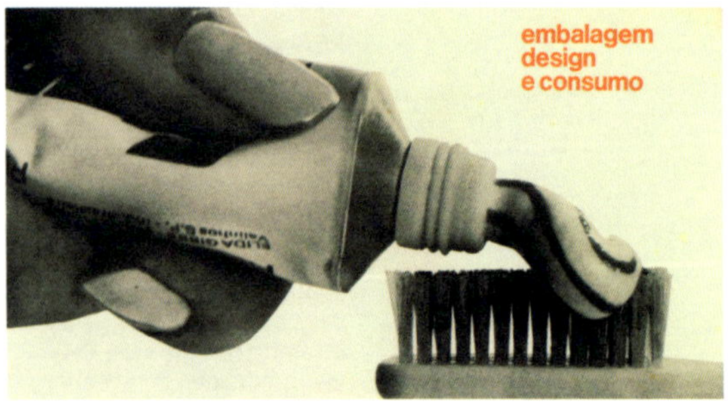

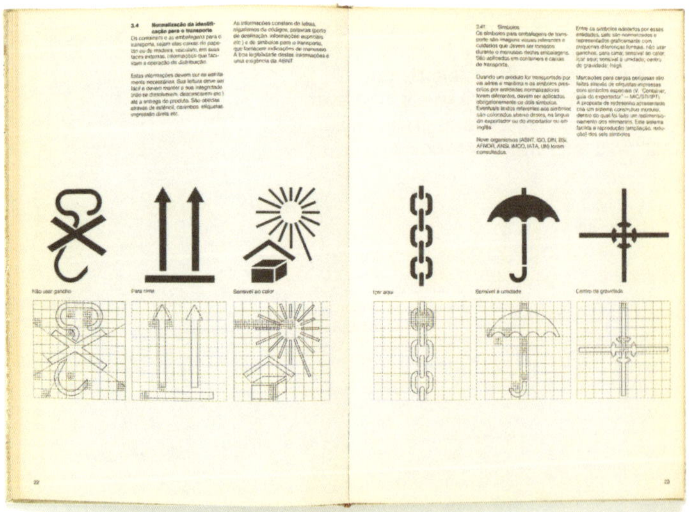

Manual para Planejamento de Embalagens [Packaging Planning Manual], IDI/MAM (1970)

Catálogo da exposição *Embalagem, Design, Consumo* [exhibition's catalog] (1975)

Tanto na orientação inicial da Esdi como no desenvolvimento das pesquisas do IDI/MAM, observou-se a valorização dos métodos sistemáticos em design, visando definir as condições de execução dos produtos mais que a atenção imediata nos aspectos formais dos objetos terminados. Talvez se possa dizer que a escola e o museu não cumpriram à risca seus objetivos iniciais, pois o MAM Rio não se tornou o museu escola pretendido e nem a escola incorporou um centro de informação e pesquisa experimental. No entanto, das superposições funcionais de ambos, resultaram referências e projetos realizados tanto pelo IDI/MAM como por algumas gerações de designers formados em uma escola habituada, pelo menos em suas três primeiras décadas, a uma relativa informalidade pedagógica, mas sempre contrabalançada por seu rigor projetual.

Esses projetos se distinguiram por adotar um minimalismo formal radical associado a um detalhamento conciso e um discurso crítico do consumismo. Particularmente, os trabalhos do IDI/MAM poderiam ser enquadrados no que Charles Jencks chamou de “escola paramétrica de design”, que se concentrava na análise, avaliação e classificação de todos os elementos que poderiam ser considerados como parâmetros mensuráveis em um projeto[11]. Na orientação e na ênfase dada a essas concepções, no ensino e nas pesquisas aplicadas, reside a principal contribuição de Bergmiller para o design moderno no Brasil, através de sua atuação na Esdi, no IDI/MAM, e também em sua atividade profissional desenvolvida para diversas empresas brasileiras, notadamente na área do mobiliário para escritórios.

Both in the initial guidelines at Esdi and in the development of research of IDI/MAM, the appreciation of systematic methods of design, seeking to define the conditions of execution of the products, more than the immediate attention to the formal aspects of the finished objects, was observed. Perhaps, it could be claimed that the school and the museum did not comply with their initial objectives, because MAM Rio did not become the museum school intended nor did the school incorporate a center of information and experimental research. However, from the functional overlaps of both, resulted references and projects made both by IDI/MAM and by some generations of designers trained in a school used to, at least in its first three decades, a relative pedagogical informality, but always counterbalanced by its design rigor.

These projects distinguished themselves for adopting a radical formal minimalism associated with a concise detailing and a critical discourse of consumerism. In particular, the works of IDI/MAM could be encompassed in what Charles Jencks called the “parametric school of design”, which focused on the analysis, evaluation, and classification of all the elements that could be considered measurable in a project[11]. In the direction and emphasis given to these conceptions, and to the teaching and applied research abides the main contribution of Bergmiller to modern design in Brazil, through his work at Esdi, at IDI/MAM, and also in his professional activty developed for a number of Brazilian companies, in particular in the area of office furniture.

11. Jencks, Charles. *Modern Movements in Architecture.* London: Penguin Books, 1973.

11. Jencks, Charles. *Modern Movements in Architecture.* London: Penguin Books, 1973.

entre a prancheta, a indústria e o canteiro:

between the drawing board, the industry and the building site: ulm, esdi and the carioca architecture

a e
e a arquitet

ulm,
sdi
ura carioca

ana luiza nobre

Quando a Escola Superior de Desenho Industrial – Esdi iniciou suas atividades, em julho de 1963, Brasília tinha pouco mais de três anos. É preciso levar em conta a expectativa de acordo entre arquitetura e indústria que cercava a construção da nova capital para entender o sentido da criação de uma escola de desenho industrial no Rio de Janeiro em alinhamento com a vertente construtiva da arte moderna e, mais particularmente, com a Hochschule für Gestaltung Ulm – HfG Ulm, a assim chamada Escola de Ulm.

Sintonizada com a dinâmica da produção industrial do pós-guerra, a escola ulmiana representava a possibilidade de atualização da tarefa bauhausiana de redesenhar "da colher à cidade"[1], tal como frisado por seu primeiro diretor, o arquiteto Max Bill (1908-1994, Suíça), responsável também pelo projeto das instalações da escola em Ulm, na Alemanha. Como ex-aluno da Bauhaus, Bill haveria de encontrar em Ulm uma possibilidade única, e talvez última, de repotencializar a proposta reformista contida no projeto pedagógico irradiado a partir da cidade de Dessau, articulando-o agora com o esforço de recuperação econômica de uma Alemanha prostrada pela guerra. Essa, pelo menos, era a base, assim como talvez o limite, do idealismo contido em sua proposta: através da forma – ou melhor, da *boa forma*, engajar-se no gigantesco programa da Reconstrução da Alemanha no pós-guerra.

No Brasil, onde o pensamento estético de Bill já encontrava ressonância no campo da arte desde o começo da década de 1950, a ênfase posta pela escola no pensamento serial representaria, no entanto, um novo grau de problema para o meio da arquitetura. Para o arquiteto Lucio Costa – autor do Plano Piloto de Brasília e formulador da vertente dominante da arquitetura moderna no Brasil –, a racionalidade postulada por Max Bill significava um "desencontro" com um projeto de modernidade que se firmava internacionalmente e logo ganharia uma dimensão urbana sem precedentes com Brasília. Daí os argumentos utilizados para desqualificar publicamente o arquiteto suíço em sua primeira visita ao país, ainda dez anos antes do início das aulas na Esdi. Em reação às críticas feitas por Bill[2] à produção de arquitetura mais em evidência no país – e sobretudo a Oscar Niemeyer –, Lucio Costa ressaltou ser ele "nem arquiteto, nem pintor, nem escultor, mas sim fundamentalmente um delineador de formas (designer)"[3]. E não foi o único. Jorge Moreira e Carlos Leão, no Rio de Janeiro, e Eduardo Corona, em São Paulo, também manifestaram publicamente uma aversão que se disseminou pelo meio da arquitetura local, taxando as declarações de Bill de "sem sentido", "irresponsáveis", "doentias e cheias de mágoa", "pretensiosas", "irrisórias" e "mal-intencionadas"[4].

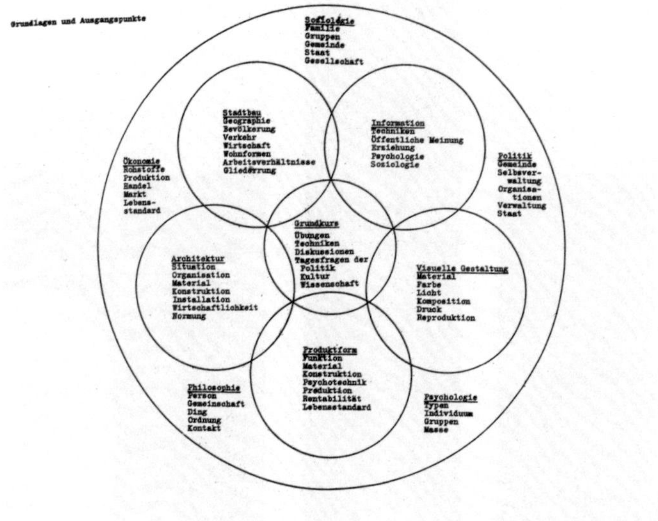

When the School of Industrial Design [Escola Superior de Desenho Industrial – Esdi] started its activities, in August 1963, Brasília had been a little over three years in existence. It is necessary to consider the expectations of an agreement between architecture and industry, which surrounded the construction of the new capital, in order to understand the meaning of the creation of an industrial design school in Rio de Janeiro aligned with the constructivist trend in modern art, and more particularly, in regard to the Hochschule für Gestaltung Ulm – HfG Ulm, Ulm School of Design.

In syntony with the dynamics of post-war industrial production, the HfG represented the possibility of updating the Bauhaus mission of redesigning "from the spoon to the city"[1], as highlighted by its first director, the architect Max Bill (1908-1994, Switzerland), who was also responsible for the architecture of the school building in Ulm, Germany. As a Bauhaus alumnus, Bill would most certainly find in Ulm a unique opportunity – and perhaps the last – to re-enhance the reformist proposition contained in the pedagogical project irradiated from the city of Dessau, now articulating it with the economic recovery effort of a Germany prostrated by the war. This, at least, was the basis, and maybe the limit as well, of the idealism contained in his proposition: through form – or in other words, through the *gute form*, to engage in the gigantic program of the Reconstruction of post-war Germany.

* Este texto tem por base a tese de doutorado da autora, *Fios cortantes. Projeto e produto, arquitetura e design no Rio de Janeiro (1950-1970)*, defendida em 2008 no Departamento de História da PUC-Rio, sob orientação do professor Ronaldo Brito e coorientação do professor Renato Anelli.

1. Discurso de Max Bill na abertura da HfG, em 1953, apud Lindinger, Herbert *et al. L'École d'Ulm: textes et manifestes*. Centre Georges Pompidou: Paris, 1998.

2. As críticas de Max Bill foram proferidas em palestra na Faculdade de Arquitetura e Urbanismo da Universidade de São Paulo, por ocasião de sua visita ao Brasil em 1953. O conteúdo da fala foi publicado um ano mais tarde, sob o título "Report on Brazil", na *Architectural Review*, vol. 116, out. 1954.

3. Lucio Costa em entrevista intitulada "Oportunidade Perdida", concedida à revista *Manchete*, em julho de 1953, em reação à entrevista com Max Bill publicada no mês anterior na mesma revista. Cf. Xavier, Alberto. *Depoimento de uma geração*. São Paulo: Cosac Naify, 2003.

Esquema pedagógico da HfG Ulm [pedagogical plan] (1951)

* This text is based on the author's doctoral thesis, *Fios cortantes. Projeto e produto, arquitetura e design no Rio de Janeiro* (1950-1970), defended in 2008 at the History Department at PUC-Rio, under the supervision of Professor Ronaldo Brito and co-supervision of Professor Renato Anelli.

1. Speech by Max Bill at the opening of HfG, in 1953, apud Lindinger, Herbert *et al. L'École d'Ulm: textes et manifestes*. Centre Georges Pompidou: Paris, 1998.

2. Max Bill made these criticisms in a lecture he gave at the Faculty of Architecture and Urbanism of the University of São Paulo on the occasion of his visit to Brazil in 1953. The contents of the talk were published a year later, under the title "Report on Brazil", in *Architectural Review*, vol. 116, Oct. 1954.

3. Lucio Costa in an interview called "Oportunidade Perdida" [Missed Opportunity] with magazine *Manchete*, in July, 1953, in reaction to an interview given by Max Bill in the previous month to the same magazine. Cf. Xavier, Alberto. *Depoimento de uma Geração*. São Paulo: Cosac Naify, 2003.

In Brazil, where Bill's aesthetic thinking had already found resonance in the art field since the beginning of the 1950s, the school's emphasis on serial thinking would, however, pose a new level of problem for the architecture field. To architect Lucio Costa – author of the Brasília Master Plan and who formulated the leading trend of Modernist architecture in Brazil – the rationality postulated by Max Bill meant a "mismatch" with a project of modernity that was gaining international recognition and would soon take on an unprecedented urban dimension with Brasília. That explains the arguments used to publicly disqualify the Swiss architect in his first visit to Brazil, ten years before the classes at Esdi had even started. In reaction to Bill's[2] criticism towards the more prominent architectural production in the country – and above all to Oscar Niemeyer –, Lucio Costa remarked that he was "neither an architect, nor a painter, or a sculptor, but fundamentally a designer of forms."[3] And he was not the only one. Jorge Moreira and Carlos Leão, in Rio de Janeiro, and Eduardo Corona, in São Paulo, were also quick to publicly manifest an aversion that was disseminated throughout the architecture field, defining Bill's comments as "pointless", "irresponsible", "sick and bitter", "pretentious", "derisory" and "malicious"[4].

Frowned upon in this influential circle of architects – and championed only by Lina Bo Bardi, albeit under a pseudonym[5] –, Max Bill would end up embodying, perhaps for the first time in Brazil, the figure of the designer. And from the seeds of his contacts with the board of Directors of a recently founded Museum of Modern Art of Rio de Janeiro – MAM Rio, sprouted the *Escola Técnica de Criação*[6] – ETC [Technical School of Creation], to be housed at the *Bloco Escola* [School Wing] of the Museum, following the framework of HfG Ulm.

Malvisto nesse círculo influente de arquitetos – e defendido apenas por Lina Bo Bardi, ainda que sob pseudônimo[5] –, Max Bill acabaria personificando, talvez pela primeira vez no país, a figura do designer. E foi dos seus contatos com a diretoria do recém-criado Museu de Arte Moderna do Rio de Janeiro – MAM Rio que ficou a semente da Escola Técnica de Criação[6] – ETC, a ser abrigada no Bloco Escola do Museu, segundo os moldes da HfG Ulm.

O cotejamento entre os programas das escolas ulmiana e carioca mostra, no entanto, que há diferenças bastante significativas entre elas, a começar pelo lugar reservado à arquitetura. Ambas compreendiam um Curso Fundamental, ao final do qual o aluno deveria seguir para uma das suas seções ou departamentos. Na configuração original da HfG Ulm (1953), isso significava optar por *Information*, *Visuelle Gestaltung*, *Produktform*, *Architektur* ou *Städtebau* [Informação, Forma Visual, Forma do Produto, Arquitetura e Construção da Cidade]. Na implantação do curso, dois anos depois, o departamento de *Städtebau* foi, no entanto, suprimido, e os demais passaram por ajustes: o departamento de *Architektur*, por exemplo, foi renomeado como *Bauen* [Construção] após o afastamento de Max Bill da direção da escola em 1956, e depois de 1960-61 passou a chamar-se mais especificamente *Industrialisiertes Bauen* [Construção Industrializada].

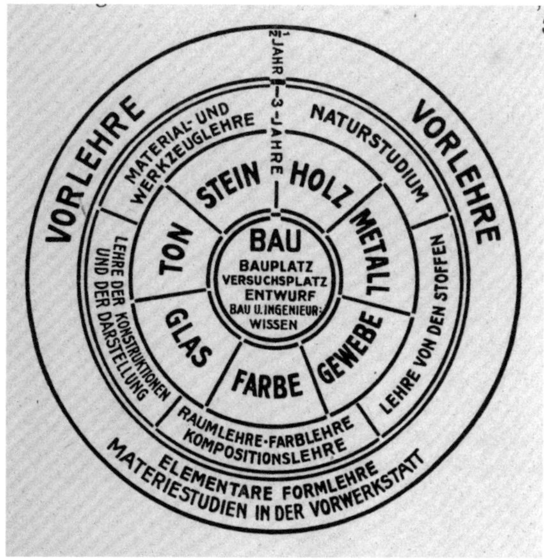

4. Cf. Leão, Carlos. "A arquitetura pode ser 'hobby' apenas para os diletantes". *Última Hora*, Rio de Janeiro, 5 jul. 1953, e Corona, Eduardo. "O testamento tripartido de Max Bill". *AD Arquitetura e Decoração*, São Paulo, n. 4, mar./abr. 1954.

5. Crônica assinada sob o pseudônimo "Alencastro" na revista *Habitat*, n. 12, 1953 apud Bandeira, João (org.). *Arte concreta paulista: documentos*. São Paulo: Cosac & Naify, 2002.

6. O projeto que não chegou a se concretizar levou a alterações no projeto arquitetônico de Affonso Eduardo Reidy para o MAM Rio, cujo Bloco Escola, após inaugurado, abrigou os primeiros cursos ministrados por professores e ex-alunos de Ulm: Otl Aicher, Alexandre Wollner e Tomás Maldonado.

4. Cf. Leão, Carlos. A Arquitetura Pode Ser "Hobby" Apenas para os Diletantes. *Última Hora*, Rio de Janeiro, 5 Jul. 1953 and Corona, Eduardo. O Testamento Tripartido de Max Bill. *AD Arquitetura e Decoração*, São Paulo, Issue 4, Mar./Apr. 1954

5. Chronicle signed under the pseudonym "Alencastro" in the magazine *Habitat*, issue 12, 1953 apud Bandeira, João (org.). *Arte Concreta Paulista: documentos*. São Paulo: Cosac & Naify, 2002.

6. The project, which was never executed, led to alterations in the architectural project by Affonso Eduardo Reidy for the MAM Rio, whose *Bloco Escola* [School Wing], once inaugurated, hosted the first courses taught by Ulm professors and alumni: Otl Aicher, Alexandre Wollner and Tomás Maldonado.

Esquema pedagógico da Bauhaus [pedagogical plan] (1922)

Esses ajustes terminológicos indicam a concepção de projeto na qual a escola ulmiana se pautava, em contraposição a uma tradição que desejava abandonar junto com o próprio termo "arquitetura". A ordem era chegar à constituição do que o filósofo Max Bense chamou de "objeto construtivo": um objeto "produzido metodicamente ao cabo de muitos passos conscientes"[7]. Ou seja, tratava-se de racionalizar ao máximo a produção das formas, submetendo sua gênese a um controle estético e funcional que não deixasse margem para o devaneio e para a criação intuitiva e se mostrasse fundamentalmente aderente ao modo de produção da indústria, em sua lógica processual. Daí a ênfase na construção, recuperada da primeira linha do manifesto de fundação da Bauhaus (1919), assinado por Walter Gropius: "O fim último de toda a atividade artística é a construção!".

Evidentemente, não se pode ignorar a relação desse enunciado com as múltiplas implicações da noção de "construção" no contexto mais amplo da cultura artística europeia, todas fundamentalmente ligadas a uma reavaliação do modo de produção de arte e do seu estatuto na sociedade industrial. Porém, é a origem arquitetônica do termo que para Gropius jamais deverá ser esquecida – ainda que um departamento especificamente dedicado à arquitetura só tenha se efetivado na Bauhaus sob a direção de Hannes Meyer (1928-30), na cidade de Dessau. Isso explica também a importância atribuída ao departamento de arquitetura dentro da HfG[8]. Sobretudo depois que, sob a coordenação de Herbert Ohl e em seguida de Claude Schnaidt, o departamento passou a concentrar-se exclusivamente na construção industrializada. Voltando-se, assim, para a aplicação de métodos e processos industriais de produção ao campo da arquitetura, segundo um raciocínio projetual capaz de considerar todos os aspectos ligados ao caráter repetitivo, racional e escalável da produção industrial, tanto em termos formais quanto econômicos.

Não por acaso, convergiram para a HfG arquitetos e professores como Konrad Wachsmann, Frei Otto, Buckminster Fuller, Bruce Martin, Reyner Banham e Charles Eames (todos, de uma maneira ou de outra, interessados na produção industrial, com tudo que isso implicava em termos da renovação dos métodos produtivos da arquitetura e da própria concepção de projeto, num processo que incluía a liquidação da primazia do desenho na tradição acadêmica). Se tomarmos a relação dos trabalhos de conclusão de curso, veremos que a maior parte deles foi desenvolvida em torno dos temas da pré-fabricação, da coordenação modular e de projetos de elementos construtivos, e em conformidade com a ênfase dada na escola inteira aos sistemas modulares.

7. Bense, Max. "Lygia Clark: Objetos Variáveis". *In*: _____ *Pequena Estética*. São Paulo: Perspectiva, 2003.

8. Na hierarquia interna da escola, o departamento *Bauen* disputava com o de *Visuelle Gestaltung*, atrás apenas do departamento de *Produktform*. Cf. Curdes, G. *Die Abteilung Bauen an der HfG Ulm. Eine Reflexion zur Entwicklung, Lehre und Programmatik*. Detmold: Rohn Verlag, 2006.

9. Depoimento de Karl Heinz Bergmiller à autora, por e-mail, em 4 de setembro de 2005.

The close comparison between the Ulm and the *carioca* schools shows, however, that there are quite significant differences between them, starting from the role reserved for architecture. Both offered a Foundation Course, after which the students should choose to follow up to one of its sections, or departments. In the original curriculum of HfG Ulm (1953), that meant choosing either *Information*, *Visuelle Gestaltung*, *Produktform*, *Architektur* or *Städtebau* [Information, Visual Communication, Product Design, Architecture or City Building]. When implementing the course, two years later, the *Städtebau* department, however, was suppressed, and the other ones suffered adjustments: the *Architektur* department, for instance, was renamed as *Bauen* [Construction] after Max Bill left the direction of the school in 1956, and after 1960-61 it was called, more specifically, *Industrialisiertes Bauen* [Industrialized Construction].

These terminological adjustments indicate the conception of project on which the Ulmian school was based, in opposition to a tradition that should be abandoned along with the very term "architecture". The idea was to get to the constitution of what philosopher Max Bense called "the constructive object": an object "methodically produced at the end of several conscious steps"[7]. That is, it was about rationalizing the design production as much as possible, subjecting its genesis to an aesthetic and functional control that did not leave a margin for musing and intuitive creation and was fundamentally adherent to the industrial production method, in its processual logic. Hence the emphasis on building, salvaged from the first line of the Bauhaus Manifesto (1919), signed by Walter Gropius: "The ultimate aim of all visual arts is the complete building!".

7. Bense, Max. "Lygia Clark: Objetos Variáveis". *In*: _____ *Pequena Estética*. São Paulo: Perspectiva, 2003.

8. In the internal hierarchy of the school, the *Bauen* department competed with the *Visuelle Gestaltung* department, second only to the *Produktform*. Cf. Curdes, G. *Die Abteilung Bauen an der HfG Ulm. Eine Reflexion zur Entwicklung, Lehre und Programmatik*. Detmold: Rohn Verlag, 2006.

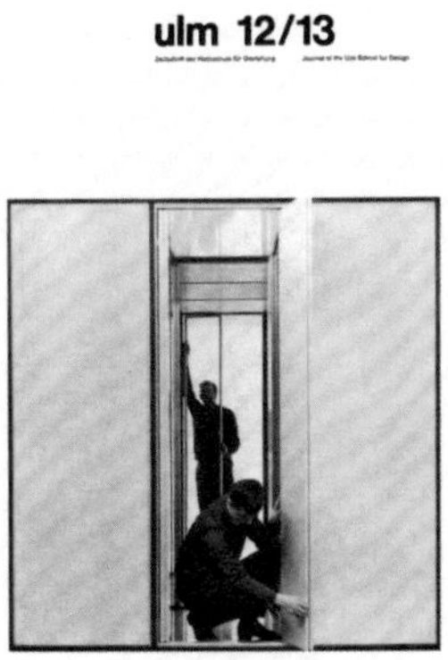

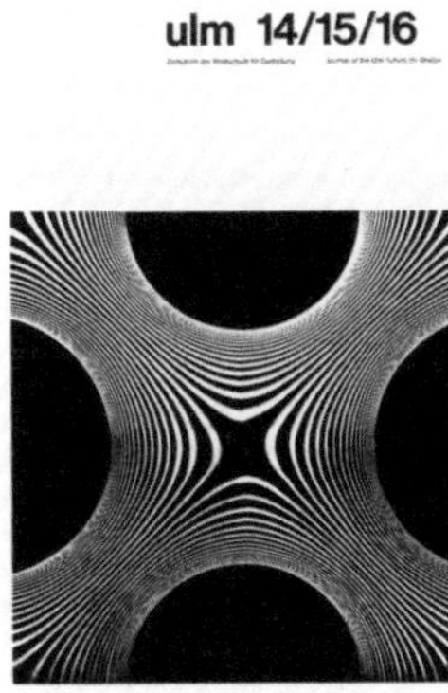

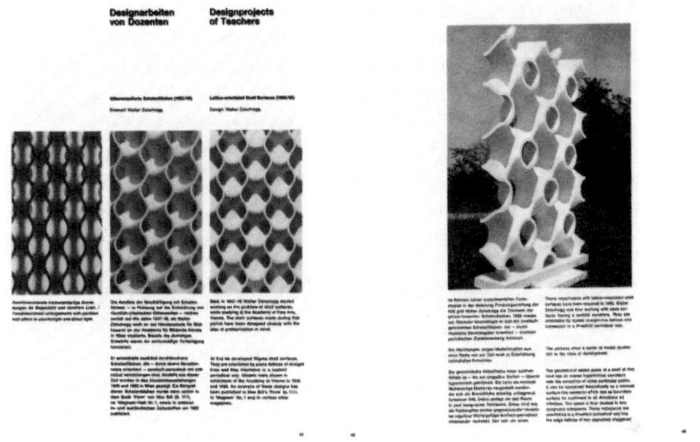

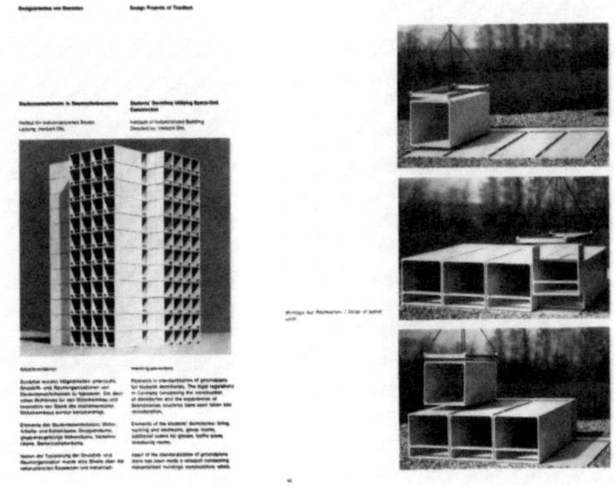

ulm 12/13 [journal] (1965)
ulm 14/15/16 [journal] (1965)

O lugar que coube à arquitetura na Esdi, no entanto, foi bem distinto. A começar pela estrutura departamental da escola carioca, com apenas duas seções, nenhuma delas ligada à arquitetura: Desenho Industrial e Comunicação Visual, a primeira a cargo de Karl Heinz Bergmiller (1928, Alemanha) e a segunda de Alexandre Wollner (1928-2018, Brasil), ambos ex-alunos da HfG. E isso a despeito de os arquitetos terem dominado a composição do Grupo de Trabalho (GT), instituído por Carlos Lacerda com o objetivo de criar as bases do curso de desenho industrial no recém-criado Estado da Guanabara. Dos cinco integrantes da formação original do GT, três eram arquitetos: Wladimir Alves de Souza (diretor da Faculdade Nacional de Arquitetura), Maurício Roberto (presidente do Instituto de Arquitetos do Brasil) e Sérgio Bernardes. Garantia-se assim o apoio de órgãos de classe e instituições de prestígio no meio da arquitetura, sem abrir mão da colaboração de alguns de seus maiores expoentes, dentre aqueles cuja prática projetual mostrava maior convergência com a lógica industrial.

De uma maneira ou de outra, no entanto, percebe-se que ocorreu um afastamento gradual dos arquitetos em relação ao projeto da escola. Que a Faculdade Nacional de Arquitetura fosse descartada enquanto herdeira de um academicismo incompatível com o espírito progressista associado à nova escola, não é de se espantar. Afinal, mesmo entre os arquitetos, experimentava-se como uma espécie de frustração a passagem de Lucio Costa pela direção da Escola Nacional de Belas Artes, em 1930-31. Também é possível que certa autossatisfação do meio de arquitetura no Brasil tenha contribuído para afastar desse ambiente, já tão institucionalizado, aqueles que faziam questão de caracterizar a escola nascente como um território autônomo. Sob o argumento de que as instituições existentes ligadas ao ensino da arquitetura no Brasil fossem já “suficientes e de qualidade”[9], dispensou-se, em todo caso, a criação de mais um curso de arquitetura – mesmo que este pudesse ser pensado em novos termos, a exemplo da HfG.

Evidently, it is impossible to ignore the relationship between this statement and the multiple implications of the notion of “building” in the broader context of European art, all of which fundamentally connected to a reevaluation of the art production process and its statute in the industrial society. Nevertheless, it is the architectural origin of the term that, to Gropius, must never be forgotten – even though a department specifically dedicated to architecture had only been implemented in Bauhaus under the direction of Hannes Meyer (1928-30), in the city of Dessau. This also explains the importance given to the department of architecture at HfG[8]. Particularly after it started – under the coordination of Herbert Ohl and then of Claude Schnaidt – to focus exclusively on industrialized building. Turning, therefore, towards the application of industrial production methods and processes to the field of architecture, following a design logic that could consider all the aspects related to the repetitive, rational and scalable character of industrial production, both in formal and economic terms.

Resistências dessa ordem não impediriam, contudo, que no meio carioca fossem emergindo sinais de uma disposição para redefinir as diretrizes pelas quais a arquitetura moderna no Rio de Janeiro se pautara até então. Cabe destacar, nesse sentido, o papel assumido pelas revistas *Arquitetura* (órgão oficial do Instituto dos Arquitetos do Brasil – IAB) e *Módulo* (publicação fundada e dirigida por Oscar Niemeyer). A primeira publicou uma reportagem saudando a realização de "um velho sonho de arquitetos"[10] no mês seguinte à instituição da Esdi. Três meses depois, divulgou o calendário da escola, seus critérios de admissão e sua estrutura curricular[11]. E, ainda, pouco depois, lançou a série de reportagens *Arquitetura e Desenho Industrial*[12], em que o arquiteto Flávio Marinho Rego defendia "o caráter polimorfo da profissão de arquiteto" e ressaltava a "necessidade dos arquitetos participarem ativamente nas pesquisas e autorias de desenho industrial".

Já a *Módulo*, que em seu primeiro número, em 1955, ainda se ocupara de contra-atacar Max Bill, contribuiu para disseminar a disciplina ulmiana no meio da arquitetura, ainda antes da criação da Esdi. Em dezembro de 1959, a revista publicou uma proposta de Otl Aicher (1922-1991, Alemanha) para um jardim em Brasília[13]. E no próprio mês em que a cidade foi inaugurada, deu destaque ao primeiro projeto de Karl Heinz Bergmiller no Brasil (um espelho com luz desenvolvido para a indústria nacional)[14]. No mês seguinte à inauguração da Esdi, publicou um texto sobre a escola com fotos muito semelhantes às imagens da HfG que então circulavam pelo mundo. E a partir do número 15, em 1959, passou a ter também um projeto gráfico claramente afinado com a disciplina ulmiana: um formato mais enxuto, a mesma fonte tipográfica sem serifa cultuada na HfG e a introdução de um *grid* modular que ordenava a disposição de todos os elementos gráficos na página.

Essas mudanças devem-se à influência de Goebel Weyne, professor da Esdi e responsável pela reforma gráfica da revista. Entre os professores da escola em seu primeiro decênio contam-se, no entanto, apenas dois arquitetos brasileiros ligados à prática projetual: Artur Lício Pontual e Daisy Igel, que ali estiveram regularmente por apenas dois anos[15]. Pontual era próximo de pelo menos três professores integrados desde a primeira hora à Esdi: com Goebel Weyne – professor de Análise Gráfica – assinara o então chamado *lay-out* dos dois primeiros números que caracterizaram a reforma gráfica da *Módulo*, e alguns outros projetos gráficos claramente vinculados ao léxico visual concreto. Entre eles, o planejamento da exposição e catálogo da casa pré-fabricada de Sergio Rodrigues montada no MAM Rio em 1960[16], e uma série de selos comemorativos da inauguração de Brasília, respectivamente em parceria com os arquitetos Marcos Vasconcellos e Aloísio Magalhães. Além disso, Magalhães e Luis Fernando Noronha haviam sido sócios de Pontual no escritório Magalhães+Noronha+Pontual (M+N+P), fundado em 1960, onde, segundo Pontual, "se intentava realizar gráfica, desenho industrial e arquitetura como um todo"[17].

Architects and professors such as Konrad Wachsmann, Frei Otto, Buckminster Fuller, Bruce Martin, Reyner Banham and Charles Eames converged on HfG not by chance (all of them being somewhat interested in industrial production, and everything it implied in terms of the renovation of production methods in architecture and the project conception itself, in a process that included the liquidation of the primacy of drawing in the academic tradition). If we look at the list of graduation projects, we can see that most of them were developed around prefabrication themes, modular coordination and projects of constructive elements, and in conformity with the emphasis given by the the whole school to modular systems.

The place that fell to architecture at Esdi, however, was quite different, starting from the departmental structure of the Rio de Janeiro school, with only two sections, none of which related to architecture: Industrial Design and Visual Communication, the first one coordinated by Karl Heinz Bergmiller (1928, Germany) and the second by Alexandre Wollner (1928-2018, Brazil), both HfG alumni. And that, despite architects had dominated the composition of the Work Group (Grupo de Trabalho – GT), instituted by Carlos Lacerda with the objective of creating the basis of the industrial design course in the recently created Guanabara State. Out of the five members from the original composition of the Work Group, three were architects: Wladimir Alves de Souza (Director of the National College of Architecture), Maurício Roberto (President of the Brazilian Institute of Architects) and Sérgio Bernardes. This guaranteed the support of class entities and prestigious institutions in the architecture field, without relinquishing the collaborations of some of their main figures, among them those whose design practice showed a greater convergence towards industrial logic.

10. Decreto número 1.443, de 26 de dezembro de 1962. *Arquitetura*, n. 7, jan. 1963. Na mesma edição, ver também "Objeto estético vai se tornar utilidade".

11. "Desenho Industrial na GB". *Arquitetura*, abr. 1963.

12. *Arquitetura*, n. 16, out. 1963; n. 21, mar. 1964; n. 22, abr. 1964.

13. Aicher, Otl. Jardim em Brasília. *Módulo*, n. 16, dez. 1959. Segundo Goebel Weyne, a proposta foi encaminhada em carta a Lucio Costa por intermédio de sua filha Maria Elisa, que também frequentava o curso de Aicher e Maldonado no MAM Rio. Cf. Depoimento de G, Weyne ao autor em 12 de dezembro de 2007.

14. "Desenho Industrial". *Módulo*, n. 17, abr. 1960.

15. Pontual em 1967-69 como professor de Desenvolvimento de Projeto da seção de Desenho Industrial; Igel em 1966-67 como professora de Metodologia Visual, disciplina do Curso Fundamental.

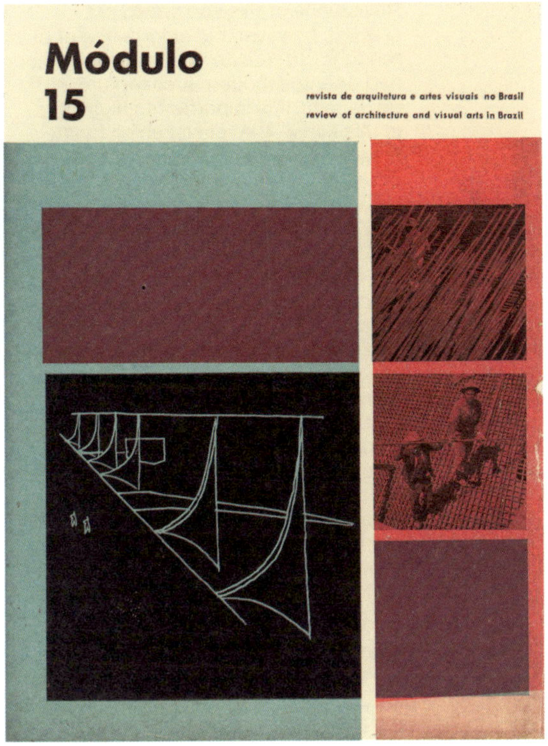

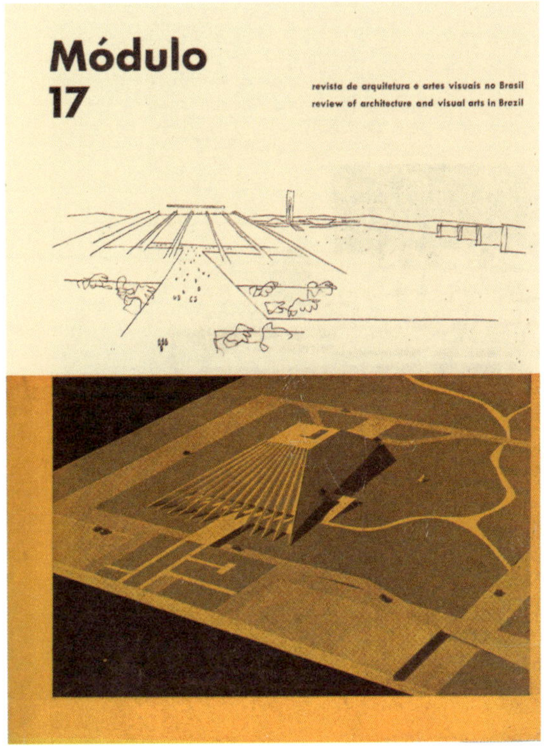

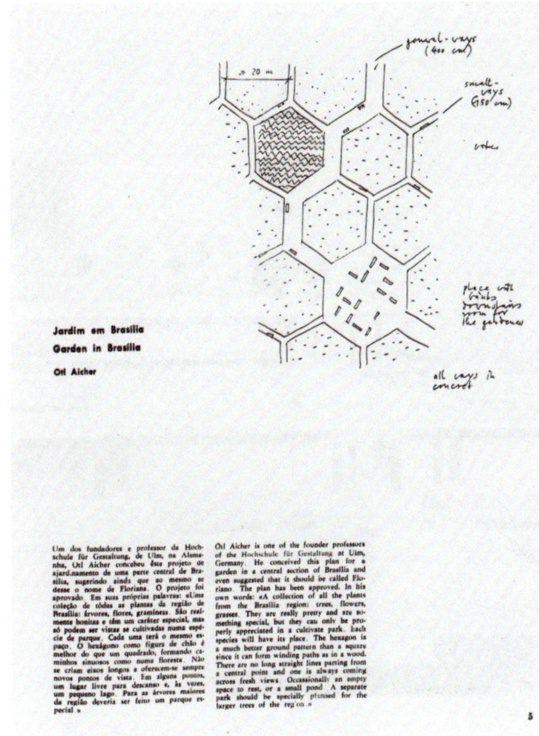

Jardim em Brasília
Garden in Brasília
Otl Aicher

Um dos fundadores e professor da Hochschule für Gestaltung, de Ulm, na Alemanha, Otl Aicher concebeu êste projeto de ajardinamento de uma parte central de Brasília, sugerindo ainda que ao mesmo se desse o nome de Floriana. O projeto foi aprovado. Em suas próprias palavras: «Uma coleção de tôdas as plantas da região de Brasília: árvores, flores, gramíneas. São realmente bonitas e têm um caráter especial, mas só podem ser vistas se cultivadas numa espécie de parque. Cada uma terá o mesmo espaço. O hexágono como figura de chão é melhor do que um quadrado, formando caminhos sinuosos como numa floresta. Não se criam eixos longos e oferecem-se sempre novos pontos de vista. Em alguns pontos, um lugar livre para descanso e, às vezes, um pequeno lago. Para as árvores maiores da região deveria ser feito um parque especial.»

Otl Aicher is one of the founder professors of the Hochschule für Gestaltung at Ulm, Germany. He conceived this plan for a garden in a central section of Brasília and even suggested that it should be called Floriano. The plan has been approved. In his own words: «A collection of all the plants from the Brasília region: trees, flowers, grasses. They are really pretty and are something special, but they can only be properly appreciated in a cultivate park. Each species will have its place. The hexagon is a much better ground pattern than a square since it can form winding paths as in a wood. There are no long straight lines parting from a central point and one is always coming across fresh views. Occassionally an empty space to rest, or a small pond. A separate park should be specially planned for the larger trees of the region.»

5

No M+N+P, Pontual era o único com formação universitária na área de projeto – Magalhães era formado em Direito, e Noronha, técnico em edificações pela Escola Técnica. A experiência conjunta dos três é breve, mas a produção do escritório é relativamente fértil: são dessa época, por exemplo, os logotipos da Cobe, da Petite Galerie e da editora Delta, a Residência Renaux, em Santa Catarina, e uma exposição itinerante de arquitetura brasileira, destinada à Europa central e oriental[18]. Além disso, a passagem de Max Bense pelo escritório em 1961, àquela altura já tão em evidência como um dos principais teóricos da arte concreta, permite supor o quanto o M+N+P se destacava no ambiente carioca no período imediatamente anterior à inauguração da Esdi.

O entusiasmo de Pontual com a perspectiva industrial não significava, no entanto, um apego maior por materiais industriais, ou mesmo por sistemas pré-fabricados. O que o arquiteto mantinha em vista era uma unidade entre o método didático, o sistema produtivo e a realidade do mercado, com uma atuação, para além do escritório, em uma escola de design (Esdi), em uma construtora (Cobe) e em um estabelecimento comercial – a *Loja do Bom Desenho*, criada por ele mesmo. Como se todas essas iniciativas se somassem para criar condições de estruturar um novo pensamento projetual no Brasil.

One way or another, however, it is noticeable that a gradual distancing of the architects from the school project occurred. It is not surprising that the National College of Architecture was dismissed as being heir to an academicism that was incompatible with the progressive spirit associated with the new school. After all, even among architects, a kind of frustration was experienced with the tenure of Lucio Costa as Director of the National School of Fine Arts, in 1930-31. It is also possible that a certain degree of self-satisfaction in the Brazilian architecture field had contributed to withdraw from this environment, already so institutionalized, those who made a point of characterizing the newborn school as an autonomous territory. Under the allegation that the existing institutions associated with the teaching of architecture in Brazil were "enough and good quality"[9], the creation of another architecture course was dismissed, at any rate – even if it could be thought of in new terms, following the example of the HfG.

16. O catálogo mostra clara ligação com as pesquisas plásticas da vertente construtiva no Brasil, com ênfase na investigação da geometria do quadrado – o que produz uma capa muito próxima de certos trabalhos de Lygia Clark e Willys de Castro. Cf. *Casa individual pré-fabricada*. Rio de Janeiro: Museu de Arte Moderna, 1960.

17. Pontual, A.L. *Influências*. s/d (Arquivo pessoal Ana Luiza Nobre)

18. Exposição organizada pelo Ministério das Relações Exteriores. Cf. Arquitetura Brasileira na Europa. *Módulo*, n. 32, abr. 1963.

9. Testimony by KarlHeinz Bergmiller to the author, by e-mail, on September 4, 2005.

Módulo 15 [magazine] (1959)

Módulo 17 [magazine] (1960)

Otl Aicher, *jardim em Brasília* [garden in Brasilia], *Módulo* 16 [magazine] (1959)

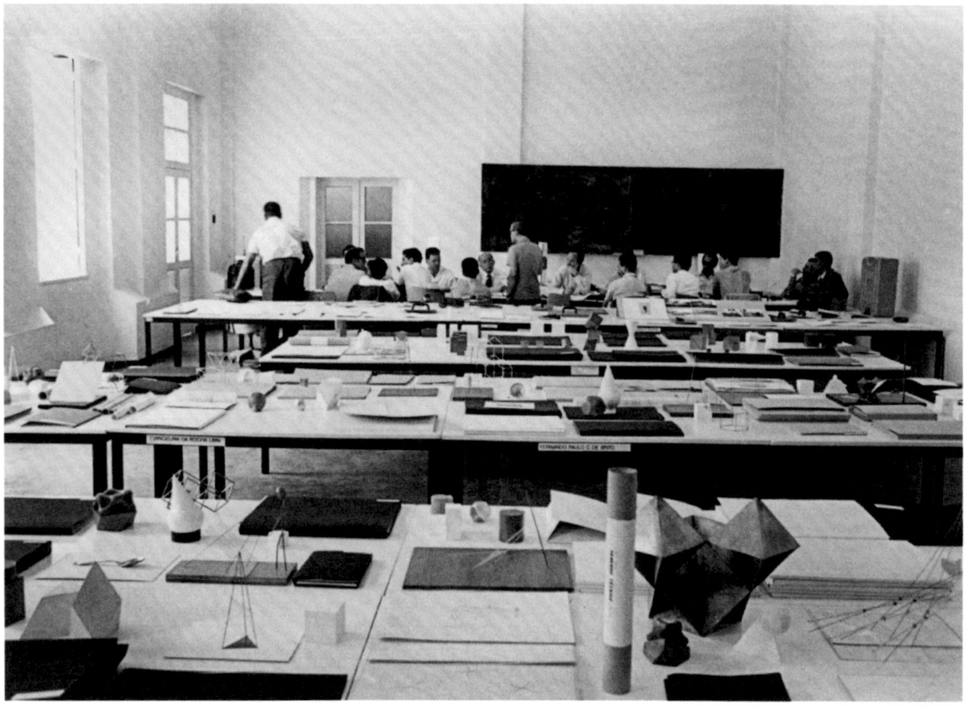

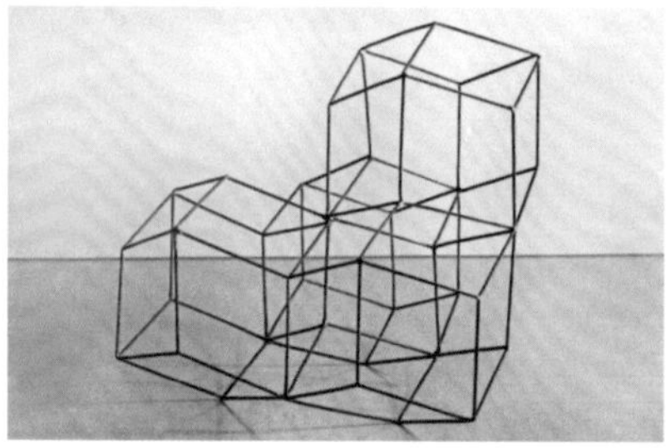

Resistance of this sort would not prevent, however, the emergence of a tendency to redefine the guidelines that had oriented modern architecture in Rio de Janeiro. It is important to highlight, in this sense, the role taken on by the magazines *Arquitetura* (an official agency of the Brazilian Institute of Architects – IAB) and *Módulo* (a publication founded and directed by Oscar Niemeyer). The first one published an article welcoming the fulfillment of "an old dream of architects"[10] in the month following the establishment of Esdi. Three months later, the magazine released the school schedule, its admissions criteria and curriculum structure[11]. And soon after that, it launched the series of reports *Arquitetura* e *Desenho Industrial*[12] [Architecture and Industrial Design], in which architect Flávio Marinho Rego defended "the polymorphous character of the architect profession" and highlighted the "need of architects to take active part in research and authorship in industrial design".

Módulo, in turn, which in its first issue, in 1955, was still busy counterattacking Max Bill, contributed to disseminate the Ulm discipline in the architecture field, even before the creation of Esdi. In December 1959, the magazine published a proposition by Otl Aicher (1922-1991, Germany) for a garden in Brasília[13]. And in the same month the city was inaugurated, it highlighted the first project by Karl Heinz Bergmiller in Brazil (a lighted mirror designed for the national industry)[14]. In the month following the opening of Esdi, it published a text about the school with photographs that were very similar to the images of HfG which were circulating around the world. And, from issue 15, in 1959, it also started featuring a graphic project that was clearly in tune with the ulmian discipline: a leaner format, the same sans serif font worshipped at HfG and the introduction of a modular grid which guided the arrangement of all the graphic elements on the page.

10. Decree number 1.443, of December 26, 1962. *Arquitetura,* issue 7, Jan. 1963. In the same issue, see also "Objeto estético vai se tornar utilidade".

11. "Desenho Industrial na GB". *Arquitetura*, Apr. 1963.

12. *Arquitetura*, issue 16, Oct. 1963; issue 21, Mar. 1964; issue 22, Apr. 1964.

13. Aicher, Otl. Jardim em Brasília. *Módulo*, issue 16, Dec. 1959. According to Goebel Weyne, the proposition was forwarded in a letter to Lucio Costa through the mediation of his daughter Maria Elisa, who also attended the course taught by Aicher and Maldonado at MAM Rio. Cf. G. Weyne testimony to the author on December 12, 2007.

14. "Desenho Industrial". *Módulo,* issue 17, Apr. 1960.

Primeira turma do Curso Fundamental [Foundation Course first class], Esdi (1963)

Exercício da aula de Paul Decurtins [exercise], Esdi

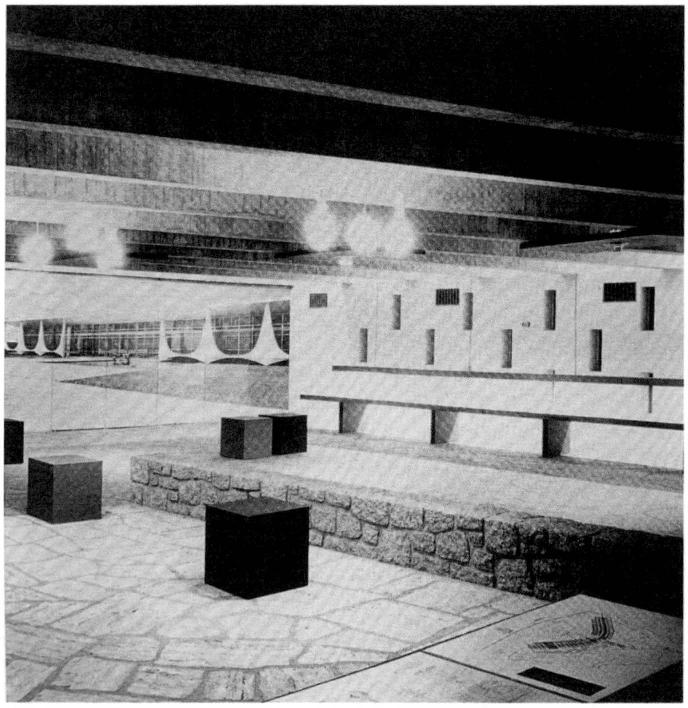

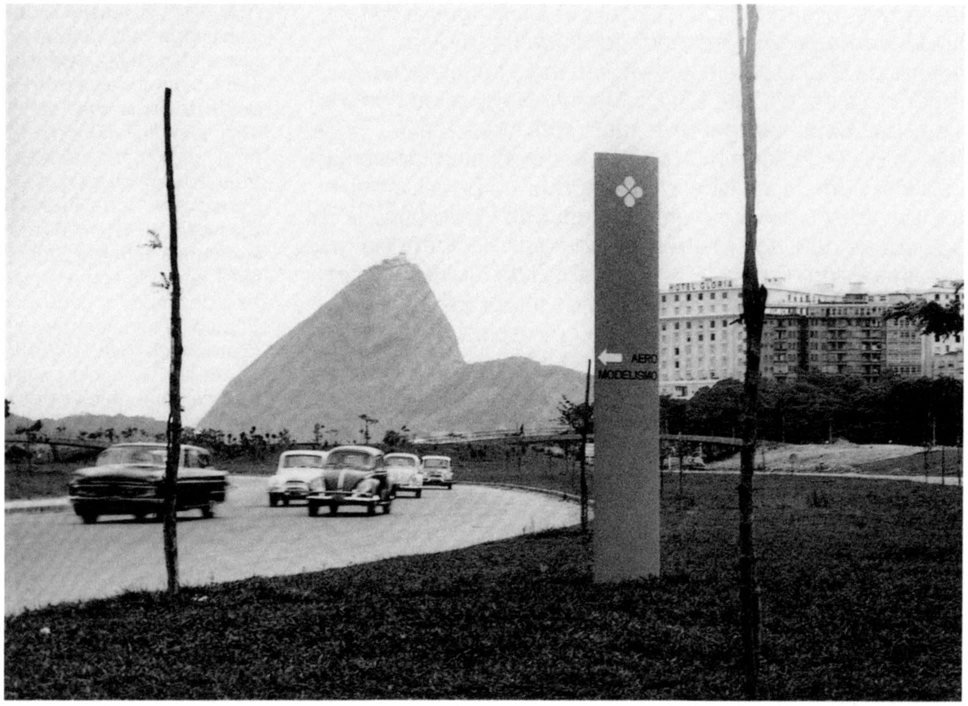

Artur Lício Pontual, Projeto da exposição sobre Brasília [Exhibition project about Brasilia], Divisão Cultural do Itamaraty [Cultural Division, Ministry of Foreign Affairs], Unesco, Paris (1958)

Wollner, Bergmiller & Decurtins, suporte de sinalização do Parque do Flamengo [Park's signaling support] (1963)

Além de Pontual, a Esdi também teve em seu corpo docente o arquiteto suíço Paul Edgard Decurtins, formado na HfG em 1960. Não obstante sua dedicação a temas indissociáveis do debate internacional em torno da industrialização da construção e da expectativa de acordo entre arquitetura e indústria, que cercava naquele momento a construção de Brasília, Decurtins não chegou a desenvolver projetos arquitetônicos de maior alcance enquanto esteve no Brasil. Em São Paulo, assinou projetos com Karl Heinz Bergmiller, como o mobiliário da Cidade Universitária da USP, no qual o arquiteto João Carlos Cauduro também trabalhou. Ainda com Bergmiller, desenvolveu o suporte de sinalização do Parque do Flamengo, no Rio de Janeiro, dentro do projeto de "planificação comunicativa urbana", assinado por Alexandre Wollner. Na Esdi, foi coordenador do setor de Metodologia Visual, um dos cinco setores do Curso Fundamental. Também participou de uma mesa-redonda sobre pré-fabricação no IAB e recebeu uma oferta de trabalho no recém-criado Banco Nacional de Habitação – BNH. Porém, não firmou contatos mais produtivos com o meio da arquitetura local, e logo retornou à Europa, onde seguiu com suas pesquisas sobre pré-fabricação.

These changes were a result of the influence of Goebel Weyne, a professor at Esdi and responsible for the graphic renovation of the magazine. Among the professors at the school in its first decade, only two Brazilian architects close to design practice: Artur Lício Pontual and Daisy Igel, who were regularly there for only two years[15]. Pontual was close to at least three professors who were integrated at Esdi from the outset: Goebel Weyne – Graphical Analysis professor – who signed the then called *lay-out* of the two first issues characterizing the graphic renovation of *Módulo*, and a few other graphic design projects clearly linked to the concrete visual lexicon – e.g. the plan for the exhibition and catalog of Sergio Rodrigues's pre-fabricated house set up at MAM Rio in 1960[16] and a series of commemorative stamps for the inauguration of Brasília, in partnership with Marcos Vasconcellos and Aloisio Magalhães, respectively. Besides that, Magalhães and Luis Fernando Noronha had been Pontual's partners at the Magalhães+Noronha+Pontual (M+N+P) office, founded in 1960, where, according to Pontual, "the intention was to produce graphic design, industrial design and architecture as a whole"[17].

15. Pontual in 1967-69 as a professor of Project Development in the Industrial Design Department; Igel in 1966-67 as a professor of Visual Methodology, discipline of the Foundation Course.

16. The catalog shows a clear connection with plastic research of the constructive strand in Brazil, with emphasis on the geometry of the square – which produces a cover that is very close to some of the artworks by Lygia Clark and Willys de Castro. Cf. *Casa Individual Pré-fabricada*. Rio de Janeiro: Museu de Arte Moderna, 1960.

17. Pontual, A.L. *Influências*. n.d. (Ana Luiza Nobre's personal archive)

Decurtins foi substituído na Esdi por Daisy Igel, arquiteta brasileira de origem austríaca formada na tradição de ensino da Bauhaus, em sua versão mais acabada na América: a escola que László Moholy-Nagy criou como a The New Bauhaus. Igel teve aulas com Mies van der Rohe, Buckminster Fuller e Konrad Wachsmann, além de contato próximo com Josef Albers. Ao retornar ao Brasil, acrescentou ao seu currículo projetos em São Paulo (alguns em sociedade com Jon Maitrejean, como as Residências Israel Klabin e Pedro Franco Piva, e o centro de distribuição da Ultragás[19]) e no Rio de Janeiro, onde integrou-se à equipe do Plano Doxiadis. Igel ficou mais conhecida no meio do design, no entanto, por força de sua atuação na Esdi e do direcionamento mais sensorial que sistemático – mais próximo de Albers que de Maldonado – que deu ao ensino de Metodologia Visual, disciplina que conduziu por dois anos (1966-1967); acabou afastando-se da escola durante seu processo de reestruturação, desencadeado em 1968[20].

É possível que a proposta de ensino de Igel, mais interessada na experimentação intuitiva do que no raciocínio lógico, tenha contribuído para provocar seu afastamento da Esdi, por escapar ao cientificismo ulmiano, àquela altura dominante na escola carioca. Seja como for, ao contrário do que aconteceu em São Paulo, onde o ensino do design foi integrado à Faculdade de Arquitetura, com o afastamento de Decurtins, Igel e Pontual, acabou por prevalecer na Esdi uma indisponibilidade substancial com relação à arquitetura. É curioso que uma tal desarticulação tenha se mostrado incongruente com o interesse manifestado por arquitetos brasileiros pela HfG, onde o percentual de arquitetos entre alunos brasileiros chegou a 40%.[21] Talvez seja mais significativa do que se supõe, na verdade, a ausência do ensino da construção em uma escola que reivindicava para si uma correspondência com a vertente alemã do design. De todo modo, não há como negar o quanto o meio de arquitetura no Brasil se ressente até hoje com a ausência de um acordo mínimo entre a prancheta, a indústria e o canteiro, capaz de permitir o estabelecimento de um diálogo entre os múltiplos agentes, operações e proporções envolvidos na produção em larga escala e nas dinâmicas urbanas contemporâneas.

At M+N+P, Pontual was the only one with a university degree in the design field – Magalhães held a degree in Law, and Noronha was a building technician graduated from the Technical School. Their joint experience is brief, but the production of the office is relatively fruitful: from this period are, for example, the logos of Cobe, Petite Galerie and the Delta publishing house, the Renaux Residence in Santa Catarina, and an itinerant exhibition of Brazilian architecture, destined for central and eastern Europe[18]. In addition, Max Bense's contribution to the office in 1961, when he already was acknowledged as one of the main theoreticians of concrete art, allows us to suppose how much M+N+P stood out in the Rio de Janeiro scene in the period immediately prior to the inauguration of Esdi.

Pontual's enthusiasm for the industrial perspective did not mean, however, a major attachment to industrial materials, or even to prefabricated systems. What the architect kept in mind was the unity between the didactic method, the production system, and the reality of the market, simultaneously working as a professional at the firm, at a design school (Esdi), at a construction company (Cobe) and at a commercial enterprise – the *Loja do Bom Desenho* [Good Design Store], created by him. As though all these initiatives were summed up to create the conditions for a new design view in Brazil.

Besides Pontual, Esdi also had in its faculty Swiss architect Paul Edgard Decurtins, graduated from HfG in 1960. Despite his dedication to themes which were inseparable from the international debate about the industrialization of building systems and the expectations of a deal between architecture and industry, which at that time surrounded the building of Brasília, Decurtins was not able to develop farther reaching architectural projects while he stayed in Brazil. In São Paulo, he signed projects alongside Karl Heinz Bergmiller, such as the furniture of the University of São Paulo campus, on which architect João Carlos Cauduro also worked. Also in partnership with Bergmiller, he developed the signalization support system of Parque do Flamengo, in Rio de Janeiro, as part of the "urban communication planning" project signed by Alexandre Wollner. At Esdi, he was the coordinator of the Visual Methodology department, one of the five areas of the Foundation Course. He also attended a round table on prefabrication at the IAB and was offered a job at the newly created National Housing Bank [Banco Nacional de Habitação – BNH]. However, he did not establish very fruitful contacts with the local architects, and soon returned to Europe, where he continued his research on prefabrication.

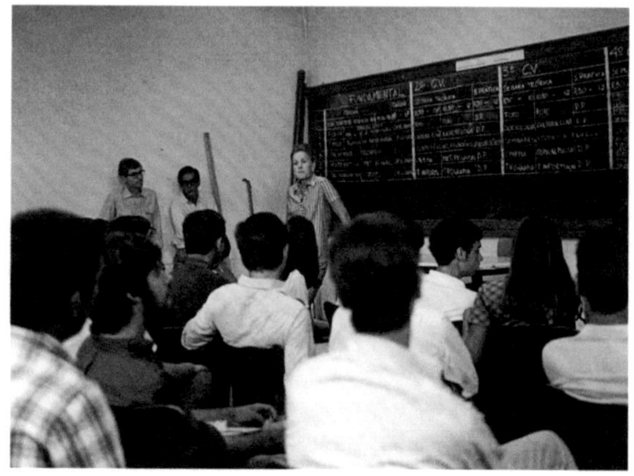

Aula inaugural de Daisy Igel [inaugural class], Esdi (1968)

19. Cf. Ante-projeto do Terminal Cia. Ultragaz. *Acrópole*, n. 205, nov. 1955, e Residência no Jardim Europa. *Acrópole*, n. 260, jun. 1960.

20. Cf. Souza, Pedro Luiz Pereira de. *Esdi: biografia de uma ideia*. Rio de Janeiro: Eduerj, 1996.

21. O levantamento realizado pela autora nos arquivos da escola entre 11 e 13 de julho de 2005 mostrou que dos dez alunos brasileiros que a frequentaram, quatro eram arquitetos. Destes, uma seguiu apenas o Curso Fundamental (Yedda Pitanguy) e três foram inscritos no departamento de *Bauen* (Mario Zocchio, Isa Maria Moreira da Cunha – posteriormente, Bisaggio – e Günter Weimer). O último transferiu-se para *Produktgestaltung* após um ano de estudos.

18. Exhibition organized by the Ministry of Foreign Affairs. Cf. Arquitetura Brasileira na Europa. *Módulo*, issue 32, Apr. 1963.

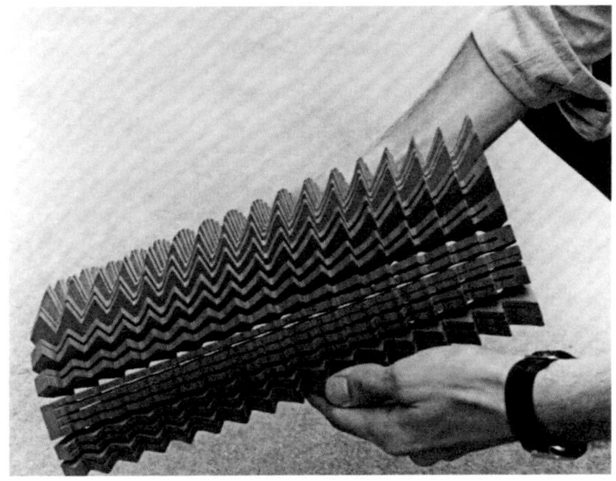

Decurtins was substituted at Esdi by Daisy Igel, a Brazilian architect of Austrian descent, who was educated in the teaching tradition of the Bauhaus, in its more polished version in America: the school created by László Moholy-Nagy as The New Bauhaus. Igel had classes with Mies van der Rohe, Buckminster Fuller and Konrad Wachsmann, and was in close contact with Josef Albers. As she returned to Brazil, she added to her resumé projects in São Paulo (some in partnership with Jon Maitrejean, such as residences Israel Klabin and Pedro Franco Piva, and the distribution center of Ultragás[19]) and in Rio, where she became part of the Plano Doxiadis team. Igel got better known in the design field, however, due to her work at Esdi and a more sensory, rather than systematic approach – closer to Albers than to Maldonado – which she used in teaching Visual Methodology, a discipline she taught for two years (1966-1967); she ended up retiring from the school during its restructuring process, initiated in 1968[20].

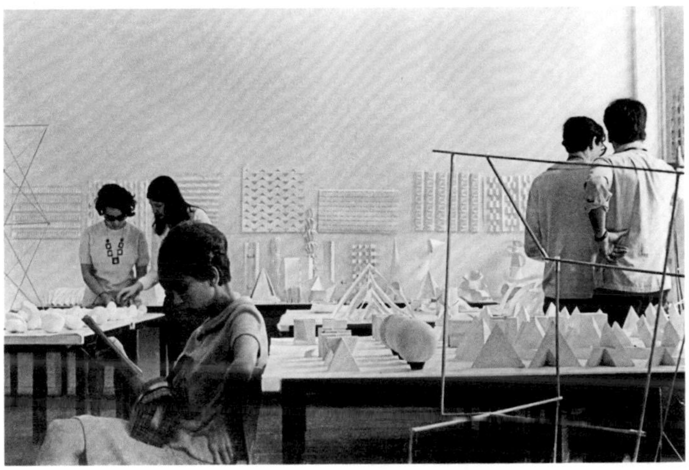

It is possible that Igel's teaching proposition, more interested in intuitive experimentation than in logic reasoning, had contributed to her leaving Esdi, for she evaded the Ulm school scientificism, at that point dominating the *carioca* school. In any case, in contrast to what happened in São Paulo, where the teaching of design was integrated to the Architecture College, following the departure of Decurtins, Igel and Pontual, a substantial unwillingness regarding architecture prevailed at Esdi. It is peculiar that such disarticulation appeared incongruous with the interest manifested by Brazilian architects in HfG, where the percentage of architects among the Brazilian students reached 40%[21]. Perhaps, the absence of the teaching of building at a school which claimed to have a correspondence to the German strand of design, is in fact more significant than it seems. All in all, there is no denying how much the architecture field in Brazil still resents, to this day, the absence of any accordance between the drawing board, the industry and the building site capable of establishing a dialogue between the multiple agents, operations and proportions involved in large-scale production and contemporary urban dynamics.

Daisy Igel, aula de Metodologia Visual [Visual Methodology class], Esdi

19. Cf. Ante-projeto do Terminal Cia. Ultragaz. *Acrópole*, issue 205, Nov. 1955, and Residência no Jardim Europa. *Acrópole*, issue 260, June 1960.

20. Cf. Souza, Pedro Luiz Pereira de. *Esdi: biografia de uma ideia.* Rio de Janeiro: Eduerj, 1996.

21. The survey carried out by the author in the archives of the school between July 11 and 13, 2005 showed that out of ten Brazilian students who attended, four were architects. Among these, one attended only the Foundation Course (Yedda Pitanguy) and three were enrolled in the *Bauen* department (Mario Zocchio, Isa Maria Moreira da Cunha – subsequently, Bisaggio – and Günter Weimer). The latter was transferred to *Produktgestaltung* after one year of studies.

felipe
scovino

o p
soc
arti

um sobrevoo nas práti
pape, cordeiro e barros

apel
ial do
sta:
as de

the social role of the artist: an overview of the practices of pape, cordeiro and barros

Este artigo circunscreve-se no que poderíamos chamar de papel social do artista na consolidação de uma modernidade no Brasil. Em particular, a relação dessa qualidade de artista com o meio industrial, a sua reflexão sobre a comunicação de massa e a amplitude social da arte. Se até fins da primeira metade do século XX era expressiva a produção de artistas brasileiros ideologicamente de esquerda que refletiam sobre classes subalternizadas, nas décadas posteriores surgem novas posições éticas e sociopolíticas, sobretudo a partir da consciência de um condicionamento burguês do artista. A aproximação com o signo social passa a se dar também em um diálogo mais consistente com o design e a arquitetura, refletindo novas apreensões e modelos acerca do formato de "obra de arte". A obra passa a ter um caráter múltiplo, serial, torna-se mais viável financeiramente e desdobra-se em outras esferas do cotidiano: móveis, cartazes, embalagens de biscoito, jardins.

O panorama descrito não era uma novidade no campo cultural brasileiro nos anos 1960. A diferença se dá, primeiro, na intensidade dessas relações, motivadas, sem dúvida, pela política desenvolvimentista e pelo fato do campo das artes visuais no Brasil ter sido um abundante polo criador e receptor das vanguardas construtivas. Em segundo lugar, em uma relação que torna as fronteiras da arte mais "públicas", tornando o espectador também um consumidor. Seria adicionado à arte um sentido utilitário e funcional, e essa deixaria de ser entendida apenas como algo abstrato ou de difícil compreensão.

O Brasil buscava o novo. Não poderia mais se situar em um estado de defasagem em relação ao que acontecia no mundo. No campo das artes, o discurso de uma prática modernista que procurava uma identidade nacional genuína começava a ser revisto. O olhar arcaizante sobre um Brasil localizado entre o folclore, a perspectiva colonial sobre as culturas afro-brasileira e ameríndia e a linguagem abstrata de um cubismo pueril deveria ser posto em questão. A abstração, particularmente a geométrica, não se interessava em discussões sobre nacionalismos e se colocava como uma linguagem estética que englobava signos tão díspares como a industrialização, a fenomenologia e, por vezes, a concepção funcionalista.

Esse espírito foi importante para as obras de Geraldo de Barros (1923-1998, Brasil), Waldemar Cordeiro (1925-1973, Itália) e Lygia Pape (1927-2004, Brasil). Seus projetos gráficos, paisagísticos e de mobiliário se alinhavam à dinâmica da linguagem construtiva do concretismo e neoconcretismo, tinham uma relação próxima com a indústria e inseriam a arte em uma agenda social que a popularizava, associando design e artes visuais como um projeto de mudança, não só estética, mas sobretudo social.

This article focuses on what could be defined as the social role of the artist in the consolidation of a modernity in Brazil. In particular, the relationship between this quality with the industrial field, its reflection upon mass communication and the social amplitude of art. If until the end of the first half of the 20th century the production of ideologically leftist Brazilian artists who reflected on subalternized classes was significant, in the later decades new ethical and sociopolitical positions emerged, particularly after the awareness of a bourgeois conditioning of the artist. The approach towards the social sign begins to take place also through a more consistent dialogue with architecture and design, showing new apprehensions and models about the format of the "artwork". The work now carries a multiple, serial character, it becomes more financially viable and unfolds into other spheres of daily life: furniture, posters, crackers packaging, gardens.

The landscape described was nothing new in the Brazilian cultural field of the 1960s. The difference lies, first, in the intensity of these relationships, undoubtedly motivated by developmentalist politics and by the fact that the visual arts field in Brazil had been a fertile breeding ground and a welcoming host for constructive avant-garde; second, in a relationship which makes the frontiers of art more "public", thus making the spectator also a consumer. A utilitarian and functional meaning would be added to art, and it would no longer be understood as something abstract or difficult.

Brazil sought the new. It could no longer be lagging behind what was happening throughout the world. In the art field, the discourse of a modernist practice which looked for a genuine national identity began to be reconsidered. The archaic look over a Brazil situated between folklore, a colonial view of African-Brazilian and Amerindian cultures, and the abstract language of a puerile cubism had to be called into question. Abstraction, geometry in particular, was not interested in discussions about nationalism and saw itself as an aesthetic language that encompassed signs that were as diverse as industrialization, phenomenology and, at times, the functionalist concept.

1. Como narrado por Lenora de Barros em entrevista concedida em julho de 2021 ao autor, Geraldo de Barros recebe, por conta de sua exposição *Fotoformas* no Masp, em 1951, uma bolsa do governo francês. Naquele mesmo ano, tem sua passagem financiada por Assis Chateaubriand e segue para Paris onde estuda litografia na École National Supérieure des Beaux-Arts, e gravura no ateliê de Stanley William Hayter. Viaja para Zurique e em seguida para Ulm.

2. Geraldo de Barros é convidado por Max Bill, em 1953, para ingressar na Hochschule für Gestaltung, mas, por conta de compromissos familiares e de trabalho, decide permanecer no Brasil.

3. Refiro-me à exposição *As Obras de Max Bill,* exibida no Masp em 1951, e em sua conferência *O Arquiteto, a Arquitetura e a Sociedade,* realizada no MAM Rio e na FAUUSP em 1953.

4. Pedrosa, Mário. "Arte e Revolução". *In*: Amaral, Aracy (org.). *Mundo, Homem, Arte em Crise.* São Paulo: Perspectiva, 1975.

5. _____. "Problemática da Sensibilidade". Idem.

1. As accounted by Lenora de Barros in an interview given to the author in July 2021, as a result of his exhibition *Fotoformas* at Masp, in 1951, Geraldo de Barros is granted a scholarship from the French Government. In the same year, he is sponsored by Assis Chateaubriand with a ticket to Paris, where he studies lithography at the École National Supérieure des Beaux-Arts and engraving at the Stanley William Hayter's studio. He travels to Zurich and then to Ulm.

2. Geraldo de Barros is invited by Max Bill, in 1953, to enroll at Hochschule für Gestaltung, but due to family and professional commitments, he decides to stay in Brazil.

3. I am referring to the Max Bill exhibition at Masp in 1951 and his lecture *O arquiteto, a Arquitetura e a Sociedade* delivered at MAM Rio and at FAUUSP in 1953.

Os três artistas foram agentes propositores em meio às mudanças radicais que o campo das artes visuais no Brasil sofreu entre o final da década de 1940 e o início da década seguinte. Participaram de edições iniciais da Bienal de São Paulo, organizaram-se em torno de grupos de tendência construtiva no Rio de Janeiro e em São Paulo e, se não assistiram às exposições e conferências de Max Bill (1908-1994, Suíça), ao menos se alimentaram da repercussão da presença do artista suíço no Brasil. Barros, inclusive, visitou Ulm por volta de 1951, quando a Hochschule für Gestaltung estava sendo gestada, e lá permaneceu por alguns meses[1]. Nesse período, manteve contato frequente com Bill e Otl Aicher (1922-1991, Alemanha), aprendendo mais detalhadamente sobre artes gráficas[2]. Assim, o pensamento bauhausiano, com suas dobras na produção brasileira, chegou não só via os egressos da Hochschule für Gestaltung Ulm – HfG Ulm, mas antes, através de exposições e conferências realizadas por professores dessa escola[3].

Mário Pedrosa e sua perspectiva trotskista foi outra importante referência para Barros, assim como para Pape. A mudança que Pedrosa realiza em seu discurso acerca do papel social do artista é fundamental para entendermos como essa prática foi absorvida pelo seu entorno. Em conferência sobre a obra de Käthe Kollwitz, em 1933, Pedrosa defendia que o artista social era aquele que se aproximava dos motivos sociais sob o ponto de vista do proletariado, contribuindo na formação de sua consciência de classe. Já nos anos 1950, em plena transformação dos meios de comunicação, do regime de temporalidade e da ascensão das tendências abstratas, o artista revolucionário, para o crítico, era aquele que transmutava as formas plásticas e expandia a percepção do homem. Esse perfil vai de encontro à produção dos abstracionistas. Segundo Pedrosa, "[a] função [do artista] agora é outra: a de ampliar o campo da linguagem humana na pura percepção" [4]. Mais tarde ele dirá que a obra de arte passaria a ser "a objetivação sensível ou imaginária de uma nova concepção, de um sentimento que passa, assim, pela primeira vez, a ser entendido pelos homens, enriquecendo-lhes as vivências"[5]. Interessava a Pedrosa que o sujeito afetasse e fosse afetado pelo mundo, desenvolvendo cada vez mais uma percepção sensível do seu entorno. E as linguagens abstratas, associadas ao contexto político e a estudos na área da psicanálise e da matemática (a *Gestalt* foi o tema central da sua tese sobre a natureza afetiva da forma, de 1949), tinham papel determinante nessa experiência do ver.

This spirit was important for the artworks by Geraldo de Barros (1923-1998, Brazil), Waldemar Cordeiro (1925-1973, Italy) and Lygia Pape (1927-2004, Brazil). Their graphic, landscape and furniture designs were aligned with the dynamics of the constructivist language of concretism and neo-concretism, they had a close relation with the industry and inserted art in a social agenda which popularized it, associating design and the visual arts as a project for change, not only aesthetic, but primordially social.

The three artists were active proponents in the midst of the radical changes that the field of visual arts in Brazil underwent in the late 1940s and early 1950s. They participated in the first editions of the Bienal de São Paulo, organized into groups of constructivist tendency in Rio de Janeiro and in São Paulo and, even if they were not spectators in Max Bill's (1908-1994, Switzerland) exhibitions and lectures, they fed on the presence of the Swiss artist in Brazil. Barros, in fact, visited Ulm around 1951, when the Hochschule für Gestaltung was being conceived, and stayed there for a few months[1]. During this period, he kept in frequent contact with Bill and Otl Aicher (1922-1991, Germany), learning about graphic arts in more detail[2]. So, the Bauhaus thought, with its consequences in the Brazilian production, arrived not only via the alumni of Hochschule für Gestaltung Ulm – HfG Ulm, but, before that, through exhibitions and conferences put together by professors from the school[3].

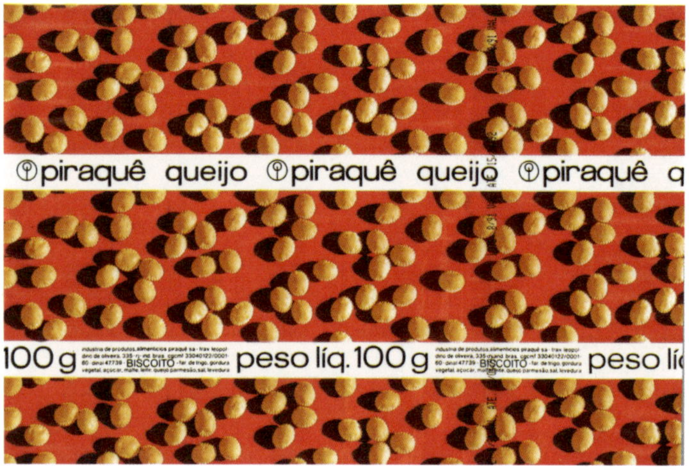

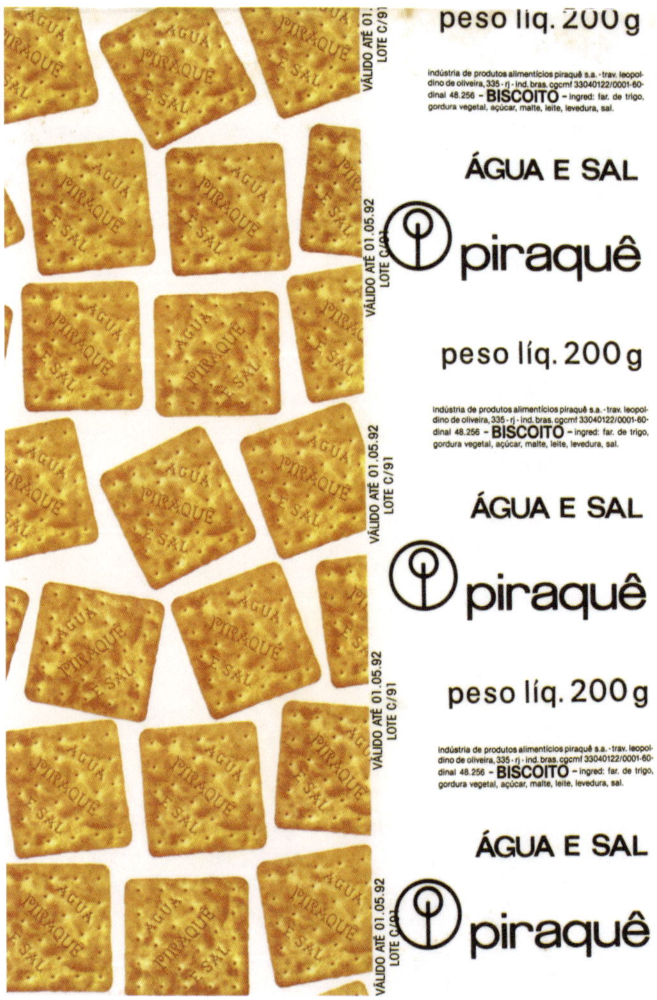

Mário Pedrosa, with his trotskyist perspective, was another important reference to Barros and to Pape alike. The change that Pedrosa made to his speech about the social role of the artist is essential to understand how this practice was absorbed by artists close to him. In a lecture on the work of Käthe Kollwitz, in 1933, Pedrosa argued that the social artist was the one who approached social motives from the proletariat's point of view, contributing to the formation of their class consciousness. Whereas in the 1950s – in the height of the transformation of the media, the temporality regimen and the rise of abstract tendencies – the revolutionary artist, according to Pedrosa, was the one who transmuted visual forms and expanded man's perception. This profile meets the production of abstractionists. For the critic, "the role of the artist is now another one: amplifying the field of human language in pure perception"[4]. He will later state that the artwork would become "the sensitive or imaginary objectivation of a new conception, of a fleeting feeling to be thus understood, for the first time, by men, enriching their experiences."[5]. What interested Pedrosa was that the subject affected and was affected by the world, developing, more and more, a sensitive perception of their surroundings. And abstract languages, associated to the political context and to studies in the psychoanalysis and mathematics (*Gestalt* was the central theme of his thesis about the affective nature of form, in 1949), had a determining role in this experience of seeing.

4. Pedrosa, Mário. "Arte e Revolução". *In*: Amaral, Aracy (org.). *Mundo, Homem, Arte em Crise*. São Paulo: Perspectiva, 1975.

5. _____. "Problemática da Sensibilidade". Idem.

Lygia Pape, Piraquê Queijinho (c. 1960)

Lygia Pape, Piraquê Água e Sal (c. 1960)

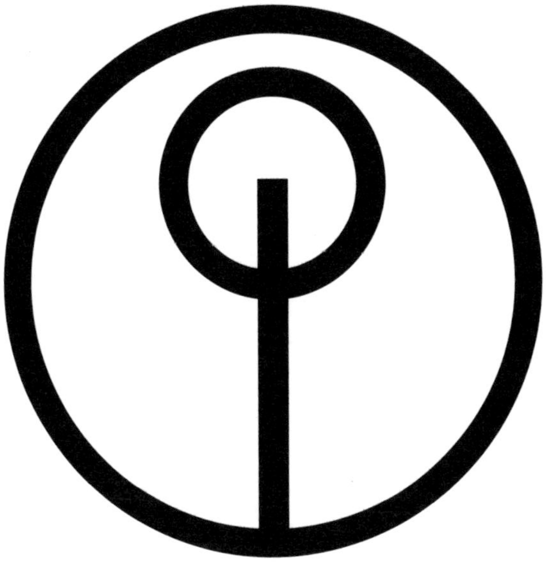

Lygia Pape, sinal Piraquê
[sign] (c. 1950)

Pape and Piraquê

In the early 1960s, Lygia Pape creates a series of movie signs and posters connected to Cinema Novo, such as *Mandacaru Vermelho* (1961), by Nelson Pereira dos Santos, and *A Falecida* (1965), by Leon Hirszman. In the same decade, with a large experience in visual programming, the artist starts to sign the visual identity of the food company Piraquê[6], including their innovative logotype. Besides the design of the crackers and pasta packaging, Pape, as observed by Name[7], invented a new concept for crackers storage, until then kept in tins or standardized boxes: "the artist developed a specific packing method, in such a way that the wrapping of the crackers no longer generated folds on the sides of the package, nor over or under it". As the crackers were stacked, the packages became solid packets. This design has an associative relation with the cylinders (movable) which constituted her two works *Balé Neoconcreto I* [Neo-concrete Ballet I] (1958) and *Balé Neoconcreto II* [Neo-concrete Ballet II] (1959) – the first one created in partnership with Reynaldo Jardim and produced by Gilberto Motta – and the way geometry not only ordered a function, but triggered dynamics of sensory relations. The very choice of the red color in many of the Piraquê packages highlighted the principle of a closer communication with the consumer. As the artist used to say, "you could see the products from a distance".

Pape e a Piraquê

No início da década de 1960, Lygia Pape realiza uma série de letreiros e cartazes para filmes ligados ao Cinema Novo, tais como *Mandacaru Vermelho* (1961), de Nelson Pereira dos Santos, e *A Falecida* (1965), de Leon Hirszman. Nesse mesmo decênio, já com uma ampla experiência como programadora visual, a artista passa a assinar a identidade visual da Piraquê[6], incluindo sua logomarca inovadora. Além do desenho das embalagens de biscoitos e massas, Pape, como observa Name[7], inventou um novo conceito para embalar biscoitos, até então guardados em caixas ou latas padronizadas: "a artista desenvolveu um método próprio de cortar e colar o papel de embalo, de modo que ele passou a envolver os biscoitos sem gerar sobras dos lados, acima ou abaixo". Com os biscoitos sendo empilhados, as embalagens se tornaram pacotes sólidos. Essa formatação tem uma relação associativa com os cilindros (móveis) que constituíram os seus *Balé Neoconcreto I* (1958) e *Balé Neoconcreto II* (1959) – o primeiro em parceria com Reynaldo Jardim e produção de Gilberto Motta – e a maneira como a geometria não só ordenava uma função, mas desencadeava uma dinâmica de relações sensoriais. A própria escolha da cor vermelha para vários dos pacotes de biscoitos da Piraquê acentuava o princípio de uma comunicação mais próxima com o consumidor. Como dizia a artista, "dava para achar os produtos de longe".

6. A identidade visual pensada por Pape perdurou até os anos 1980. Com Pape ainda viva e sem o seu consentimento, a empresa realizou seguidas mudanças, incluindo a alteração da cor de fundo da logomarca, que deixou de ser vermelha. Em 2018, a marca passou a ser controlada pela empresa M. Dias Branco, e as descaracterizações na identidade visual criada pela artista permaneceram mesmo sem a autorização dos herdeiros.

7. Name, Daniela. "'Eu me lembro': sedução e memória no design construtivo brasileiro". *In*: _____; Scovino, Felipe (org.). *Diálogo Concreto: design e construtivismo no Brasil*. Rio de Janeiro: Tisara Arte Produções Ltda, 2008.

6. The visual identity developed by Pape remained until the 1980s. While Pape was still alive and without her authorization, the company carried out several mischaracterizations, including changing the background color of the logo, which was no longer red. In 2018 the brand started to be controlled by the company M. Dias Branco, and the changes in the visual identity created by the artist remained even without the authorization of the heirs.

7. Name, Daniela. "'Eu me lembro': sedução e memória no design construtivo brasileiro". *In*: _____; Scovino, Felipe (org.). *Diálogo Concreto: design e construtivismo no Brasil*. Rio de Janeiro: Tisara Arte Produções Ltda, 2008.

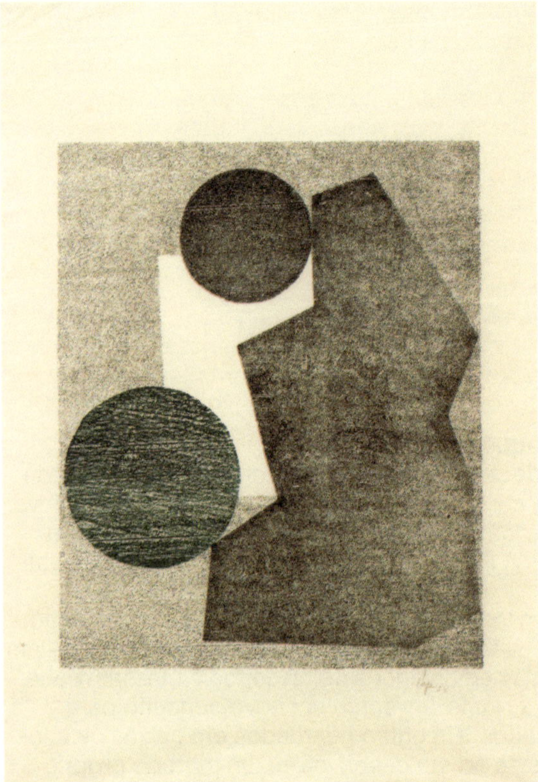

Lygia Pape, da série [from the series] *Tecelares* (1954)

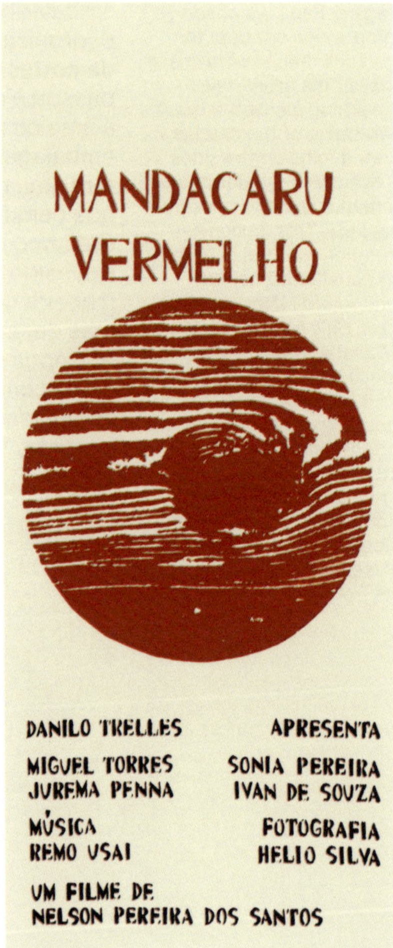

Lygia Pape, cartaz *Mandacaru Vermelho* [poster] (1961)

Pape também incorporou fotos dos biscoitos à embalagem, o que não era muito comum. Assim, o consumidor podia saber de antemão o produto que estava levando, ao mesmo tempo que a artista fundia os princípios de temporalidade e dinâmica dos seus projetos neoconcretos em um produto popular. Estampados nas embalagens, os formatos esféricos, quadriculares e retangulares dos biscoitos davam a impressão de que as figuras geométricas estavam em constante movimento, conferindo um ar lúdico ao invólucro. A atenção do consumidor de repente se via detida nas várias imagens do formato quadricular do biscoito de água e sal passando por diferentes posições até que a sua figura original se transformasse em losangos. Havia claramente um interesse de Pape em criar uma associação mais direta entre a arte e o universo popular. A linha que detinha a pulsão orgânica em suas xilogravuras, como nos *Tecelares* (1957-58); os *Balé Neoconcreto I* e *II* (1958-59), com seus sólidos monocromáticos em uma sucessão de tensões e pausas, construindo e desfazendo relações com sua coreografia plástica; e a *Roda dos Prazeres* (1968), com seus delírios degustativos, estavam presentes e se comunicando imediatamente com o biscoito.

A ideia de fluidez e dinamismo é marcada nos seus projetos para a Piraquê pelo uso de espaços modulares que definem e distinguem campos para a informação do produto e para a sua respectiva imagem. Escolhas gráficas ressaltam características intrínsecas ao próprio campo da arte que eram visíveis no alimento. Ainda sobre a embalagem, o detalhe da superfície do biscoito acentua, por exemplo, a textura do alimento: suas camadas, cores, formas e distorções. Caráter de atração para o consumidor e reforço do interesse plástico da artista em especular sobre as qualidades da linha. Em depoimento sobre os *Tecelares*, Pape afirma que a interessava "deixar a porosidade da madeira aflorar no negro como uma pequena vibração"[8]. Podemos perceber a mesma intenção presente nas embalagens, sobretudo naquela do biscoito popularmente conhecido como "queijinho", com as esferas diminutas do alimento e as respectivas marcas de suas sombras sobre o fundo vermelho. O biscoito se assemelha a um ponto ou risco sobre a embalagem, que faz as vezes de tela.

Cordeiro e os Jardins de Vanguarda

Artista à frente do Grupo Ruptura, Waldemar Cordeiro se dedicava à arquitetura e ao paisagismo ao mesmo tempo que desenvolvia seus textos e obras plásticas. Encomendado em 1963 e concluído três anos depois, seu projeto de *playground* para o Clube Esperia, clube esportivo e de lazer localizado na Zona Norte de São Paulo, possui uma área distribuída em diferentes setores, com brinquedos e equipamentos projetados pelo artista. O projeto tem como ponto de partida uma proposição para o brincar na cidade industrial em contraponto ao processo alienante de sua crescente urbanização.

8. Pape, Lygia. *Lygia Pape*. Rio de Janeiro: Funarte, 1983.

8. Pape, Lygia. *Lygia Pape*. Rio de Janeiro: Funarte, 1983.

Pape also incorporated photographs of the crackers to the packaging, which was not very common back then. Thus, the consumers were able to see beforehand what they were buying, and, at the same time, the artist merged the principles of temporality and dynamics of her neo-concrete projects in a popular product. Stamped on the packaging, the spherical, square, and rectangular shapes of the crackers gave the impression that the geometric figures were in constant movement, giving the wrapper a playful air. The consumer's attention was suddenly caught by the various images of the saltines square shape going through different positions until its original figure turned into rhombuses. Pape was clearly interested in creating a more direct association between art and a popular environment. The line that held organic pulsation in her woodcuts, as in *Tecelares* [Weavings] (1957-58); the *Balé Neoconcreto I* and *II* (1958-59) with their monochromatic solids in a succession of tensions and pauses, building and undoing connections with their plastic choreography; and *Roda dos Prazeres* [Wheel of Pleasures] (1968) with its gustatory deliriums, were present and communicating immediately with the crackers.

The idea of fluidity and dynamism in her projects for Piraquê is marked by the use of modular spaces which define and distinguish fields for information about the product and for the respective image. Graphic choices highlight characteristics that are intrinsic to the art field itself which were visible on the food. Still on the image of the packaging, the close-up on the surface of the biscuit brings out, for example, the texture of the food: its layers, colors, forms and distortions. There is a character of attraction for the consumer and the reinforcement of the plastic interest of the artist in speculating about the qualities of the line. In a testimony about the *Tecelares*, Pape affirms that she was interested in "leaving the porosity of the wood emerge from the blackness as a little vibration"[8]. We can see the same intention present in the packaging, especially that of the cracker popularly known as *queijinho* [cheese bites], with the diminutive spheres of the snack and the marks of their respective shadows over the red background of the packaging. The cracker looks like a point or line over the packaging, which becomes a canvas.

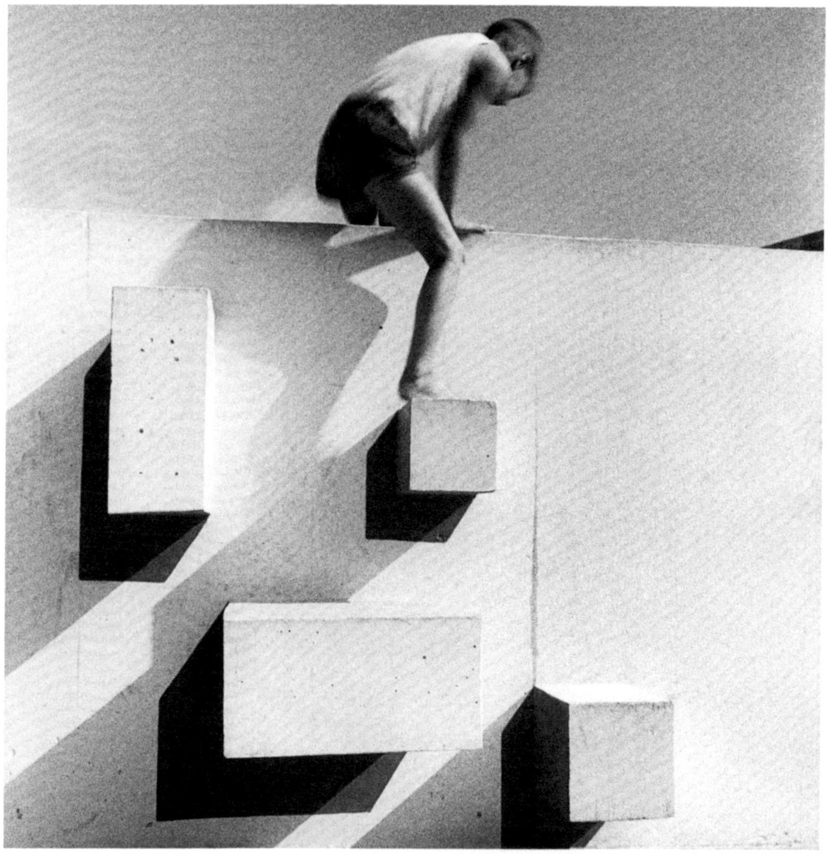

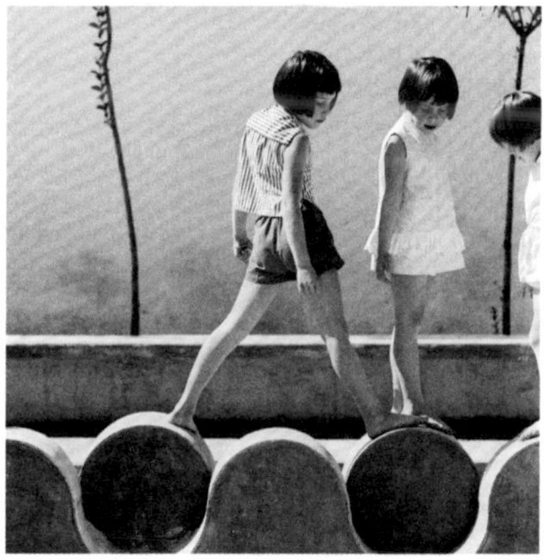

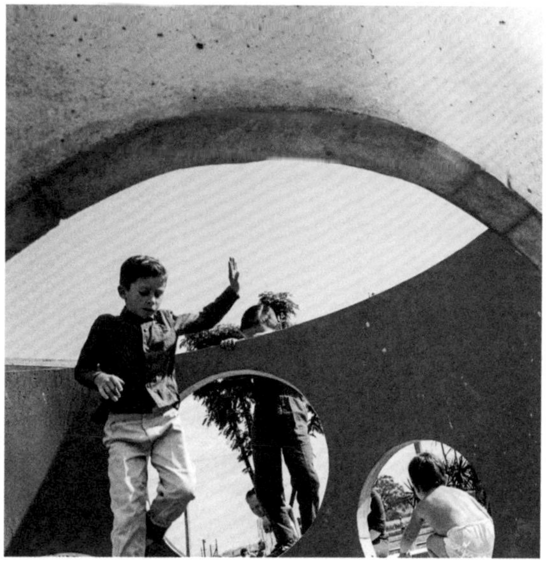

Waldemar Cordeiro, *Parque infantil do Clube Esperia Marginal Tietê,* São Paulo (1963)

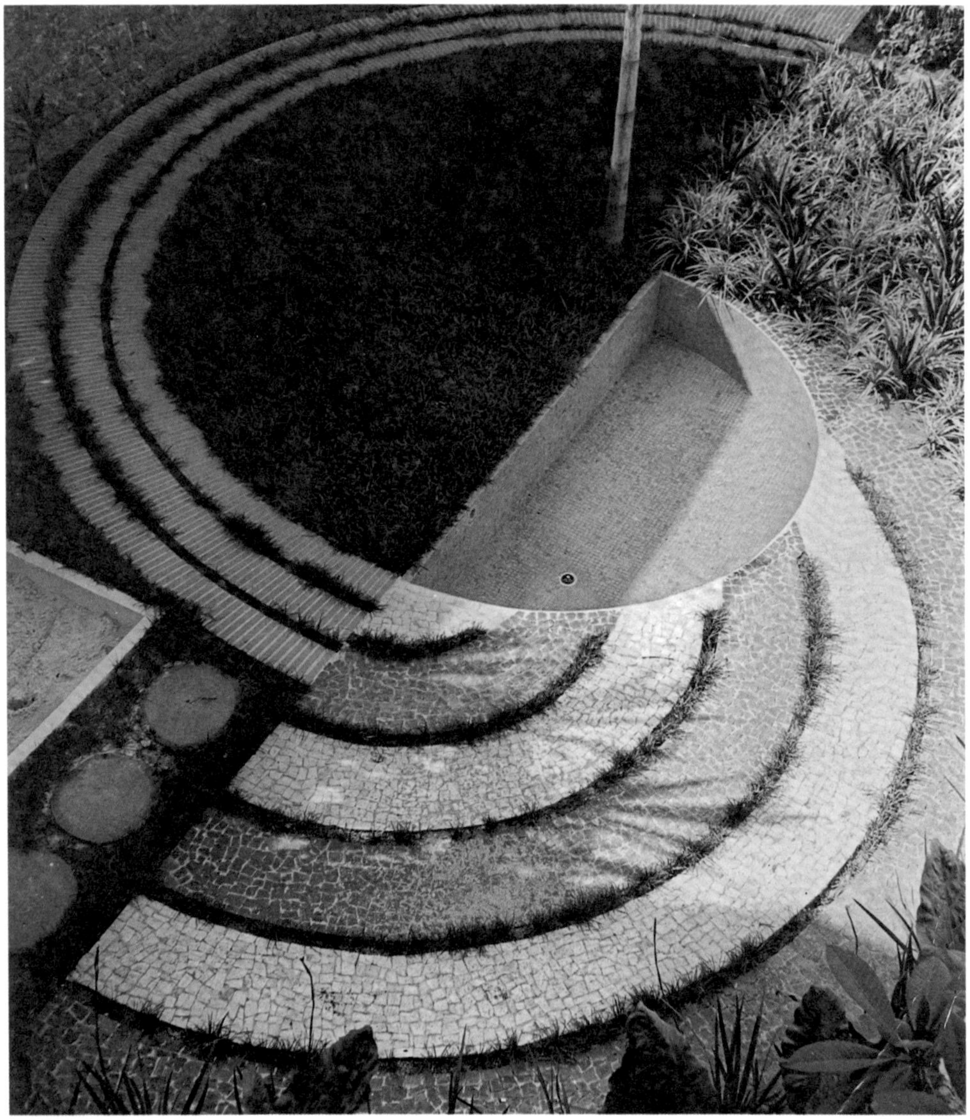

Waldemar Cordeiro,
jardim residência Ubirajara Keutenedjian [residence garden] (1955)

O *playground* possui singularidades formais que se comunicam com as pinturas de Cordeiro: o ritmo acelerado que é metaforizado nas barras horizontais e desiguais de *Movimento* (1951) pode ser percebido na aparição de estruturas pontiagudas, também dispostas de forma irregular nos muros servindo como degraus. A alegoria de uma estrutura vazada e especular que *Ópera Aperta* (1963) introduz pode ser percebida nos volumes translúcidos que são experimentados, principalmente, pelas crianças. Plano, volume, superfície e massa passavam a ser arranjos óticos e também táteis: eram "perfurados", atravessados, investigados. A geometria tornava-se alvo da especulação e da imaginação infantil, demonstrando um comprometimento mais libertário do pensamento construtivo nas artes brasileiras. A cidade tornava-se palco de manifestações que reafirmavam o compromisso social da arte, não apenas no sentido de propor uma participação efetiva e livre do espectador, mas de como a produção artística poderia engendrar novas possibilidades de exercício de cidadania, convivência e bem-estar em comunidade.

Cordeiro também realizou cerca de 200 projetos paisagísticos, sendo alguns em parceria com o arquiteto Vilanova Artigas[9]. Os jardins criavam uma relação estreita com suas pinturas e objetos: o terreno é tratado como um campo gráfico com as plantas e pisos funcionando como formas, cores e gestualidades. Novamente, o senso de dinamismo e a aparição intercalada de cheios e vazios, constantes em sua prática pictórica, se fazem presentes na escolha e distribuição dos componentes orgânicos (flores, plantas, terra etc.). A arte, englobando o paisagismo, teria um papel fundamental como condicionante do tempo livre e da produção em um sentido diverso do econômico-industrial, mediado pelo consumo. Influenciado pela formulação do "intelectual orgânico" de Antonio Gramsci, o artista entendia que as artes aplicadas teriam como meta a promoção e a qualificação do corpo e do espírito. A prática comunitária tem na interação com a paisagem um modo crítico de responder às adversidades da vida moderna.

Cordeiro and the Jardins de Vanguarda

At the forefront of the Grupo Ruptura, artist Waldemar Cordeiro worked simultaneously with architecture and landscape, while developing his texts and artworks. Commissioned in 1963 and completed three years later, his project for a playground at the Clube Esperia, a private sports and leisure club in the north region of São Paulo, presents an area that spreads over different sectors, with rides and equipment designed by the artist. The structural starting point of the project proposes a reflection on the act of playing in the industrial city, in contrast with the alienating process of its growing urbanization.

The playground has formal singularities that communicate with Cordeiro's paintings: the fast rhythm which is metaphorized in the horizontal and uneven bars of *Movimento* (1951) can be perceived in the appearance of pointed structures of irregular form, also disposed irregularly, on the walls, serving as steps. The allegory of a hollow, mirrored structure that *Ópera Aperta* (1963) introduces, can be grasped in the translucent volumes that are experienced, particularly, by children. Plane, volume, surface and mass became optical and tactile arrangements: they were "pierced", traversed, investigated. The geometry became the target of speculation and childlike imagination, demonstrating a more libertarian commitment of the constructive thought in Brazilian arts. The city became a stage for protests which reaffirmed the social commitment of art, not only in the sense of a more effective and free participation of the spectator, but also in the sense of how the artistic production could engender new possibilities of exercising citizenship, coexistence, and well-being in community.

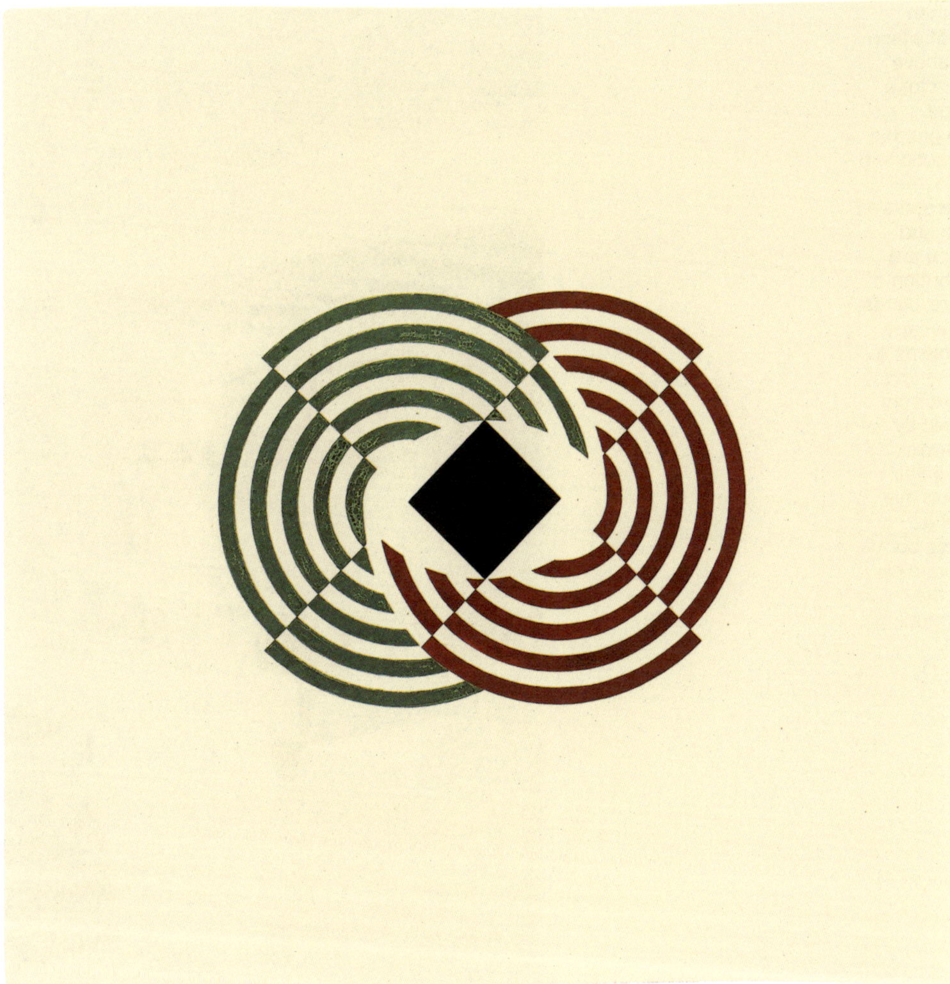

9. Castilha, Marcos. O Moderno na Arquitetura da Paisagem e a Obra de Waldemar Cordeiro. *Paisagem e Ambiente*, n. 4, 1992.

Waldemar Cordeiro, Sem título [Untitled] (1952)

Cordeiro also completed more than 200 landscape projects, some of which in partnership with architect Vilanova Artigas[9]. The gardens created a close connection with his paintings and objects: the land is treated as a graphic field, with plants and flooring functioning as forms, colors, gestures. Again, the sense of dynamism and the interspersed apparition of constant complete and void forms in his pictorial practice are present in the choice and distribution of the organic components (flowers, plants, soil etc.). By embracing the landscape, art would have a fundamental role as a conditioning factor of leisure time and of production in a sense different from the economic-industrial, mediated by consumption. Influenced by Antonio Gramsci's formulation of the "organic intellectual", the artist understood that the applied arts had as an aim the promotion and qualification of the body and the spirit. The community practice features, in the interaction with the landscape, a critical way of responding to the adversities of modern life.

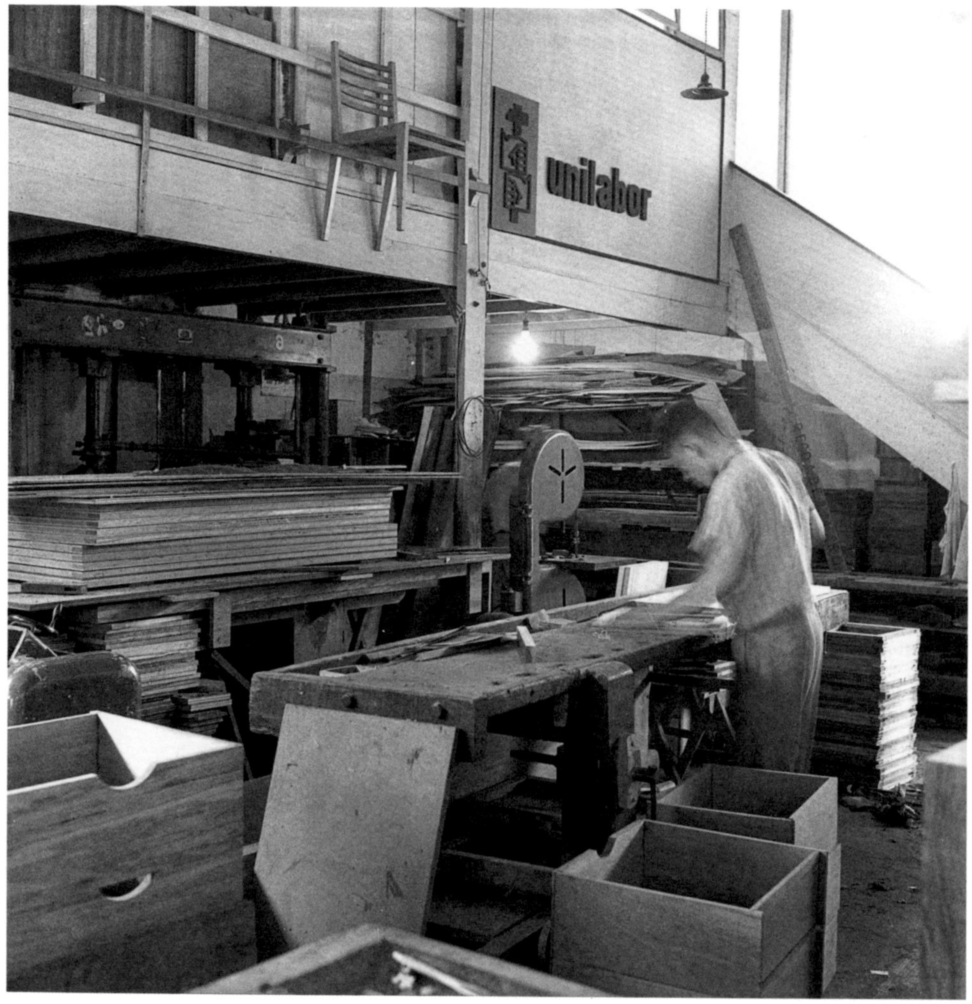

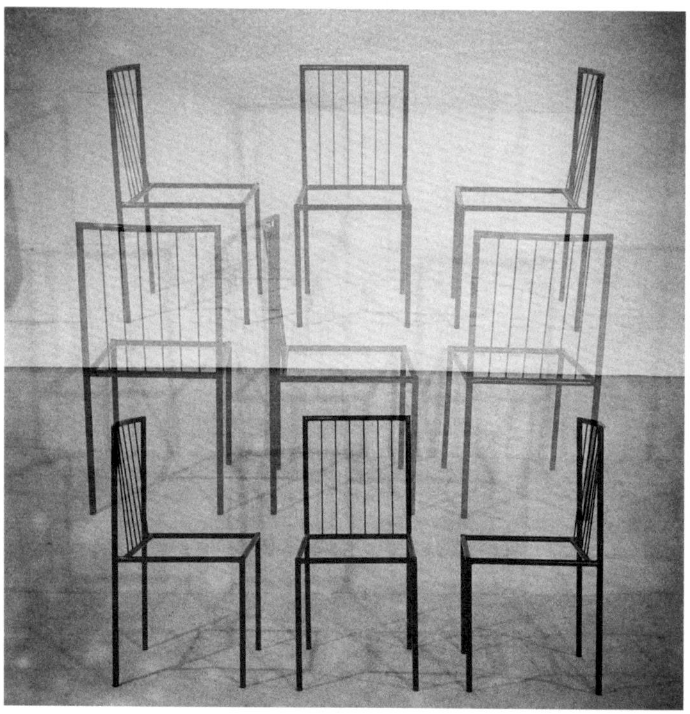

Geraldo de Barros, Sem título (cadeira Unilabor) [Untitled, Unilabor chair] (1954-55)

Fábrica de móveis Unilabor [furniture factory] (c. 1956)

Geraldo de Barros, logo Unilabor (c. 1954)

Barros e a Unilabor

Se em Pape e Cordeiro a obra se coloca no espaço público, em Geraldo de Barros ela se vincula ao doméstico[10] de uma forma muito particular. Além de ser uma fábrica de móveis que funcionou em São Paulo entre 1954 e 1967, a Unilabor era uma comunidade que prezava pela igualdade de direitos de seus membros em todos os aspectos. A fábrica integrava e financiava a Comunidade de Trabalho Unilabor, projeto social-religioso conduzido pelo frei dominicano João Batista Pereira dos Santos com o apoio de empresários, intelectuais e artistas. O projeto da Comunidade era fundamentado nos princípios do grupo católico Economia e Humanismo, criado na França nos anos 1940 por padres dominicanos. Com tendências progressistas, visava criar soluções que combatessem as desigualdades sociais movidas pelo capitalismo.

O ponto de partida da Unilabor foi a construção da Capela do Cristo Operário, em 1950, no bairro do Ipiranga, por iniciativa do frei João Batista. A obra contou com a participação de moradores, museus e artistas, entre eles Alfredo Volpi, Roberto Burle Marx (desenhando os jardins) e Barros. Quatro anos depois, Batista, Barros, o serralheiro Antônio Thereza e o engenheiro Justino Cardoso (que logo deixaria a sociedade) fundam a fábrica. Barros se tornou o responsável pelo desenho dos móveis, enquanto a Unilabor estabeleceu-se como uma cooperativa com cerca de 700 trabalhadores. Chegou a ter quatro lojas, sendo três delas na capital paulista e uma em Belo Horizonte.[11]

O mobiliário equacionava linhas retas e objetivas, poucos materiais (basicamente ferro, madeira e revestimentos) e a adoção de peças modulares. Era clara a influência dos estudos das tendências construtivas e das experiências plásticas adquiridas ao longo da trajetória de Geraldo de Barros. Os móveis exploravam, por exemplo, os espaços vazados e a maneira como poucas barras de ferro sustentavam o assento ou o que se chamaria de "corpo" do móvel. Igualmente, a economia de volumes, o sentido de translucidez e a prática da modulação estavam presentes desde as suas primeiras *Fotoformas* (c. 1949). A aparente simplicidade do mobiliário disfarçava os diferentes arranjos possíveis por conta da estrutura modular. Economia e funcionalidade estavam na ordem do dia.

Barros and Unilabor

If in Pape and Cordeiro the artwork is placed in the public space, in Geraldo de Barros it is bound to the domestic realm[10] in a very particular way. Beyond being a furniture factory that operated in São Paulo between 1954 and 1967, Unilabor was a community that valued the equal rights of its members in all aspects. The factory implemented and funded Comunidade de Trabalho Unilabor [Unilabor Community of Work], a social-religious project coordinated by Dominican friar João Batista Pereira dos Santos with the support of industrialists, intellectuals and artists. The project was based on the principles of catholic group Economy and Humanism, created in France in the 1940s by priests of the Dominican Order. With progressive tendencies, it aimed to create solutions which would fight against the social inequalities brought about by capitalism.

The starting point of Unilabor was the construction of the Chapel Cristo Operário, in 1950, in the Ipiranga district, São Paulo, by initiative of friar João Batista. Residents, museums and artists, among them Alfredo Volpi, Roberto Burle Marx (designing the landscape) and Barros, took part in the construction work. Four years later, Barros, Batista, the blacksmith Antônio Thereza and the engineer Justino Cardoso (soon to leave the partnership) founded the factory. Barros took charge of the furniture design, while Unilabor was established as a cooperative with about 700 workers. It had four stores at its most successful period, three of them in São Paulo and one in Belo Horizonte[11]

The furniture equated straight, objective lines, little material (basically iron, wood and lining) and the adoption of modular pieces. The influence of the studies of constructive tendencies and of the plastic experiences Geraldo de Barros acquired during his career was evident. The furniture pieces explored, for example, the hollow spaces and the way in which a few iron bars supported the seat, or what would be called the "body" of the piece. Likewise, the economy of volumes, the sense of translucence and the practice of modulation were present from his first *Fotoformas* (c. 1949). The apparent simplicity of the furniture disguised the different arrangements possible due to the modular structure. Economy and functionality were the agenda.

Alexandre Wollner, logo Móveis UL (1958)

10. Barros também produziu cartazes, mas, por uma questão de limite técnico, o artigo não os abordará.

11. Cf. Unilabor. *In*: Enciclopédia Itaú Cultural de Arte e Cultura Brasileira. São Paulo: Itaú Cultural, 2021.

9. Castilha, Marcos. O Moderno na Arquitetura da Paisagem e a Obra de Waldemar Cordeiro. *Paisagem e Ambiente*, n. 4, 1992.

10. Barros also produced posters, but, due to technical limitations, the article will not analyse them.

11. Cf. Unilabor. *In*: Enciclopédia Itaú Cultural de Arte e Cultura Brasileira. São Paulo: Itaú Cultural, 2021.

Unilabor reflects Barros' social concerns and his place as an artist. The project was based on self-management with profit sharing among the employees and a cultural and educational system which benefitted the workers and their families, including a series of cultural and educational activities such as the maintenance of a children's art school and a health center, as well as film screenings. In addition, Barros taught Art History, a community newspaper was created and Flávio Império founded the Dramatic Arts Group of Vila Brasílio Machado. These actions represented an attempt to put into effect, in Brazil, the Bauhaus ideal of integration between art and life, and the research of "the total object". The Unilabor furniture was bought mostly by upper middle class, eager to take part in the developmentalist and modern project. There was a project for the "democratization" of the production, but it remained in the utopic realm. Anyway, the financial feedback subsidized Unilabor's social project and it undoubtedly widened the participation of the artist in society, and their ethical commitment.

In all these projects there was an attempt to stop the voracity of capitalism. Lygia Pape relied on the ability of design to create chromatic, dynamic and playful relations, deviating her creation from the exclusive concern of fulfilling the expectations of the market, towards an experimentation in the graphic field. Waldemar Cordeiro turned to a creative idleness regimen opposed to the fast pace of the modern, in a sincere attempt to constitute a new personality for the subject. And Geraldo de Barros took more seriously the progressive principle of sharing what we own, of egalitarian integration, and of access to education, culture, and health as means of building a fairer society. In its maximum essence, the artist as an agent to promote social change.

A Unilabor reflete a preocupação social de Barros e o seu lugar enquanto artista. O projeto foi pautado pela auto-gestão com partilha de lucros entre os funcionários e um sistema cultural-educativo que visava beneficiar os trabalhadores e suas famílias, promovendo uma série de ações culturais e pedagógicas como a manutenção de uma escola de arte infantil e de um posto de saúde, assim como projeções de filmes. Além disso, Barros lecionou história da arte, um jornal comunitário foi criado e Flávio Império constituiu o Grupo de Arte Dramática da Vila Brasílio Machado. Essas ações representaram uma tentativa de efetivar no Brasil o ideal bauhausiano de integração entre arte e vida e a pesquisa do "objeto total". Os móveis Unilabor eram comprados em sua maioria pela classe média alta interessada em fazer parte do projeto desenvolvimentista e moderno. Havia um projeto de "democratização" dessa produção, mas ele permaneceu no plano utópico. De todo o modo, o retorno financeiro subsidiava o projeto social da Unilabor e aí se fez com mais força, sem dúvida, o alargamento da participação do artista na sociedade e o seu compromisso ético.

Havia em todos esses projetos uma tentativa de frear a voracidade do capitalismo. Lygia Pape apostou na capacidade do design de criar relações cromáticas, dinâmicas e lúdicas, desviando a sua produção de um compromisso exclusivo com as expectativas do mercado para uma experimentação do campo gráfico. Waldemar Cordeiro voltou-se para um regime do ócio criativo em contraponto à velocidade acelerada do moderno, em uma franca tentativa de constituir uma nova personalidade para o sujeito. E Geraldo de Barros levou mais a cabo o princípio progressista de se repartir o que se possui, de integração igualitária e de acesso à educação, cultura e saúde como meios de constituir uma sociedade mais justa. Na sua máxima essência, o artista como agente promotor de mudanças sociais.

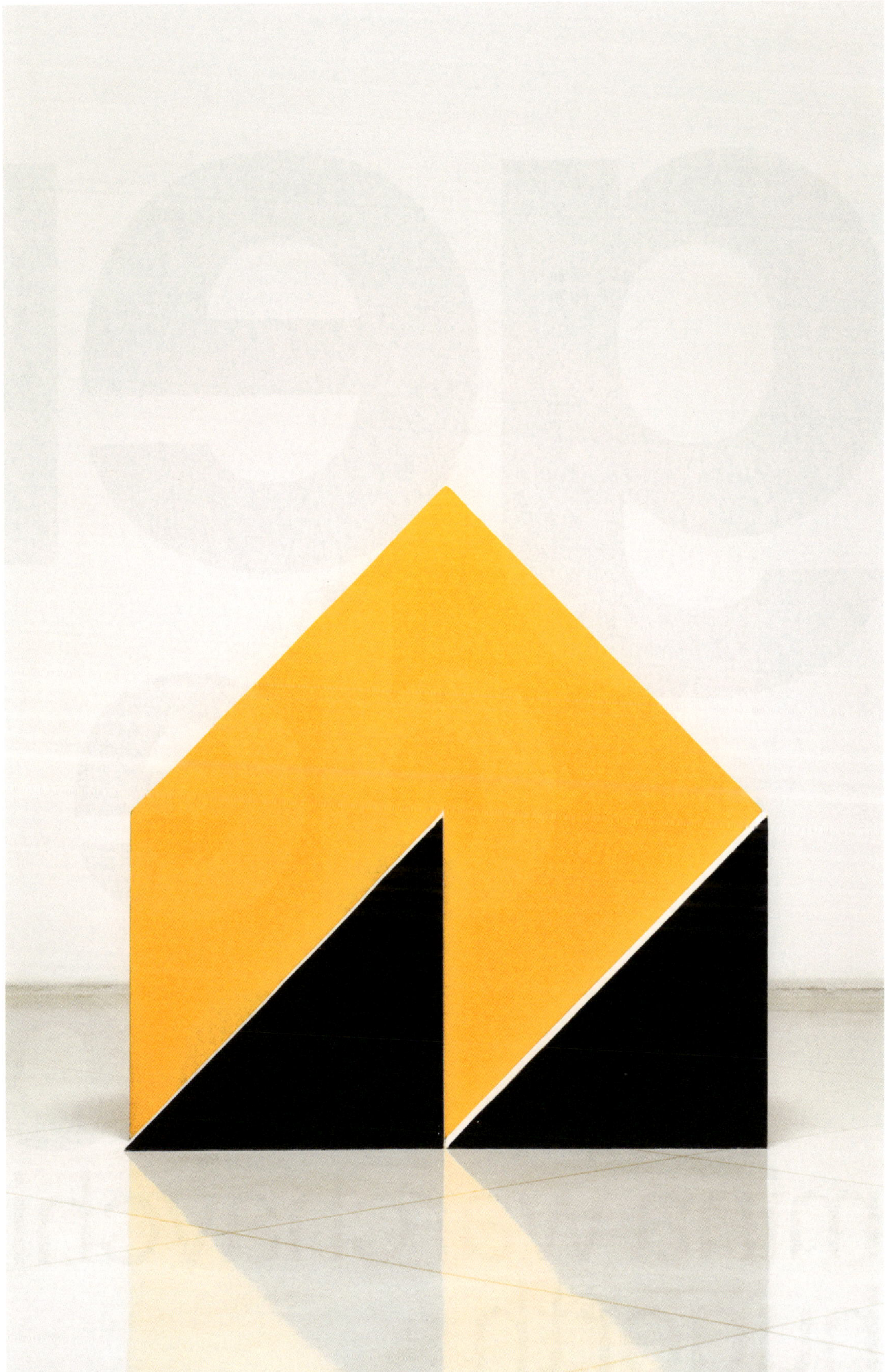

Lygia Pape, Sem título
[Untitled] (1965)

gera
de ba
e o cor

mina warchavchik hugerth

geraldo de barros
and concretism

ldo

rros

cretismo

Geraldo de Barros (1923-1998, Brasil) foi talvez o artista mais multifacetado da segunda metade do século XX no Brasil, explorando de maneira inovadora a pintura, a fotografia, a comunicação visual e o design de produtos. Por ter sido tão prolífico, Barros é muitas vezes estudado pelo recorte de determinada área de atuação. Todavia, é ao olhar para o conjunto de sua obra que alguns princípios fundamentais se tornam aparentes, e o diálogo com o concretismo revela-se um fio condutor indispensável. É verdade que o pensamento concreto assumiu particularidades diversas ao longo dos anos e nas diferentes regiões em que se desenvolveu, mas aceitando a fluidez dos conceitos que definiram o movimento é possível também localizar o que nele há de essencial. E é isso que se encontra também nas ideias e na obra de Geraldo de Barros.

No nível mais básico, o concretismo surgiu nos anos 1920 para identificar uma vertente moderna e autônoma da arte que se debruçava sobre o viver contemporâneo e se distinguia do figurativismo, do naturalismo e da abstração, isto é, propunha um objeto que referia-se apenas a si mesmo[1]. No meio do século, os princípios concretos se mesclaram aos da *boa forma*, equalizando forma e função. Grosso modo, objetos bem feitos eram então objetos de arte, e essa arte poderia ser levada a todos a partir da democratização de sua produção e acesso.

Talvez Geraldo de Barros tenha melhor aplicado esses preceitos em seu trabalho quando fez uso de padrões modulares. Para ele, esse tipo de sistema em diferentes mídias e escalas teve em si a ideia de expansão e reprodução infinita a partir de uma matriz, implicando tanto sua materialização projetual e compositiva, como a possibilidade de multiplicação e distribuição. Barros definiria a arte concreta nos anos 1960 como "ideia-objeto" a partir da associação entre artes visuais e industrialização e seguiria afirmando que a finalidade da arte concreta era socializar a arte, obtendo um objeto a partir de um projeto[2].

Esses valores não se apresentaram com igual importância em toda a trajetória profissional de Geraldo de Barros. Não se pretende aqui forçar uma coerência excessiva a uma prática desenvolvida ao longo de décadas, na qual o artista e sua arte naturalmente responderam ao tempo e à própria história. Ainda assim, é comum o discurso de que Barros mudava seu rumo abruptamente, como se cada mergulho em determinada prática levasse a um grupo de obras estanque. O que se vê ao revisitar sua carreira pelo prisma dos valores concretos, no entanto, é sua manifestação de maneiras tanto variadas como complementares. De modo condensado, mas não reduzido, seguem aqui momentos que permitem traçar esse percurso.

Geraldo de Barros (1923-1998, Brazil) was perhaps the most multifaceted artist of the second half of the 20th century in Brazil, exploring painting, photography, visual communication and product design in innovative ways. Because he was so prolific, Barros is often studied through segmented approaches focused on a specific area. However, by examining his body of work as a whole, some fundamental principles become apparent, and the dialogue with concretism appears as an indispensable thread. It is true that the concrete thought took on different particularities through the years and according to the various places in which it developed. Still, by accepting the fluidity of the concepts that defined the movement, it is possible to identify what is essential about it. And this is what can be found in Geraldo de Barros' works and ideas as well.

At the most basic level, concretism arose in the 1920s to identify a modern and autonomous strand in art that addressed contemporary living and distinguished itself from figurative art, naturalism and abstraction – that is, it proposed an object that referred solely to itself[1]. By the midcentury, concrete principles merged with those of *good design,* equalizing form and function. In a broad sense, well-made objects were then art objects, and this art could be delivered to all with the democratization of its production and access.

Perhaps Geraldo de Barros best applied these precepts in his work when he made use of modular patterns. To him, this type of system in different media and scales contained the idea of infinite expansion and reproduction from a matrix, implying both its designing and compositional materialization and the possibility of multiplication and distribution. Barros would define concrete art in the 1960s as an "idea-object" from an association between visual art and industrialization and would state that the purpose of concrete art was to socialize art, obtaining an object from a project[2].

These notions did not hold the same importance throughout Geraldo de Barros' entire career. The intention here is not to force an excessive coherence upon a practice developed throughout decades, in which the artist and his art naturally responded to their time and to his own history. Even so, it is often said that Barros changed his direction abruptly, as if each dive in a determined practice led to an isolated body of work. What is seen when revisiting his career through the prism of concrete values, however, is its manifestation in manners as varied as complementary. In a condensed but not reduced way, here are some moments that trace this path.

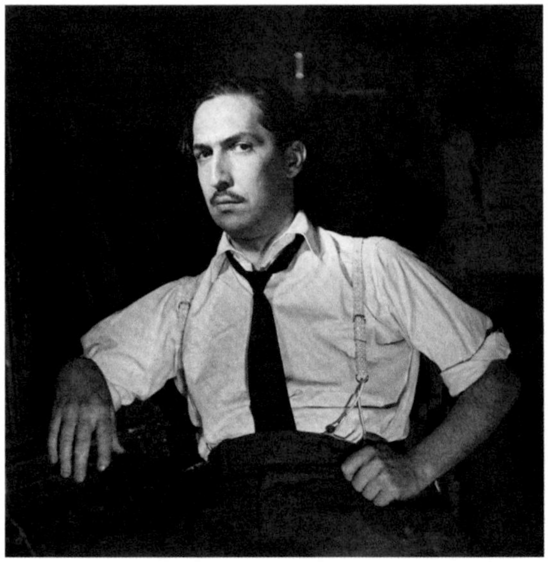

1. Cf. Rider, Alistair. "The Concreteness of Concrete Art". *Parallax*, vol. 21, n. 3, ago. 2015.

2. Cf. Barros, Geraldo de. "Da Produção em Massa de uma Pintura" (1968). *In*: Barros, Fabiana de (org.). *Isso*. São Paulo: Sesc, 2013.

1. Cf. Rider, Alistair. "The Concreteness of Concrete Art". *Parallax*, vol. 21, n. 3, Aug. 2015.

2. Cf. Barros, Geraldo de. "Da produção em massa de uma pintura" (1968). *In*: Barros, Fabiana de (org.). *Isso*. São Paulo: Sesc, 2013.

3. Cf. Fernandes Junior, Rubens (org.). *Fotoformas – Geraldo de Barros*. São Paulo: Cosac Naify, 2006.

4. Barros, Geraldo de. "Tratado de fotografia" (1947). *In*: Barros, Fabiana de (org.), op. cit.

5. As pointed out by Fabiana and Lenora de Barros in an interview granted to the author on August 30th, 2021, and whom I thank for the generosity and help in this research.

Geraldo de Barros, *Autorretrato* (1949)

Experiments in two dimensions

Geraldo de Barros was born in Chavantes, in the countryside of the state of São Paulo, in 1923. He graduated in Economics in the 1930s and secured a job at Banco do Brasil, where he would work for decades. Shortly thereafter, in 1946, he decided to study art and sought art studios to debate and practice. He then began to explore photography, joined the Foto Cine Clube Bandeirante in 1948, met Mário Pedrosa, was introduced to new concepts in art critique, and participated in the founding of the Grupo 15. Thus, in a short period, Barros became deeply involved with the artistic field and started to produce works of striking originality. It is no surprise, then, that he was invited to organize the photographic laboratory of the newly founded São Paulo Museum of Art – Masp, in 1949, and that he exhibited his work there in the following year.

The set of photographs named *Fotoformas*, which premiered at the museum in 1950, presented images made using different techniques, including multiple exposures, negative manipulation and the use of non-photographic elements[3]. Barros had declared back in 1947 that he understood photography as etching and that error and chance were the basis of his creative process, which placed it in a field that differed from concretism[4]. Additionally, because of how the *Fotoformas* were made, it was often impossible to reproduce them, somewhat subverting the concept of photography itself as a medium of mass reproduction[5].

Nevertheless, even if this manner of creation was closer to an expressionist attitude, it is worth examining the *Fotoformas* from a concrete perspective. If he was not explicitly using a compositional module, in many images Barros used a single motif to create variations on the same theme. What is more, the photographic image was presented as an object in itself and was not representative of or derived from the reality originally captured. That becomes clear in the layout of the exhibition at Masp, in which metallic tubes from floor to ceiling served as a support for the photographs exhibited, turning them into autonomous compositional elements. This system was frequently used in exhibitions at the museum, and here it might be conjectured that the formatting of this iteration was a collaboration between Barros and the Bardis. Either way, the geometric cutouts in the mounting supports of the photos reveal the intentions of the project, focusing on the concrete aspect of the works.

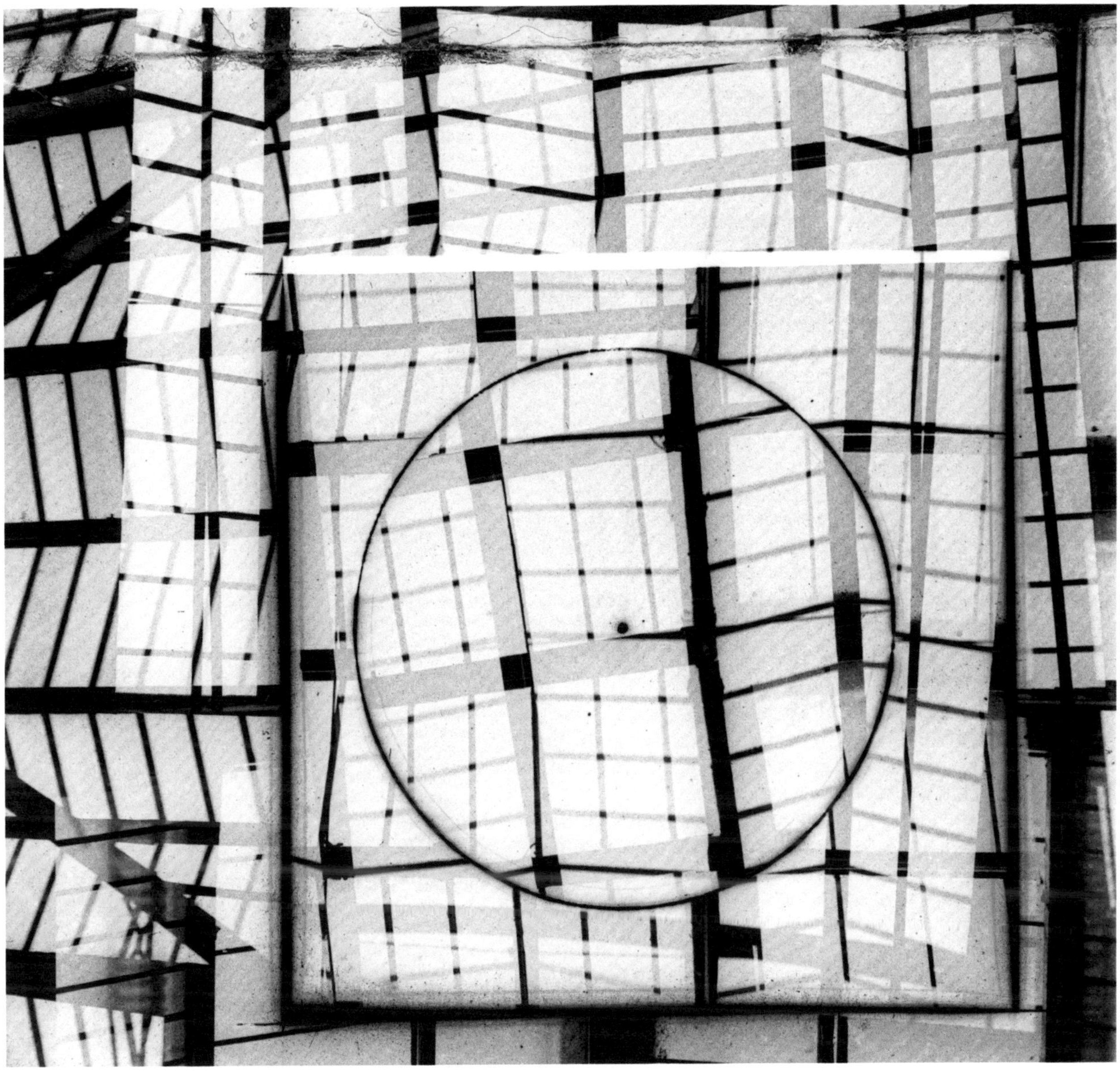

Geraldo de Barros, *Fotoforma (Estação da Luz)* (1950)

Experimentos em duas dimensões

Geraldo de Barros nasceu em Chavantes, no interior de São Paulo, em 1923. Formou-se em Ciências Econômicas nos anos 1930 e encontrou emprego no Banco do Brasil, onde iria permanecer por décadas. Em paralelo, em 1946, decidiu estudar arte e buscou ateliês para debater e praticar. Na sequência, começou a explorar a fotografia, entrou para o Foto Cine Clube Bandeirante em 1948, conheceu Mário Pedrosa, foi introduzido a novos conceitos de teoria e crítica de arte e participou da fundação do Grupo 15. Assim, num curto período, Barros inseriu-se profundamente no campo artístico e começou a produzir trabalhos de notada originalidade. Não surpreende, portanto, que tenha sido convidado a organizar o laboratório de fotografia no recém-fundado Museu de Arte de São Paulo – Masp, em 1949, e lá expor seu trabalho no ano seguinte.

O conjunto de fotografias batizado de *Fotoformas*, que estreou no museu em 1950, reuniu imagens realizadas a partir de técnicas variadas, incluindo múltipla exposição, manipulações de negativos e uso de elementos não fotográficos[3]. Barros afirmara já em 1947 que compreendia a fotografia como gravura e que o erro e acaso eram a base da sua criação, o que a colocava num campo distinto do concretismo[4]. Além do mais, pelo modo como as *Fotoformas* eram realizadas, muitas vezes não eram passíveis de cópia, de certa maneira subvertendo o próprio conceito de fotografia como mídia de reprodução em massa[5].

Não obstante, ainda que essa maneira de criar esteja mais próxima de uma atitude expressionista, vale examinar as *Fotoformas* sob a perspectiva concreta. Se não estava utilizando um módulo compositivo explicitamente, em muitas imagens Barros usou um único motivo para criar variações de um mesmo tema. Além disso, a imagem fotográfica apresentava-se como objeto em si e não representativa ou derivada da realidade originalmente capturada. Isso fica claro no layout da exposição no Masp, em que tubos metálicos de piso a teto serviram de suporte para painéis onde as fotos foram expostas, fazendo delas elementos compositivos em si. Esse sistema foi bastante usado nas exposições do museu neste período, e aqui pode-se conjecturar que a diagramação dessa iteração tenha sido uma colaboração entre Barros e o casal Bardi. De todo modo, os recortes geométricos nas próprias bases de apoio às fotos deixam clara a intenção do projeto focada no aspecto concreto das obras.

Graças à exposição, Barros recebeu uma bolsa de estudos para estudar em Paris. Pouco antes de ir, teve o privilégio de ver obras de Max Bill (1908-1994, Suíça) que chegavam ao Masp para uma futura exposição[6], e que marcaria o primeiro de muitos encontros com a produção do polímata suíço.

Thanks to this exhibition, Barros was granted a scholarship to study in Paris. Shortly before leaving, he had the privilege of seeing Max Bill's (1908-1994, Switzerland) work, which had just arrived at Masp for an upcoming exhibition[6], and which would mark the first of his many encounters with the production of the Swiss polymath.

Concrete encounters

Geraldo de Barros left for Europe after taking a leave from his work at Banco do Brasil to go on the trip. At the École des Beaux-Arts in Paris, he attended a lithography course, and after that traveled around the old continent for two months. In Zurich, he saw Paul Klee's artworks, met Max Bill, who invited him to visit the Scholl Foundation in Ulm (future Hochschule für Gestaltung Ulm – HfG Ulm), and had informal graphic arts classes with Otl Aicher[7] (1922-1991, Germany).

Upon returning to São Paulo in 1952, Barros delved deeply into concretism and the notion of the industrialization of the artistic gesture. He took part in the foundation of the Grupo Ruptura, defending an objective, accessible art, detached from the past and socially committed. His paintings from this period explored forms and lines with industrial paint applied flatly, without the trace of the brushstroke. In 1953, when Bill returned to São Paulo and met again with Barros, he offered him a scholarship at the recently inaugurated HfG. Barros felt compelled to decline for personal reasons and suggested that Alexandre Wollner (1928-2018, Brazil) go in his place. Even so, Bill would select a painting by Barros from 1953 for his ambitious retrospective on concrete art *Konkrete Kunst: 50 Jahre Entwicklung* in 1960[8].

The socialization of art

Still in 1952, Geraldo de Barros met friar João Batista Pereira dos Santos and the Chapel and Social Center Cristo Operário in the district of Ipiranga, in São Paulo. There, he was invited by the clergyman to start a company aiming to expand the initial social project of the chapel, which would be the starting cell of a work community considering the application of the principles of concrete art to practical purposes[9]. Barros accepted the invitation and suggested they produce modern furniture, which he would be in charge of designing with the help of some partners to organize the production. In 1954, Unilabor was founded.

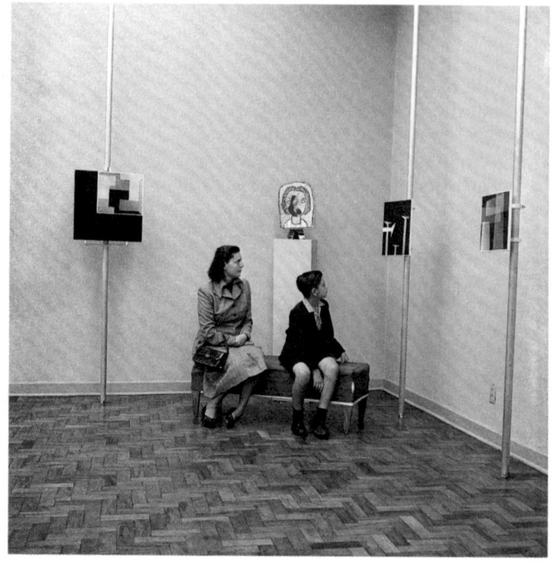

Geraldo de Barros. Exposição [exhibition] *Fotoformas*, Masp (1951)

3. Cf. Fernandes Junior, Rubens (org.). *Fotoformas - Geraldo de Barros*. São Paulo: Cosac Naify, 2006.

4. Barros, Geraldo de. "Tratado de fotografia"(1947). *In*: Barros, Fabiana de (org.), op. cit.

5. Conforme apontado por Fabiana e Lenora de Barros em depoimento concedido à autora em 30 de agosto de 2021 e a quem sou grata pela generosidade no auxílio a esta pesquisa.

6. Moreno, Julio; Otsuka, Lenita. "Geraldo de Barros, o Precursor". *Design e Interiores*, ano 5, vol. 28, jan. 1992.

6. Moreno, Julio e Otsuka, Lenita. "Geraldo de Barros, o Precursor". *Design e Interiores*, year 5, vol. 28, Jan. 1992.

7. These classes certainly influenced Barros' work in the following years, such as the posters for São Paulo's Fourth Centenary, the Brazil International Film Festival and the 3rd Bienal de São Paulo (the last ones in partnership with Alexandre Wollner).

8. Bill, Max. *Konkrete Kunst: 50 Jahre Entwicklung*. Zürich: Helmhaus Zürich, 1960.

9. Claro, Mauro. *Unilabor: Desenho Industrial, Arte Moderna e Autogestão Operária*. São Paulo: Senac, 2004.

Encontros concretos

Após conseguir uma licença do Banco do Brasil para realizar a viagem, Geraldo de Barros partiu para a Europa. Na Escola Nacional Superior de Belas Artes em Paris, participou de um curso de litogravura e na sequência circulou por mais dois meses pelo velho continente. Em Zurique, viu as obras de Paul Klee, conheceu pessoalmente Max Bill, que lhe convidou a visitar a Fundação Scholl em Ulm (futura Hochschule für Gestaltung Ulm – HfG Ulm), e teve aulas informais de artes gráficas com Otl Aicher[7] (1922-1991, Alemanha).

De volta a São Paulo em 1952, Barros mergulhou intensamente no concretismo e na noção de industrialização do gesto artístico. Participou da fundação do Grupo Ruptura, defendendo uma arte objetiva, acessível, descolada do passado e socialmente comprometida. Suas pinturas nesse período exploraram formas e linhas com tintas industriais aplicadas de modo chapado e sem registro da pincelada. Em 1953, quando Bill retornou a São Paulo e reencontrou Barros, ofereceu-lhe uma bolsa de estudos na agora inaugurada HfG. Este viu-se compelido a recusar por motivos pessoais e indicou Alexandre Wollner (1928-2018, Brasil) para ir em seu lugar. Ainda assim, Bill selecionaria um quadro de Barros de 1953 para sua ambiciosa retrospectiva de arte concreta *Konkrete Kunst: 50 Jahre Entwicklung* em 1960[8].

A socialização da arte

Ainda em 1952, Geraldo de Barros conheceu o frei João Batista Pereira dos Santos e a Capela e Centro Social do Cristo Operário no bairro do Ipiranga, em São Paulo. Lá, foi convidado pelo frei a fundar uma empresa visando ampliar o projeto social da igreja, que fosse a célula inicial de uma comunidade de trabalho, considerando a aplicação dos princípios da arte concreta para fins práticos[9]. Barros aceitou e sugeriu que fizessem móveis modernos dos quais ele se encarregaria do design, aliando-se a mais alguns sócios para organizar a produção. Assim, em 1954, foi fundada a Unilabor.

Considerações éticas e padrões morais pautavam o programa da empresa a partir da perspectiva de frei João via humanismo cristão, buscando a socialização da arte não só através do produto final, mas ao tornar o processo de fabricação desalienado. O objetivo material da Unilabor era chegar à produção em série, saindo do artesanato em direção à racionalização do sistema produtivo, a partir do desenho de uma linha de móveis com componentes comuns e modulares e uma oficina otimizada. Em 1959, um catálogo publicado pela empresa apresentou peças dentro do chamado Padrão UL, "que sistematizava as possibilidades de escolha do tipo de montagem do móvel por parte do comprador, e expressava uma organização em módulos de produção, chamados conjuntos e subconjuntos – nada mais do que arranjos de componentes padronizados de diferentes peças, podendo ser combinados de diferentes maneiras"[10].

Ethical considerations and moral standards guided the company program from friar João's perspective through Christian humanitarianism, seeking the socialization of art not only by means of the final product but also regarding a manufacturing process that was not alienated. The material objective of Unilabor was to achieve serial production, starting from handcraft towards the rationalization of the productive system, through the design of a furniture line with standard and modular components in an optimized workshop. In 1959, a catalog published by the company presented pieces in the so-called UL Standard, which "systematized the possibilities of choice of the type of assemblage by the buyer, and expressed an organization in production modules, named sets and subsets – nothing more than arrangements of the different pieces of the standardized components, which can be combined in different ways"[10].

In this furniture line, Geraldo de Barros designed a system with combinations that could be multiplied as in a pictorial composition, particularly in pieces designed for storage and organization such as bookshelves and chests of drawers. Essentially, the elements of the UL Standard were divided into iron feet or columns and wooden boxes and shelves, which served structural and functional purposes but also acted as planes and lines, figure and background, filled and empty space[11]. The black iron and the dark jacaranda wood contrasted with the white Formica like the colors in his paintings. At the same time, the separation of these components and their interchangeability to create different products made both manufacturing and commercialization easier.

While expanding his artistic practice into furniture design, Barros could amplify the scope of his work, creating art objects that could reach a more comprehensive social group. Even though Unilabor did not effectively supply the lower strata of the population – and that was not its ambition –, the furniture undoubtedly had a further reach than a canvas due to its mode of production and distribution. Following the concrete thought, this furniture would be as much art as that which was exhibited in museums or galleries, with the particular characteristic of being usable and the advantage of being socializable, that is, accessible.

7. Estas aulas decerto influenciaram a produção de Barros nos anos seguintes com cartazes para o IV Centenário de São Paulo, o Festival Internacional de Cinema do Brasil e a 3ª Bienal de São Paulo (os últimos em colaboração com Alexandre Wollner).

8. Bill, Max. *Konkrete Kunst: 50 Jahre Entwicklung*. Zurique: Helmhaus Zürich, 1960.

9. Claro, Mauro. *Unilabor: Desenho Industrial, Arte Moderna e Autogestão Operária*. São Paulo: Senac, 2004.

10. Idem.

10. Idem.

11. A rich interpretation of Unilabor pieces from the standpoint of the *Gestalt* theory is found in: Claro, Mauro (2004), op. cit.

Nesses móveis, Geraldo de Barros projetou um sistema com combinações que poderiam ser multiplicadas tal qual em uma composição pictórica, especialmente nas peças destinadas a armazenamento e organização do espaço como estantes e cômodas. Essencialmente, os elementos do Padrão UL dividiam-se entre pés ou colunas de ferro e caixas e estantes de madeira, que serviam às funções estruturais e de uso dos móveis, e agiam também como planos e linhas, figura e fundo, cheios e vazios[11]. O ferro preto e o jacarandá escuro contrastavam com a fórmica branca como as cores das suas pinturas. Ao mesmo tempo, a separação destes componentes e seu intercâmbio para compor vários produtos facilitavam tanto a fabricação como a comercialização.

Ao expandir sua prática artística para o desenho de mobiliário, foi possível a Barros ampliar o alcance de seu trabalho, criando objetos de arte replicáveis que podiam chegar a um grupo social mais ampliado. Ainda que a Unilabor não tenha efetivamente atendido as camadas mais baixas da população – e essa nem foi sua ambição –, os móveis indubitavelmente tinham maior alcance do que uma tela por sua maneira de fabricação e distribuição. Seguindo o raciocínio concreto, este móvel seria tão arte quanto o que fosse exposto em museus e galerias, com a particular característica de ser usável e a vantagem de ser socializável, isto é, acessível.

Boa forma
Em 1964, divergências internas levaram Geraldo Barros a se desligar da Unilabor[12], e ele imediatamente estabeleceu uma parceria com o marceneiro Antônio Bioni para dar início à Hobjeto, uma nova empresa de móveis modernos. Se na Unilabor três elementos básicos tornavam-se 13 combinações de estantes, na Hobjeto esse raciocínio foi levado ao limite, chegando a 150 módulos que ofereciam 500 produtos diferentes[13]. Ademais, a estrutura de fabricação na Hobjeto atingiu a escala industrial, incluindo a exploração de novos materiais e distribuição em escala nacional. Seria incorreto dizer que uma empresa foi a evolução da outra porque seus objetivos eram radicalmente diferentes, mas o Geraldo de Barros que projeta para a Hobjeto usa todas as suas experiências anteriores para desenvolver essa nova empreitada.

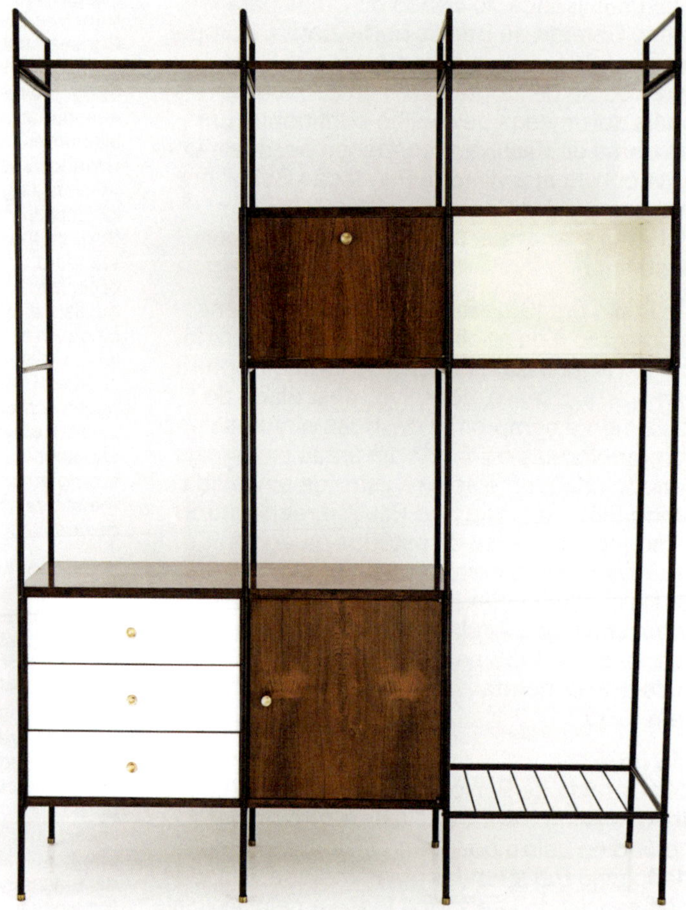

11. Uma rica interpretação sobre as peças da Unilabor a partir da teoria da *Gestalt* encontra-se em: Claro, Mauro (2004), op. cit.

12. Para um cenário completo das circunstâncias que levam à saída de Geraldo de Barros da Unilabor, ver: Claro, Mauro. *Dissolução da Unilabor: Crise e Falência de uma Autogestão Operária - São Paulo, 1963-1967*. Tese (Doutorado em Arquitetura e Urbanismo – FAUUSP), São Paulo, 2012.

Geraldo de Barros, estante *MF-710 Unilabor* [shelf] (1970)

Além do design dos móveis, Barros foi responsável pelas estratégias de comunicação da Hobjeto[14], e também neste campo o concretismo se fez manifesto. A poesia concreta pretendia expandir a capacidade de significado das palavras através de seu aspecto visual, tornando-as elementos concretos de composição[15] – e não há lente melhor para entender o logotipo da Hobjeto. O grupo de poesia concreta Noigandres fora criado por Décio Pignatari, Haroldo e Augusto de Campos no mesmo ano em que o Grupo Ruptura – estes pintores e escritores habitualmente se encontravam. Ainda na década de 1950, Augusto de Campos escreveu o poema *Quadrado*, inspirado na obra pictórica de Geraldo de Barros[16], e a admiração mútua entre os dois artistas manteve-se por décadas, de modo que Barros estava certamente familiarizado com essa forma de criação.

No logotipo da Hobjeto, fica clara a ideia que o nome da empresa se referia ao "objeto de hoje" pelo preenchimento das letras deixando essas duas palavras em evidência. Conforme a lógica produtiva dos móveis da Hobjeto mudou, Barros mudou também o logo e adicionou elementos visuais que faziam referência aos novos produtos, mantendo, no entanto, o conceito concreto inicial. A primeira versão usava a fonte tipográfica Helvetica, favorita da escola suíça de design gráfico. Mais tarde, com o lançamento da linha de móveis em madeira aglomerada com cantos arredondados, arredondaram-se também as letras do logo. Depois, com os móveis em metal, surgiu um logo que simulava o tubo metálico usado nas peças.

A ideia-objeto, assim como o *hoje*, isto é, a contemporaneidade, foram conceitos caros a Geraldo de Barros. Assim, é seguro dizer que a Hobjeto buscou descolar-se de qualquer peso histórico e a continuamente reagir ao momento presente. Não à toa, a produção resultante foi premiada em quatro edições com o Certificado de Boa Forma[17] do Prêmio Roberto Simonsen, parte da Feira de Utilidades Domésticas – UD, que servia como termômetro do que vinha se produzindo de inovador no Brasil. Já no primeiro desenho vencedor da Hobjeto em 1965, um beliche, vê-se a lógica do objeto modular na duplicação de uma cama sobre a outra[18]. Em um anúncio publicitário da época, essa ideia foi levada ao extremo, exibindo quatro camas sobrepostas para mostrar como se dava a construção da peça e sugerindo uma multiplicação infinita.

No mesmo anúncio publicitário em que Geraldo de Barros definiu o que entendia por módulo, mencionado anteriormente, ele definiu os móveis da Hobjeto como adequados às realidades contemporâneas, práticos, multiuso, duráveis do ponto de vista físico e estético, e econômicos na fabricação e no acesso[19], uma descrição bastante próxima à definição suíça de *gute form*[20]. Fica evidente na imagem que os pés de cada peça eram sempre os mesmos, bem como os painéis de fechamento das diversas estantes. Nesse período, os móveis da empresa eram feitos predominantemente em madeira maciça e compensada, utilizando perfis padronizados. Novos móveis poderiam assim ser criados por Barros a partir de um *jogo* de combinações.

Good design

In 1964, internal disagreements led Geraldo Barros to leave Unilabor[12], and he immediately established a partnership with woodworker Antônio Bioni to start Hobjeto, a new modern furniture company. At Unilabor, three basic elements turned into 13 combinations of bookshelves, and at Hobjeto this idea was taken to the limit, reaching 150 modules that made 500 different products[13]. The manufacturing structure at Hobjeto reached an industrial scale, including the exploration of new materials and national distribution. It would be wrong to say that one company was the evolution of the other because their goals were radically different, but the Geraldo de Barros who designed for Hobjeto used all his previous experiences to develop this new endeavor.

In addition to furniture design, Barros was responsible for the communication strategies of Hobjeto[14], and once again concretism was manifested. Concrete poetry intended to expand the meaning of words through their visual aspect, making them concrete elements of composition[15] – and there is no better lens to understand the Hobjeto logotype. The concrete poetry group Noigandres had been founded by Décio Pignatari, Haroldo and Augusto de Campos in the same year as the Grupo Ruptura, and the painters and writers met frequently. Still in the 1950s, Augusto de Campos wrote the poem *Quadrado* [Square], inspired by the pictorial work of Geraldo de Barros[16], and the mutual admiration between the two lasted for decades, so Barros was undoubtedly familiar with this form of creation.

The Hobjeto logotype makes explicit the idea that the company's name refers to the "object of today" by the filling of the letters that emphasize these two words (*hoje* - today; and *objeto* - object). As the production logic of Hobjeto's furniture changed, Barros also changed the logo and added visual elements that referred to the new products, maintaining, however, the initial concrete concept. The first version used the typographic font Helvetica, a favorite in the Swiss school of graphic design. Later, with the launch of the furniture line in plywood with rounded corners, the lettering of the logotype became rounded too. After that, a new logotype emerged with the metal furniture, which simulated the metallic tube used in the pieces.

13. Cf. Martins, Giselle Boacnin. *Hobjeto: a racionalização do móvel e do espaço doméstico.* Dissertação (Mestrado em Arquitetura e Urbanismo – FAUUSP), São Paulo, 2018.

14. Certamente sua experiência na forminform com Alexandre Wollner e Rubens Martins ao final dos anos 1950 informou sua atuação nesse momento, mas não só.

15. Utilizando a definição de Max Bense explorada em: Rider, Alistair, op. cit.

16. Augusto de Campos em entrevista a Michel Favre. Cf. Barros, Fabiana de (org.), op. cit.

17. O nome da premiação foi evidentemente influenciado pelo prêmio *gute form* distribuído pelo Werkbund suíço a partir de 1952 e definido por conceitos de Max Bill, mas também pelas exposições organizadas pelo Museu de Arte Moderna de Nova York – MoMA, em especial a mostra *Good Design*, com edições entre 1950 e 1955.

18. Embora seja um projeto comercializado pela Hobjeto, há indícios que Geraldo de Barros começou o desenvolvimento deste e de outros móveis do início da Hobjeto ainda na Unilabor. cf. Claro, Mauro (2012), op. cit.

19. Barros, Geraldo de. "O que é o móvel modulado Hobjeto" (1960). *In*: Barros, Fabiana de (org.), op. cit.

20. Seguindo a caracterização de Peter Erni. Cf. Spitz, René. *Hfg Ulm: the view behind the foreground: the political history of the Ulm School of Design: 1953-1968.* Stuttgart: Axel Menges, 2002.

12. For the complete overview of the circumstances that led Geraldo de Barros to leave Unilabor, see: Claro, Mauro. *Dissolução da Unilabor: crise e falência de uma autogestão operária - São Paulo, 1963-1967.* Thesis (PhD in Architecture and Urban Planning – FAUUSP), São Paulo, 2012.

13. Cf. Martins, Giselle Boacnin. *Hobjeto: a racionalização do móvel e do espaço doméstico.* Dissertation (Master's degree in Architecture and Urban Planning – FAUUSP), São Paulo, 2018.

14. Certainly, his experience at forminform with Alexandre Wollner and Rubens Martins at the end of the 1950s informed his production at that moment, but not exclusively.

15. Using the definition by Max Bense explored in: Rider, Alistair, op. cit.

16. Augusto de Campos in an interview to Michel Favre. Cf. Barros, Fabiana de (org.), op. cit.

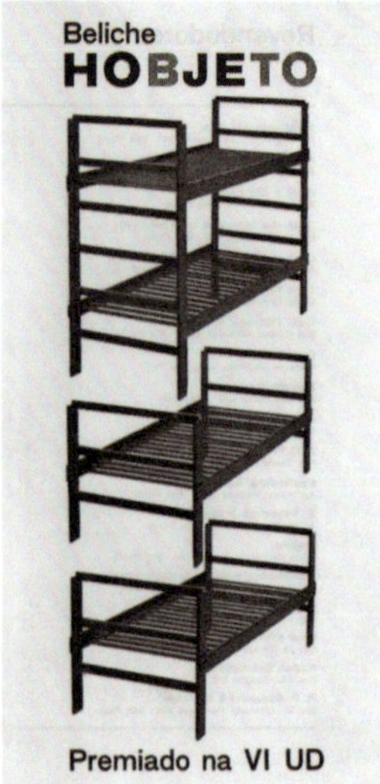

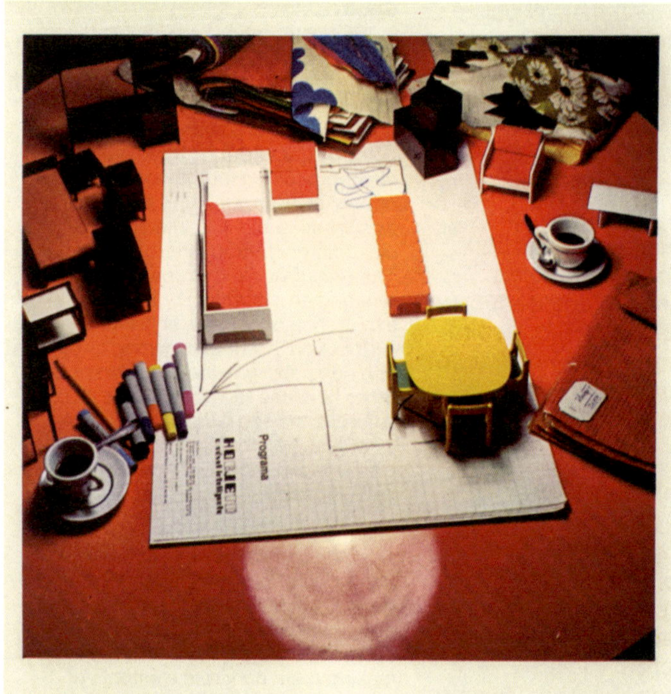

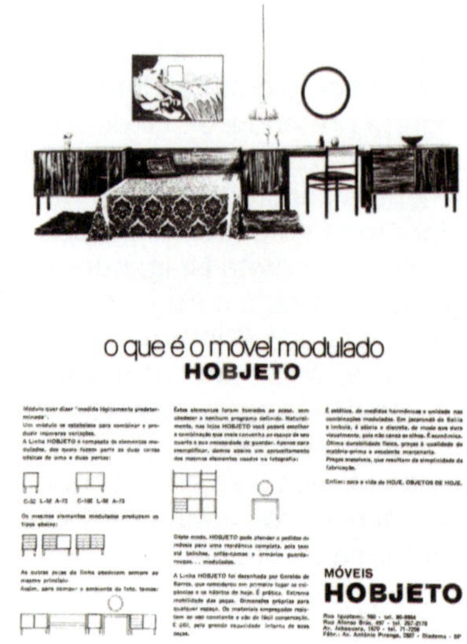

Folder para beliche Hobjeto [bunk bed folder] (1965)

Promocional da Hobjeto [promo] (c. 1973)

Anúncio da Hobjeto [ad] (1966-68)

A ideia exposta na propaganda é que as peças haviam sido combinadas "ao acaso" e sem programa definido, demonstrando que poderiam ser agrupadas em diversas configurações dependendo das necessidades espaciais, mas sempre racionalmente. Assim, o emprego do módulo ocorria em duas escalas: em cada elemento que compunha a peça e também nas combinações dos produtos no ambiente.

Essa ideia de espaço racional foi amplamente explorada na Hobjeto através das maquetes de móveis que passaram a ser utilizadas como estratégia de venda na virada para os anos 1970. A partir de modelos precisos das peças oferecidas pela empresa em escala 1:10, as vendedoras[21] da Hobjeto produziam gratuitamente a planta da casa dos clientes em papel milimetrado e mostravam a melhor maneira de posicionar móveis no ambiente. Pelo modo como eram fotografados, nem sempre é fácil distinguir o que seriam as fotos das maquetes e o que seriam as ambientações com os móveis reais[22]. Um mesmo projeto – o móvel –, que poderia ser feito em qualquer dimensão, evidencia, assim, a potência total da ideia-objeto.

The idea-object as well as the *hoje* – i.e., contemporaneity – were concepts that were dear to Geraldo de Barros. It is safe to say that Hobjeto sought to detach itself from any historical reference point and to react to the present moment continuously. Not surprisingly, the resulting production was awarded four times with the Certificate of Good Design[17] of the Roberto Simonsen Prize, part of the Domestic Utilities Fair – UD, which acted as a thermometer of innovation in Brazil. In the first winning design of Hobjeto in 1965, a bunk bed, it is already possible to see the logic of the modular object in the duplication of one bed on top of the other[18]. In an advertisement of the period, this idea was taken to its extreme, featuring four beds piled up to show how the stacking of the pieces took place and suggesting an infinite multiplication.

In the same ad in which Geraldo de Barros defined what he understood by module mentioned above, he explained Hobjeto furniture as suitable for the contemporary reality, practical, multiuse, durable from physical and aesthetic standpoints, and economical in terms of manufacturing and access[19], a description quite close to the Swiss definition of *gute form*[20]. It is evident in the image that the legs of each piece were always the same, as well as the closing panels of the different bookshelves. During this period, the company's furniture was mainly made from solid timber and plywood, using standardized templates. Barros could therefore create new furniture pieces from a *game* of combinations.

21. Pesquisas disponíveis até o momento identificam apenas mulheres exercendo este cargo.

22. Cf. Martins, Giselle Boacnin. *Hobjeto: a racionalização do móvel e do espaço doméstico.* Dissertação (Mestrado em Arquitetura e Urbanismo), FAUUSP, 2018.

17. The name of the award was evidently influenced by the *gute form* award given by the Swiss Werkbund from 1952 and defined by Max Bill concepts, but also by the exhibitions organized by the Museum of Modern Art in New York – MoMA, in particular the *Good Design* exhibition, with editions between 1950 and 1955.

18. Although it is a design commercialized by Hobjeto, there is evidence that Geraldo de Barros began the development of this and other pieces of furniture from the early years of Hobjeto while still at Unilabor. Cf. Claro, Mauro (2012), op. cit.

19. Barros, Geraldo de. "O que é o móvel modulado Hobjeto" (1960). *In*: Barros, Fabiana de (org.), op. cit.

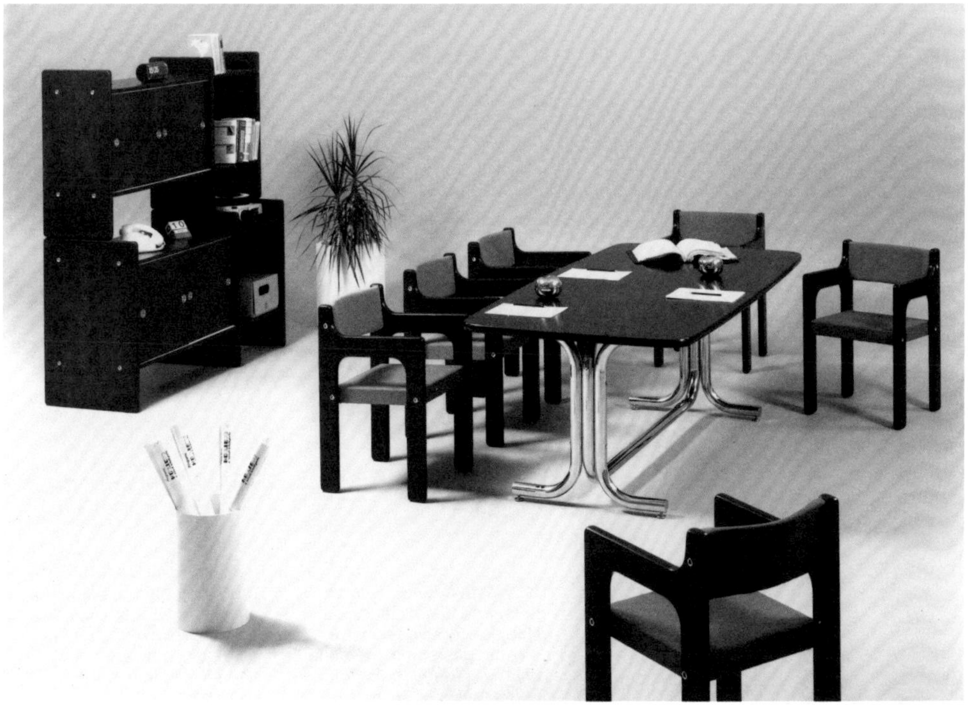

20. According to the characterization by Peter Erni. Cf. Spitz, René. *Hfg Ulm: the view behind the foreground: the political history of the Ulm School of Design: 1953-1968.* Stuttgart: Axel Menges, 2002.

21. Research at this point identifies only women in this position.

22. Cf. Martins, Giselle Boacnin. *Hobjeto: a racionalização do móvel e do espaço doméstico.* Dissertation (Master's degree in Architecture and Urban Planning – FAUUSP), São Paulo, 2018.

Ambiente montado para anúncios da Hobjeto [room set up for Hojeto ads] (c. 1970)

Vale notar que essa confusão da escala nas imagens publicitárias é potencializada por ser relativa à linha de móveis da Hobjeto em que as peças eram recortadas de chapas de madeira aglomerada. Pelas características do material, Barros e Bioni optaram por arredondar as arestas das peças, dar acabamento às laterais com massa plástica e revestir ou pintar os móveis, o que apagava o registro da madeira como matéria-prima identificável. É possível supor que a aceitação dessas formas em combinação a ambições industriais tenha contribuído para a implantação do setor metalúrgico na Hobjeto e no desenvolvimento das peças em tubo metálico, que também pela natureza do material não solicitavam cantos retos. Essas duas linhas dominaram a produção da empresa dos anos 1970 em diante, e flertavam mais com tendências ligadas ao mercado do que com ideais artísticos.

Concretização do concretismo
A Unilabor foi uma iniciativa eminentemente política, como o concretismo paulista dos anos 1950 também o foi. Já a Hobjeto englobou mais abertamente uma dimensão comercial, assim como a arte de Barros no período, quando ele retornou à figuração e interessou-se pela arte pop como projeto e crítica social. O uso de outdoors e panfletos modificados dialogavam com a ideia de arte em massa, porém, como nas *Fotoformas,* a ideia de multiplicação era virada do avesso ao tomar um objeto seriado e torná-lo único. Mas ele nunca abandonou o concretismo.

The idea exposed in the advertisement is that the pieces had been combined "by chance" and without following any defined program, demonstrating that they could be grouped in different configurations depending on varying spatial needs, but always rationally. Consequently, the employment of the module would occur in two scales: in each element that composed the piece, as well as in the combinations of the products in a given environment.

The idea of rational space was widely explored at Hobjeto through scale models of the pieces, which began to be used as a sales strategy at the turn of the 1970s. From precise models of the works offered by the company on a 1:10 scale, the sales attendants[21] at Hobjeto produced, without any cost, a floor plan of the client's house in millimeter paper and showed them the best way to position furniture in a room. Due to the way they were photographed, it is not always easy to distinguish what were pictures of the scale models and what were sets with real furniture[22]. A single project – the furniture piece –, which could be made in any dimension, thus evidences the total potency of the idea-object.

The confusion of scale in the advertisement images is enhanced because it features the furniture line that was cut out from plywood. Due to the characteristics of that material, Barros and Bioni decided to round the edges of the pieces, to finish the sides with plastic and cover or paint them, which removed the record of wood as an identifiable raw material. It is possible to assume that the acceptance of these forms in combination with industrial ambitions contributed to the implementation of the metallurgic sector at Hobjeto and the development of pieces in metallic tubing – which, by the nature of the material, demanded rounded corners. These two lines dominated the company's production from the 1970s on and were more connected with the market than with artistic ideals.

Concretization of concretism
Unilabor was an eminently political initiative, as was the Paulista concretism of the 1950s. Hobjeto, in turn, encompassed a commercial aspect more openly, as did the art of Barros in the period, when he returned to figurativism and became interested in pop art as a project and as social critique. The use of modified billboards and flyers dialogued with the idea of mass art; however, as in the *Fotoformas,* the concept of multiplication was turned on its head by taking a serial object and making it unique. But Barros never abandoned concretism.

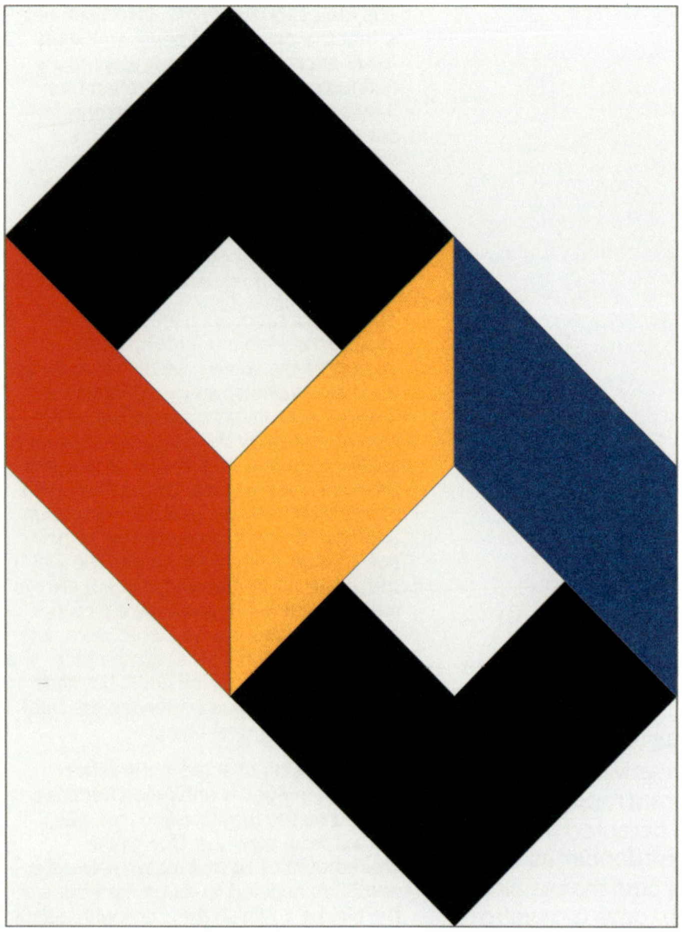

Em 1979, na Bienal de São Paulo, Geraldo de Barros apresentou um projeto de obra para ser feita em casa por qualquer visitante de acordo com um panfleto explicativo. O título já explicitava os objetivos do trabalho: *Da retomada de alguns objetos - forma da arte concreta*. Através de uma análise histórica a partir dos anos 1950, o artista traçou um panorama do que entendia como antecedentes do concretismo, equacionando-o ao desenho industrial, à definição de normas – o bom e o belo –, ao atendimento de necessidades objetivas e à teoria da *Gestalt*.

In 1979, at the Bienal de São Paulo, Geraldo de Barros presented a project to be made at home by any visitor according to an explanatory pamphlet. The title already made the objectives of the work clear: *Da retomada de alguns objetos - forma da arte concreta* [On the resurgence of some objects – the form of concrete art]. Through a historical analysis from the 1950s onwards, the artist traced a panorama of what he understood as the antecedents of concretism, equating it with industrial design, with the definition of norms – the good and the beautiful –, with the fulfillment of objective needs and with the *Gestalt* theory.

23. Neste período, Barros estava se distanciando da Hobjeto como designer e mesmo gestor, porém ainda utilizava o espaço da fábrica como ateliê.

24. Barros, Geraldo de. "Bienal de Veneza" (1986). *In*: Barros, Fabiana de (org.), op. cit.

25. A essa altura, o artista tinha sua saúde debilitada devido a uma série de isquemias cerebrais que vinha sofrendo desde 1979. O último corpo de trabalho que desenvolveu nos anos seguintes, *Sobras*, revisitou sua vida de um ponto de vista mais pessoal do que conceitual (ou seja, distanciou-se do concretismo), ainda que abrangendo estratégias que também sempre tenha levado consigo. Cf. Fernandes Junior, Rubens (org.). *Sobras - Geraldo de Barros*. São Paulo: Cosac Naify, 2006.

23. In this period, Barros was taking a step back from Hobjeto as a designer and even as a manager, but he still used the space at the factory as a workshop.

24. Barros, Geraldo de. "Bienal de Veneza" (1986). *In*: Barros, Fabiana de (org.), op. cit.

25. At this point, the artist had poor health due to a series of cerebral ischemia strokes he had been suffering since 1979. The last body of work he developed in the following years, *Sobras*, revisited his life from a more personal than conceptual point of view (that is, he distanced himself from concretism), still encompassing strategies which he had always carried with himself. Cf. Fernandes Junior, Rubens (org.). *Sobras - Geraldo de Barros*. São Paulo: Cosac Naify, 2006.

Geraldo de Barros, da série [from the series] *Jogo de Dados* (1983)

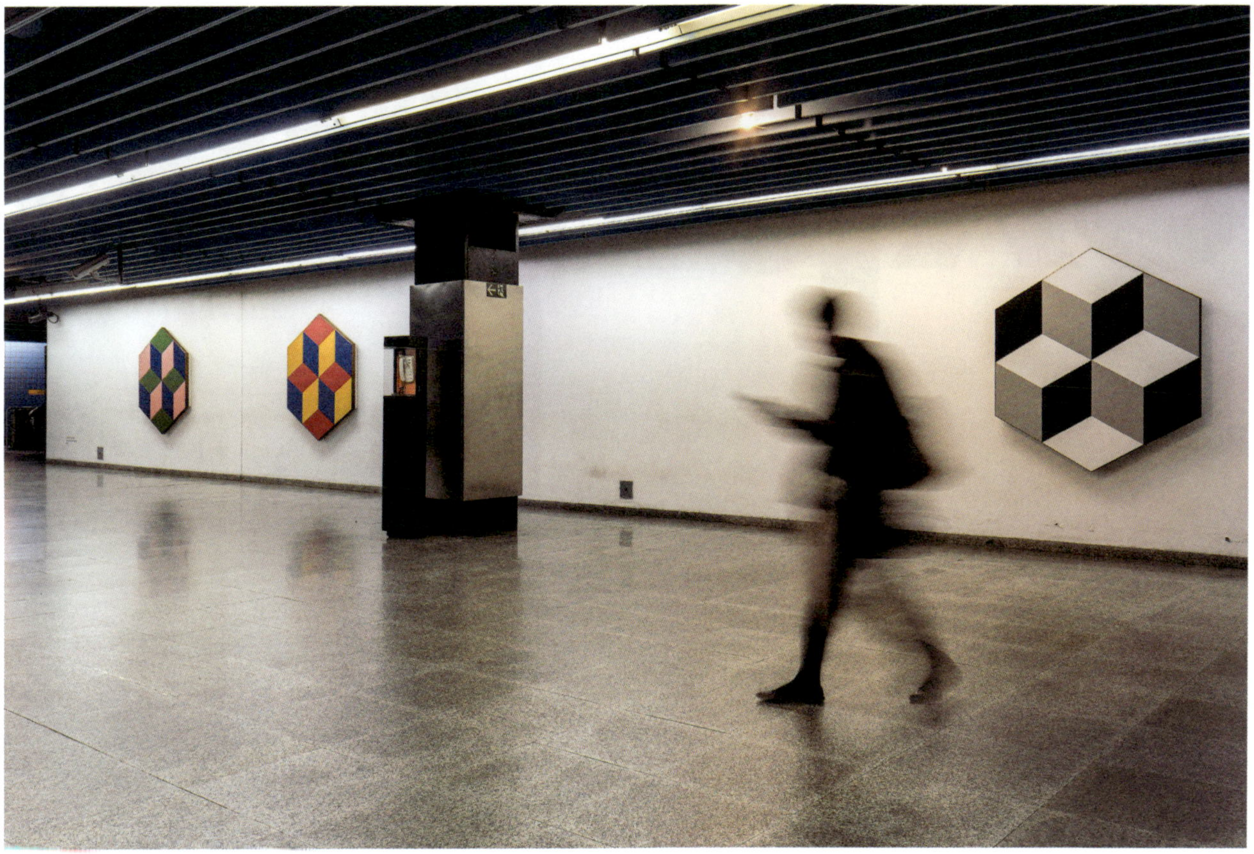

The works he developed subsequently (made with his assistant José Suares de Oliveira) were based on geometric compositions from color planes, guided by the idea of the project. Gone was the use of the canvas, the paintbrush, the paint, or any other mark of the artist, and in came the explicitly industrial materials that he knew so well from the design initiatives: Formica and plywood. These were unique pieces but executed through a serial process, and in their entirety were named *Jogo de dados* [Dice game][23].

In the introductory text to this body of work at the Biennale di Venezia in 1986, Barros reevaluated his trajectory and how the principles of concrete art had gradually led him to industrial design, which "represented at that point the real possibility of creating objects of aesthetic value reproducible in large scale"[24]. Once again, he characterized design through the notions of the project, norm and good product and explored the idea of an object built from the essential. With these works, which blur the frontiers between art and design for the materials and processes employed, his utopia of the socialization of art perhaps found its apex. In 1991, three works were installed at the Clínicas subway station in São Paulo, making it the most public, the longest lasting, and, why not, the most concrete work of Geraldo de Barros[25].

Os trabalhos que desenvolveu na sequência (feitos com o assistente José Suares de Oliveira) baseavam-se em composições geométricas e partir de planos de cor, guiadas pela ideia de projeto. Desapareceu o uso da tela, do pincel, da tinta ou de qualquer marca do artista, e vieram os materiais explicitamente industriais que ele bem conhecia das iniciativas de design: fórmica e madeira compensada. Eram peças únicas, mas realizadas através de um processo serializável, e em sua totalidade foram batizadas de *Jogo de dados*[23].

No texto de apresentação deste corpo de trabalho na Bienal de Veneza em 1986, Barros reavaliou sua trajetória e como os princípios da arte concreta o levaram gradativamente ao desenho industrial, que "representava àquela altura a possibilidade real de criar objetos de valor estético reproduzíveis em larga escala"[24]. Mais uma vez, caracterizou o design a partir das noções de projeto, norma e bom produto, e explorou a ideia de um objeto construído a partir do essencial. Com esses quadros que embaralharam as fronteiras entre arte e design pelos materiais e processos empregados, sua utopia de socialização da arte talvez tenha encontrado seu ápice. Em 1991, três quadros foram instalados na estação de metrô Clínicas em São Paulo, fazendo dessa a mais pública, a mais duradoura e, por que não, a mais concreta obra de Geraldo de Barros[25].

Jogo de Dados no [at] Metrô Clínicas, São Paulo

experiênci
bras

alexandre
benoit

brazilian experience
– or the critical
awareness of good
design

ileira

– ou a consciência crítica da boa forma

A *boa forma* tem, entre seus fundamentos, a noção de *Gesamtkunstwerk* ou *obra de arte total*, um conceito bastante difundido entre as vanguardas construtivas dos anos 1920. Há, nessa noção, uma evidente intencionalidade de retirar a arte de sua condição burguesa de representar o mundo, passando a outra: ser seu agente transformador. Arte não mais como inspiração, mas como trabalho útil que pode moldar a vida moderna. As pinturas passam a existir como sentenças, plantas, projetos, e as esculturas como maquetes, protótipos de objetos e espaços.

O artista se transforma em produtor que opera em várias escalas, encontrando na indústria o meio de acessar a sociedade. A partir de 1922, por influência de Theo van Doesburg e László Moholy-Nagy, essa ideia se objetiva na Bauhaus com a proclamação da unidade entre arte e técnica. É o início do período que notabiliza a escola de Weimar[1].

No atelier de metal, Marcel Breuer desenvolve a cadeira *Wassily*, feita em aço tubular, cujo modelo é a bicicleta – um objeto industrial barato, de qualidade e sem ornamentos. A cadeira corporifica, para ele, a forma essencial do sentar – o que é supérfluo a essa função deve desaparecer. Argan nota que Breuer persegue a subtração, lembrando o que o designer dizia em tom provocativo: "de progresso em progresso" desenharia uma cadeira feita de "colunas de ar em repuxo"[2].

É como se a peça devesse abarcar a totalidade da ideia do objeto, esgotando futuras investigações formais em torno dela. Nem casual, nem subjetivo, tal processo existe como método de ensino e de projeto, podendo ser aplicado em qualquer escala. Assim, a vida moderna é passível de ser equacionada e tipificada, da colher à cidade[3].

Max Bill (1908-1994, Suíça) é aluno da escola entre 1927 e 1928 e, já nos anos 1930, seus textos são reveladores de como ele compreende tais questões, buscando levá-las adiante, em particular aquele conjunto de princípios que aponta para a *arte total*. Na mostra que organiza em 1936, *Zeitprobleme in der Schweizer Malerei und Plastik* [Problemas atuais da pintura e escultura suíças], Bill assina o texto *Konkrete Gestaltung* [Design concreto], mais tarde chamado *Konkrete Kunst* [Arte concreta], lançando as bases do que seria uma arte regida apenas por formas, linhas e cores, cuja transposição para a esfera da produção ocorria sem obstáculos.

Por meio da série de gravuras *Fünfzehn Variationen über ein Thema* [Quinze variações sobre um mesmo tema], Bill faz uma demonstração didática de seu raciocínio. A partir de um triângulo inscrito em um octógono, desenvolve composições que exploram as variantes fornecidas pelo jogo entre formas, relações geométricas, cheios e vazios, progressões e cor. Apresenta 15 resultantes que poderiam se multiplicar sem que houvesse um desvio para o caos ou para a repetição. As composições gráficas seriam replicáveis na esfera da produção: de um relógio a um edifício, passando por mobiliário, luminárias, tipografia etc.

Gute form [good design] has in its fundamentals the notion of *Gesamtkunstwerk* or *total work of art*, a quite widespread concept among the constructivist avant-garde in the 1920s. There is evident intentionality in this notion of removing art from its bourgeois condition of representing the world and converting it into a transformative agent of the world. Art no longer as inspiration, but as useful work which can shape modern life. Paintings become sentences, blueprints, projects, and sculptures become models, prototypes of objects and spaces.

The artist is transformed into a producer who operates in many scales, finding in industry the means to access society. From 1922 on, through the influence of Theo van Doesburg and László Moholy-Nagy, this idea becomes an objective of Bauhaus with the proclamation of the unity between art and technique. It is the start of a period that distinguishes the Weimar school[1].

In the metalwork studio, Marcel Breuer develops the *Wassily* chair, made of tubular steel and inspired by a bicycle frame – a cheap industrial object, of good quality and without ornaments. The chair embodies to him the essential form of sitting – what is superfluous to this function must disappear. Argan notes that Breuer seeks subtraction, as he remembers the words the designer used to say in a provocative tone: "from progress to progress" he would design a chair made of "stretched air columns"[2].

It is as if the piece should encompass the totality of the idea of the object, exhausting future formal investigations into it. Not casual nor subjective, such process exists as a teaching and design method, which can be applied at any scale. Therefore, modern life is liable to be equated and typified, from the spoon to the city[3].

Max Bill (1908-1994, Switzerland) attended the school between 1927-1928 and already in the 1930s his texts reveal how he understands such matters, seeking to take them forward, in particular that set of principles which points to *total art*. At the exhibition he organizes in 1936, *Zeitprobleme in der Schweizer Malerei und Plastik* [Problems of our time in Swiss painting and sculpture], Bill signs the text *Konkrete Gestaltung* [Concrete design], later called *Konkrete Kunst* [Concrete art], laying the foundations of what would become an art governed solely by forms, lines and colors, transposed without obstacles to the sphere of production.

Max Bill, *theme*, da série [from the series] *fifteen variations on a single theme* (1935-1938)

Max Bill, *variation 7*, da série [from the series] *fifteen variations on a single theme* (1935-1938)

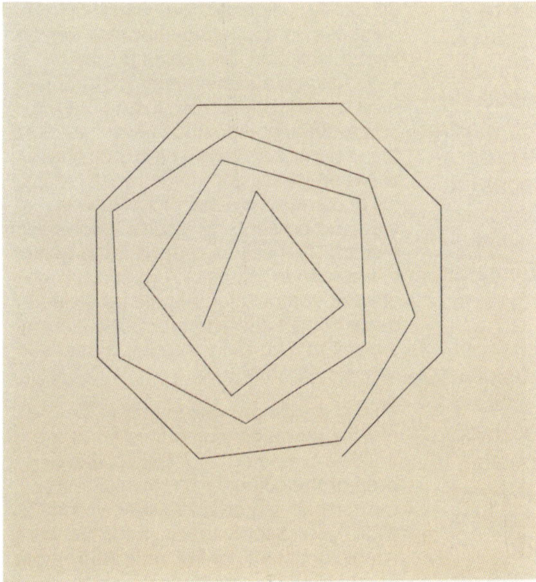

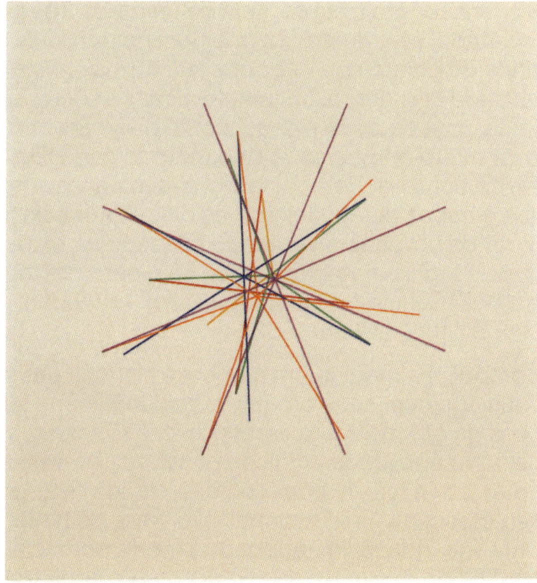

1. A escola é fundada em 1919, sob as bases da união entre artistas e artesãos, com forte tendência expressionista. A presença de Theo van Doesburg, formulador do De Stijl holandês ao lado de Piet Mondrian, contagia o ambiente da instituição já em 1921. Moholy-Nagy, com anuência de Gropius, assume o curso preliminar e muda os rumos da escola em definitivo, aproximando-a da indústria. Cf. Droste, Magdalena. *Bauhaus: 1919-1933*. Berlim: Taschen, 2001.

2. Argan, Giulio Carlo. *Walter Gropius e a Bauhaus*. Lisboa: Editorial Presença, 1990.

3. "Máxima de autoria imprecisa, que passa por Adolf Loos, Walter Gropius, Le Corbusier, Max Bill, Ernesto Rogers etc., indica a força dessa imagem-síntese do processo totalizador da Bauhaus, e, de maneira mais abrangente, das vanguardas do começo do século XX e da *obra de arte total*." Recamán, Luiz. "Bauhaus: vanguarda e mal-estar da metrópole". *In*: Almeida, Jorge de; Bader, Wolfgang (org.). *Pensamento alemão no século XX: grandes protagonistas e recepção das obras no Brasil - volume 3.* São Paulo: Cosac Naify, 2013.

1. The school is founded in 1919, based on the union between artists and craftsmen, with a strong expressionist tendency. The presence of Theo van Doesburg, formulator of Dutch De Stijl alongside Piet Mondrian, affects the atmosphere of the institution as early as 1921. Moholy-Nagy, with the permission of Gropius, takes up the preliminary course and changes the direction of the school definitively, bringing it closer to the industry. Cf. Droste, Magdalena. *Bauhaus: 1919-1933*. Berlim: Taschen, 2001.

2. Argan, Giulio Carlo. *Walter Gropius e a Bauhaus*. Lisboa: Editorial Presença, 1990.

3. "Tenet with imprecise authorship, which includes Adolf Loos, Walter Gropius, Le Corbusier, Max Bill, Ernesto Rogers etc., indicates the power of this image-synthesis of the all-embracing process of Bauhaus, and, more comprehensively, of the avant-garde in the beginning of the 20th century and in the total artwork." Recamán, Luiz. "Bauhaus: vanguarda e mal-estar da metrópole". *In*: Almeida, Jorge de; Bader, Wolfgang (org.). *Pensamento alemão no século XX: grandes protagonistas e recepção das obras no Brasil - volume 3.* São Paulo: Cosac Naify, 2013.

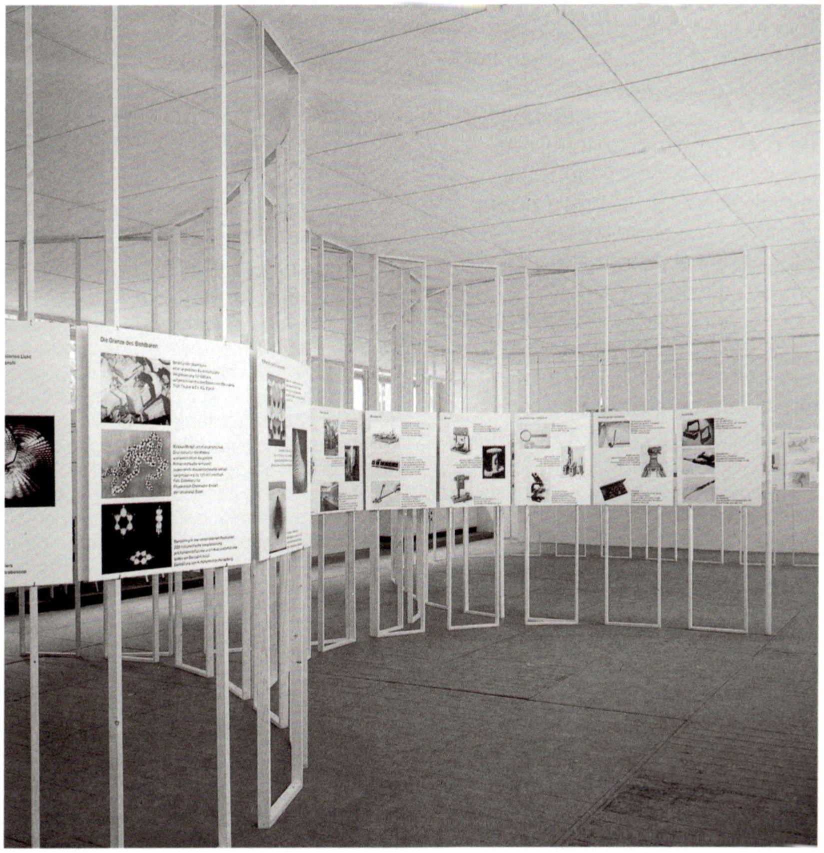

Die gute Form, Basel (1949)

A intenção totalizadora, seja de uma vida integralmente projetada, seja do artista que domina múltiplas escalas ou ainda do objeto que esgota a sua forma – atingindo uma validade duradoura, um amplo alcance social, ou sendo, de saída, uma peça de museu, como disse Bill certa vez –, tem valor muito grande enquanto método pedagógico e programa de ação em determinadas circunstâncias históricas, já que é capaz de equacionar as dificuldades da indústria a partir de um sistema estético baseado na clareza, simplicidade e lógica matemática. Assim o demonstrou a Bauhaus e a Hochschule für Gestaltung Ulm – HfG Ulm, escola que Max Bill fundaria em 1953[4].

Contudo, na medida em que esse sistema passa a invadir o cotidiano com seus produtos, evidenciam-se suas limitações ou até mesmo o caráter excessivamente normativo dele. No âmbito das críticas possíveis, interessa-nos aqui notar que a máxima da "colher à cidade" traz uma progressão crescente unidirecional, evolutiva, de fundo positivista. Uma linearidade limitadora da própria potencialidade contida na noção de *arte total* como e enquanto modo de renovação da vida.

É significativo, nesse sentido, que um dos registros mais conhecidos da cadeira *Wassily* seja aquele do fotógrafo Erich Consemüller em que uma mulher repousa com uma máscara robótica de Oskar Schlemmer, como se a pessoa fosse então moldada e tipificada pelo design da Bauhaus. Ou então, que Max Bill empenhe-se em associar a *boa forma* a regras matemáticas, buscando "validade eterna" para determinadas soluções, objetos ou edifícios.

Não vamos incorrer na simplificação, muito corrente hoje em dia, de dizer que a vontade pela totalização seja um totalitarismo estético. A exposição *Die gute Form*[5], em sua época, foi uma importante difusora da noção do bom design, valorizando bens de consumo industriais com alto grau de qualidade, em oposição à obsolescência programada e a um design estilístico ou, na outra ponta, meramente utilitarista[6]. A aceitação que as ideias de Max Bill teriam no Brasil demonstra sua força, neste caso, vindo a suprir o quadro de desamparo do design em um país que se industrializava tardiamente à sombra de um passado colonial e escravocrata. Bardi, à frente do recém-criado Museu de Arte de São Paulo – Masp, traz exposições que problematizam essa condição, enquanto Lina se vê obrigada a produzir uma linha de móveis para ambientar o novo museu[7]. Ao recordar a exposição de Max Bill no Masp, em 1951, Mário Pedrosa sublinha o impacto que ela teve em sua geração:

Bill displays didactic demonstration of his reasoning in the series of prints *Fünfzehn Variationen über ein Thema* [Fifteen variations on a single theme]. Starting from a triangle inscribed in an octagon, he develops compositions which explore the variants provided by the interplay between forms, geometric relationships, full and empty spaces, progressions and color. He presents 15 results which could multiply themselves without there being a deviation to chaos or repetition. The graphic compositions would be replicable in the sphere of production: from a clock to a building, through furniture, lamps, typography etc.

The all-encompassing intention, be it of a life thoroughly projected, or of the artist who masters multiple scales, or even of the object which exhausts its form – reaching an everlasting validity, a wide social scope, that is, from the start, a museum piece, as Bill once said – has great value as a pedagogical method and a program of action in particular historical circumstances, since it is able to equate the difficulties of industry through an aesthetic system based on clarity, simplicity and mathematical logic. So demonstrated by Bauhaus and Hochschule für Gestaltung Ulm – HfG Ulm, the school Max Bill would establish in 1953[4].

However – as this system starts to invade daily life with its products – its limitations and even its excessively normative character start to become evident. In the scope of the possible criticisms, it is interesting to observe here that the dictum "from the spoon to the city" implies a growing unidirectional progression, evolutional, and with a positivist background. A limiting linearity of the very potentiality contained in the notion of *total art* as a way of renovation of life.

It is significant, in this sense, that one of the best-known records of the *Wassily* chair is the photograph by Erich Consemüller in which a woman is sitting on the chair, wearing a robotic mask made by Oskar Schlemmer, as if the person was then molded and typified by the Bauhaus design. Or, that Max Bill is invested in associating the *good design* to mathematical rules, seeking "everlasting validity" for certain solutions, objects or buildings.

4. "O trabalho que começou na Bauhaus e os princípios então lá concebidos encontraram sua nova casa aqui em Ulm, bem como a possibilidade de um novo desenvolvimento orgânico," disse Gropius em discurso por ocasião da inauguração do edifício da nova escola apud Fiell, Charlotte; Fiell, Peter (org.). *Domus: 1955-1959* – volume 4. Köln: Taschen, 2006.

5. Em 1949, Max Bill organiza a mostra *Die gute Form* na feira anual de negócios da Basileia. A partir do sucesso da mostra, nasceu o concurso que premiava produtos industriais com um selo de qualidade *Die gute Form*. Cf. Gimmi, Karin et al. *2G - Max Bill Arquitecto / Architect*, n. 29/30, 2004.

6. Segundo o raciocínio billiano "o prático e o estético estão no mesmo nível, livres da carga de seu enfrentamento tradicional". Frei, Hans. "La transversal de Max Bill". *In*: op. cit.

7. "Nós reviramos São Paulo inteiro e não achamos ninguém que tivesse uma cadeira moderna. Fomos obrigados a desenhá-la", Ferraz, Marcelo. *Lina Bo Bardi.* São Paulo: Instituto Lina Bo e P.M. Bardi, 1996.

4. "The work that started at Bauhaus and the principles conceived there found a new home here at Ulm, as well as the possibility of a new organic development" said Gropius in a lecture at the opening of the new school"s building apud Fiell, Charlotte; Fiell, Peter (org.). *Domus: 1955-1959* – volume 4. Köln: Taschen, 2006.

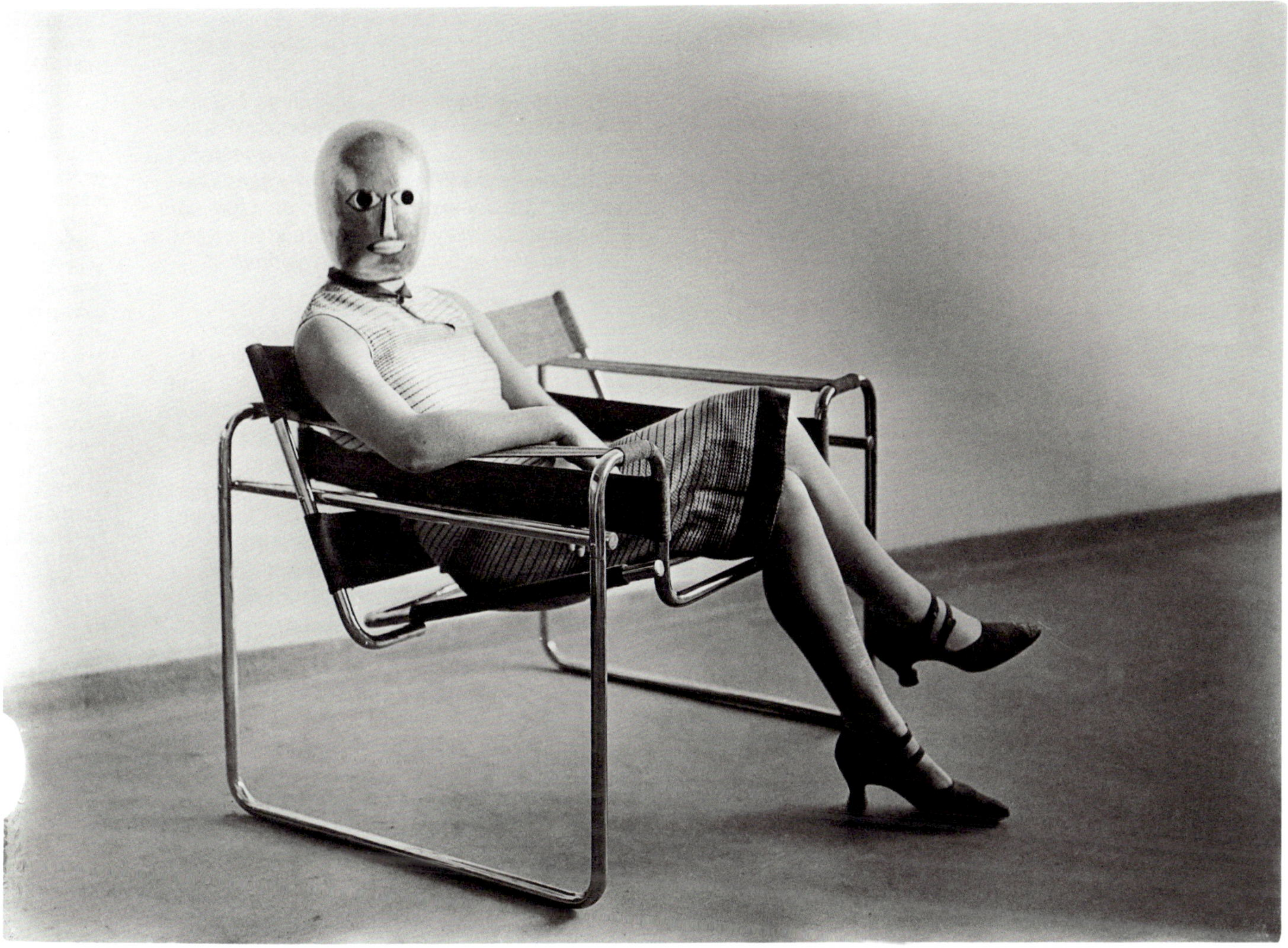

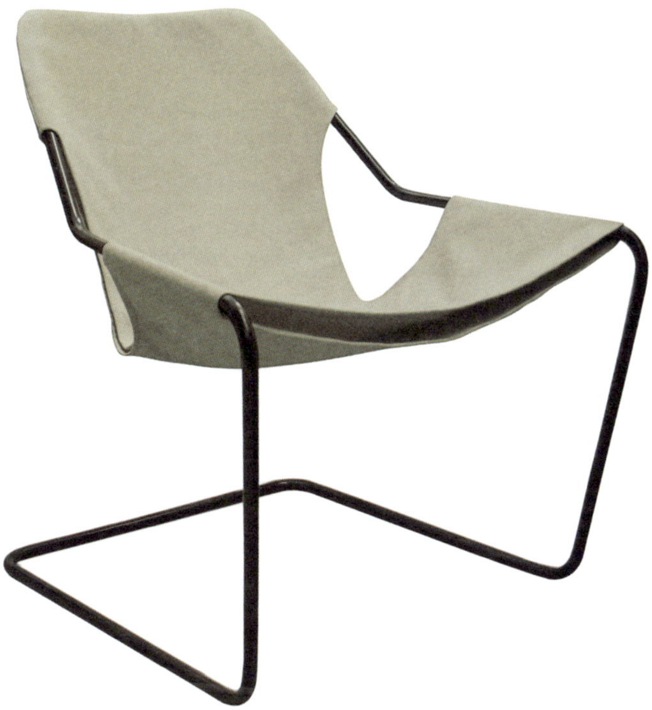

Oskar Schlemmer, Máscara robótica [robotic mask]; Marcel Breuer, cadeira *Wassily* [chair] (c. 1926)

Paulo Mendes da Rocha, cadeira *Paulistano* [chair] (1958)

Foi uma revelação para os artistas mais inquietos e jovens do Rio e de São Paulo e para a crítica militante. (...) Pode-se dizer que o importante movimento concretista brasileiro e argentino teve seu primeiro ponto de apoio nessa demonstração de Bill. (...) O que seduzia os moços nessa arte era o antirromantismo declarado, a soberba pretensão de fazer uma arte calculada matematicamente, desenvolvida sobre uma ideia perfeitamente definida e exposta...[8]

Após um breve período de ortodoxia, representado sobretudo pelo Grupo Ruptura, em que os princípios da arte concreta são traduzidos quase literalmente, há uma gradual maturação que confere ao concretismo brasileiro contornos próprios, irradiando sua influência para além dos círculos originais. A natureza, por exemplo, incide como um dado inexplorado, amplamente desenvolvido no design paisagístico de Burle Marx e Waldemar Cordeiro. Permanências do país pré-industrial passam também a alimentar o design de mobiliário, sem recair em qualquer estilização de fundo nacionalista. Signos artesanais, como a rede indígena ou a vela das jangadas, são assimilados ao vocabulário de matriz concreta segundo sua beleza e qualidade útil[9].

Um exemplo de tais assimilações, que geralmente passa desapercebido, é a cadeira *Paulistano*, talvez pelo fato de Paulo Mendes da Rocha não ter vínculo direto com os concretos[10]. Desenhada em 1958, a cadeira une ferro e tecido. O ferro é uma barra usada para fazer molas de elevador, enquanto o tecido que recobre a estrutura tem sua origem na rede indígena.

Notemos que a cadeira *Paulistano* é desenhada com os mesmos princípios de subtração, seriação e economia da *Wassily* ou de qualquer outro produto do "design concreto", a diferença é que, aqui, o assento flexível aponta para uma dimensão relacional, pois o corpo molda a peça e não o inverso, deixando margem para relações imprevistas entre usuário e objeto – inclusive o lúdico ato de vestir e desnudar a cadeira.

Sergio Rodrigues é um designer ainda mais distante do concretismo dado sua proximidade com os arquitetos cariocas. No entanto, nesses anos, ele se vê diante da oportunidade de produzir peças seriadas em escalas diversas, como a *Casa individual pré-fabricada* ou a cadeira do auditório central da Universidade de Brasília, *Dois candangos*[11]. Uma base fixa lateral em madeira define os apoios para os braços dessa cadeira, enquanto o assento é um tecido solto que engasta na estrutura. Com isso cria-se um movimento que torna a poltrona do auditório flexível e, assim, moldável ao corpo[12].

We shall not fall into the simplification, very common nowadays, of saying that the will for totalization is an aesthetic totalitarianism. The exhibition *Die gute Form*[5], at that time, was an important propagator of the good design notion, valuing high-quality industrial consumer goods, in opposition to planned obsolescence and to a stylistic, or – at the other end of the spectrum – to merely utilitarian design[6]. The acceptance that Max Bill's ideas would have in Brazil demonstrates their strength, in this case providing support in the condition of abandonment of design in a country which was in a process of industrialization that was very late coming, in the shadow of a colonial and enslaver past. Bardi, leading the recently created São Paulo Museum of Art – Masp, holds exhibitions which make this condition problematic, while Lina is urged to create a furniture line for the new museum[7]. As he remembers Max Bill's exhibition at Masp in 1951, Mário Pedrosa underlines the impact it had on his generation:

It was a revelation to the youngest and most restless artists in Rio and in São Paulo and to the militant critique. (...) It can be said that the important Brazilian and Argentinian concrete movement had their first supporting point in this demonstration by Bill. (...) What was seductive to the youngsters in this art was the declared anti-romanticism, the presumptuous intention to create a mathematically calculated art, developed on a perfectly defined and exposed idea...[8]

After a brief period of orthodoxy, particularly represented by the group Ruptura, in which the principles of concrete art are translated almost literally, there is a gradual maturation that confers to Brazilian concretism its own contours, spreading its influence beyond its original circles. Nature, for instance, appears as unexplored data, widely developed in the landscaping design by Burle Marx and Waldemar Cordeiro. Reminiscences of the pre-industrial country also sustain furniture design, without any traces of nationalist stylization. Handcrafted signs, such as the indigenous hammock or the sails of the *jangadas* [wooden rafts] are assimilated to the vocabulary of concrete matrix according to their beauty and useful quality[9].

8. Pedrosa, Mário. *Arte - ensaios*. São Paulo: Cosac Naify, 2015.

9. Na década seguinte, o movimento é outro, como demonstram as incursões de Lina pelo artesanato do nordeste e sua cadeira "de beira de estrada".

10. Muito embora Vilanova Artigas faça a Casa Rubens de Mendonça (1958-59), com inspiração no concretismo segundo o próprio arquiteto. Cf. Wisnik, Guilherme. João Vilanova Artigas. *2G Revista Internacional de Arquitectura*, n. 54, 2010; Costa, Helouise. *Waldemar Cordeiro: a ruptura como metáfora*. São Paulo: Cosac Naify / Centro Universitário Maria Antônia da USP, 2002.

11. Sobre a *Casa*, o protótipo dela é exibido no MAM Rio, em 1960. No catálogo da exposição *Casa individual pré-fabricada*, Mário Pedrosa rememora as experiências da Bauhaus e aponta a construção de Brasília como um meio de viabilizá-las.

12. Mari, Marcelo. "Dois Candangos e o Legado de Sergio Rodrigues". *In*: _____; Calheiros, Alex; Rufinoni, Priscila (org.). *Mobiliário Moderno: das pequenas fábricas ao projeto da UnB*. Brasília: Editora UnB, 2014.

5. In 1949, Max Bill organizes the exhibition *Die gute Form* at the Basel Mustermesse trade fair. Following the success of the show, a competition arose, which awarded industrial products with a *Die gute Form* quality label. Cf. Gimmi, Karin et al. *2G - Max Bill Arquitecto / Architect*, n. 29/30, 2004.

6. According to Max Bill's ideas, "the practical and the aesthetic are on the same level, free from the load of their traditional confrontation". Frei, Hans. "La transversal de Max Bill". *In*: op. cit.

7. "We turned São Paulo upside down and could not find someone who owned a modern chair. We were forced to design it." Ferraz, Marcelo. *Lina Bo Bardi*. São Paulo: Instituto Lina Bo e P.M. Bardi, 1996.

8. Pedrosa, Mário. *Arte - ensaios*. São Paulo: Cosac Naify, 2015.

9. In the following decade, the movement takes another direction, as demonstrated by the incursions of Lina into the Northeastern handcraft and her "roadside chair".

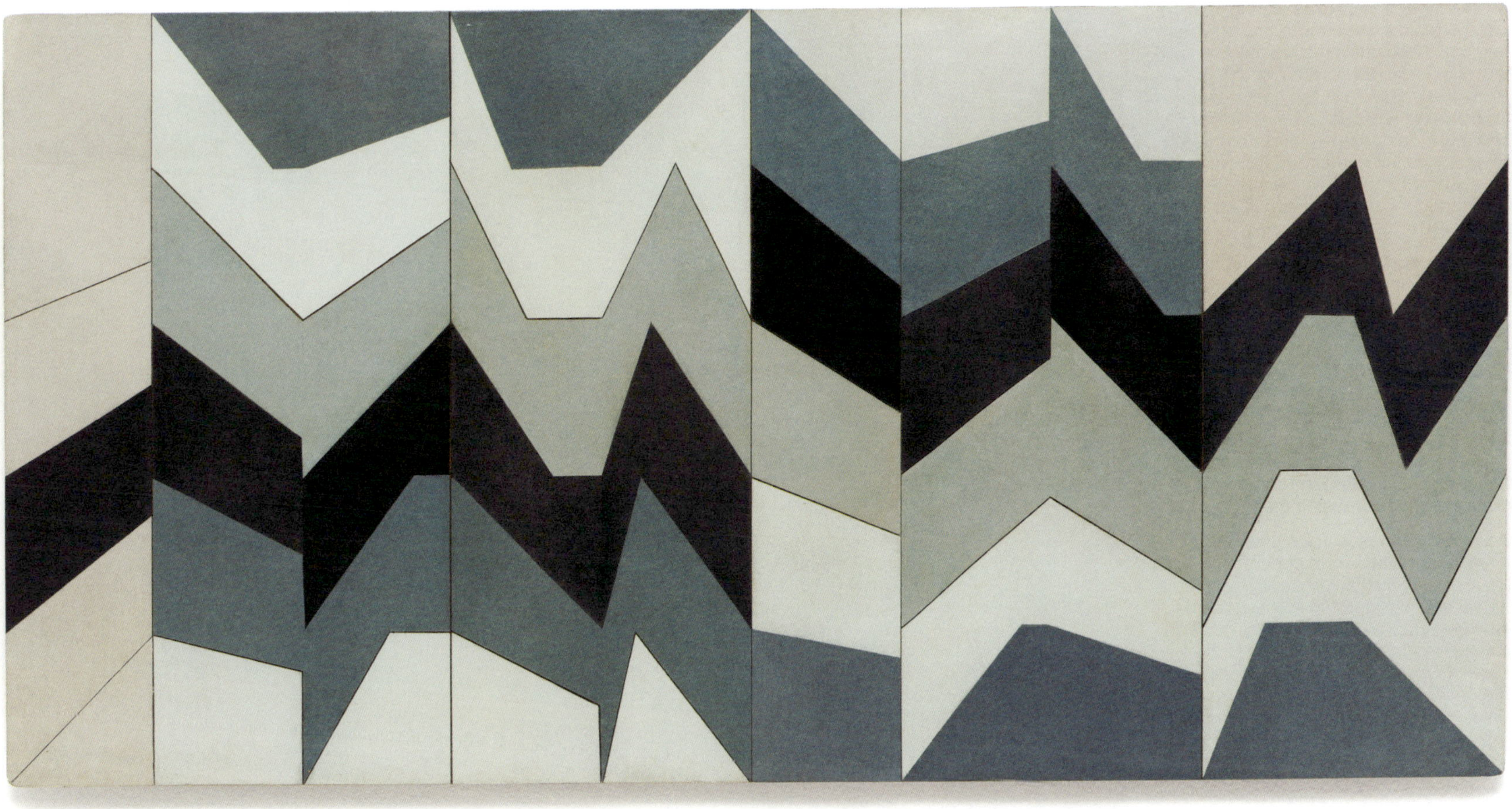

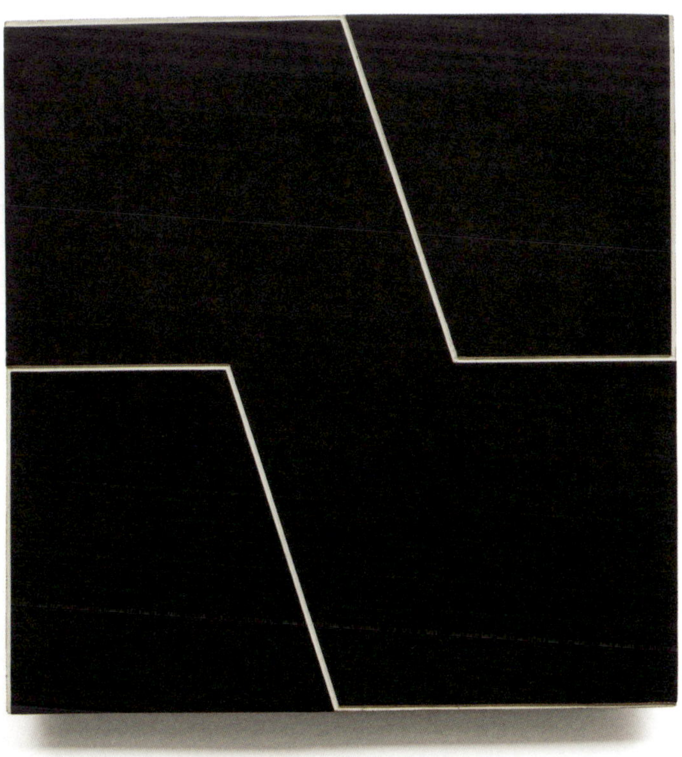

Lygia Clark, *Superfície modulada n. 20* (1956)

Lygia Clark, *Espaço modulado 3* (1959)

An example of such assimilation, that more often than not goes unnoticed, is the *Paulistano* chair, maybe due to the fact that Paulo Mendes da Rocha is not directly related to the concretists[10]. Designed in 1958, the chair joins iron and fabric. Iron is present in a bar used for making elevator springs, whereas the fabric which covers the structure originates from the indigenous woven hammock.

Note that the *Paulistano* chair is designed using the same principles of subtraction, seriation and economy of the *Wassily* chair or of any other product of "concrete design"; the difference here is that the flexible seat points to a relational dimension, the body shapes the piece, and not the other way around, leaving a margin for unpredictable relationships between the user and the object – including the playful act of dressing and undressing the chair.

Sergio Rodrigues is a designer who is even more distant from concretism, given his proximity to the architects from Rio de Janeiro. However, in those years he saw the opportunity to produce serial pieces in different scales. This is the case of *Casa individual pré-fabricada* or the chair in the central auditorium of the University of Brasilia, *Dois candangos*[11]. A fixed lateral base in wood defines the support for the arms of this chair, while the seat is a loose fabric which locks into place in the structure. This creates a movement that makes the auditorium chair flexible and, consequently, adjustable to the body[12].

These examples create the impression that the Brazilian contribution is limited to a softening of the aridity of the Swiss-German constructivist matrix, when, in fact, the relational dimension is greater than that – and is not necessarily bound to volatile materials or organic forms.

The neo-concrete movement is the vertex that stretches the boundaries of Brazilian concrete art[13], especially by means of the work of some artists like Lygia Clark (1920-1988, Brazil). The investigation of the Rio de Janeiro artist, despite carrying a general meaning that is unrelated to the utilitarian dimension of design, prompts a dialogue with Max Bill, the *good design* and the subjacent notion of *total art.*

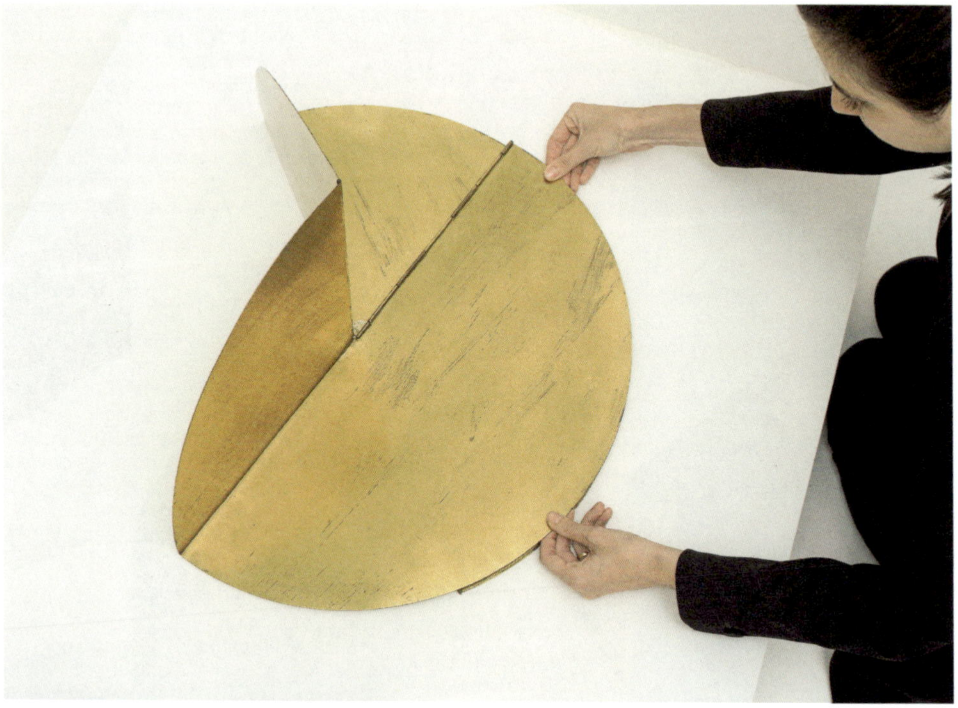

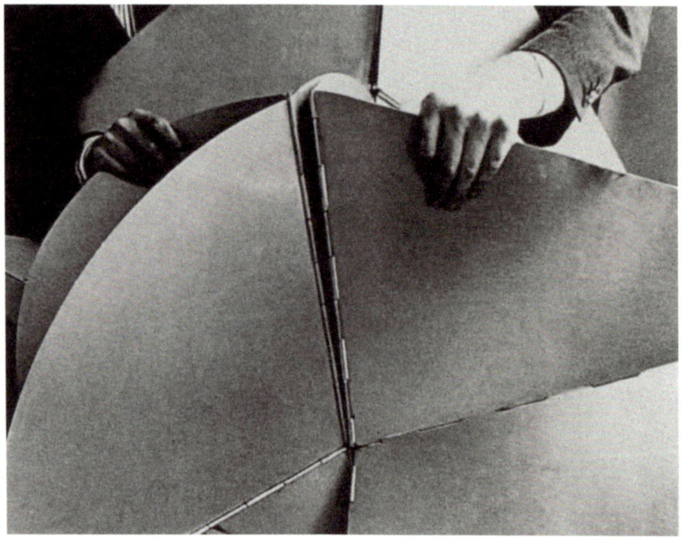

Lygia Clark, *Relógio de Sol* [Sundial] (1960)

Lygia Clark, *Bichos* (1960s)

Esses exemplos induzem-nos a pensar que a contribuição brasileira se deva somente a um amolecimento da aridez própria da matriz suíça-germânica construtiva, quando, na verdade, a dimensão relacional é mais do que isso e não necessariamente se vincula a materiais voláteis ou a formas orgânicas.

O Neoconcretismo é o vértice que tensiona as fronteiras da arte concreta brasileira[13], sobretudo por meio da obra de alguns artistas como Lygia Clark (1920-1988, Brasil). A investigação da artista carioca, embora com um sentido geral alheio à dimensão utilitária do design, fornece um diálogo com Max Bill, a *boa forma* e a subjacente noção de *arte total.*

Quando Clark, ainda em meados dos anos 1950, investiga os limites do quadro, começa a fazer pinturas sutilmente tridimensionais. Formas geométricas estruturam o campo da tela em branco e cinza, separadas por linhas pretas. Ao nos aproximarmos, notamos que a linha é na verdade uma fresta, isto é, um vazio – que ela chama de linha orgânica –, e que as figuras são volumes de aglomerado de madeira apartados entre si. Em outra ocasião, trabalhando com metal, em escala reduzida, a artista dobra e vinca planos, triângulos e losangos, ampliando o valor espacial da peça e da linha como lugar de tensão – tratam-se dos *Casulos* (1959).

Em sua série mais conhecida, a dos *Bichos* (1960-64), planos geométricos são novamente separados, agora como chapas metálicas, articuladas por meio de dobradiças. Os *Bichos* são, na acepção neoconcreta, um não-objeto, pois nem se trata de uma obra de arte no sentido convencional – como um quadro fixado na parede ou uma escultura sobre a base –, nem de um objeto cotidiano, já que é desprovido de função.

O público é levado à condição de participante. Ao mover, girar e dobrar as partes da obra, faz com que ela se ative, retirando-a da condição inerte de um amontoado de chapas de metal sem vida. Se voltarmos às *Quinze Variações...*, de Max Bill, notamos que ali a fruição é essencialmente óptica, contemplativa. Já com os *Bichos*, para que a fruição exista, o envolvimento do corpo deve ser completo. É como se uma camada a mais fosse acrescida aos princípios teóricos de Max Bill: a da experiência.

Afinal, os *Bichos*, enquanto proposição especulativa, representam uma aguçada consciência crítica do sistema billiano, perturbando a matriz europeia. É claro que, se levados ao seu limite, tais princípios tendem à dissolução do objeto artístico – é o que aponta *Caminhando* (1963). Contudo, eles também podem ser transpostos para o universo utilitário, fornecendo bases para a produção de objetos industriais. Ainda que seja difícil mensurar em que medida eles contagiaram a produção brasileira da época no âmbito do design industrial e da arquitetura, tal influência não deve ser subestimada.

When Clark, still in the middle of the 1950s, explores the limits of the picture, she starts producing slightly tridimensional paintings. Geometric forms structure the field of the canvas in white and gray, separated by black lines. As we come closer, we realize that the line is in fact a crevice, that is, a void – which she calls organic line – and the figures are volumes of plywood apart from each other. On another occasion, when working with metal in reduced scale, the artist folds planes, triangles and rhombus extending the spacial value of the piece and the line as a tension place – these are the *Casulos* (1959).

In her most known series, *Bichos* (1960-64), geometric planes are again separated, now as metallic plates, articulated by hinges. The *Bichos* are, in the neo-concrete meaning, a non-object, because it is not an artwork in the conventional sense – like a painting hanging on the wall or a sculpture on a base – nor an everyday object, since it is devoid of function.

The audience becomes participant. By moving, rotating and bending the parts of the piece, the audience makes it active, removing it from the inert condition of a pile of lifeless metal plates. If we look back at Max Bill's *Fifteen variations...*, we observe that the fruition, there, is essentially optical, contemplative. In *Bichos*, in turn, the involvement of the body must be complete so that fruition can exist. It is as if one more layer was added to the theoretical principles of Max Bill: the experience.

After all, the *Bichos*, as speculative proposition, represent a sharp critical awareness of Max Bill's system, disturbing the European matrix. It is clear that, taken to their limit, these principles tend to the dissolution of the artistic object – that is what *Caminhando* (1963) indicates. Nevertheless, they can also be transposed to the utilitarian universe, providing a basis for the production of industrial objects. Even though it is still difficult to measure to which extent they influenced Brazilian production at that time in terms of industrial design and architecture, such influence must not be underestimated.

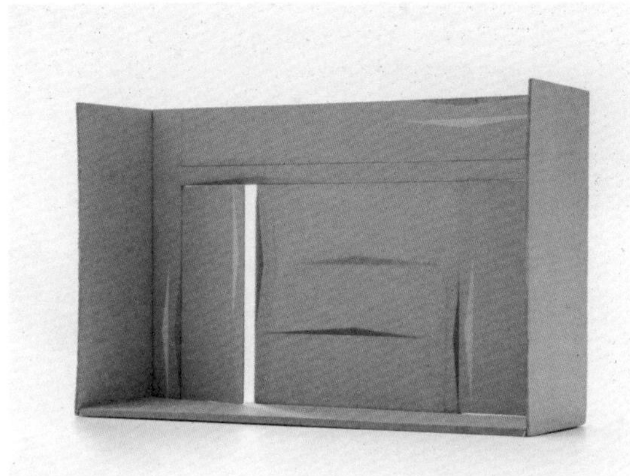

Lygia Clark, Maquete para interior [mockup for interior] (1955)

13. Brito, Ronaldo. *Neoconcretismo: vértice e ruptura do projeto construtivo brasileiro*. São Paulo: Cosac Naify, 1999.

10. Although Vilanova Artigas creates the Casa Rubens de Mendonça (1958-59), inspired by concretism, according to himself. Cf. Wisnik, Guilherme. João Vilanova Artigas. *2G Revista Internacional de Arquitectura*, n. 54, 2010; Costa, Helouise. *Waldemar Cordeiro: a ruptura como metáfora*. São Paulo: Cosac Naify / Centro Universitário Maria Antônia da USP, 2002.

11. About the *Casa*, its prototype is exhibited at MAM Rio in 1960. In the *Casa individual pré-fabricada* exhibition's catalog, Mário Pedrosa remembers the experiences of Bauhaus and points to the construction of Brasília a means to implement them.

12. Mari, Marcelo. "Dois Candangos e o Legado de Sergio Rodrigues". *In*: _____; Calheiros, Alex; Rufinoni, Priscila (org.) *Mobiliário Moderno: das pequenas fábricas ao projeto da UnB*. Brasília: Editora UnB, 2014.'

13. Brito, Ronaldo. *Neoconcretismo: vértice e ruptura do projeto construtivo brasileiro*. São Paulo: Cosac Naify, 1999.

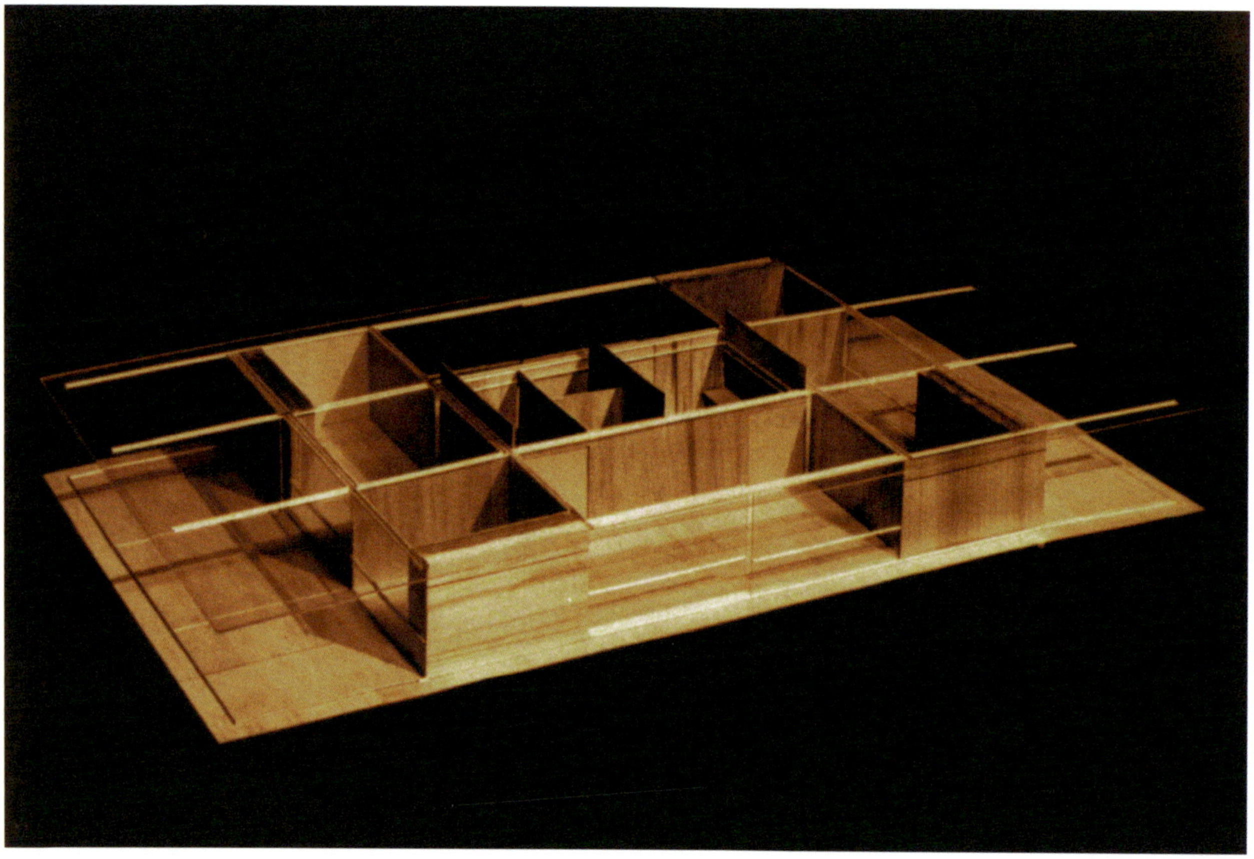

It can be said that such idea would be far from Lygia Clark's interests, however, an appreciation of the other works by the artist, created in the same period, leads to another analysis. Parallel to her investigation about tridimensional pieces in small scale, the artist produced architectural models. First, for interiors in which painting, in the line of the avant-garde representations, takes up the environment and the furniture. Then the pictorial character is abolished and the theme is the space, in directly concrete terms. Her claim is clear: "What I seek is to compose a space and not compose in it."[14]

To that effect, the artist imagines that it is possible to establish a close collaboration with architects, an idea she makes public:

> *In prefabricated houses, man could have different spaces, with varied rhythms, as long as the panels were chromatically resolved and dynamic. It is, in my view, that which will be most revolutionary tomorrow, when new techniques and malleable materials will be available and the artist and the architect will be able to plan, together, the future habitation of man.*[15]

The combination of industry, art and architecture to shape the human habitation of the future takes on an unequivocal utopian accent that brings to mind the manifest at the foundation of Bauhaus. This conveys the idea of the flight that the constructivist attitude takes off in Brazil in little over a decade. It is no coincidence that Max Bense, a philosopher and professor at Ulm, when visiting the country during this period, identifies and highlights these specificities.

Brazilian consciousness, according to Bense, establishes a mediation with the world through design (*Gestaltung*), coming to substitute what in "Europe is called historical awareness", because here design is "generalized in a methodical and instinctive way and embraces the whole concept of civilization". We would tend, in this vision, to "a total design analogous to the idea of a total work of art"[16].

14. Clark, Lygia. Diário da artista, 1957, n. 4. Documento cedido pela Associação Cultural Lygia Clark.

15. Clark, Lygia. *Uma Experiência de Integração. Brasil - Arquitetura Contemporânea*, n. 8, 1956.

16. Bense, Max. *Inteligência Brasileira*. São Paulo: Cosac Naify, 2009.

17. Clark, Lygia, op. cit.

18. De acordo com o arquivo da artista, a Associação Cultural Lygia Clark, teria sido o escritório do arquiteto Sérgio Bernardes.

14. Clark, Lygia. Artist's diary, 1957, n. 4. Document provided by the Lygia Clark Cultural Association.

15. Clark, Lygia. Uma Experiência de Integração. *Brasil - Arquitetura Contemporânea*, n. 8, 1956.

16. Bense, Max. *Inteligência Brasileira*. São Paulo: Cosac Naify, 2009.

Lygia Clark, maquete *Construa você mesmo seu espaço para viver* [mockup] (1960)

Pode-se argumentar que tal ideia estaria longe dos interesses de Lygia Clark, mas uma apreciação de outras obras da artista, feitas na mesma época, encaminha para outra análise. Em paralelo à sua investigação sobre peças tridimensionais em pequena escala, a artista produz maquetes de arquitetura. Primeiro, de interiores em que a pintura, aos moldes das representações das vanguardas, toma o ambiente e o mobiliário. Em seguida, o caráter pictórico é abolido e o tema é o espaço, em termos diretamente concretos. Sua sentença é clara: "O que eu procuro é compor um espaço e não compor dentro dele"[14].

Para tanto, a artista imagina ser possível estabelecer uma colaboração estreita com arquitetos, ideia que chega a tornar pública:

> *Em casas pré-fabricadas, o homem poderia ter ambientes diversos, com ritmos variados, desde que os painéis fossem resolvidos cromaticamente e dinâmicos. É, a meu ver, o que de mais revolucionário vai se apresentar amanhã, quando novas técnicas e materiais maleáveis forem disponíveis e o artista e o arquiteto possam, juntos, planejar a futura habitação do homem.*[15]

A junção entre indústria, arte e arquitetura para moldar a morada humana do futuro assume um inequívoco acento utópico que faz lembrar o manifesto de fundação da Bauhaus. Isto dá a ideia do voo que a vontade construtiva alça no Brasil ao longo de pouco mais de uma década. Não por acaso, Max Bense, filósofo e professor de Ulm, ao visitar o país nesse momento, identifica e destaca essas especificidades.

A consciência brasileira, segundo Bense, estabelece com o mundo uma mediação por meio do design (*Gestaltung*), vindo a substituir o que na "Europa denominamos consciência histórica", pois aqui o design se "generaliza de maneira metódica e intuitiva e abarca todo o conceito de civilização". Tenderíamos, em sua visão, a um "design total análogo à ideia de uma obra de arte total"[16].

Para o filósofo, a inteligência brasileira, embora concreta, não deixaria de apresentar uma dimensão "intuitiva", inexistente na matriz europeia. É neste diálogo e diferença que se desenvolve o relacional e a experiência a que nos referíamos e que, voltando ao texto de Lygia Clark, manifestam-se nas possibilidades de "ritmos variados" e "ambientes diversos" que um espaço em constante transformação pode oferecer.

Essa transitoriedade permanente, por outro lado, existe graças à indústria. A pré-fabricação viabilizaria soluções baratas e acessíveis, bem como a expansão modular. O interesse da artista pela produção industrial não tem uma raiz funcional, já que seu objetivo é constituir um ambiente "por si mesmo expressional"[17], com a fluidez e a mudança dos espaços, planos que abrem e fecham, deslizam e desaparecem, além de sensações cromáticas diversas. O empenho da artista para que esse projeto viesse a existir era tamanho, que um arquiteto chegou a detalhá-lo[18].

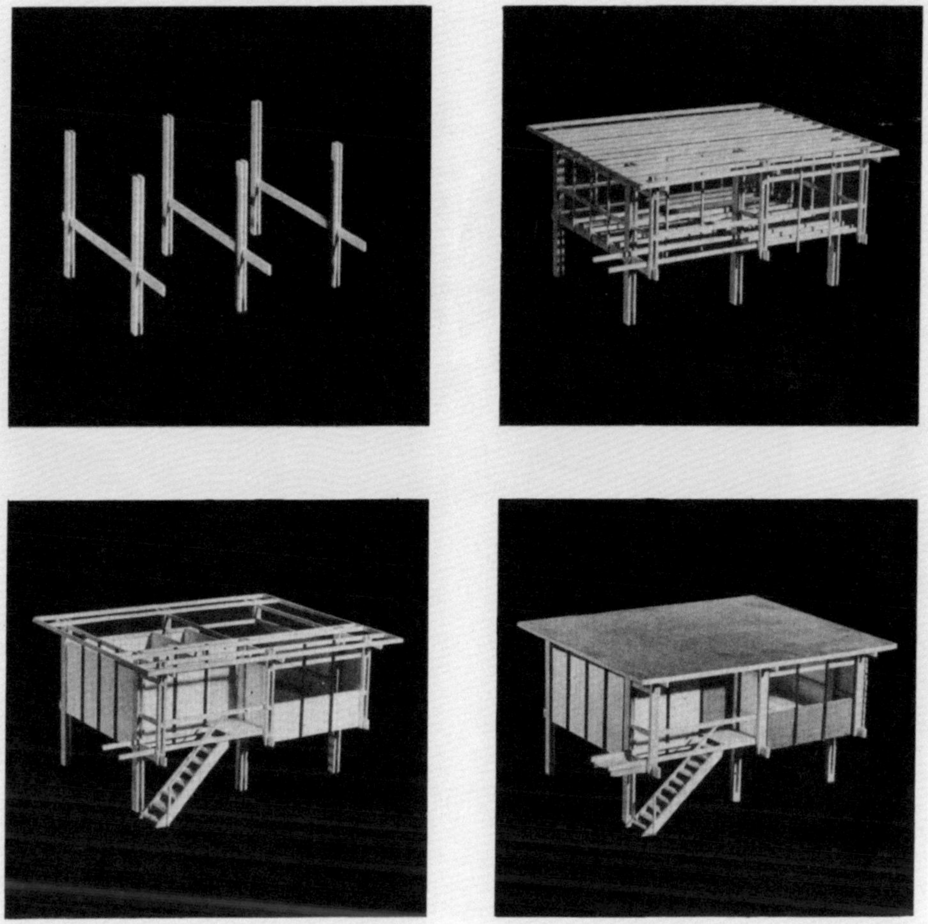

Sergio Rodrigues, catálogo de *Casa individual pré-fabricada* [catalog], MAM Rio (1960)

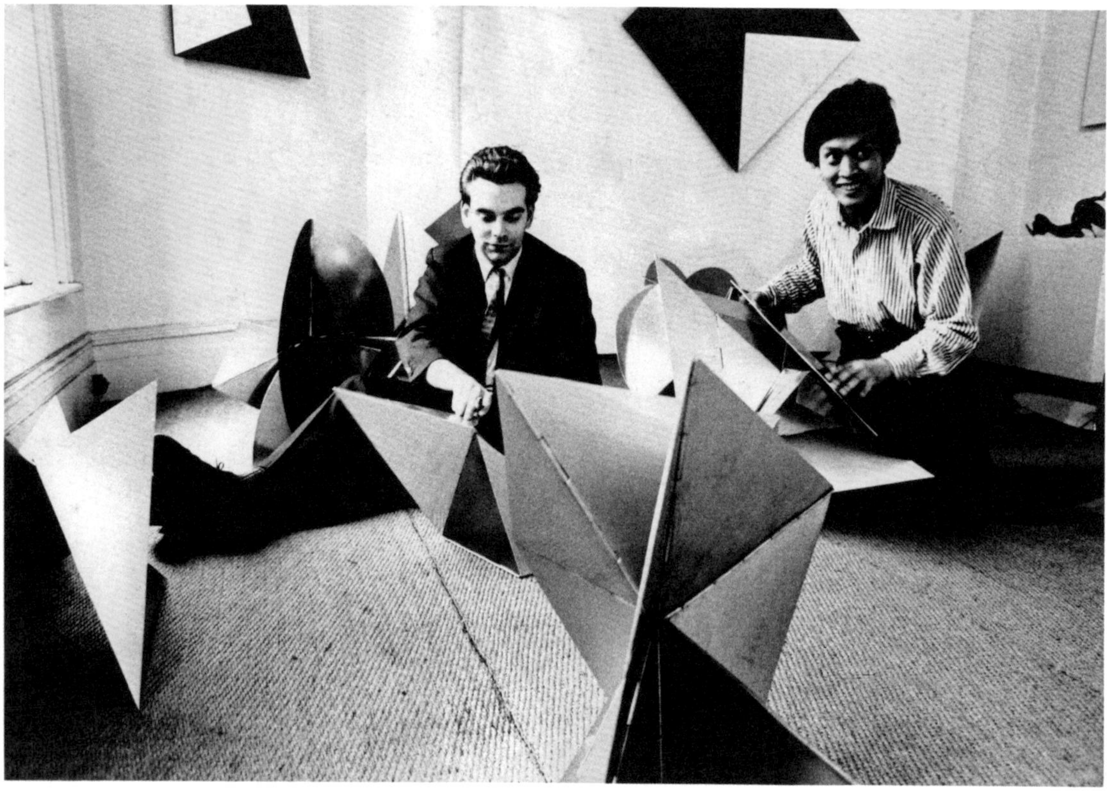

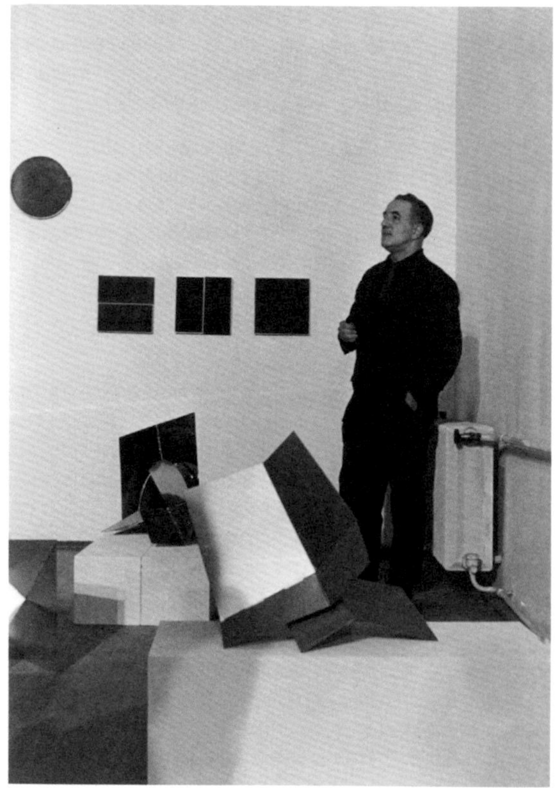

Exposição *Lygia Clark. Variable Objekte*, Stuttgart [exhibition] (1964)

Max Bense em [at] *Lygia Clark. Variable Objekte* (1964)

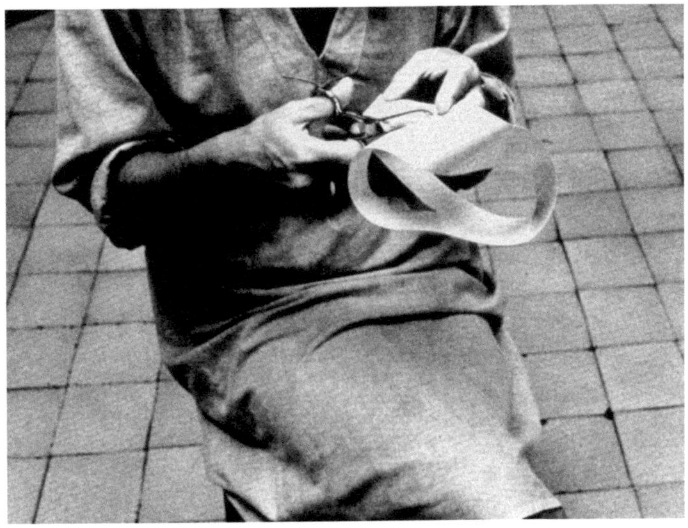

Max Bill argumentava em favor "da beleza a partir da função e como função"[19], talvez com o sentido não só de se diferenciar do axioma forma-função, mas de buscar transpor para a arte concreta o que via na música de Bach e nas estruturas da natureza. Poderíamos dizer que, para Lygia Clark, a experiência emerge como função, muito embora a experiência a partir da função não lhe cause interesse.

Em 1964, a convite de Bense, Lygia Clark faz uma exposição em Stuttgart. Ao chegar na montagem pouco antes da abertura, encontra, para sua surpresa, os *Bichos* pendurados com fios de nylon à la Calder. A artista então corta os fios e os desce para o chão, já que não havia mesas disponíveis ou qualquer outro suporte[20].

O episódio diz muito sobre como a mesma matriz construtiva pode ramificar caminhos de investigação tão distintos. Na visão ulmiana, objetos detentores da *boa forma* poderiam ser elevados a peças de museu e, como tal, retirados da vida comum – como ocorrera com os *Bichos*. Para Clark, pelo contrário, era exatamente a sua manipulação que levaria a uma transformação do espaço em que estavam inseridos – o museu –, como parte da reconstrução permanente das relações entre arte e vida.

To the philosopher, the *Brazilian intelligence*, albeit concrete, would present an "intuitive" dimension that was absent in the European matrix. It is in this dialogue and difference that the relational and the experience are developed, and that – looking back at Lygia Clark's text – are manifested in the possibilities of "varied rhythms" and "different environments" that a space in constant transformation can offer.

This permanent transience, on the other hand, exists thanks to industry. Prefabrication would allow cheap and accessible solutions, as well as modular expansion. The interest of the artist for industrial production does not have a functional root, since its objective is to constitute an ambient that is "expressional in itself"[17], with the fluidity and the change of spaces, planes that open and close, slide and disappear, in addition to different chromatic sensations. The artist's enthusiasm for this project was so great that an architect even came to detail it[18].

Max Bill was in favor of "beauty from function and as function"[19], perhaps in the sense of not only differentiating from the axiom form-function, but also seeking to transpose to concrete art what he saw in Bach's music or in the structures of nature. It could be said that, to Lygia Clark, experience emerges as function, although experience from function does not interest her.

In 1964, invited by Bense, Lygia Clark held an exhibition in Stuttgart. As she arrived at the installation, a short time before it was opened to the public, she found, to her surprise, the *Bichos* hanging from the ceiling by nylon lines, "à la Calder". The artist then cut the lines, and lowered them to the floor, since there were no tables or any other support[20].

This episode says a lot about how the same constructive matrix can branch off investigation paths so diverse. In the Ulm school vision, objects holding *good design* could be elevated to museum pieces, and as such, removed from everyday life – as happened to *Bichos*. To Clark, however, it was precisely their manipulation that would lead to the transformation of the space in which they were located – the museum – as part of the permanent reconstruction of the connections between art and life.

19. Bill, Max. "Beleza provinda da função e como função". *Habitat*, n. 2, jan./mar. 1951.

20. Relato de Lygia Clark em carta a Hélio Oiticica apud Figueiredo, Luciano. *Lygia Clark - Hélio Oiticica: Cartas 1964-1974.* Rio de Janeiro: UFRJ, 1998.

17. Clark, Lygia, op. cit.

18. According to the artist's' archives, the Associação Cultural Lygia Clark, it would have been the architectural firm of Sérgio Bernardes.

19. Bill, Max. "Beauty from function and as function". *Habitat*, n. 2, Jan./Mar. 1951.

20. Lygia Clark's testimony in a letter to Hélio Oiticica apud Figueiredo, Luciano. *Lygia Clark - Hélio Oiticica: Cartas 1964-1974.* Rio de Janeiro: UFRJ, 1998.

Lygia Clark, *Caminhando* (1963)

Aleca Le Blanc

PhD em História da Arte e Cultura Visual pela Universidade do Sul da Califórnia (Los Angeles), é professora da UC Riverside e pesquisadora de arte e arquitetura moderna latino-americana, com foco no Brasil. Foi cocuradora de *Making Art Concrete: works from Argentina and Brazil in the Patricia Phelps de Cisneros collection* (Getty Museum, Los Angeles, 2017), editora do *Getty Research Journal* e já lecionou em instituições como a Pinacoteca de São Paulo.

With a PhD in Art History and Visual Culture from the University of Southern California, she is a professor at the UC Riverside and a scholar of modern Latin American art and architecture, with a focus on Brazil. She was co-curator of *Making Art Concrete: works from Argentina and Brazil in the Patricia Phelps de Cisneros collection* (Getty Museum, Los Angeles, 2017), editor of the *Getty Research Journal* and has lectured at institutions, such as Pinacoteca de São Paulo.

Alexandre Benoit

Doutor pela FAUUSP, é membro-fundador da Asociación Latinoamericana de Estudios de la Forma – Aleph, sediada na Universidade Nacional de Buenos Aires. Foi cocurador da exposição *Arquitetura de Exceção: o pavilhão do Brasil na expo '70 Osaka - Paulo Mendes da Rocha* (Galeria da Cidade, São Paulo, 2018) e curador de *Concrete Horizon* em Tokyo (2019). É professor da Escola da Cidade (São Paulo) e editor da revista *Contravento*.

With a doctorate from FAUUSP, he is a founding member of the Asociación Latinoamericana de Estudios de la Forma – Aleph, headquartered at the Universidad Nacional de Buenos Aires. He was co-curator of the exhibition *Arquitetura de Exceção: o pavilhão do Brasil na expo '70 Osaka - Paulo Mendes da Rocha* (Galeria da Cidade, São Paulo, 2018) and curator of *Concrete Horizon*, in Tokyo (2019). He is a professor at Escola da Cidade (São Paulo) and editor of *Contravento* magazine.

Ana Luiza Nobre

Doutora em História pela PUC-Rio e arquiteta graduada pela UFRJ, é membro do Comitê Internacional de Críticos de Arquitetura – Cica. Fundou e dirigiu a organização Casa de Lucio Costa e é autora de diversos livros e publicações sobre arquitetura, entre eles *Um modo de ser moderno: Lucio Costa e a crítica contemporânea* (Cosac Naify, 2004). Atualmente, integra o corpo docente da PUC-Rio.

With a PhD in History from PUC-Rio and graduated in Architecture at UFRJ, she is a member of the International Committee of Architectural Critics – Cica. She founded and directed the organization Casa de Lucio Costa and is the author of several publications on architecture, including *Um modo de ser moderno: Lucio Costa e a crítica contemporânea* (Cosac Naify, 2004). Currently, she is part of the faculty of PUC-Rio.

Chico Homem de Melo

É designer, pesquisador e professor da FAUUSP, onde fez doutorado. É organizador dos livros *O design gráfico brasileiro: anos 60* (Cosac Naify, 2006) e *Linha do tempo do design gráfico no Brasil* (Cosac Naify, 2011), e autor de *Os desafios do designer* (São Paulo: Rosari, 2003) e *Signofobia* (Rosari, 2005). É sócio da Homem de Melo & Troia Design, escritório dedicado a projetos relacionados a cultura e educação.

Designer and professor at FAUUSP, where he earned a doctorate. He is the editor of the books *O design gráfico brasileiro: anos 60* (Cosac Naify, 2006) and *Linha do tempo do design gráfico no Brasil* (Cosac Naify, 2011), and published *Os desafios do designer* (Rosari, 2003) and *Signofobia* (Rosari, 2005). He is a partner at Homem de Melo & Troia Design, a firm dedicated to educational and cultural projects.

David Oswald

Estudou Design Integrado na Escola Internacional de Design de Colônia, onde foi professor-assistente ao lado de Gui Bonsiepe. É coautor de um livro sobre o Departamento de Informação da HfG Ulm. Sua pesquisa foca em temas como design de interação, semiótica de interfaces e história do design. Desde 2014, é professor e coordenador do programa de Design de Interação na HfG de Schwäbisch Gmünd.

He studied Integrated Design at the Köln International School of Design (Cologne) and worked as a teaching assistant with Gui Bonsiepe. He is the co-author of a publication on the Information Department at HfG Ulm. His research focuses on topics such as interaction design, interface semiotics and design history. Since 2014, he has been a professor and coordinator of the Interaction Design program at the HfG Schwäbisch Gmünd.

Ethel Leon

Doutora pela FAUUSP, é historiadora do design. Foi editora da revista *Agitprop* (2008-2015) e é autora, entre outros, dos livros *Memórias do design brasileiro* (Senac, 2009) e *IAC: primeira escola de design do Brasil* (Blucher, 2014). Organizou exposições de design como *Singular & Plural: quase 50 anos de design brasileiro* (Instituto Tomie Ohtake, São Paulo, 2001) e a mostra brasileira do *DMY International Design Festival* (Berlim, 2006).

With a PhD from FAUUSP, she is a design historian. She was the editor of the magazine *Agitprop* (2008-2015) and is the author, among others, of the books *Memórias do design brasileiro* (Senac, 2009) and *IAC: primeira escola de design do Brasil* (Blucher, 2014). She has organized design exhibitions, such as *Singular & Plural, quase 50 anos de design brasileiro* (Instituto Tomie Ohtake, São Paulo, 2001) and the Brazilian exhibition of the *DMY International Design Festival* (Berlin, 2006).

Felipe Scovino

Doutor com pós-doutorado em Artes Visuais pela UFRJ, é professor associado à Escola de Belas Artes da mesma universidade, além de atuar como curador e crítico de arte. Entre suas curadorias, destacam-se *Lygia Clark: uma retrospectiva* (Itaú Cultural, São Paulo, 2012), em parceria com Paulo Sergio Duarte; a exposição itinerante *Abraham Palatnik: a reinvenção da pintura* (2013-2020), em parceria com Pieter Tjabbes; e *Franz Weissmann: o vazio como forma* (Itaú Cultural, São Paulo, 2019).

PhD with post-doctorate from UFRJ, he is an associate professor at the School of Fine Arts at the same university. He also works as curator and art critic. Among his curated shows are *Lygia Clark: uma retrospectiva* (Itaú Cultural, São Paulo, 2012), in partnership with Paulo Sergio Duarte; the travelling exhibition *Abraham Palatnik: a reinvenção da pintura* (2013-2020), in partnership with Pieter Tjabbes; and *Franz Weissmann: o vazio como forma* (Itaú Cultural, São Paulo, 2019).

Julieta González

Mestre em Estudos Culturais pela Goldsmiths, Universidade de Londres, é diretora artística do Instituto Inhotim (Brumadinho). Foi diretora artística do Museo Jumex (Cidade do México), curadora adjunta do Museu de Arte de São Paulo – Masp e curadora-chefe do Museo Rufino Tamayo (Cidade do México). Entre 2009 e 2012, foi também curadora associada de arte latino-americana na Tate Modern (Londres).

With a M.A. in Cultural Studies from Goldsmiths, University of London, she is the artistic director at Instituto Inhotim (Brumadinho). She was artistic director of the Museo Jumex (Mexico City), adjunct curator of the Museum of Art of São Paulo – Masp and chief curator of the Museo Rufino Tamayo (Mexico City). Between 2009 and 2012, she was also Associate Curator of Latin American Art at the Tate Modern (London).

Malou von Muralt

Pesquisa a obra de Mary Vieira há 16 anos e, atualmente, prepara a biografia da artista. Realizou diversas consultorias, entre elas a pesquisa para a exposição *mary vieira: o tempo do movimento* (CCBB, Rio de Janeiro, 2005), e foi curadora do evento *Poesia Concreta - 50 anos*, em Genebra (2002). Publicou sua entrevista com Alexandre Wollner no catálogo da exposição *Alex Wollner Brasil: design visual* (Stuttgart, 2013/ São Paulo, 2019).

Malou von Muralt has been researching the work of Mary Vieira for 16 years and is currently preparing the biography of the artist. She carried out several consultancies, such as the research for the exhibition *mary vieira: o tempo do movimento* (CCBB, Rio de Janeiro, 2005), and was curator of the event *Poesia Concreta - 50 years*, in Geneva (2002). She published an interview with Alexandre Wollner for the catalog *Alex Wollner Brasil: design visual* (Stuttgart, 2013/São Paulo, 2019).

Mina Warchavchik Hugerth

Graduada em Arquitetura pela Escola da Cidade (São Paulo), é mestre em História e Fundamentos da Arquitetura pela FAUUSP e em História do Design e Estudos Curatoriais pela Parsons School of Design em parceria com o Cooper Hewitt, Smithsonian Design Museum (Nova York). Autora do livro *Mobilinea: design de um estilo de vida, 1959-1975* (Senac, 2020), também contribuiu com diversas publicações sobre cultura material.

Graduated in Architecture from Escola da Cidade (São Paulo), she has a master's degree in History and Fundamentals of Architecture from FAUUSP and in History of Design and Curatorial Studies from Parsons School of Design in partnership with Cooper Hewitt, Smithsonian Design Museum (New York). Author of the book *Mobilinea: design de um estilo de vida, 1959-1975* (Senac, 2020), she also contributed to several publications on material culture.

Pedro Luiz Pereira de Souza

Formou-se na Esdi (Rio de Janeiro) em 1971, onde trabalhou com Karl Heinz Bergmiller. Desenvolveu trabalhos de projeto, textos e pesquisas no Instituto de Desenho Industrial do MAM Rio (1972-1984), além de ter sido professor, vice-diretor e diretor na Esdi entre 1985 e 1992. Publicou diversos livros, entre eles: *Esdi: biografia de uma ideia* (UERJ, 1997) e *Karl Heinz Bergmiller: um designer brasileiro* (Blucher, 2019).

Graduated at Esdi (Rio de Janeiro) in 1971, where he worked with Karl Heinz Bergmiller. He developed project work, texts and research at the Institute of Industrial Design of MAM Rio (1972-1984), and was also professor, vice-director and director at Esdi between 1985 and 1992. He published several books, among them: *Esdi: biografia de uma ideia* (UERJ, 1997) and *Karl Heinz Bergmiller, um designer brasileiro* (Blucher, 2019).

Rodrigo Paiva

Doutor pela Universität der Künste (Berlim), com orientação de Martin Krampen, é professor de História da Arte na UFES (Vitória). Foi pesquisador-colaborador da Unicamp (Campinas). Pesquisador-visitante (DAAD) dos arquivos da Escola de Ulm (2002-2005). Autor do livro *Max Bill no Brasil* (ed. 13. März, 2011), e da obra em alemão: *421 Cartazes da HfG Ulm*.

Doctor at the Universität der Künste (Berlim), under the supervision of Martin Krampen, he is Professor of Art History at UFES (Vitória). He was a researcher-collaborator at Unicamp (Campinas). Visiting researcher (DAAD) at the archives of the Ulm School (2002-2005). Author of the book *Max Bill in Brazil* (ed. 13. März, 2011), and of the work in German: *421 Posters by HfG Ulm*.

Agradecimentos
Acknowledgments

Arquivo Alexandre e Laís Wollner
Alice Viggiani
Aline Siqueira (MAM Rio)
Ana Lanna Duarte (FAUUSP)
Analivia Cordeiro
André Nazareth
Antonia Bergamin
Adriano Carneiro de Mendonça
Barbara Giacomet de Aguiar (Goethe-Institut)
Beatriz Yoshito (Masp)
Benedicte Salles (Futon Company)
Bianca Leite
Bianca Selofite (Itaú Cultural)
Bruno Cezar Mesquita Esteves (Masp)
Camila Regueira
Claudia Moreira Salles
Clarice Magalhães
Darkon Vieira Roque
Debora Pill (Goethe-Institut)
Delmar Mavignier
Ding Musa
Diogo Horvath (Instituto Bardi)
Dr. Martin Mäntele (HfG Archiv)
Edouard Fraipont
Elaine Ramos
Elisabete Marin Ribas
Emily Fayet (Hauser & Wirth)
Enio Aronis
Erika Babatz (Bauhaus-Archiv / Museum für Gestaltung)
Esther Walldorf (Archiv DDM – Deutsches Design Museum)
Fabiana de Barros
Fabiane Moraes (Lygia Clark)
Felix Mittelberger (ZKM – Zentrum für Kunst und Medien Karlsruhe)
Fernando Prado
Flavio Cohn (Dan Galeria)
Freddy Van Camp
Gaelle Perroteau (Fondation Louis Vuitton)
Gilberto Colobiale (Equipesca)
Guilherme von Schmidt
Gui Bonsiepe
Heitor Manarini (Equipesca)
Heloisa Espada
Instituto Sergio Rodrigues
Itaú Cultural
Instituto Maurício Nogueira Lima
Jakob Bill (max, binia + jakob bill stiftung)
Jasna Jaksic (The Museum of Contemporary Art Zagreb)
Joaquim Redig (PVDI Design)
José Otávio Pompeu e Silva
Julia Clemente
Juliana Lins (FAUUSP)
Juliana Landgraf (Luciana Brito Galeria)
Julieta Sobral
Kai-Annett Becker (Bauhaus-Archiv / Museum für Gestaltung)
Karl Heinz Bergmiller
Lenora de Barros
Lina Chamie (Arquivo do IEB – USP)
Lorenzo Mammì
Luiz Arbex
Madeline Warren (Hauser & Wirth)
Marcela Fleury (Gomide & Co)
Marcele Souto (Fundação Bienal de São Paulo)
Marcelo Aflalo
Marcelo Zanon
Márcia Alves
Márcio Takada (Dpot)
Marcos da Costa Braga
Margarida Barbosa Lima Rodrigues
María Amalia García
Maria Cau Levy
Marília Bovo Lopes (MAC-USP)
Marina Kauffmann
Maxime Bouquillon
Michel Favre
Otavio Nazareth
Pablo Rossi
Paula Pape
Phoebe Robinson (Side Gallery)
Ligia Maria Sampaio de Medeiros (Esdi)
Raissa Pascoal
Renan Andrade Silva (Metrô de São Paulo)
René Spitz
Romulo Fialdini
Ruy Teixeira
Sigrid Mavignier
Silvia Steinberg
Sofia Gravina
Sol Camacho
Solène Biche (Side Gallery)
Thaiane Gonçalo Coelho (IMS)
Thiago Gomide (Gomide & Co)
Thomas Kramer (Stiftung Ernst Scheidegger Archiv)
Vera Lúcia F. Silva Nascimento (IMS)
Verena Huber Nievergelt (Stiftung Ernst Scheidegger Archiv)
Victor de la Rocque (Instituto Bardi)

Agradecemos a todos que cederam os direitos de reprodução de suas fotografias para a publicação. Nossa equipe editorial realizou os melhores esforços para encontrar e creditar seus respectivos autores. Nos desculpamos por eventuais erros ou omissões.

We would like to thank everyone who assigned the reproduction rights of their photographs for the publication. Our editorial team made the best efforts to find and credit their respective authors. We apologize for any error or omission.

Créditos
Credits

Introdução

p. 20
Foto: Autor Desconhecido © Arquivo do Centro de Pesquisa do MASP / Acervo Instituto Moreira Salles

p. 22
Foto: Hans G. Conrad © René Spitz

Foto: Marcel Gautherot © Acervo MAM Rio / Acervo Instituto Moreira Salles

p. 23
© Arquivo Esdi

Meu mestre Max Bill

p. 25
© HfG-Archiv Ulm

p. 27
© Arquivo Bergmiller

Linha do tempo

p. 31
© HfG-Archiv Ulm

© Coleção particular [private collection]

Foto [photo]: Peter Scheier © Arquivo do Centro de Pesquisa do MASP / Acervo Instituto Moreira Salles

© Acervo da Fundação Bienal de São Paulo / Arquivo Histórico Wanda Svevo

p. 32
Foto [photo]: Ernst Scheidegger © 2021 Stiftung Ernst Scheidegger-Archiv, Zurich.

© 2021. Digital image, The Museum of Modern Art, New York/Scala, Florence

© 2021, ProLitteris, Zurich. Collection of Angela Thomas, Zumikon. Cortesia [courtesy] the max bill georges vantongerloo foundation and Hauser & Wirth

© Instituto Bardi / Casa de Vidro, Lina Bo Bardi / AUTVIS, Brasil, 2021

p. 33
© 2021. Digital image, The Museum of Modern Art, New York/Scala, Florence

© Acervo da Fundação Bienal de São Paulo / Arquivo Histórico Wanda Svevo

Foto [photo]: Divulgação Arper © Cortesia Dpot [courtesy]

p. 34
© Analivia Cordeiro

© Bill, Max/ AUTVIS, Brasil, 2021

Foto [photo]: André Nazareth © Branco & Preto

p. 35
© Acervo da Fundação Bienal de São Paulo / Arquivo Histórico Wanda Svevo

© Coleção Museu de Arte Contemporânea da Universidade de São Paulo [collection]

Foto: Hans G. Conrad © René Spitz

p. 36
© Instituto de Arte Concreta / Arquivo Eugen Gomringer

© HfG-Archiv Ulm

© Analivia Cordeiro / Cortesia Luciana Brito Galeria [courtesy]

p. 37
Foto [photo]: Hans G. Conrad © René Spitz

© Coleção Lenora de Barros e Marcos A. Gonçalves [collection]

© PVDI Design

Foto [photo]: Jon Etter © 2021, ProLitteris, Zurich. Coleção [collection of] Angela Thomas, Zumikon. Cortesia [courtesy] the max bill georges vantongerloo foundation and Hauser & Wirth

© PVDI Design

Foto [photo]: Edouard Fraipont © Coleção particular [private collection]

© Cortesia Side Gallery [courtesy]

p. 38
© Acervo Alexandre e Laís Wollner / Acervo da Fundação Bienal de São Paulo / Arquivo Histórico Wanda Svevo

Foto [photo]: Hans G. Conrad © René Spitz

© HfG-Archiv Ulm

© Cortesia Side Gallery [courtesy]

p. 39
© 2021. Digital image, The Museum of Modern Art, New York/Scala, Florence

© HfG-Archiv Ulm

© Analivia Cordeiro

© Arquivo Bergmiller

© 2021. Digital image, The Museum of Modern Art, New York/Scala, Florence

p. 40
© Acervo Alexandre e Laís Wollner

Foto [photo]: Hans G. Conrad © René Spitz

Foto [photo]: José Pelegrini © Analivia Cordeiro / Cortesia Luciana Brito Galeria [courtesy]

© Acervo Alexandre e Laís Wollner

© Acervo Alexandre e Laís Wollner / Acervo da Fundação Bienal de São Paulo / Arquivo Histórico Wanda Svevo

Foto [photo]: Romulo Fialdini / © Coleção particular [private collection]

© Redesenho digital [digital tracing] Ilana Tschiptschin

p. 41
© Revista Noigandres

© HfG Archiv Ulm

© HfG Archiv Ulm

© Acervo Alexandre e Laís Wollner

p. 42
© Arquivo Bergmiller

© Arquivo Goebel Weyne / Niemeyer, Oscar/ AUTVIS, Brasil, 2021.

© Centro de Pesquisa e Documentação do Jornal do Brasil – CPDoc JB

p. 43
© Redesenho digital [digital tracing] Ilana Tschiptschin

© Arquivo Goebel Weyne

© Revista Rot

© Projeto Lygia Pape

p. 44
Foto [photo]: Elisabeth Walther-Bense © 1961, ZKM | Center for Art and Media

© HfG-Archiv Ulm

© FAUUSP

© Arquivo Bergmiller

© MSU Zagreb

p. 45
© HfG-Archiv Ulm

© Arquivo Goebel Weyne

© HfG-Archiv Ulm

© Arquivo Esdi

© Revista Invenção

p. 46
© HfG-Archiv Ulm

Foto [photo]: Marcel Gautherot © Acervo MAM Rio / Acervo Instituto Moreira Salles

© Reprodução [reproduction]: Josef Albers, *Interaction of Color*

Foto [photo]: Romulo Fialdini © Coleção MAM São Paulo [collection] / Doação do artista [Artist's donation]

© HfG-Archiv Ulm

p. 47
Foto [photo]: Elisabeth Walther-Bense © Lygia Clark / 1964, ZKM | Center for Art and Media

© HfG-Archiv Ulm

© Arquivo Geraldo de Barros

Foto [photo]: Romulo Fialdini © Coleção MAM São Paulo [collection] / Doação do artista [Artist's donation]

p. 48
© Aloísio Magalhães, Limes Verlag Wiesbaden / 1965, ZKM | Center for Art and Media

© PVDI Design

Foto [photo]: Hans G. Conrad © René Spitz

© Acervo Alexandre e Laís Wollner

p. 49
© Arquivo Esdi

© Arquivo Esdi

© HfG-Archiv Ulm

© 2021. Digital image, The Museum of Modern Art, New York/Scala, Florence

© Arquivo Esdi

p. 50
© Acervo Alexandre e Laís Wollner

© HfG-Archiv Ulm

Foto [photo]: Marcel Gautherot © Acervo Instituto Moreira Salles

© Acervo da Fundação Bienal de São Paulo / Arquivo Histórico Wanda Svevo

p. 51
© HfG-Archiv Ulm

© Arquivo Esdi

© HfG-Archiv Ulm

© Bit International

© Arquivo Esdi

Max Bill: da Bauhaus ao Brasil

p. 55
© Bauhaus-Archiv Berlin

© Christie's Images / Bridgeman Images

p. 57
© 2021. Digital image, The Museum of Modern Art, New York/Scala, Florence

p. 58
© 2021. Digital image, The Museum of Modern Art, New York/Scala, Florence

© 2021, ProLitteris, Zurich. Archive max bill georges vantongerloo foundation / Bill, Max/ AUTVIS, Brasil, 2021

Foto [photo]: Ernst Scheidegger © 2021 Stiftung Ernst Scheidegger-Archiv, Zurich.

© 2021, ProLitteris, Zurich. Archive max bill georges vantongerloo foundation / Bill, Max/ AUTVIS, Brasil, 2021

p. 61
Foto [photo]: Ernst Scheidegger © 2021 Stiftung Ernst Scheidegger-Archiv, Zurich.

p. 62
© Domínio público [public domain]

p. 63
© 2021, ProLitteris, Zurich. Archive max bill georges vantongerloo foundation

p. 65
© Redesenho digital [digital tracing] Julio Mariutti

© HfG-Archiv Ulm

© 2021. Digital image, The Museum of Modern Art, New York/Scala, Florence

p. 66
Foto [photo]: Peter Scheier © Arquivo do Centro de Pesquisa do MASP / Acervo Instituto Moreira Salles

© Acervo da Fundação Bienal de São Paulo / Arquivo Histórico Wanda Svevo

p. 67
Foto [photo]: Peter Scheier © Arquivo do Centro de Pesquisa do MASP / Acervo Instituto Moreira Salles

Concretismo aplicado: o exercício do design moderno no Instituto de Arte Contemporânea do Masp

p. 71
© Autoria desconhecida [unknown authorship]

Foto [photo]: Jean Collas © Domínio público

p. 72
Foto [photo]: Autor Desconhecido © Arquivo do Centro de Pesquisa do MASP

p. 75
© Instituto Bardi / Casa de Vidro, Lina Bo Bardi / AUTVIS, Brasil, 2021

p. 77
Foto [photo]: Peter Scheier © Acervo do Centro de Pesquisa do MASP

p. 78
Foto [photo]: Peter Scheier © Arquivo do Centro de Pesquisa do MASP / Acervo Instituto Moreira Salles

© Instituto Bardi / Casa de Vidro, Lina Bo Bardi / AUTVIS, Brasil, 2021

p. 79
© Arquivo Instituto Maurício Nogueira Lima

Foto [photo]: Eduardo Ortega © Acervo MASP

© Arquivo IEB-USP / Fundo Emilie Chamie

© Acervo Alexandre e Laís Wollner

p. 80
© Acervo Alexandre e Laís Wollner

p. 81
Foto [photo]: Autor Desconhecido © Arquivo do Centro de Pesquisa do MASP / Acervo Instituto Moreira Salles

Foto [photo]: Peter Scheier © Arquivo do Centro de Pesquisa do MASP / Acervo Instituto Moreira Salles

O asterisco: Tomás Maldonado e o design no MAM Rio

p. 85
© Centro de Pesquisa e Documentação do Jornal do Brasil – CPDoc JB

p. 86
© Acervo MAM Rio

p. 87
© Revista Manchete / Bloch Editores

p. 90
Foto [photo]: Peter Scheier © Acervo Instituto Moreira Salles

p. 91
© HfG-Archiv Ulm

p. 92 | 93
Reprodução [reproduction]: Fabio Souza © Acervo MAM Rio

p. 94 | 95
© Acervo MAM Rio

p. 96
Reprodução [reproduction]: Fabio Souza © Acervo MAM Rio

p. 97
© Acervo MAM Rio

Evolução, interrupção e continuidade – os primeiros anos da Escola de Ulm

p. 101
Foto [photo]: Hans G. Conrad © René Spitz

p. 102
Foto [photo]: Ernst Hahn © HfG-Archiv Ulm

Foto [photo]: Ernst Scheidegger © 2021 Stiftung Ernst Scheidegger-Archiv, Zurich. / AUTVIS

p. 103
© HfG-Archiv Ulm

Foto [photo]: Hans G. Conrad © René Spitz

p. 104

© HfG-Archiv Ulm

Foto [photo]: Hans G. Conrad

© René Spitz

p. 105
© HfG-Archiv Ulm

p. 107
Foto [photo]: Hans G. Conrad © René Spitz

p. 108 | 109
© HfG-Archiv Ulm

p. 110
© 2021. Digital image, The Museum of Modern Art, New York/Scala, Florence

p. 111
© HfG-Archiv Ulm

p. 113
Foto [photo]: Autoria desconhecida [unknown authorship] © Archiv Gugelot

A contribuição de Mary Vieira para o design brasileiro e internacional

p. 117
Foto [photo]: Romulo Fialdini / © Coleção particular [private collection]

p. 119
Foto [photo]: Hans G. Conrad © René Spitz

p. 120 | 121 | 122
Foto [photo]: Edouard Fraipont © Coleção particular [private collection]

p. 123 | 124
Foto [photo]: Romulo Fialdini © Coleção particular [private collection]

p. 125 | 126 | 127
Foto [photo]: Edouard Fraipont © Coleção particular [private collection]

p. 128 | 129
Foto [photo]: Marcel Gautherot © Acervo Instituto Moreira Salles

As viagens de Almir Mavignier pela "boa forma"

p. 132
Foto [photo]: Vera Pedrosa © Acervo de Mário Pedrosa – Biblioteca Nacional, Rio de Janeiro / archiv atelier mavignier

p. 134
© archiv atelier mavignier

p. 135
© Arquivo Lidy Prati

p. 136
© archiv atelier mavignier

p. 137
© archiv atelier mavignier

Foto [photo]: Romulo Fialdini © Coleção MAM São Paulo / Doação do artista [Artist's donation]

p. 138
Foto [photo]: Elisabeth Walther-Bense © 1957, ZKM | Center for Art and Media

p. 139
© archiv atelier mavignier

p. 140
© Christie's Images / Bridgeman Images

p. 141
© MSU Zagreb

Foto [photo]: Romulo Fialdini © Coleção MAM São Paulo [collection] / Doação do artista [Artist's donation]

Alexandre Wollner, designer dos anos 1950 e do século XXI

p. 144
Foto [photo]: Edouard Fraipont © Coleção Marcos Ribeiro Simon [collection]

© Acervo Alexandre e Laís Wollner

p. 145
© Acervo Alexandre e Laís Wollner / Acervo da Fundação Bienal de São Paulo / Arquivo Histórico Wanda Svevo

p. 146
© Acervo Alexandre e Laís Wollner

p. 147
© Acervo da Fundação Bienal de São Paulo / Arquivo Histórico Wanda Svevo

© Acervo Chico Homem de Melo

p. 148
© Acervo da Fundação Bienal de São Paulo / Arquivo Histórico Wanda Svevo.

p. 149
© Acervo Alexandre e Laís Wollner

Foto [photo]: Hans G. Conrad © René Spitz

p. 150
© Acervo Alexandre e Laís Wollner

p. 151
© Acervo Alexandre e Laís Wollner

© Arquivo Geraldo de Barros

p. 152
Foto [photo]: Edouard Fraipont © Coleção particular [private collection]

© Acervo Alexandre e Laís Wollner / Coleção Heitor Manarini [collection]

p. 153
Foto [photo]: Edouard Fraipont © Coleção particular [private collection]

© Acervo Alexandre e Laís Wollner / MAM-SP

Foto [photo]: Alexandre Wollner / © Acervo Instituto Moreira Salles

A Esdi e o MAM Rio no design moderno no Rio de Janeiro

p. 158
© Arquivo Bergmiller

p. 159
Foto [photo]: Hans G. Conrad © René Spitz

p. 160
© Arquivo Esdi

p. 161
© Arquivo Bergmiller

p. 162
© Acervo MAM Rio

p. 164 | 165
© Arquivo Esdi

p. 166
Foto [photo]: Edouard Fraipont © Arquivo Bergmiller

© Acervo MAM Rio

Entre a prancheta, a indústria e o canteiro: Ulm, a Esdi e a arquitetura carioca

p. 170
© HfG-Archiv Ulm

p. 171
© Bauhaus-Archiv Berlin

p. 173
© HfG-Archiv Ulm

p. 175
© Arquivo Goebel Weyne / Niemeyer, Oscar/ AUTVIS, Brasil, 2021.

© Arquivo Goebel Weyne / Niemeyer, Oscar/ AUTVIS, Brasil, 2021.

© Coleção Particular [private collection] / Niemeyer, Oscar/ AUTVIS, Brasil, 2021.

p. 176
© Arquivo Esdi

p. 177
© Coleção particular [private collection]

© Acervo Alexandre e Laís Wollner

p. 178 | 179
© Arquivo Esdi

O papel social do artista: um sobrevoo nas práticas de Pape, Cordeiro e Barros

p. 184 | 185
© Projeto Lygia Pape

p. 186
Foto [photo]: Edouard Fraipont © Projeto Lygia Pape / Cortesia Bergamin & Gomide [courtesy]

© Projeto Lygia Pape

p. 187 | 188 | 189
© Analivia Cordeiro / Cortesia Luciana Brito Galeria [courtesy]

p. 190
© Geraldo de Barros / Acervo Instituto Moreira Salles

Foto [photo]: Geraldo de Barros © Arquivo Geraldo de Barros

© Arquivo Geraldo de Barros

p. 191
© Acervo Alexandre e Laís Wollner

p. 193
Foto [photo]: Edouard Fraipont © Projeto Lygia Pape / Cortesia Bergamin & Gomide [courtesy]

Geraldo de Barros e o concretismo

p. 196 | 197 | 198
© Geraldo de Barros / Acervo Instituto Moreira Salles

p. 200
© Cortesia Side Gallery [courtesy]

p. 202
Reprodução [reproduction]: Michel Favre © Arquivo Geraldo de Barros

p. 203
Foto [photo]: German Lorca © Arquivo Geraldo de Barros

p. 204
© Coleção Unicamp [collection]

p. 205
Foto [photo]: Márcia Alves / Cortesia Metrô de São Paulo [courtesy]

Experiência brasileira – ou consciência crítica da boa forma

p. 209
© 2021, ProLitteris, Zurich. Coleção [collection of] Angela Thomas, Zumikon. Cortesia [courtesy] max bill georges vantongerloo foundation and Hauser & Wirth / Bill, Max/ AUTVIS, Brasil, 2021

© 2021, ProLitteris, Zurich. Coleção [collection of] Angela Thomas, Zumikon. Cortesia [courtesy] max bill georges vantongerloo foundation and Hauser & Wirth / Bill, Max/ AUTVIS, Brasil, 2021

Foto [photo]: Ernst Scheidegger © 2021 Stiftung Ernst Scheidegger-Archiv, Zurich

p. 211
Foto [photo]: Erich Consemüller © Bauhaus-Archiv Berlin

© Futon Company / Objekto

p. 213
Foto [photo]: Edouard Fraipont © Família Lygia Clark / Cortesia Bergamin & Gomide [courtesy]

Foto [photo]: Ding Musa © Família Lygia Clark / Cortesia Bergamin & Gomide [courtesy]

p. 214
Foto [photo]: Edouard Fraipont © Família Lygia Clark / Cortesia Bergamin & Gomide [courtesy]

© Família Lygia Clark

p. 215
Foto [photo]: Edouard Fraipont © Família Lygia Clark / Cortesia Bergamin & Gomide [courtesy]

p. 216
© Família Lygia Clark / Coleção Sandra Brito [collection]

p. 217
© Instituto Sergio Rodrigues

p. 218
© Família Lygia Clark

Foto [photo]: Elisabeth Walther-Bense © Lygia Clark / 1964, ZKM | Center for Art and Media

p. 219
© Família Lygia Clark

Act.

TURNER

Nesta edição, respeitou-se o novo acordo ortográfico da Língua Portuguesa.

Realização
Realization
Ministério do Turismo
Secretaria Especial da Cultura

Patrocínio
Sponsorship
Constellation Asset Management

Apoio
Support
Goethe-Institut

Conceito e edição
Concept and editing
Livia Debbane

Coordenação geral
General coordination
Fernando Ticoulat
João Paulo Siqueira Lopes
Livia Debbane

Coordenação editorial
Editorial coordination
Marina Dias Teixeira
Yasmin Abdalla

Textos
Essays
Aleca Le Blanc
Alexandre Benoit
Ana Luiza Nobre
Chico Homem de Melo
David Oswald
Ethel Leon
Felipe Scovino
Julieta González
Karl Heinz Bergmiller
Malou von Muralt
Mina Warchavchik Hugerth
Pedro Luiz Pereira de Souza
Rodrigo Paiva

Pesquisa
Research
Bárbara Garcia

Tradução
Translation
Alexandra Paioli
Luiza Testa
Naara Bartz
Barbara Mastrobuono

Revisão e preparação
Proofreading
Fernanda Morse
Rachel Pacheco

Projeto gráfico e diagramação
Graphic design
Estúdio Lógos
Julio Mariutti
Ilana Tschiptschin

Infográficos
Infographics
Ilana Tschiptschin

Produção executiva
Executive production
Ayo Cultural
Gabriel Pires de Camargo Curti

Produção gráfica
Graphic production
Marcia Signorini

Impressão e tratamento de imagem
Printing and image processing
Ipsis Gráfica e Editora

Administrativo financeiro
Financial administration
Santo Forte
João Calmon

Assessoria jurídica
Legal counsel
Olivieri Associados

Art Consulting Tool
Rua Dr. Melo Alves,
530 Ap. 32
CEP 01417-010
São Paulo - SP
www.artctool.com

Distribuição
Distribution
Turner Libros
www.turnerlibros.com

Distribuição na Espanha
Distribution in Spain
Machado Grupo de Distribución
machadolibros@machadolibros.com
www.machadolibros.com

Distribuição na América Latina
Distribution in Latin America
Océano
info@oceano.com
www.oceano.com

Distribuição nos Estados Unidos e Canadá
Distribution in United States and Canada
DAP
orders@dapinc.com
www.artbook.com

Distribuição na Europa
Distribution in Europe
ACC
sales@antique-acc.com
www.accdistribution.com/uk

2021
1ª Impressão

Este livro foi composto com a fonte Neue Haas Grotesk.

Impresso pela Ipsis Gráfica e Editora sobre papel Munken Lynx Rough e Supremo para a Art Consulting Tool.

FSC
www.fsc.org
MISTO
Papel produzido a partir de fontes responsáveis
FSC® C011095

Dados Internacionais de Catalogação na Publicação (CIP)

B662

Boa forma Gute form. Design no Brasil 1947-1968 / Livia Debbane (org.); Fernando Ticoulat, João Paulo Siqueira Lopes (coord.). – São Paulo: Art Consulting Tool, 2021.

224 p.: il. Color; 25 cm.

Bilíngue: Português / inglês
ISBN 978-84-18895-28-9

1. Design Industrial. 2. Design Gráfico. 3. Artes Visuais. 4. Mobiliário Brasileiro. 5. História do Design. I. Debbane, Livia. II. Ticoulat, Fernando. III. Lopes, João Paulo Siqueira. IV. Título.

CDD: 741.6

Ficha catalográfica elaborada por Débora Soares Vicente de Santana – Bibliotecária CRB-9/1914

Índice para catálogo sistemático:

1. Artes gráficas – Design 741.6 2. Desenho industrial – Brasil 745.20981 3. Desenhos (projeto) 745.4

Apoio
Support

Coordenação editorial
Editorial coordination

Patrocínio
Sponsorship

Realização
Publishing

Lei de Incentivo à CULTURA

GOETHE INSTITUT

Act.

CONSTELLATION ASSET MANAGEMENT

SECRETARIA ESPECIAL DA CULTURA MINISTÉRIO DO TURISMO PÁTRIA AMADA BRASIL GOVERNO FEDERAL